KB211739

예수의 후계자들

역사도서관 023

예수의 후계자들

역사학의 눈으로 본 예수 사후의 후계권 문제

정기문 지음

도서출판

지은이 정기문은 1967년 전남 순천에서 태어나 서울대 역사교육과를 졸업하였다. 같은 대학교 대학원 서양사학과에서 「디오클레티아누스 대제의 경제 정책」으로 박사학위를 받았다. 현재 군산대 사학과 교수로 있다.

저서로 『역사보다 재미있는 것은 없다』(신서원, 2000), 『역사를 알면 세상이 달라 보인다』(아름드리미디어, 2000), 『내 딸들을 위한 여성사』(푸른역사, 2004), 『한국인을 위한 서양사』(푸른역사, 2004), 『역사란 무엇인가』(민음인, 2010), 『로마는 어떻게 강대국이 되었는가』(민음인, 2010), 『왜 유다는 예수를 배반했을까』(자음과모음, 2010), 『왜 로마 제국은 기독교를 박해했을까』(자음과모음, 2010), 『역사학의 성과와 역사교육의 방향』(공저, 책과함께, 2013), 『그리스도교의 탄생』(도서출판 길, 2016), 『역사학자 정기문의 식사(食史)』(책과함께, 2017), 『역사는 재미난 이야기라고 위한 믿는 사람들을 위한 역사책』(책과함께, 2018), 『역사를 재미난 이야기로 만든 사람들에 대한 역사책』(책과함께, 2018), 『14가지 테마로 즐기는 서양사』(푸른역사, 2019), 『교회가 가르쳐주지 않은 성경의 역사』(아카넷, 2020) 등이 있으며, 역서로는 『공간과 시간의 역사』(그레이엄 클라크, 푸른길, 1999/2011), 『종말의 역사』(공역, 루이스 H. 라팜, 청어람미디어, 1999), 『그림으로 보는 세계 고대문명』(앤 밀라드, 기린원, 1999), 『성인 숭배』(피터 브라운, 새물결출판사, 2002), 『교양, 다시 읽기』(커크 헤리엇, 이마고, 2006), 『청소년의 역사』(장 클로드 슈미트, 새물결출판사, 2007), 『지식의 재발견』(커크 헤리엇, 이마고, 2009), 『고대 로마인의 생각과 힘』(이디스 해밀턴, 까치, 2009/2020), 『세계고대문명』(앤 밀라드, 루덴스, 2009/2020), 『역사, 시민이 묻고 역사가 답하고 저널리스트가 논하다』(리처드 에번스, 민음사, 2010), 『인문정신의 역사』(루돌프 파이퍼, 도서출판 길, 2011), 『아우구스티누스』(피터 브라운, 새물결출판사, 2012) 등이 있다.

역사도서관 023

예수의 후계자들
역사학의 눈으로 본 예수 사후의 후계권 문제

2020년 10월 10일 제1판 제1쇄 발행

2021년 12월 10일 제1판 제2쇄 인쇄
2021년 12월 20일 제1판 제2쇄 발행

지은이 | 정기문
펴낸이 | 박우정

기획 | 이승우
편집 | 이남숙
전산 | 최원석

펴낸곳 | 도서출판 길
주소 | 06032 서울 강남구 도산대로 25길 16 우리빌딩 201호
전화 | 02) 595-3153 팩스 | 02) 595-3165
등록 | 1997년 6월 17일 제113호

ISBN 978-89-6445-226-4 93900

■ 서론을 대신하여: 지은이의 말

현재 거의 모든 기독교 신자는 베드로를 예수의 수제자이자 후계자 —
제1계승자라는 의미로 사용하였다 — 로 여기고 있다. 사(四)복음서에 소
개되어 있는 예수의 12제자 명단에 베드로가 첫 번째로 나올 뿐만 아니
라 사복음서는 물론 신약성경의 다른 문서들에서도 베드로가 예수의 제
자들 가운데 단연 가장 두드러진 존재로 묘사되어 있기 때문이다. 예를
들어 첫 번째 복음서인 「마태오 복음서」에서 베드로는 이름이 25회나 나
오고 12제자를 소개할 때 '첫째'라고 명명되어 있으며, 신약성경에 포함된
유일한 역사서로 초대교회의 역사를 기술하고 있는 「사도행전」은 예수 사
후 베드로가 사도 요한과 예수 가족의 협력을 받아 예루살렘 교회를 건
설하고, 운영을 주도한 것으로 묘사하고 있다.[1] 그래서 「사도행전」 초반부
는 '베드로 행전'이라는 별칭으로 불리기도 한다.

기독교 신자 중에서도 베드로가 예수의 후계자라는 사실을 특히 강조
하는 이들은 가톨릭 신자들이다. 가톨릭의 최고 지도자인 교황이 베드로
의 후계자를 자처하고 있기 때문이다. 로마의 교황은 원래 도시 로마 교

---

1 오경준, 「사도행전에 나타난 예수의 형제 야고보」, 『신약논단』 21-4, 2014,
   1061~64쪽.

회의 주교였다. 1세기 말부터 로마 교회의 주교—4세기 이후 교황이라고 불린다—는 자신이 베드로를 계승하였다고 내세우면서 다른 교회의 기독교 신자들도 그의 지도를 받아야 한다고 주장하였다. 로마 교회의 주장은 이미 2세기에 상당한 지지를 받았다. 예를 들어 2세기 초 안티오키아의 이그나티우스(Ignatius)는 "로마는 모든 사람의 학교"라고 말하였고, 2세기 후반 리옹의 주교 이레나에우스(Irenaeus, 130~202)는 모든 교회가 로마 교회의 특별한 권위를 인정해야 한다고 주장하였다.[2]

4세기에 이르러 교황은 자신이 세계 모든 기독교 신자의 최고 지도자라고 주장하였고, 그의 주장은 여러 종교 회의를 통해 공식적으로 인정받게 되었다. 그리하여 교황 수위권(首位權)이 제도로 정착하여 오늘날까지 이어지고 있다.[3] 이렇게 교황이 수위권을 주장할 수 있었고, 다수의 기독교 신자들이 그의 주장에 동의했던 것은 성경의 다음 구절 때문이었다.

예수께서 제자들에게 "그러면 너희는 나를 누구라고 말하느냐?" 하고 물으셨다. 시몬 베드로가 "당신은 살아 계신 하느님의 아들이자, 그리스도이십니다"라고 대답하였다. 그러자 예수께서는 "요나스의 아들 시몬아, 너는 복이 있다. 살과 피가 아니라 하늘에 계신 내 아버지가 그 사실을 너에게 알려주셨다"라고 말씀하셨다. 또한 나는 말한다. "너는 베드로이다. 내가 이 반석 위에 내 교회를 세울 터인즉 지옥의 문이 그것을 누르지 못할 것이다. 또 나는 너에게 하늘나라의 열쇠들을 주겠다. 네가 무엇이든지 땅에서 매면 하늘에서도 매일 것이며 땅에서 풀면 하늘에서도 풀릴 것이다" 하고 말씀하셨다. 그러고 나서 예수께서는 자신이 그리스도라는 것을 누

2　Joseph Cullen Ayer, "The Development of the Appellate Jurisdiction of the Roman See", *Church History* 57, 1988, p. 32; 서양중세사학회, 『서양 중세사 강의』, 느티나무 2003, 197~99쪽.

3　클라우스 샤츠, 이종한 옮김, 『보편공의회사』, 분도 2005, 80~81쪽.

구에게도 말하지 말라고 제자들에게 엄히 명령하셨다.[4]

　이 구절을 읽어보면 분명 예수는 생전에 베드로를 축복하고, 그에게 세계의 교회를 지도할 권리, 그리고 신자들을 하늘나라로 인도할 권리를 주었다. 따라서 베드로가 예수의 적통 후계자라는 사실은 명확해 보인다.[5]

　그런데 자명해 보이는 이 사실이 정말 진실일까?[6] 다른 자료는 차치하고 신약성경 자체에도 베드로가 예수의 후계자라는 사실을 의심하게 만드는 몇몇 구절이 있다. 먼저, 예수는 카파르나움에서 가르칠 때 12제자에게 "나는 분명히 말한다. 너희가 무엇이든지 땅에서 매면 하늘에도 매여 있을 것이며 땅에서 풀면 하늘에도 풀려 있을 것이다"[7]라고 말하였다. 이 구절은 앞에서 언급한 「마태오 복음서」 16장 17~19절과 같은 취지를 담고 있는데, 신자들에 대한 최종적인 권한을 베드로가 아니라 12제자에

4　「마태오 복음서」 16:15-20. 이 책에서 성경 인용은 주교회의 성서위원회, 『성경』, 한국천주교중앙협의회 2005를 기본으로 했지만, 필요에 따라서 내가 번역하기도 했다.

5　로마의 주교가 자신의 권위를 주장하기 위해서 이 구절을 이용한 최초의 사례는 3세기 초에 관찰된다. 이에 대해서는 T. Smith, *Petrine Controversies in Early Christianity: Attitudes Towards Peter in Christian Writings of the First Two Centuries*, Mohr 1985, p. 21을 보라.

6　물론 이에 대해서 다른 해석을 할 수도 있다. 개신교 계열의 학자들은 이 구절에서 베드로는 개인으로서 베드로가 아니라 신앙고백자 베드로라고 주장한다. 따라서 올바른 신앙을 고백한 사람은 누구나 '베드로'가 될 수 있다. 이렇게 해석하는 것은 나름 타당성이 있으나, 신약성경의 다른 문서, 즉 「사도행전」에서 베드로가 예루살렘 교회의 최고 지도자로 등장하는 사실과 모순될 수 있다. 따라서 위 구절에서 예수는 베드로를 후계자로 인정했다고 보는 것이 좀 더 타당해 보인다. 물론 이렇게 해석한다고 해서 이 구절이 교황 제도를 뒷받침하는 것은 아니다. 예수가 베드로를 후계자로 인정하는 것과 로마의 주교가 베드로를 계승하는 것은 별개의 사건이기 때문이다. 따라서 신약성경 내에서 교황 제도를 뒷받침하는 구절은 없다고 판단된다. 이에 대해서는 김동수, 「신약성서는 교황제를 지지하는가?」, 『신약논단』 22-3, 2015를 보라.

7　「마태오 복음서」 18:18.

게 주고 있다.[8]

두 번째, 제대베오의 두 아들, 즉 야고보와 요한이 베드로보다 더 권위가 높았음을 암시하는 구절이 있다. 그들은 예수를 모시고 활동할 때 자신들에게 예수의 오른쪽 자리와 왼쪽 자리를 달라고 요구하였는데,[9] 이는 그들이 예수의 제자단에서 우월적인 지위를 차지하고 있음을 암시한다. 특히 요한은 예수가 공생애를 펼칠 때 베드로의 강력한 경쟁자였다. 예수의 최후의 만찬자리에서 그는 예수와 가장 가까운 곳에 앉아 있었다.

그때 예수가 자신을 배반할 제자를 예언했는데, 베드로는 감히 예수에게 그 사람이 누구인지 직접 물어보지 못하고 요한에게 그 사람이 누구인지 물어보라고 부탁한다.[10] 그 후 예수가 십자가에서 임종할 당시 예수는 어머니 마리아를 요한에게 부탁했다.[11] 이 두 사건은 12제자 가운데 요한이 베드로보다 더 특출난 지위를 갖고 있었음을 암시한다. 예수가 승천한 후 세워진 예루살렘 교회에서도 초기에 요한은 베드로에 버금가는 권위를 가지고 있었다. 그는 베드로와 함께 예루살렘의 유대인에게 예수의 부활을 증언하고, 병자를 치료하는 기적을 행하곤 하였다.[12]

이렇게 신약성경 내에서도 베드로가 예수의 후계자라는 사실을 의심할 수 있는 자료가 있기는 하지만, 앞에서 인용한 「마태오 복음서」 16장 17~19절의 위력이 너무나 강력했기 때문에 지금까지 베드로가 예수의 수제자이자 후계자라는 주장은 크게 도전받지 않고 수용되어 왔다.

그런데 베드로가 예수의 후계자라는 주장이 지금까지 계속된 데에는

---

8 김동수, 앞의 글, 2015, 571쪽; 양용의, 「마태복음에 나타난 베드로상(像): 반석과 걸림돌」, 『신약연구』 9-1, 2010, 18~19쪽.
9 「마르코 복음서」 10:35-37.
10 「요한 복음서」 13:21-26.
11 이는 「요한 복음서」에 나오는 애제자가 사도 요한이라는 가설에 근거한 것이다. 애제자의 정체에 대해 다양한 의견이 있다는 것은 본문을 참조하라.
12 「사도행전」 3:1, 4:1.

또 다른 이유가 있다. 현재 존재하는 기독교의 거의 모든 교파는 원정통(영지주의와의 투쟁에서 승리하고 콘스탄티누스가 공인한 교회로 4세기 이후 정통 교회로 자리 잡는다) 교회의 후예들이다. 원정통 교회는 1세기 후반 베드로, 요한, 바울로의 신학을 물려받은 교회들로, 구체적으로는 로마 교회를 중심으로 한 서방교회, 에페소 교회와 안티오키아 교회를 중심으로 한 아시아 교회들, 그리고 알렉산드리아 교회를 비롯한 이집트 교회 등이다.

이들 교회는 모두 베드로의 권위를 그들 존재의 이론적인 기반으로 제시하였다. 앞에서 살펴보았듯이 로마 교회는 베드로가 세웠다고 주장하며 1대 주교를 베드로로 설정하였다. 안티오키아 교회 역시 베드로와 바울로가 세웠다고 주장하고, 1대 주교를 베드로로 제시하였다. 알렉산드리아 교회는 베드로의 동역자인 마르코의 가르침을 받았다고 주장하였다. 그리고 에페소 교회는 사도 요한이 세웠고, 요한이 그곳에서 오랫동안 목회 활동을 한 것으로 유명하다. 이 교회는 2세기 중반 이후 베드로의 수위권을 인정하면서 로마 교회와 협력하였다.

이렇듯 원정통 교회는 모두 베드로를 최고의 권위자, 예수의 적통 후계자로 규정하였고, 교회별로 요한이나 바울로를 베드로에 버금가는 권위자로 인정하였다. 따라서 베드로의 권위를 인정했던 「마태오 복음서」 16장 17~19절은 특히 인기가 있었고, 지금까지 그 권위를 유지할 수 있었다.

그런데 20세기 중반 베드로를 예수의 후계자로 설정하고, 요한과 바울로를 그의 동역자로 설정하는 인식에 근본적인 문제가 있음을 보여 주는 자료가 발견되었다. 1945년 이집트 나일강 상류 지역인 나그함마디(Nag Hammadi)에서 이른바 나그함마디 문헌[13]이 발견되었는데, 이 문헌은 초

---

13 나그함마디 문헌의 발견·구성·의의에 대한 개략적인 소개는 이상규, 「나그함마디 사본」, 『목회와 신학』 191, 2005; 김용옥, 『기독교 성서의 이해』, 통나무 2007, 442~64쪽을 보라. 나그함마디 문서를 땅속에 묻은 사람들의 정체에 대해서는 유태엽, 「나그함마디 문헌을 통해 본 '기독교 영성'의 정체성에 대한 소고」, 『신학논단』 75, 2014, 103~05쪽을 보라. 유태엽은 나그함마디 문헌을 묻은 사람들

기 기독교에 대해서 지금까지 수용되었던 여러 생각의 패러다임을 송두리째 바꾸면서 새로운 지평을 열었다.

이 문헌이 발견되기 이전 1~2세기 원시 기독교의 발전은 일치와 화합 속에 일직선적으로 이루어졌다는 견해가 주를 이루었다. 이 견해에 따르면 예수의 가르침은 사도에게 전수되었고, 사도는 주교와 부제를 임명함으로써 기독교의 정통을 이어 가게 하였다. 로마 교회, 에페소 교회, 안티오키아 교회를 비롯한 정통 교회는 바로 그 가르침에 근거하였다. 사도들이 죽고 나서, 시기적으로는 1세기 말부터 나타나기 시작한 이단은 예수의 가르침을 왜곡하거나, 외래의 사상이나 관습을 끌어들여 기독교의 교리를 변형하면서 정통 교회에서 이탈하였다.[14] 따라서 이단은 타락하고 저급한 것이었다.[15] 이런 전통 견해는 1세기 후반에 활동하였던 기독교 지

이 이단인 영지주의자들이 아니라 정통 교회에 속하는 파코미우스 수도원의 수도사였다고 주장하였다. 이는 나그함마디 문헌을 처음 발견한 무함마드 알리 삼만 (Mohammed Ali Samman) 형제의 진술을 그대로 믿은 제임스 로빈슨(James Robinson)이 제시한 가설을 따른 것이다. 나그함마디 문헌 초기 연구자인 로빈슨은 나그함마디 문헌이 발견된 게벨 알 타리프에서 약 8킬로미터 떨어진 곳에 파코미우스 수도원이 있다는 것을 알고 이 가설을 제시하였다. 그러나 파코미우스 수도원의 수도사들이 나중에 다시 보기 위해서 그 문서를 숨겨 놓기에는 8킬로미터는 꽤 먼 거리이다. 더욱이 나그함마디 문헌의 발견자인 알리 형제의 진술도 일관성이 없다. 이 점을 주목한 Nicola Denzey Lewis and Justine Ariel Blount, "Rethinking the Origins of the Nag Hammadi Codices", *Journal of Biblical Literature* 133-2, 2014, pp. 399~419는 나그함마디 문헌이 한 무덤의 부장품으로 발견되었고 파코미우스 수도원과는 관계가 없다고 주장하였다. 이 경우 원정통 교회 신자들이 나그함마디 문헌을 4세기까지 가지고 있었다는 통설은 신빙성을 잃게 된다.

14 H. E. W. Turner, *The Pattern of Christian Truth*, Wipf and Stock 1954, p. 7. 이 견해는 2세기 후반에 활동하였던 헤게시푸스(Hegesippus)의 다음 말, 즉 "사도들의 신성한 무리가 여러 가지 방식으로 그들의 삶을 마감했을 때 그리고 자신들의 귀로 신성한 지혜를 들었던 세대의 사람들이 사라졌을 때, 사악한 오류가 생겨나기 시작하였다. 이제 사도들이 아무도 남아 있지 않게 되자 거짓 교사들이 가면을 벗고 속임수를 써서 진실의 가르침을 부정하고 거짓 지식을 전파하기 시작하였다"에서 전형적으로 나타난다. 이 말은 유세비우스가 그의 교회사에 정리하여 기록한 것이다. Eusebius, *Ekklesiastikes Istorias*, 3, 32, 8.

도자들이 표방하기 시작하였고[16] 유세비우스(Eusebius)를 비롯한 교회사가들이 강화한 것으로 20세기 중반까지 흔들림 없이 믿어졌다.[17]

나그함마디 문헌의 발견은 전통 견해가 근본적으로 잘못된 것임을 가시적으로 입증하였다. 이 문헌의 운명은 그 자체가 원시 기독교의 역사를 이해하는 데 하나의 잣대로 작용한다. 이 문헌이 현재까지 보존되어 다시 빛을 볼 수 있었던 것은 4세기 말에 정통 교회의 지도자들이 정통 교회가 사용하고 있는 문서들 이외에 다른 문서들을 소각하라는 명령을 내렸을 때,[18] 나그함마디 근처에 있었던 파코미우스 수도원의 수도사들이 그들이 가지고 있던 문서 가운데 꼭 보존해야 한다고 생각했던 것을 항아리에 담아 깊은 동굴에 숨겼기 때문이다.

1,600여 년이 지나 이 문헌이 발견된 것은 원시 기독교 지도자들이 행사했던 '검열'에 의해서 그동안 목소리를 잃고 있던 원시 기독교의 '소수' 교파가 스스로 말할 수 있게 되었다는 것을 의미한다. 암흑 속에 갇혀 있던 이 목소리의 복원은 그동안 원시 기독교의 역사가 정통 교회가 제공하는 자료들에 근거해서, 그것도 1세기 말부터 정통 교회의 지도자들이 수립했으며 그 이후의 교회사가들이 관성에 젖어서 고착시켰던 관점에 근거해서 이해되고 연구되어 왔음을 뚜렷하게 드러냈다.

나그함마디 문헌이 과연 어떤 내용을 담고 있기에 이렇게 획기적인 역

15 Pheme Perkins, *Gnosticism and the New Testament*, Fortress Press 1993, p. 177.
16 「유다 서간」 1:3-4;「티모테오에게 보낸 첫째 서간」 1:3-7.
17 H. E. W. Turner, 앞의 책, 1954, p. 7; Arland Hultgren and S. Haggmark, *The Earliest Christian Heretics*, Fortress Press 1996, pp. 6~7.
18 4세기 초 이미 콘스탄티누스 황제가 노바티아누스파, 발렌티누스파, 마르키온파, 사모사타의 바울로를 이단으로 규정하고, 그들의 서적을 모두 없애라고 명령하였다. 이에 대해서는 Eusebius, *Vita Constanti* 3. 63-6을 보라. 그럼에도 불구하고 여러 교회가 이들의 문서를 계속 이용하고 있었다. 이에 367년 알렉산드리아의 주교 아타나시우스(Athanasius)가 이집트 수도사들에게 영지주의 문서를 모두 소각하라고 명령을 내렸다. 이에 대해서는 Elaine Pagels, *Beyond Belief: The Secret Gospel of Thomas*, Random House 2003, p. 173을 보라.

할을 했을까? 열세 개의 코덱스로 이루어진 나그함마디 문헌은 쉰두 편의 문서를 포함하고 있었는데, 이 가운데 마흔 편은 이전에 전혀 알려지지 않은 문서들이었다. 따라서 나그함마디 문헌의 발견은 단번에 1~3세기 원시 기독교 신자들이 작성한 문서 마흔 개를 발견한 것과 같은 효력이 있었다. 원시 기독교에 대한 기록이 많지 않아서 문서 하나가 아니라 몇 줄의 기록을 담고 있는 비문 하나의 발견으로도 원시 기독교에 대한 이해가 달라질 수 있다는 것을 생각하면, 마흔 개의 문서가 새로이 발견되었다는 것은 진정 경이로운 일이 아닐 수 없다.[19]

이들 문서는 대부분 후대에 이단으로 분류된 영지주의 계열의 신앙을 담고 있는데[20] 그 가운데 중요한 것으로는 「토마스 복음서」(Gospel of Thomas), 「진리 복음서」(Gospel of Truth), 「필리포스 복음서」(Gospel of Philip), 「야고보의 비밀 가르침」(Apocryphon of James), 「요한의 비밀 가르침」(Apocryphon of John), 「사도 바울로의 기도」(Prayer of the Apostle Paul), 「구세주의 대화」(Dialogue of the Saviour), 「야고보의 첫째 계시록」(First Apocalypse of James) 등이 있다.[21]

---

19 유태엽, 앞의 글, 2014, 102~03쪽. 나그함마디 문헌의 코덱스 숫자가 12로 되어 있는 책도 있다. 이는 13번 코덱스가 불완전하기 때문이다. 13번째 코덱스는 8개의 페이지만 남아 있다.

20 모든 문서가 영지주의 신앙을 담고 있는 것은 아니다. 나그함마디 문헌은 대부분 영지주의 문서로 판명되었지만 몇몇은 그렇지 않다. 상당수 학자들은 「베드로와 12사도의 행전」(The Acts of Peter and the Twelve Apostles), 「플라톤의 공화국」(Republic by Plato), 「영혼에 대한 주석」(Exegesis of Soul), 「실바누스의 가르침」(Teaching of Silvanus), 「용사 토마스의 책」(Book of Thomas the Contender), 「섹스투스의 경구들」(Sentences of Sextus), 「여덟 번째와 아홉 번째에 대한 담론」(Discourse on the Eight and Ninth) 등은 영지주의 문서가 아니라고 주장하고 있다. 이에 대해서는 April DeConick, *Seek to See Him: Ascent & Vision Mysticism in the Gospel of Thomas*, Brill 1996, pp. 11~12; 유태엽, 앞의 글, 2014, 103쪽을 보라. 그러나 조재형, 「나그함마디 문서가 영지주의 사상과 신약성서 연구에 주는 의미와 도전」, 『한국기독교신학논총』 108, 2018, 63~64쪽은 영지주의를 광의로 정의하고 이들 문서도 대부분 영지주의 문헌에 속한다고 주장하였다.

나그함마디 문헌의 발견이 원시 기독교에 대한 이해를 근본적으로 바꾸어 놓은 획기적 사건임을 단적으로 보여 주는 것은 「토마스 복음서」이다. 나그함마디 문헌 발견 이전에 원시 기독교 연구의 주요 자료로 이용되는 복음서는 현재의 성경에 포함되어 있는 네 개의 복음서뿐이었다. 비록 교부(敎父)들의 문헌을 통해서 현존하지 않은 수십 종의 복음서가 있었다는 사실이 알려져 있었지만, 그 내용을 제대로 전하는 복음서가 드물었기 때문이다. 나그함마디 문헌에는 복음서라는 제목이 붙어 있는 문서가 네 편 있는데, 그 가운데 하나가 「토마스 복음서」이다.

다소 기이하게 들릴 수 있겠지만 「토마스 복음서」가 세상에 그 모습을 드러낸 것은 나그함마디 문헌이 발견되기 이전인 1897년과 1903년이었다. 이때 이집트의 옥시링쿠스에서 예수의 어록을 담고 있는 작은 단편들이 발견되었다.[22] 여기서 발견된 단편들은 그리스어로 쓰인 파피루스 사본으로 P. Oxy. 1, P. Oxy. 654, 655로 명명되었다. 그러나 그때 학자들은 이 단편이 갖고 있는 가치를 제대로 파악할 수 없었다. 그 단편들이 너무나 작아서 하나의 복음서를 구성할 수 있다고 상상하지도 못했기 때문이다.

나그함마디 문헌이 발견된 후 이 단편들이 나그함마디 문헌의 백미로 불리는 「토마스 복음서」의 일부라는 사실이 밝혀졌다.[23] 필사본 연구자들이 다양한 의견을 제시하고 있지만 일반적으로 「토마스 복음서」는 원래

---

21 Marvin Meyer et al.(ed.), *Nag Hammadi Scriptures, The International Edition*, HarperOne 2007 ; 이상규, 앞의 글, 2005, 188쪽. 「토마스 복음서」, 「구세주의 대화」, 「진리 복음서」를 비롯한 나그함마디 문헌의 여러 문서는 2세기에 작성되었지만 1세기 예수에게서 유래한 전승을 많이 포함하고 있을 가능성이 높다. 이에 대해서는 Helmut Koester, *Paul and His Worlds: Interpreting the New Testament in Its Context*, Fortress Press 2007b, pp. 232~33; 조재형, 앞의 글, 2018, 67~69쪽을 보라.

22 Lee Martin McDonald, *Forgotten Scriptures*, Westminster John Knox Press 2009, pp. 164~66.

23 N. Perrin, *Thomas and Tatian*, Society of Biblical Literature 2002, p. 1.

그리스어로 쓰였다가, 후대 콥트어로 번역되었다고 여겨지고 있다.[24] 옥시링쿠스에서 발견된 「토마스 복음서」의 파피루스 필사본은 총 3개인데, 이는 당시 「토마스 복음서」가 상당이 널리 유포되고 있었고, 인기가 높았다는 것을 암시한다. 이 지역에서 정경인 「마르코 복음서」의 파피루스 사본은 고작 한 개밖에 발견되지 않았기 때문이다.[25]

「토마스 복음서」는 그 구성 자체가 하나의 파격이었다. 그동안 신학자들은 「마태오 복음서」, 「마르코 복음서」, 「루카 복음서」의 관계를 연구하면서, 「마태오 복음서」와 「루카 복음서」가 「마르코 복음서」와 지금은 사라지고 없는 Q복음서를 기본 대본으로 삼았을 것이고, Q복음서는 사복음서와 달리 어록 복음서일 것이라고 추론하였다. 「토마스 복음서」의 발견은 어록 복음서의 존재를 가시적으로 입증하였다. 그것이 오직 114개의 어록만을 담고 있었기 때문이다. 따라서 「토마스 복음서」의 발견은 예수의 말씀만을 담은 어록 복음서가 먼저 있었고 그 어록 복음서에 서사(이야기)를 결합한 서사 복음서가 나중에 생겼을 가능성이 높음을 입증하였다.[26]

---

24 D. Wallace(ed.), *Revisiting the Corruption of the New Testament*, Kregel 2011, pp. 196~97. 그러나 이에 반대하는 학자들도 있다. 예를 들어 N. Perrin, "NHC II,2 and the Oxyrhynchus Fragments (P. Oxy, 1, 654, 655): Overlooked Evidence for a Syriac Gospel of Thomas", *Vigiliae Christianae* 58, 2004, pp. 138~51은 원래 시리아어로 쓰였다고 한다.

25 Lee Martin McDonald, 앞의 책, 2009, p. 164. 옥시링쿠스에서 발견된 파피루스에 대해서는 흥미로운 이야기가 있다. 루돌프 불트만(Rudolf Bultmann), 1884~1976)은 그의 저서 『공관복음서 전승의 역사』(*The History of the Synoptic Tradition*)에서 세 파피루스 가운데 하나인 P. Oxy, 16을 검토하였다. 이 파피루스는 예언자가 고향에서는 기적을 행하지 못한다는 내용을 담고 있는데, 불트만은 이때 이 파피루스가 「토마스 복음서」의 일부라는 것을 몰랐고, 단지 기록된 내용의 성격만을 검토하였다. 불트만은 이 파피루스가 「마르코 복음서」 6장 1~6절보다 오래되었는데, 「마르코 복음서」가 내용의 후반부를 예수의 생애에 맞추어 각색했기 때문이라고 주장하였다. 이에 대해서는 Helmut Koester, "Written Gospels or Oral Tradition?", *Journal of Biblical Literature* 113-2, 1994, p. 296을 보라.

26 「토마스 복음서」의 어록 114개 가운데 40여 개가 Q복음서와 유사하다. 이에 대해서는 W. Arnal, "The Rhetoric of Marginality: Apocalypticism, Gnosticism,

「토마스 복음서」는 내용 또한 파격적이었다. 잘 알려져 있듯이 정통 기독교는 예수를 구세주로 믿음으로써 구원을 받는다는 타력 신앙을 기본 교리로 가르치고 있다. 그런데 「토마스 복음서」에서 예수는 "나는 너의 스승이 아니다. 내가 직접 (크기를) 잰 샘에서 솟아오르는 물을 네가 이미 마시고 취하였기 때문이다"[27]라고 토마스에게 말함으로써, 그와 제자가 동일한 능력을 갖추고 있음을 천명하였고, "이들 말씀의 의미를 찾아내는 사람은 죽음을 맛보지 않을 것이다"[28]라고 말함으로써 제자가 그 능력을 발휘하여 스스로 지식(진리)을 찾음으로써 구원에 이를 수 있다고 가르쳤다.[29] 따라서 「토마스 복음서」는 자력 신앙을 추구하고 있다.

「토마스 복음서」의 저술 시기를 언제로 파악하는가에 따라서 「토마스 복음서」의 이런 혁신성에 대한 평가는 다소 달라질 수 있다. 본문에서 자세히 다룰 것처럼 「토마스 복음서」의 저술 연대에 대해서는 두 가지 설이 있다. 1세기 중후반설과 2세기 중반설이다. 사복음서를 비롯한 정경의 가치를 지키려는 학자들은 「토마스 복음서」가 공관복음서의 영향을 받았고, 그 내용에서 2세기 영지주의적인 사고관이 관찰된다는 것을 근거로 2세기 중반설을 주장한다. 반면 비판적이고 자유주의적인 태도를 견지하는 학자들은 「토마스 복음서」의 내용이 공관복음서에 의존하지 않고 있을 뿐만 아니라 후대에 윤색되거나 가공되지 않은 형태로 예수의 말씀을

---

and Sayings Gospels", *The Harvard Theological Review* 88-4, 1995, p. 471을 보라. 복음서의 집필 이전에 어록이 유통되었다는 것을 입증하는 증거로 「야고보 서간」을 제시하는 학자들도 있다. S. R. Llewelyn, "The Prescript of James", *Novum Testamentum* 39-4, 1997은 「야고보 서간」은 지혜 어록으로 유통되던 것들을 2세기에 편집한 것이라고 주장하고 있다.

27 「토마스 복음서」 13(이 책의 「토마스 복음서」 번역은 송혜경, 『신약외경 입문 상권: 신약외경 총론』, 한님성서연구소 2012의 번역에 따른다).

28 「토마스 복음서」 1.

29 오강남, 『또 다른 예수』, 예담 2009, 82~83쪽; 송혜경, 「콥트어 토마 복음의 인간 구원에 관한 소고」, 『가톨릭 신학과 사상』 23, 2008, 42~44쪽.

전하고 있다는 것을 근거로 제시하면서 1세기 중후반설을 주장하고 있다. 물론 이는 상당히 도식적인 분류이다. 비판적이고 이성적인 사고를 중요시하는 학자들 가운데서도 2세기 중반설을 주장하는 사람이 많기 때문이다. 흥미로운 것은 미국 학자들 가운데 1세기 중후반설을 주장하는 사람이 많은 데 반해서 유럽의 학자들은 가운데는 2세기 중반설을 주장하는 학자들이 많다는 것이다.[30] 「토마스 복음서」의 저술 시기를 사복음서보다 앞선 1세기 중후반으로 파악한다면[31] 원시 기독교에 대한 현재의 이해는 그 근본부터 완전히 수정되어야 한다. 「토마스 복음서」의 '이른 연대'는 그 복음서가 사복음서에 의존하지 않고 독자적으로 발전했다는 것을 의미하고, 그렇다면 현재의 정통 교회가 추종하고 있는 교리가 예수의 가르침에서 직접 유래한 것이 아니라 2차적으로 가공된 것일 가능성이 매우 높아지기 때문이다.

또한 「토마스 복음서」의 완결 시점을 2세기 중반으로 파악하는 학자들도 「토마스 복음서」의 핵심 부분이 1세기 중반에 작성되었다는 것을 부정하는 사람은 거의 없다. 「토마스 복음서」와 공관복음서의 본문 비교 연구에서 「토마스 복음서」에 공관복음서에 없거나 공관복음서의 전승과는 독립적으로 전해온 전승이 많다는 사실이 밝혀졌기 때문이다.[32] 예를 들어 「토마스 복음서」는 예수의 여러 비유를 전하는데 그 가운데 상당수는 정경 복음서의 텍스트보다 원형에 가깝다. 그런 비유로는 '씨 뿌리는 자의 비유', '악한 포도원 농부 비유', '잃어버린 양의 비유' 등을 들 수 있다. 「토마스 복음서」의 이런 비유들은 공관복음서의 것들보다 짧고, 간결할 뿐만 아니라[33] 신학적인 측면이나 수사학적인 측면에서 윤색이 덜 가해져 있기

---

30 Simon Gathercole, *The Composition of the Gospel of Thomas*, Cambridge University Press 2012, pp. 10~11.

31 R. W. Funk et al., *The Parables of Jesus: Red Letter Edition*, Sonoma 1988, p. 13.

32 Ann Graham Brock, *Mary Magdalene, The First Apostle*, Harvard Uni. Press 2003, p. 103; 송혜경, 앞의 글, 2008, 33쪽.

에 예수의 원래 말씀에 가깝다.[34] 따라서 「토마스 복음서」는 원시 기독교의 기원과 발전을 연구하는 데 있어 새로운 지평을 여는 소중한 자료임에 틀림없다.[35]

　　나그함마디 문헌의 의미를 정통 교회에 의해서 억압당했던 소수파의 목소리를 복원하는 데 둔다면, 「진리 복음서」를 비롯한 영지주의 문서도 중요하다. 나그함마디 문헌의 발견 이전 영지주의에 대한 이해는 전적으로 정통 교회가 제공하는 자료에 의존하였다. 2세기의 교부들인 유스티누스(Justinus)와 이레나에우스, 테르툴리아누스(Tertullianus) 등은 영지주의자들을 과도하게 상상의 날개를 펼쳐서 신계(神界)를 구상한 사람들, 영지(靈知)를 추구하는 비밀집단, 혼음과 간음을 행하는 타락한 집단 등으로 규정하였다.[36] 연구자들은 이들의 자료에 의존해서 영지주의를 헬레니즘 문화를 받아들여 변개된 기독교의 일파로 파악하는 경향을 보였다.[37]

33　N. Perrin, 앞의 책, 2002, p. 12. 페린은 「토마스 복음서」가 170년경 시리아 교회의 타티아노스가 만든 「디아테사론」에 의지하고 있기에 2세기 후반의 작품이라고 주장하였다. 그의 주장이 맞다면, 2세기 후반 시리아 교회는 베드로의 수위권을 주장하는 로마 교회에 맞서서 독자성을 유지하기 위해서 토마스의 권위를 높이려고 했다고 해석할 수 있다. 본문에서 살펴볼 것처럼 「토마스 복음서」가 베드로의 권위를 낮추고 토마스의 권위를 높이고 있기 때문이다. 2세기 후반 시리아 교회가 토마스의 권위를 이렇게 높일 수 있었던 것은 토마스가 1세기부터 권위 있는 인물이라는 전승이 있기 때문일 것이다. 문우일, 「The Descending and Ascending Theme in the Gospel of Thomas」, 『신학논단』 90, 2017은 「토마스 복음서」가 상승과 하강이라는 주제로 편집되어 있기에 그 저술 시기가 늦다고 주장하면서 페린의 견해를 보충하였다.

34　김득중, 『복음서의 비유들』, 컨콜디아사 1988, 82, 93, 100쪽; 박지선, 「도마 복음서」, 『예수말씀 연구』 5, 2015, 102~03쪽.

35　W. Petersen, "The Parable of the Lost Sheep in the Gospel of Thomas and the Synoptics", *Novum Testamentum* 23-2, 1981, pp. 128~47; 서중석, 『복음서의 예수와 공동체의 형태』, 이레서원 2007, 277쪽.

36　정통 교회 지도자들의 이런 비난은 영지주의의 관습을 오해한 것이거나 아니면 '적'을 비난하는 상투적인 수법일 수 있다. 교부들의 비난과 달리 영지주의자들은 대부분 금욕적인 삶을 추구하였다. 이에 대해서는 송혜경, 『영지주의자들의 성서: 우리를 자유롭게 하는 것은 지식이다』, 한님성서연구소 2014b, 176~78쪽을 보라.

그러나 나그함마디 문헌은 최초로 영지주의자들의 목소리를 직접 들을 수 있게 함으로써 영지주의에 대한 기존의 인식에 근본적인 오류가 있음을 보여 주었다. 나그함마디 문헌의 여러 문서에 의하면, 영지주의는 정통 기독교에서 갈라져 나간 것이 아니라, 기독교 탄생기에 이미 존재하였던 하나의 사상 혹은 사유 구조였다. 영지주의는 탄생 초기에 신계에 대한 과도한 상상에 집착하지 않았고, 영지, 즉 참된 지식을 추구했으며, 예수를 구세주로 믿는 것이 아니라 참된 지식(영지)을 얻음으로써 구원을 얻을 수 있다고 주장했다.[38]

초기 영지주의의 이런 모습은 「토마스 복음서」와 「진리 복음서」에서 확인된다. 두 복음서에서 신계에 대한 과도한 상상은 관찰되지 않는다. 특히 「진리 복음서」가 표방하고 있는 최고신에 대한 관념은 정통 교회와 크게 다르지 않다. 「진리 복음서」에 따르면, '아버지' 하느님이 천지를 창조하였고 모든 것을 주재한다. 그의 아들 예수는 로고스로서 이 땅에 육신으로 왔다. 이 점에서 「진리 복음서」는 「요한 복음서」와 유사한 사고를 보인다.

---

37 이는 최초로 영지주의에 대한 본격적인 연구를 시작하였던 아돌프 하르나크(Adolf Harnack)의 견해이고 지금도 많은 학자들이 추종하고 있다. 이에 대해서는 Karen King, *What Is Gnosticism*, Harvard University Press 2003a, p. 55를 보라.

38 송혜경, 앞의 글, 2008, 35쪽은 "요즘 대부분의 학자들은 영지주의를 하나의 독립된 종교 운동으로 간주하지 않는다. 전통적으로 작품 내용 면에서 살펴볼 때, 예수의 대속이 아닌 지식 또는 인식을 구원의 필수 요소로 보고 영적인 것만 추구하며 세상과 인간 실존을 부정적으로 바라보고 허무주의에 바탕을 깔고 있는 사상들을 일괄해서 영지주의라 칭했다"라고 말하고 있다. 이에 대해서는 사도 토마스를 다루는 본문에서 논의하였다. 송혜경, 『신약외경 입문 상권: 신약외경 총론』, 한님성서연구소 2012, 143~44쪽은 영지주의 주요 분파를 이원론 계열, 시리아 계열, 그리스 계열, 반율법주의 계열로 소개하고 있다. 좀 더 구체적으로 살펴보면 이원론 계열에는 마르키온파가 속하고, 시리아 계열에는 나아센파, 세트파, 사투르니누스파가 속하며, 그리스 계열에는 발렌티누스파와 바실리데스파가 속한다. 그리스 계열은 시리아 계열에 비해서 금욕적인 성격이 덜하였다. 그러나 송혜경에 앞서 박경미, 「영지주의 이원론과 관련해서 본 여성 형상의 의의: 요한 외경의 소피아 상을 중심으로」, 『종교연구』 25, 2001는 영지주의를 이란계와 시리아-이집트형으로 나누고 발렌티누스파를 시리아-이집트형으로 보았다.

그러나 「진리 복음서」는 예수가 이 땅에 온 이유에 대해서는 정통 교회와 근본적으로 다른 견해를 제시한다. 「진리 복음서」에 따르면 예수가 십자가에 죽음으로써 인류에게 구원의 가능성을 연 것이 아니다. 예수는 사람들에게 하느님에 대한 참 진리를 가르치기 위해서 이 땅에 왔으며, 사람들은 진리를 깨달음으로써 구원을 얻을 수 있다. 따라서 사람에게 중요한 것은 하느님과의 연합을 가능하게 해주는 진리, 즉 참된 지식을 추구하는 것이다.[39] 「진리 복음서」의 이런 구원관은 「토마스 복음서」와 기본적으로 같다.

이렇게 「토마스 복음서」와 「진리 복음서」는 1세기 후반, 그리고 2세기 전반에 현재의 정통 교회와 다른 신학을 추구하는 기독교 신자들이 존재하였고, 그들은 정통 교회에서 이탈하거나 퇴락한 존재가 아니라, 정통 교회와 같은 시점에 활동하였음을 보여 주었다. 따라서 예수에게서 거대한 강이 흘러나왔고, 그 물줄기가 사도와 주교를 거치면서 정통 교회로 이어진 것이 아니다. 오히려 예수에게서 여러 작은 시냇물이 흘러나왔으며, 후대에 정통 교회로 성장할 교회, 즉 원정통 교회는 그 시냇물 가운데 하나였을 뿐이다. 1세기 후반에는 여러 갈래의 시냇물이 흐르고 있었으며, 영지주의도 그 가운데 하나였다. 이 시냇물들이 경쟁하면서 더 많은 분파를 만들기도 했으며, 또 합해져서 더 큰 물줄기를 만들기도 하였다. 이런 과정은 정통 교회가 신약성경의 정경화 작업을 완수하면서 확고하게 자리 잡게 되는 4세기 후반까지 지속되었다.[40]

그런데 나그함마디 문헌이 발견 즉시 큰 울림을 얻을 수 있었던 다른 이유가 있었다. 이미 여러 사람이 그 문서의 발견을 간절히 기다리고 있었다. 1934년 독일의 신학자 발터 바우어(Walter Bauer)가 『원시 기독교

39 서중석, 「진리 복음서의 사상과 기원」, 『현대와 신학』 13, 1992.
40 Arland Hultgren, *The Rise of Normative Christianity*, Wipf and Stock 2004, pp. 4~5.

의 정통과 이단』을 발표하였다.[41] 그는 신약성경이 너무나 논란이 많은 문서일 뿐만 아니라 원정통 교회의 목소리가 강하게 녹아든 문서라고 생각해서 자료로 삼지 않았다. 대신 그는 2세기의 여러 자료를 이용하여 주로 2세기 교회의 상황을 먼저 연구하였다. 그 결과 그는 2세기 여러 지역, 즉 에데사, 이집트, 소아시아, 마케도니아, 크레타 등에서 정통 교회보다 이른바 '이단' 교회가 더 먼저 존재했을 뿐만 아니라 다수파였다는 사실을 발견하였다.

그에 따르면, 후대 정통 교회의 모태가 되는 원정통 교회는 원래 오직 로마에서만 다수파 교회였으며, 2세기에 다른 지역으로 퍼져 나갔고 200년경에 가서야 여러 다른 지역에서 우세를 확보하였다. 이렇게 2세기에 여러 지역에서 후대에 이단으로 불리는 교파가 최초의 기독교 교회였고, 또한 다수파 교회였다는 사실은 그들이 보편 교회에서 갈라져 나온 분파가 아니라, 이미 1세기에 존재했던 여러 분파의 후계자들이라는 것을 의미한다.

바우어의 주장은 그 세부적인 면에서 많은 오류가 있음이 밝혀졌다. 예를 들어 그는 에데사 지역 최초의 교회는 마르키온파 교회였다고 주장했지만, 실증적인 연구가 진행되면서 마르키온파 교회가 그곳에 전래되기 이전에 유대주의 기독교에서 기원한 금욕주의 교파가 있었음이 밝혀졌다. 이집트의 경우에도 바우어는 영지주의 계열의 기독교가 가장 먼저 우세를 확보하고 있었다고 주장했지만, 1~2세기 이집트 기독교의 존재를 알려주는 최근의 증거들은 그들이 정통 교회에 속하거나 정통 교회에 가까운 교리를 신봉하고 있었다는 사실을 보여 주고 있다. 그들이 영지주의를 비판하는 '사도 서한'(Epistula Apostolorum)을 이용하고 있었다는 사실이 밝혀졌기 때문이다.[42] 그 밖의 지역에 대한 연구에서도 바우어는 가장 중요

---

41 Walter Bauer, *Rechtgläubigkeit und Ketzerei im ältesten Christentum*, Tübingen 1934.

한 자료인 신약성경을 외면하였으며, 그의 주장에 도움이 되는 자료를 편향적으로 이용하였다.

이렇게 바우어의 견해가 여러 가지 점에서 근거가 취약함이 밝혀졌지만, 바우어의 명제는 기각되지 않았다. 20세기 '신학의 왕'이라는 별명을 갖고 있는 불트만이 바우어의 명제를 수용하여 원시 기독교에 대한 그의 상을 정립하였고, 그의 계승자들인 헬무트 쾨스터(Helmut Koester), 제임스 로빈슨(James Robinson), 바트 어만(Bart Ehrman) 등이 다양성의 관점에서 1~2세기 정통과 이단의 문제를 깊이 있게 연구하였기 때문이다. 이들이 바우어의 견해를 적극적으로 발전시킬 수 있었던 데에는 나그함마디 문헌이 큰 역할을 하였다. 나그함마디 문헌이 1~2세기 교회의 다양성과 원심력을 가시적으로 입증해 주었기 때문이다.

특히 일레인 페이절스(Elaine Pagels)는 『영지주의 복음서』,[43] 『믿음을 넘어서』[44]와 같은 작품에서 나그함마디 문헌을 적극적으로 이용하여 바우어의 주장을 구체화시킴으로써, 바우어의 명제를 대중적으로 널리 알리는 데 기여하였다.[45] 그리하여 20세기 말 바우어의 시각은 1~2세기 기독교 세계의 정통과 이단을 연구하는 데 있어서 주도설로 자리 잡게 되었다.[46]

이렇게 나그함마디 문헌은 바우어의 명제가 정착하고, 대중화하는 데 크게 기여하였다. 그런데 나그함마디 문헌과 바우어의 연구에서 드러난

42 Arland Hultgren, 앞의 책, 2004, p. 11.

43 Elaine Pagels, *The Gnostic Gospels*, Random House 1979.

44 Elaine Pagels, *Beyond Belief: the Secret Gospel of Thomas*, Random House 2003.

45 Andreas Köstenberger and Michael J. Kruger, *The Heresy of Orthodoxy*, Crossway 2010, p. 31.

46 나그함마디 문헌이 즉각적으로 바우어의 견해를 뒷받침하는 데 이용되지 못한 것은 그 문서의 공개 발행이 늦었기 때문이다. 나그함마디 문헌은 1977년에야 공개적으로 발행되었다. 이에 대해서는 Charles W. Hedrick and Robert Hodgson(ed.), *Nag Hammadi, Gnosticism, and Early Christianity*, Wipf and Stock 2005를 보라.

원시 기독교의 가장 중요한 특징이 다양성과 원심성이라면 그런 특징은 현실적으로 어떤 쟁점을 중심으로 발현되었을까? 그것은 예수의 후계자가 누구인가라는 문제였다.

예수 사후 예수의 가르침을 계승한 여러 집단이 존재하였고, 그들은 각기 자신들이 예수의 가르침을 계승한 정통 집단이라고 주장하면서 주도권 다툼을 펼쳤다. 신약성경에는 이미 예수가 살아 있었을 때 이런 주도권 다툼이 시작되었음을 암시하는 구절이 있다. 예수의 갈릴래아(갈릴리) 시기 말기에 예수의 제자들은 서로 '누가 큰 자인가'를 두고 논쟁을 벌였으며,[47] 예수가 수난(예수의 죽음에 이르는 과정 및 죽음을 일컫는 말)을 맞이하기 위해서 예루살렘에 입성할 때 예수의 제자인 요한과 야고보는 그들을 예수의 오른쪽과 왼쪽에 앉게 해달라고 요청하였다. 이런 구절은 예수의 제자들 사이에 가장 높은 자가 되기 위한 경쟁이 있었음을 의미한다. 이런 경쟁은 12제자 이외의 집단 속에서도 이루어졌다. 예수가 갈릴래아에서 활동할 때 어느 날 요한은 '어떤 사람이 예수의 이름으로 마귀를 쫓아내는 것을 보았다.' 요한이 그를 제지하려고 했지만, 예수는 그를 막지 말라고 하였다.[48] 이 기사는 12제자 이외에도 예수를 믿는 자들이 있었고, 그들이 독자적으로 신앙을 유지했다는 것을 의미한다.[49]

이런 집단의 존재는 「사도행전」에서도 확인되는데 사도 바울로가 에페소에 갔을 때 아폴로라는 사람을 만났다. 그는 12제자를 비롯한 누구에게도 가르침을 받지 않았다. 그렇지만 "그는 이미 주님의 가르침을 배워 잘 알고 있을 뿐 아니라 열성을 다하여 전도하며 예수에 관한 일을 정확하게 가르치고 있었다."[50] 특히 아폴로는 그가 원래 활동했던 에페소뿐만

47 「마르코 복음서」 9:35-37.
48 「마르코 복음서」 9:38-40.
49 김득중, 『초대 기독교와 복음서』, KMC 2016, 197~201쪽은 이 기사가 역사적 사실이 아니라 예수 승천 이후 12제자가 초대교회의 지도자로 활동하던 시대 상황을 반영한다고 분석하고 있다.

아니라 사도 바울로가 개척한 코린토 교회에서도 추종자들을 확보하였는데, 이는 그와 사도 바울로 사이에 모종의 경쟁관계가 있었음을 암시한다. 이들 소집단 이외에도 이미 50년대에 로마 교회는 상당한 규모를 형성하고 있었고, 독자적으로 신앙생활을 하고 있었다.[51] 따라서 이들 집단의 존재는 12제자 이외에 다른 경로를 통해서 기독교를 접한 자들이 존재하였고, 원시 기독교 탄생기에 다양성을 띠고 있었다는 것을 입증한다.[52]

이렇게 여러 사람, 다양한 집단이 예수의 후계권을 확보하기 위해서 경쟁하고 있었는데, 원시 기독교의 탄생기라고 할 수 있는 1세기 중반부터 2세기 중반까지 그 경쟁은 일반적으로 생각해 왔던 것보다 훨씬 치열하게 진행되었으며, 현재에는 중요성을 상실한 인물이 유력한 경쟁자로 참여하고 있었다.[53] 예를 들어 주의 형제 야고보는 신약성경의 묘사를 그대로

---

50 「사도행전」 18:25. 이때 아폴로는 결코 그 혼자만이 예수를 믿었던 것이 아니라 상당한 숫자의 추종자를 거느리고 있었다. 아폴로가 "세례 요한의 세례만을 알고 있었다"라는 「사도행전」의 진술을 보건대, 그들은 원래 세례 요한을 추종하는 무리였던 것 같다.

51 이 시기 로마 교회는 여러 가정 교회로 구성되어 있었다. 이에 대해서는 G. S. Shogren, "Is the Kingdom of God about Eating and Drinking or Isn't It(Romans 14:17)", *Novum Testamentum* 42-3, 2000, p. 240을 보라.

52 신약성경을 비롯한 문헌에 전혀 언급되어 있지는 않지만 50년대 갈릴리에는 이른바 Q복음서를 생산한 Q공동체가 있었을 것이다. 「사도행전」 9장 31절은 바울로가 개종한 직후에 "유다와 갈릴래아와 사마리아 온 지방에 들어선 교회는 안정이 되어 터전을 튼튼히 잡았다"라고 진술하고 있는데, 갈릴래아 지역의 교회의 실체나 예루살렘 교회와의 관계에 대해서는 전혀 전하지 않는다. 이에 대해서는 나현수, 「마태복음과 야고보서에서의 예수말씀(Q)의 반영: 예수말씀 복음서(Q)의 전승궤도를 중심으로」, 장로회신학대학교 석사학위논문, 2004, 44~46쪽을 보라. 왜 「사도행전」이 이들의 존재를 언급하지 않았는지 알 수는 없지만, 이들이 「사도행전」에 등장하지 않은 것은 「사도행전」이 예루살렘을 중심으로 기독교의 발전을 전하고 있음을 보여 준다.

53 H. Gamble, "Marcion and the 'Canon'", *The Cambridge History of Christianity*, Cambridge University Press 2006, p. 201. 이렇게 다양한 공동체가 존재하였으며, 그들이 자신들의 대의를 강화하기 위해서 특정한 사도 1명을 내세우는 일은 마르키온에게서 정점에 도달하였다. 그 이후에는 사도 1명이 아니라

믿는다고 해도 1세기 기독교에서 큰 비중을 차지한 인물이었다.

사도 바울로의 묘사에 따르면, 그는 예루살렘 교회의 기둥으로서, 원시 기독교 발전 과정에서 발생한 여러 사건에서 최고의 권위를 행사하였다.[54] 성경을 제외하고 다른 자료를 보면 그의 위상은 더욱 높아진다. 1세기 비기독교 자료 가운데 기독교에 대한 정보를 제공하는 최고의 자료인 요세푸스의 글에서 그는 원시 기독교의 가장 중요한 인물로 제시되었다.[55] 그리고 2세기 이후의 기독교 자료들도 그를 매우 중요한 인물로 제시하였는데, 예를 들어 유세비우스는 그를 예루살렘 교회의 초대 주교로 소개하였다.[56]

주의 형제 야고보가 이렇게 중요한 인물이었음에도 불구하고 기독교 역사에서 그는 오랫동안 '잊힌' 인물이었다.[57] 일반적으로 원시 기독교의 발전을 이야기할 때 두 명의 기둥, 즉 베드로와 바울로가 있었다고 이야기되고, 많은 사람들이 베드로와 바울로의 행적과 신학을 연구하는 데 주력하였다. 그렇지만 이렇게 정통 교회에 의해서 각색된 관점은 이제 그 생명을 다하였다. 이 글에서 자세히 논의할 바와 같이 1세기 기독교는 다양성의 관점에서 살펴보아야 하며, 그때 주의 형제 야고보 위상의 재평가는 필연적으로 이루어져야 할 일이다. 비기독교 측의 자료인 요세푸스의 글뿐만 아니라 나그함마디 문헌에 속하는 「토마스 복음서」[58]와 「야고보의

여러 명의 사도를 내세우는 일이 더 많아졌다.

54 유상현, 「예루살렘의 야고보」, 『신학논단』 22, 1994.

55 F. Josephus, *Antiquitates Judaicae*, 20, 9, 1. 요세푸스는 기독교에 관해서 세 번밖에 진술하지 않았다. 주의 형제 야고보에 관한 것, 세례 요한에 관한 것, 그리고 예수의 활동에 관한 것이다. 이에 대해서는 C. Pharr, "The Testimony of Josephus to Christianity", *American Journal of Philology* 48-2, 1927, p. 138을 보라.

56 Eusebius, *Ekklesiastikes Istorias*, 2, 1.

57 Y. Z. Eliav, "The Tomb of James, Brother of Jesus, as Locus Memoriae", *Harvard Theological Review* 97, 2004, p. 34.

58 Willis Barnstone(ed.), *The Other Bible*, HarperSanFrancisco 2005, p. 301.

첫째 계시록」, 그리고 「히브리인의 복음서」와 같은 외경 자료들이 야고보가 원시 기독교 세계에서 최고 지도자였다는 것을 명확하게 제시하고 있기 때문이다. 따라서 이런 자료들의 가치를 제대로 평가하고, 거기에 제시된 주의 형제 야고보의 모습을 복원하는 것은 1세기 원시 기독교의 참모습을 복원하는 데 있어서 중요한 과제가 될 것이다.

오랫동안 '한미한 자'로 여겨졌던 인물이 당대에는 매우 중요한 역할을 했다는 것을 더 극단적으로 보여 주는 사례는 마리아 막달레나의 경우이다. 마리아 막달레나에 대한 재평가에는 나그함마디 문헌이 중요한 역할을 하였다. 나그함마디 문헌 가운데 「토마스 복음서」, 「필리포스 복음서」가 마리아 막달레나에 대한 새로운 상을 제시하였기 때문이다. 특히 「필리포스 복음서」는 소설 『다빈치 코드』의 모티프를 제공한 복음서인데, 이 책에 따르면 예수는 언제나 어머니 마리아, 여동생 마리아, 그리고 동반자라고 불렀던 마리아 막달레나와 함께 걷곤 하였다. 그리고 동반자인 "마리아 막달레나에게 늘 입을 맞추곤 했는데 제자들은 왜 그녀를 우리 모두보다 더 사랑하십니까?"라고 물었다.[59] 이는 마리아 막달레나가 남성 제자들보다 더 우위에 있었던 인물임을 암시한다.

마리아 막달레나에 대한 이런 새로운 상을 정립하는 데 있어 나그함마디 문헌 못지않게 중요한 기여를 한 것이 있다. 바로 「마리아 막달레나 복음서」이다. 기독교 세계에서 여인의 이름으로 된 유일한 이 복음서는 1896년에 이집트에서 우연히 발견되었다. 이 복음서는 카를 라인하르트(Carl Reinhardt)가 이집트의 골동품점에서 구입한 코덱스 속의 한 문서였다.[60] 그런데 이 문서는 그 주인공의 운명만큼이나 많은 곡절을 겪었

---

59 「필리포스 복음서」 59:9.
60 안연희, 「마리아 복음에 나타난 여성의 종교적 권위에 대한 고찰」, 『종교문화비평』 27, 2015, 272쪽; Richard J. Hooper, *The Crucifixion of Mary Magdalene: The Historical Tradition of the First Apostle and the Ancient Church's Campaign to Suppress It*, Sanctuary Publications 2006a, pp. 20~21.

다. 이 문서는 자연재해, 전쟁, 편집자의 교체와 같은 여러 가지 사정으로 1955년에야 출판되었다.[61] 이 문서의 출판은 마리아 막달레나에 대한 관심을 불러일으키고 재평가를 낳았다. 문서의 주요 내용이 마리아 막달레나가 최고 사도로 남성 제자들을 지도하였다는 것이었기 때문이다.[62] 「마리아 막달레나 복음서」의 이런 파격적인 내용은 그녀가 예수 사후에 벌어진 후계권 경쟁에서 주요 후보 가운데 한 명이었음을 의미한다.

1세기 후반에서 2세기 전반기에 예수의 후계권 경쟁이 다양하게 펼쳐졌음을 보여 주는 또 다른 자료는 「유다 복음서」이다. 가리옷 유다는 예수를 배반한 인물이기 때문에 그가 후계자 경쟁에 나섰다는 것은 상상하기 힘들다. 그렇지만 2세기 전반기에 가리옷 유다를 추종하는 인물들이 있었고, 그들이 「유다 복음서」를 지었다는 것은 교부들의 진술을 통해서 알려져 있었다.

바로 이 「유다 복음서」가 1970년대 이집트의 알 미니아(El Minya)에서 발견되었다. 이 복음서 역시 여러 가지 사정으로 출판이 지연되다가 2004년에 이르러서 공개되었다. 이 복음서는 가리옷 유다의 실체에 대해서 여러 가지로 새로운 자료를 제시한다. 이 복음서에 따르면, 가리옷 유다가 예수를 배반한 이유는 예수의 요청에 의한 것이었으며, 예수가 가리옷 유다에게 그런 '기이한' 요청을 했던 것은 12제자 가운데 유다가 그의 가르침을 가장 잘 이해하였기 때문이다. 「유다 복음서」의 발견은 예수의 죽음에 대한 다른 이해가 존재했음을 보여 주며, 또한 그런 이해에 근거

61 Bart Ehrman, *Peter, Paul & Mary Magdalene: The Followers of Jesus in History and Legend*, Oxford University Press 2006, pp. 238~39.

62 C. Bourgeault, *The Meaning of Mary Magdalene,* Shambhala 2010; Betty Conrad Adam, *The Magdalene Mystique*, Morehouse 2006; S. Missick, *Mary of Magdala*, Xlibris 2006; Karen King, *The Gospel of Mary of Magdala*, Polebridge 2003b; Esther de Boer, *The Gospel of Mary*, T&T Clark International 2004.

해서 정통 교회의 주도권에 도전하는 집단이 있었다는 것을 암시한다.

지금까지 나그함마디 문헌, 「마리아 막달레나 복음서」, 「유다 복음서」의 발견 그리고 바우어와 그의 계승자들의 연구가 원시 기독교의 기원과 발전에 대한 기존의 이해를 근본적으로 바꾸어놓았다는 것을 살펴보았다. 원시 기독교를 이해하는 패러다임의 이러한 변경에 있어 역사학의 관점에서 가장 중요한 주제는 '누가 예수의 후계자가 될 것인가'를 놓고 벌인 경쟁이라고 할 수 있다. 기독교의 가르침에 익숙한 사람들은 베드로가 예수의 후계자라고 생각하곤 하지만, 1세기 후반에서 2세기 전반기에 베드로 이외에도 주의 형제 야고보, 사도 요한, 토마스, 마리아 막달레나, 유다, 바울로가, 그리고 각각 그들을 추종하는 집단이 후계권을 차지하기 위해서 적극적으로 경쟁하였다.

물론 후계권 경쟁은 기독론·구원론·교회론 등의 신학과 연계되어 진행되었지만, 이 글은 최대한 신학적인 논의를 자제하고 역사학적인 관점에서 후계권 경쟁에 초점을 맞추어 각 후보자들의 목소리를 복원해 보고자 한다. 이 작업은 1~2세기 원시 기독교의 다양성과 원심성을 가시적으로 입증할 것이며, 그를 통해서 원시 기독교에 대한 이해의 폭을 크게 넓힐 것이다.

마지막으로 하고 싶은 말이 있다. 많은 사람들에게, 특히 정통 기독교 신자들에게 이 책의 내용은 파격적이면서 거북하게 느껴질 것이다. 정통 교회의 교리와 크게 다른 내용이 많기 때문이다. 초기 기독교를 전공하는 전문가들이 이 책의 내용 대부분을 미리 보았다. 내가 최대한 객관성과 진실성을 확보하기 위해서 가급적 많은 학술지에 논문을 투고했기 때문이다.[63] 여러 연구자가 나의 많은 학습량에 격려를 보냈지만, 대부분의 신

---

63 이 책 가운데 학술지에 투고된 것은 다음과 같다.
정기문, 「야고보 재평가와 예루살렘 교회」, 『서양사학연구』 24, 2011.
정기문, 「안티오키아 사건 이후 베드로와 바울로의 관계에 대하여」, 『서양고대사연구』 48, 2017a.

학자들은 비판적으로 논평하였다.

　대다수의 신학자들이 두 가지 이유에서 나를 괘씸하게 보았다. 먼저 나는 신약성경의 많은 부분이 1~2세기에 벌어진 후계권 경쟁 과정에서 수위권을 차지하기 위한 선전물이었다고 분석했다. 이는 신약성경의 권위를 크게 낮추고, 신약성경을 하느님의 문서가 아니라 인간의 문서로 낮출 수 있다. 그리고 나는 현재의 정통 교회가 처음부터 정통 교회는 아니었고, 후대에 각색된 교리를 많이 갖고 있다고 지속적으로 주장하였다. 이는 정통 교회의 정당성을 크게 낮출 수 있다.

　비판적인 시각을 가진 신학자들의 호되고 엄한 비판을 받으면서 나는 수없이 거듭 생각하고, 또 참고서적을 다시 읽으면서 오류를 교정하고 생각을 다듬을 수 있었다. 많은 질책을 보내 주신 비평자들에게 감사를 드린다. 이 책을 읽으실 독자분들도 많은 비판을 보내 주시기 바란다.

2020년 7월
정기문

정기문, 「1세기 말 2세기 초 기독교의 현실적응」, 『중앙사론』 46, 2107b.
정기문, 「70년 이후 유대-기독교의 동향」, 『역사와 세계』 52, 2017c.
정기문, 「마리아 막달레나 복음서와 남녀평등의 문제」, 『서양사연구』 53, 2018a.
정기문, 「1세기 후반 바오로 계승자들의 활동」, 『이화사학연구』 56, 2018b.
정기문, 「베드로 재평가를 위한 선교활동 고찰」, 『서양고대사연구』 53, 2018c.
정기문, 「토마스 공동체의 활동 시기와 신앙의 독자성」, 『서양고대사연구』 55, 2019.
정기문, 「유다는 유다 복음서의 영웅인가?」, 『서양고전학연구』 59-1, 2020.

차 례

제1장

주의 형제 야고보:
예루살렘 교회의 최고 지도자

'잊힌 인물' 주의 형제 야고보

당대에는 최고의 권위를 가진 인물로 높은 숭앙을 받았지만 후대에는 철저하게 잊힌 인물이 많다. 주의 형제 야고보가 바로 그렇다.[1] 본문에서 살펴볼 것처럼, 사도 바울로의 기록, 「사도행전」, 요세푸스의 기록, 1세기의 여러 외경, 그리고 나그함마디 문헌을 살펴보건대, 주의 형제 야고보는

---

[1] 2000년대 초 세계를 놀라게 한 고고학적 발견이 이루어졌다. 2002년 파리고등연구원의 교수인 앙드레 르메르(André Lemaire)가 팔레스타인 지역에서 발견된 유골함 하나를 발표하였는데, 그 유골함에는 '야고보, 요셉의 아들, 예수의 형제'라는 글자가 명각되어 있었다. 이 유골함이 진짜로 밝혀진다면 역사적 예수의 실체를 알려주는 가장 오래된 유물이기에 전 세계가 관심을 기울였다. 학자들이 유골함의 진위에 대해서 논쟁을 벌였고, 또한 유골함의 전시회도 여러 차례 성대하게 이루어졌다. 이 때문에 주의 형제 야고보에 대한 관심도 높아져 그에 대한 연구서가 여러 권 출판되었다. 이 유골함의 진위 논쟁과 그 의미에 대해서는 송창현, 「야고보의 유골함에 관한 연구」, 『가톨릭신학』 9, 2006을 보라. 송창현은 이 유골함이 진품이라고 할지라도 그 명문에 새겨진 야고보가 주의 형제 야고보라고 확정할 수 없다는 견해를 피력하였다. 바위 속에 무덤을 조성하고, 유골함을 만드는 매장 방식의 도입과 주의 형제 야고보가 그렇게 묻히지 않았음에 대해서는 J. Magness, "Ossuaries and the Burials of Jesus and James", *Journal of Biblical Literature* 124-1, 2005, pp. 121~54를 보라.

원시 기독교의 태동기에 가장 권위가 높은 사람이었다. 그는 예수의 형제로 예루살렘 교회의 최고 지도자가 되어, 수십 년 동안 예루살렘 교회를 이끌었고, 예루살렘 교회의 수장 권한으로 안티오키아 교회를 비롯한 여러 교회에 소속된 신자들을 지도·감독하였다.

주의 형제 야고보가 이렇게 중요한 인물임에도 불구하고, 현대에 와서 비기독교 신자들은 물론 기독교 신자들조차도 그의 존재를 제대로 알지 못하고 있는 실정이다. 이는 1세기 후반 이래 그를 철저하게 '낮추려는' 작업이 수백 년 동안 행해졌고, 그 작업이 성공을 거두었기 때문이다. 이 작업은 뒤에서 살펴볼 것처럼 사복음서의 작성에서 이미 관찰되는데, 특히 「루카 복음서」와 「사도행전」에서 뚜렷하게 나타난다. 두 문서는 동일 저자의 작품으로 여겨지는데,[2] 「루카 복음서」는 다른 복음서와 달리 주의 형제 야고보의 이름을 언급조차 하지 않았고, 「사도행전」은 중심인물을 베드로와 바울로로 설정하였다.[3]

뿐만 아니라 「사도행전」은 교묘한 서술 기법을 동원해서 의도적으로 주의 형제 야고보의 위상을 낮추고 역할을 축소하였다. 예를 들어 「사도행전」 1장 15~26절에 예루살렘 교회 수립 직후 가리옷 유다를 대체하는 새로운 사도를 뽑는 장면이 나온다. 이때 「사도행전」은 새로운 사도로 뽑힐 사람의 기준으로 "우리—12제자를 가리킨다—와 함께" 예수의 가르침을 배우면서 다녔던 사람만이 새롭게 사도가 될 수 있다고 기록하였다. 이 기준은 12제자 중심으로 원시 기독교의 역사를 편집하고 예수의 가족이었던 주의 형제 야고보를 배제하려는 의도 속에서 만들어진 것이다. 따라서 「사도행전」은 의도적으로 주의 형제 야고보의 위상을 낮추고 있다.[4]

---

2 Edmond Hiebert, *An Introduction to the New Testament*, Gabriel Publishing 2003, pp. 258~59.
3 오경준, 앞의 글, 2014, 1059, 1066쪽.

「사도행전」은 이렇게 심하게 각색된 작품이지만 많은 사람들이 「사도행전」을 문자 그대로 믿어왔다. 특히 「사도행전」이 역사서의 형태를 띠고 있기 때문에 그 신뢰성이 높은 것으로 인식되어 왔다. 지금까지 일반인은 물론 기독교 신자들도 주의 형제 야고보의 존재를 제대로 모르는 것은 「사도행전」의 영향 때문이다.[5]

왜 원시 기독교 신자들은 그의 존재를 낮추기 위해서 노력했던 것일까? 주의 형제 야고보가 낮추어진 이유는 크게 두 가지로 볼 수 있다. 먼저 마리아의 '처녀성 문제'이다. 1세기 후반 이후 기독교 신자들은 예수를 처녀인 마리아가 성령으로 낳은 존재, 즉 하느님의 아들이라고 믿었다. 이 교리에 의하면 예수의 아버지는 '하느님'이다. 하느님의 아들인 예수에게 인간 형제가 있었다는 것은 예수의 신성을 높이는 데 장애가 될 수 있다.

따라서 70년 이후 원시 기독교 신자들은 주의 형제 야고보가 예수의 친형제가 아니라고 주장하기 시작하였다. 예수의 어머니 마리아가 평생 동정을 지켰다는 주장은 이런 주장에 더욱 힘을 실었다. 2세기부터 기독교 신자들 사이에는 마리아가 예수를 낳았을 때뿐만 아니라 그 이후에도 '처녀성'을 유지하였다는 설화가 널리 퍼지기 시작하였다.[6] 마리아가 처녀성을 지켰다면 성경에 예수의 형제라고 나오는 사람들의 존재를 어떻게 규정할 것인가?

두 가지 방식이 채택되었다. 하나는 예수의 아버지인 요셉을 홀아비로 만드는 것이다. 이 설명에 의하면 요셉은 마리아를 만나기 이전에 결혼한 적이 있으며, 여러 명의 자식을 두었다. 마리아는 홀아비인 요셉과 결혼했

4　오경준, 같은 글, 2014, 1061~63쪽.

5　대표적인 연구로는 Robert Eisenman, *James the Brother of Jesus: The Key to Unlocking the Secrets of Early Christianity and the Dead Sea Scrolls*, Penguin 1997, p. 601을 보라.

6　Bruce Chilton and Jacob Neusner(ed.), *The Brother of Jesus: James the Just and His Mission*, Westminster John Knox Press 2001, p. 61.

으며, 따라서 마리아가 낳은 예수는 그의 형제들과 의붓형제이다. 이 설명은 2세기에 쓰인, 기독교 신자들 사이에서 널리 인기가 있었던 「야고보 원복음서」에 실렸으며, 3세기에 오리게네스, 4세기에는 에피파니우스가 지지하였다. 동방교회가 정식으로 이 설명을 교리로 채택하였기 때문에 오늘날까지도 많은 사람이 신봉하고 있다.

다른 해결책은 '형제'라는 말을 광의로 해석하여, 친형제를 의미하는 것이 아니라 사촌 형제를 의미한다고 파악하는 것이다. 이 설명은 4세기에 히에로니무스(Hieronymus)가 발전시킨 것이고, 아우구스티누스(Augustinus)에 의해서 널리 퍼졌다.[7] 서방에서 가톨릭이 이 가설을 받아들여 정통 교리로 삼았기 때문에 지금도 많은 지지자를 확보하고 있다. 이렇게 예수의 어머니 마리아가 평생 처녀로 숭앙되면서 야고보는 마리아가 낳은 자식일 수 없게 되었고, 그 때문에 예수의 친형제로서의 지위를 잃게 된다. 2세기 이후 기독교 신자들은 야고보를 예수의 의붓형제나 사촌으로 믿게 되었다.

야고보가 낮추어졌던 두 번째 이유는 원시 기독교 내에서 진행되었던 교리 대립이다. 야고보는 예루살렘 교회의 수장으로 유대인 중심의 신앙을 추구하였다. 그는 유대인 출신 신자는 계속 율법을 지켜야 한다고 주장했고, 이방인 선교 자체를 반대하지는 않았지만, 이방인 출신 신자도 최소한의 기본적인 율법은 지켜야 한다고 생각하였다. 그에 반해서 바울로는 유대인 출신 신자는 상황에 따라서 율법을 지키지 않아도 되고 이방인 출신 신자는 율법을 지킬 필요가 없다고 주장했고, 나아가 신자들 사이에서 종족, 신분, 성의 차별을 철폐해야 한다고 주장하였다.[8] 두 사람의 이런 의견 대립은 개인적인 신학논쟁이 아니었다. 최초의 교회로서 높은

---

7 John Painter, *Just James: The Brother of Jesus in History and Tradition*, Fortress Press 1999, p. 2.
8 「갈라티아 신자들에게 보낸 서간」 3:27-28.

권위를 가지고 있던 예루살렘 교회는 야고보의 주장을 적극적으로 펼치면서 주변 교회들을 지도하려고 시도하였고, 바울로는 거기에 맞서 독자적인 교회를 수립하였다.

그 결과 50~60년대 예루살렘 교회와 바울로파 교회 사이에 극렬한 대립이 발생하였고, 바울로파 교회는 크게 패배하여 소멸 위기에 처하였다. 그런데 70년대 상황이 극적으로 역전되었다. 유대 반란의 여파 속에서 예루살렘 교회가 거의 소멸한 것이다. 당시 보수파의 아성이었던 예루살렘 교회가 소멸하자, 진보적인 신앙을 펼치던 파벌이 세력을 회복하기 시작하였다.

1세기 후반에는 중도 노선을 걷던 베드로의 추종자들이 가장 세력이 강하였는데, 로마 교회와 안티오키아 교회 등이 베드로의 노선을 추구하였다. 베드로는 대체로 바울로 신학에 동의하였지만, 예루살렘 교회의 권위를 인정하는 노선을 취하고 있었다. 그런데 예루살렘 교회가 사라지자 베드로의 후계자들도 바울로의 권위를 받아들이고, 바울로의 신학을 수용하였다. 이렇게 하여 1세기 말, 2세기 초에 베드로를 최고의 권위로 인정하는 한편, 신학적인 면에서는 바울로의 신학을 채택하는 흐름이 주류를 이루게 되었다.

예루살렘 교회의 소멸과 함께 바울로파의 교회에 유리한 여건을 조성한 다른 요소가 있었다. 그것은 원시 기독교 신자들의 인적 구성의 변화였다. 원시 기독교가 처음 탄생했을 때 신자들은 순전히 유대인으로만 구성되었다. 예루살렘 교회가 수립되고 상당한 시간이 흐른 뒤에 비로소 이방인 선교가 시작되었고, 점차 시간이 흐르면서 많은 이방인이 신자가 되었다. 1세기 말이 되면 인적 구성의 역전 현상이 발생하게 된다. 즉 유대인 출신 신자보다 이방인 출신 신자들이 더 많아지게 된 것이다. 이러한 인적 구성의 변화는 필연적으로 이방인 중심 신학을 추구하였던 바울로 신학의 승리를 가져왔다. 이렇게 바울로 신학의 승리가 확연해지자, 그에 맞섰던 야고보는 낮추어져야 했다.[9]

20세기 중반 이후 주의 형제 야고보의 실제 모습과 위상을 복원하려는 노력이 본격적으로 행해졌다. 여기에는 몇 가지 중요한 요인이 작용하였다. 먼저 앞에서 설명했듯이, 2세기 중반 이후 원시 기독교를 바라보는 시각의 변화가 있었다. 바우어, 불트만 등의 연구에 따르면 원시 기독교는 일직선이 아니라 다양한 궤적을 그리며 발전했고, 그 가운데 여러 분파의 대립이 강렬하게 진행되었다. 그런데 이런 분파들은 정통과 이단이라는 잣대로 평가할 수 없는데, 그런 잣대가 빨라야 3세기 이후에 만들어진 것이기 때문이다. 이런 시각의 변화는 원시 기독교를 다양성의 관점에서 연구할 수 있게 했고, 주의 형제 야고보를 새롭게 이해하는 데 기여하였다.

원시 기독교의 연구에 새로운 바람을 일으킨 또 다른 요인이 있었다. 제2차 세계대전을 전후하여 서구 사회에서 그들이 자행하였던 반유대주의에 대한 철저한 반성이 있었고, 그 반성은 원시 기독교에 대한 연구에도 큰 파장을 일으켰다. 원시 기독교 발전에 유대성의 문제를 가장 먼저 제기한 사람은 W. D. 데이비스(W. D. Davies)였다. 데이비스는 1940년대 말에 일반적으로 원시 기독교의 혁신자, 헬레니즘 문화를 기독교에 도입한 자로 알려진 바울로의 신앙이 랍비 문헌을 발전시킨 것이라고 주장하였다. 그의 주장은 빌리암 브레데(William Wrede)를 비롯한 종교사학파 학자들의 주장, 즉 바울로의 신앙이 헬레니즘의 배경에서 유래했다는 주장에 정면으로 도전한 것이었다.[10] 그 후 유대교의 성격을 근본적으로 다

---

9 레자 아슬란, 민경식 옮김, 『젤롯』, 와이즈베리 2014, 290~91쪽.

10 W. D. Davies, *Paul and Rabbinic Judaism*, Fortress Press 1948. 종교사학파는 기독교를 독자적이고 고유한 종교로 보지 않고 다른 종교들과 공통점을 가지고 있다고 전제하여 기독교의 성립과 발전을 다른 종교의 맥락에서 이해하려는 연구 동향이다. 19세기 말 20세기 초 헤르만 군켈(Hermann Gunkel)과 빌헬름 하이트뮐러(Wilhelm Heitmüller) 등이 창시하였다. 가이 프렌티스 워터스, 배종열 옮김, 『바울에 관한 새 관점』, 개혁주의신학사 2012는 종교개혁 이후 현재까지 바울로 신학에 대한 연구사적 정리를 제공하고 있다. 이 책은 종교사학파 불트만의 시각과 데이비스의 차이점에 대해서 정확하게 소개하고 있다.

시 파악하고, 원시 기독교 내에 존재했던 유대성을 다시 평가하려는 연구가 크게 확대되었다.[11] 원시 기독교의 발전을 유대적 맥락에서 이해하려는 태도는 20세기 후반 이래 역사적 예수에 대한 탐구에서 주도적인 연구 경향으로 자리 잡았다.

원시 기독교 내에 존재한 유대성에 대한 이런 평가는 유대주의를 주창했던 주의 형제 야고보의 신앙이 예수의 가르침을 타락, 왜곡시킨 소수파의 목소리가 아니라는 인식을 만들어냈고, 그동안 '유대주의자'라는 낙인 속에 갇혀 있던 주의 형제 야고보를 새로운 시각으로 연구할 수 있게 만들었다. 그 결과 20세기 후반 이후 야고보의 위상과 업적을 재조명하기 위한 연구가 활발하게 진행되었고, 본격적인 연구서들이 발표되었다.[12]

이런 인식의 전환을 보충하는 자료의 발견이 주의 형제 야고보에 대한 연구를 더욱 촉진하였다. 나그함마디 문헌과 20세기에 발견된 여러 파피루스 자료는 주의 형제 야고보가 예수 생전에 이미 예수의 조력자였고, 예수가 승천한 이후에도 기독교의 최고 지도자로 활동했다는 것을 보여주었다. 이에 대해서는 이후 자세히 다룰 것이다.

이렇게 새로운 시각과 새로운 자료에 힘입어 복원된 주의 형제 야고보의 참모습은 무엇일까? 이에 대해서 본격적으로 살펴보기 이전에 신약성경이 주의 형제 야고보를 어떻게 전하고 있는지를 먼저 살펴보자. 이에 대한 고찰이 주의 형제 야고보에 대한 기존의 인식이 편향된 것임을 잘 보여 줄 것이기 때문이다.

---

11 N. T. Wright, *What Saint Paul Really Said: Was Paul of Tarsus the Real Founder of Christianity?*, William B. Eerdmans Publishing 1997, p. 16.

12 대표적인 연구로는 Robert Eisenman, 앞의 책, 1997; John Painter, 앞의 책, 1999; Bruce Chilton and Jacob Neusner(ed.), 앞의 책, 2001; Hershel Shanks and Men Witherington III, *The Brother of Jesus: The Dramatic Story and Meaning of the First Archaeological Link to Jesus and His Family*, HarperSanfrancisco 2003; Jeffrey Bütz, *The Brother of Jesus and the Lost Teachings of Christianity*, Inner Traditions 2005 등이 있다.

신약성경 내에서 관찰되는 야고보 위상의 변화

바울로 서간은 신약성경 가운데 가장 먼저 기록되었으며, 바울로가 직접 경험한 내용을 쓴 것이기에 역사성이 가장 높다. 원시 기독교의 역사를 복원하는 데 있어서 바울로 서간은 최고의 자료이다. 야고보의 위상을 평가하는 데 있어서도 무엇보다 바울로 서간을 가장 먼저 살펴보아야 한다.

바울로는 개종한 이후 3년 만에 예루살렘으로 올라갔다. 이때가 36년 혹은 37년이었고, 예루살렘 교회가 수립된 지 3~4년이 지난 후였다. 바울로는 자신이 예루살렘 교회를 방문했을 때의 상황을 이렇게 묘사하였다.

> 그리고 3년 후에 나는 케파를 만나려고 예루살렘에 올라가 보름 동안을 그와 함께 지냈습니다. 그러나 다른 사도는 아무도 만나보지 않았습니다. 주님의 형제 야고보만 보았을 뿐입니다.[13]

이 구절에서 바울로는 자신의 예루살렘 방문 목적이 베드로를 만나기 위한 것이었다고 명시하였다. 그런데 이때 바울로는 원래 만날 의도가 없었던 주의 동생 야고보를 만났으며, 또 그를 사도라고 불렀다. 이는 주의 형제 야고보가 베드로와 함께 예루살렘 교회를 주도하고 있던 인물이라는 것을 의미한다. 바울로는 또한 14년 뒤에 예루살렘을 방문했는데, 그때 예루살렘 교회를 주도하고 있던 인물을 "야고보와 케파와 요한"이라고 소개하고 그들이 기둥과 같은 존재로 여겨지고 있다고 전하고 있다.[14]

이 구절에서 야고보는 주의 형제 야고보를 의미함에 틀림없다. 신약성

---

13 「갈라티아 신자들에게 보낸 서간」 1:18-19.
14 「갈라티아 신자들에게 보낸 서간」 2:9.

경에 나온 다른 야고보, 즉 요한의 형제인 야고보는 이미 순교하고 없었기 때문이다. 그런데 바울로는 야고보를 케파, 즉 베드로보다 먼저 제시하였다. 이는 야고보가 베드로보다 권위가 높다는 것을 의미한다. 따라서 바울로의 진술을 종합해 보면 주의 형제 야고보는 예루살렘 교회의 창설 때부터 핵심 지도자였고, 바울로가 두 번째로 예루살렘을 방문했을 때인 49년경에는 베드로보다 더 높은 권위를 차지하고 있었다.

바울로가 전하는 이런 상은 「사도행전」에서도 확인된다. 「사도행전」에 따르면 33년경 예루살렘 교회가 수립될 때 최초의 집회인 이른바 마르코의 다락방 모임에 "예수의 어머니 마리아를 비롯한 여러 여자들과 예수의 형제들"도 참가하였다.[15] 이 진술은 예수의 가족들이 예루살렘 교회의 창설에 적극적으로 동참하였음을 명확히 보여 준다.

「사도행전」은 이때 참가한 예수 형제들의 이름을 밝히지는 않지만, 그 가운데 주의 형제 야고보가 있었고, 그가 처음부터 예루살렘 교회의 주요 인물이었음이 틀림없다. 42~43년경 베드로는 헤로데 아그리파(Herod Agrippa)의 박해를 받아서 황급하게 예루살렘을 떠나게 되는데, 그때 자신이 예루살렘을 떠난다는 사실을 "야고보와 다른 교우들에게 알리라"고 지시하였다. 이는 주의 형제 야고보가 예루살렘 교회를 총괄하고 있는 지도자이기에, 그에게 자신의 신변에 일어난 변화를 보고하라고 요청한 것이다.

베드로가 예루살렘 교회를 떠난 뒤에 주의 형제 야고보는 예루살렘 교회의 단일 최고 지도자로서 활동하게 된다. 49년경 예루살렘 교회에는 이른바 '예루살렘 사도회의'가 열렸다. 이 회의에서 원시 기독교 신자들은 이방인 출신 신자들이 율법을 지켜야 하는지 논쟁하였다. 사도 바울로와

---

15 「사도행전」 1:14. 다락방의 원어는 'Coenaculum'이다. 이는 2층에 있는 넓은 방을 의미한다. 초기 성경 번역자들이 이 단어의 의미를 잘 몰라서 오역하였다. 이에 대해서는 김덕수, 『바울』, 살림 2018, 83~84쪽을 보라.

베드로는 지키지 않아도 된다고 주장하였고, 예루살렘 교회의 보수파인 할례당(예루살렘 교회 내의 분파로 주로 바리사이파 출신으로 이루어졌으며, 바울로에 맞서서 율법의 준수를 중요하게 여겼다)은 지켜야 한다고 주장하였다. 주의 형제 야고보는 양쪽의 주장을 수렴하여 율법을 지키지 않도록 하되 다만 세 가지 핵심적인 사항만은 준수하게 하자고 주장하였다. 「사도행전」은 주의 형제 야고보가 중재안을 제시하자 모든 신도가 이의 없이 그의 안을 받아들였다고 묘사하고 있는데, 이는 그가 예루살렘 교회의 최고 지도자로서 매우 권위가 높은 인물임을 의미한다.

이렇게 「사도행전」은 주의 형제 야고보가 예루살렘 교회의 창설 때부터 주요 구성원이고, 오랫동안 최고 지도자로 활동했다고 보고함으로써 바울로가 전하고 있는 주의 형제 야고보에 대한 상을 뒷받침한다.

그런데 복음서들은 바울로 서간이나 「사도행전」과 달리 주의 형제 야고보에 대해서 전혀 다른 상을 제시한다. 최초의 복음서라고 할 수 있는 「마르코 복음서」는 주의 형제 야고보를 단 한차례 언급하였는데, 그것도 주의 형제 야고보의 활동을 전하는 것이 아니다. 예수가 고향을 방문했을 때 고향 사람들이 예수를 "그 어머니는 마리아요, 그 형제들은 야고보, 요셉, 유다, 시몬이다"[16]라고 말했다고 전함으로써, 간접적으로 주의 형제 야고보라는 사람이 존재한다는 것을 전할 뿐이다.

「마르코 복음서」는 '야고보'에게 이렇게 인색한 것에 멈추지 않았다. 「마르코 복음서」 3장은 예수가 갈릴래아에서 공생애(公生涯)를 시작한 후 얼마 되지 않아 발생한 사건을 다음과 같이 전한다.

그러자 군중이 다시 모여들어 예수의 일행은 음식을 먹을 수조차 없었다. 그런데 예수의 친척들이 소문을 듣고 그분을 붙잡으려고 하였다. 그들은 예수께서 미쳤다고 생각하였다. 한편 예루살렘에서 내려온 율법학자들

16 「마르코 복음서」 6:3.

이, "그는 베엘제불이 들렸다"고도 하고, "그는 마귀 우두머리의 힘을 빌려 마귀들을 쫓아낸다"고도 하였다. …… 그때에 예수의 어머니와 형제들이 왔다. 그들은 밖에 서서 사람을 보내어 예수를 불렀다. …… 그러나 예수께서 그들에게 "누가 내 어머니고 내 형제들이냐?" 하고 반문하셨다.[17]

이 기사에 따르면, 예수가 많은 기적을 행하자 사람들은 그가 미쳤다고 생각했다. 여기서 미쳤다는 것은 귀신이 들렸다는 것을 의미한다. 고대인은 귀신이 들린 자는 귀신의 힘을 빌려서 여러 기적을 행할 수 있다고 믿었다.

예수의 가족도 이런 생각을 가지고 예수를 제어하려고 했을까? 전통적으로 학자들은 그렇다고 생각해 왔지만, 최근에는 이에 대한 여러 이견이 제시되고 있다.[18] 이견을 제시하는 학자들은 3장 21절의 주어를 '예수의 친척'이 아니라 '예수의 추종자'라고 파악하는 것이 좋다고 제시한다. 여기서 이런 의견을 자세히 살펴보지는 않겠지만 위 기사에서 부정할 수 없는 사실이 있다. 바로 예수가 그의 가족을 적극적으로 환영하지 않았다는 사실이다. 예수는 그의 육신의 가족을 부정하고, 영적인 가족을 추구하는 경향을 보였다. 예수가 정말 이런 태도를 취했다면 예수의 어머니와 야고보를 비롯한 형제들의 '권위'는 많이 떨어지게 된다. 「마르코 복음서」는 바

---

17 「마르코 복음서」 3:20-35.
18 Henry Wansbrough, "Mark III.21- Was Jesus Out of His Mind?", *New Testament Studies* 18, 1972, pp. 233~35; Hans-Hartmut Schroeder, *Eltern und Kinder in der Verkündigung Jesu: Eine hermeneutische und exegetische Untersuchung*, Herbert Reich 1972, 110f.; John Dominic Crossan, "Mark and Relatives of Jesus", *Novum Testamentum* 15-2, 1973, pp. 6, 84도 같은 견해를 피력하였지만 후에 존 도미닉 크로산(John Dominic Crossan)은 예수를 견유학파 철학자로 파악하면서, 이 기사가 어떤 역사적 사실을 반영하고 있을 가능성이 있다는 견해를 펼쳤다. 이에 대해서는 크로산, 김준우 옮김, 『역사적 예수』, 한국기독교연구소 2000, 554쪽을 보라.

로 이런 관점을 취하면서 예루살렘 교회의 지도자들이었던 예수의 가족, 그리고 예수의 제자들의 권위를 낮추는 경향을 보인다.[19]

예수의 가족, 특히 예수의 형제들을 낮추는 데 있어서 「마태오 복음서」 와 「루카 복음서」도 전체적으로 「마르코 복음서」와 크게 다르지 않다. 두 복음서는 주의 형제 야고보의 활동을 전혀 전하지 않고, 다만 예수가 고향을 방문한 기사에서 지나가듯 예수의 형제가 있다고 언급했을 뿐이다. 특히 「루카 복음서」는 주의 형제 야고보의 이름조차 언급하지 않았다.

주의 형제 야고보를 낮추는 데 있어서 「요한 복음서」는 좀 더 나아간다. 「요한 복음서」는 주의 형제 야고보의 이름을 한 번도 언급하지 않았을 뿐만 아니라, 예수의 형제들을 노골적으로 부정적인 존재로 부각한다. 이는 다음 기사에서 명확히 확인된다.

> 그래서 예수의 형제들이 그분께 말하였다. "이곳을 떠나 유대로 가서 당신의 제자들로 하여금 당신이 하시는 일들을 보게 하십시오. 널리 알려지기를 바라면서 남몰래 일하는 사람은 없습니다. 이런 일들을 하려면 자신을 세상에 드러내십시오." 사실 예수의 형제들은 그분을 믿지 않았다.[20]

이 구절에서 「요한 복음서」는 예수의 형제들이 예수에게 적극적으로 활동하라고 권하는 이야기를 싣고, 그것을 "이렇듯 예수의 형제들조차도 그분을 믿지 않았던 것이다"라고 해설하였다.

이 해설의 의미는 무엇일까? 원래 이 문장 앞에서 예수가 많은 기적을 행하고, 뛰어난 가르침을 펼치면서 유대 전 지역에서 명성을 얻자 유대인

---

19 Joseph Tyson, "The Blindness of the Disciples in Mark", *Journal of Biblical Literature* 80-3, 1961, p. 261. 타이슨은 여기서 「마르코 복음서」가 바울로의 영향을 받았을 가능성을 개진하였다.

20 「요한 복음서」 7:2-5.

가운데 그에 반대하는 자들이 생겨났고, 특히 유대 지역에 사는 자들이 예수를 죽이려고 하였다는 이야기가 실려 있다. 따라서 예수가 유대 지방으로 가는 것은 위험할 수 있는데, 예수의 형제들은 예수에게 유대 지방으로 가라고 조언하고 있다. 이는 예수에게 가서 죽으라고 권하고 있는 것으로 해석할 수 있고, 「요한 복음서」는 바로 그런 의미에서 예수의 형제들이 예수를 믿지 않았다고 해설한 것이다. 예수의 형제들이 예수가 죽기를 원했다고 직설적으로 쓸 수 없어서, 다만 완곡하게 '믿지 않았다'라고 쓴 것으로 보인다.[21] 이는 예수의 형제들을 노골적으로 비난한 것이고, 예수의 형제 가운데 가장 중심인물이 주의 형제 야고보이기 때문에, 비록 그의 이름이 명시되지는 않았지만 주의 형제 야고보를 비난한 것이라고 해석할 수 있다.

지금까지 살펴본 바와 같이 「마르코 복음서」를 비롯한 공관복음서는 예수의 형제들을 철저히 무시하고 있고, 「요한 복음서」는 그것을 넘어서 노골적으로 부정적인 존재로 규정하고 있다. 복음서들의 이런 견해를 어떻게 해석해야 할 것인가?

전통적으로 복음서의 묘사를 액면 그대로 받아들여서 주의 형제 야고보를 비롯한 예수의 가족들은 예수의 공생애 기간에는 예수를 믿지 않았거나 예수를 방해했지만, 예수가 부활한 후에 새로운 깨달음을 얻고 완전히 새로운 존재가 되어서 예루살렘 교회의 지도자가 되었다고 설명해 왔다.[22] 이렇게 본다면 복음서가 주의 형제 야고보를 비롯한 예수 가족의 행동을 거의 묘사하지 않은 것은 해명 가능하다. 복음서는 예수가 살아 있을 때의 행적을 적은 것이고, 그때 주의 형제 야고보를 비롯한 예수의 가

---

21 그러나 예수의 형제들이 예수가 유대인의 위협에 겁을 먹고 위축되어 있을 때 적극적으로 힘을 북돋아준 것으로 해석할 수도 있다. 이에 대해서는 Jeffrey Bütz, 앞의 책, 2005, pp. 38~39를 보라.

22 현대의 신학자들도 대부분 이렇게 생각하고 있다. 이에 대해서는 권오현, 『공동 서신』, 대한기독교서회 1998, 141쪽을 보라.

족이 활동한 것이 별로 없었다면, 형제들의 행적이 기록되지 않은 것이 자연스럽기 때문이다.

그렇지만 예수가 생전에 활동하고 있었을 때 예수의 가족이 그의 활동에 동참하지 않았다면, 해명하기 곤란한 일이 있다. 예수의 어머니와 형제들은 33년에 예루살렘 교회가 수립될 때에 창설 멤버로 참여하였다. 예수가 죽고 나서 예루살렘 교회가 수립될 때까지는 불과 50일밖에 되지 않는데 그 기간에 예수의 가족들이 그렇게 급격하게 태도를 바꾸었다는 사실은 믿기 곤란하다. 물론 사도 바울로가 그랬듯이 종교의 세계에서 그런 일이 없는 것은 아니지만 사도 바울로와 예수 가족의 경우는 상황이 달랐다. 사도 바울로는 개종 이후에도 오랫동안 박해자의 낙인을 안고 살았으며, 교회 내에서도 권위나 지위도 낮았다. 그에 반해서 예수의 가족, 특히 주의 형제 야고보는 예루살렘 교회가 수립될 때부터 최고 지도자였다. 만약 야고보가 예수의 활동에 동참하지 않아서 예수의 가르침을 몰랐다면, 그가 아무리 예수의 형제라 할지라도 최고 지도자가 되지는 못했을 것이다.[23]

또한 예수의 가족들이 예수의 생전에 이미 예수의 활동에 동참했을 가능성을 보여 주는 자료들이 있다. 「요한 복음서」에 따르면, 예수는 가나의 혼인 잔치에서 물을 포도주로 바꾸는 기적을 행한 후에 "어머니와 형제들과 제자들과 함께 카파르나움에 내려가셨으나 거기에 여러 날 머물러 계시지는 않았다."[24] 이 기사는 예수가 공생애 기간에 가족과 함께 활동했음을 보여 준다.[25]

---

23 Matti Myllykoski, "James the Just in History and Tradition: Perspectives of Past and Present", *Currents in Biblical Research* 5-1, 2006, pp. 78~79.

24 「요한 복음서」 2:12.

25 3세기 이후의 많은 기독교 신자들이 이렇게 생각하였다. 이에 대해서는 S. Shoemaker, "The Virgin Mary in the Ministry of Jesus and the Early Church according to the Earliest Life of the Virgin", *Harvard Theological Review* 98-4, 2005,

정경 자료를 벗어나면 예수의 가족, 특히 주의 형제 야고보가 예수의 공생애에 적극적으로 동참했음을 확인해 주는 자료가 좀 더 많다. 예를 들어 2세기 기독교 신자들 사이에서 꽤 인기가 있었던 「히브리인의 복음서」가 있다. 이 복음서는 현재 원문이 전하지 않고, 교부들의 인용문을 통해서 단편만을 복원할 수 있다. 그렇지만 원래는 2,200줄이나 되는 긴 복음서였고, 2세기 기독교인들 사이에 상당히 인기가 있었다. 이는 2~3세기의 교부들이 이 작품을 여러 번 언급했다는 사실에서 확인된다. 2세기 중엽의 교부였던 히에라폴리스의 파피아스(Papias of Hierapolis)가 이 복음서를 알고 있었던 것 같으며, 2세기 후반에 활동했던 헤게시푸스 (Hegesippus)는 그 존재를 확실히 언급하였다. 그리고 2세기 말 3세기 초에 활동했던 알렉산드리아의 클레멘스(Clemens Alexandrinus)와 3세기 중엽에 활동했던 오리게네스(Origenes)도 이 복음서를 인용하였다.[26] 따라서 이 복음서의 형성 연도는 늦게 잡아도 2세기 중반이라고 할 수 있으며, 이 복음서에 실려 있는 전승 다수는 1세기 후반에 형성되었을 것이다. 그렇다면 이 복음서는 어떤 역사성을 담고 있을 가능성이 높다.

「히브리인의 복음서」에 따르면, 예수는 수난을 당하기 이전 주의 형제 야고보에게 수난에 대해서 설명했고, 야고보는 예수가 부활하여 돌아오기 이전에는 아무것도 먹지 않겠다고 맹세했다. 나그함마디 문헌 가운데 하나인 「야고보의 첫째 계시록」에서도 확인되는 이 이야기는 두 사람이 오랫동안 같이 활동하고 있었을 가능성을 암시한다. 따라서 예수 생전에 그의 형제들과 같이 활동했다는 「요한 복음서」의 기사는 어떤 역사적 사실을 반영하고 있을 가능성이 높다.

이런 진술대로 예수가 생전에 형제들과 같이 활동했다면, 「마르코 복음서」를 비롯한 복음서들이 형제들의 행적을 거의 전하지 않고 예수가 그들

---

p. 446을 보라.

26 송혜경, 『신약외경, 상권: 복음서』, 한님성서연구소 2009, 131쪽.

에 대해서 부정적인 태도를 취했다고 진술한 것은 역사적 사실을 그대로 반영한 것이 아니라 의도적으로 각색한 것이라고 볼 수 있다.

왜 사복음서는 야고보의 위상을 낮추었는가

그렇다면 왜 사복음서는 의도적으로 야고보의 위상을 낮추었던 것일까? 예수가 죽고 기독교가 처음 탄생할 때 예수의 가르침을 계승한 사람들은 다양한 분파를 형성하였다. 어찌 보면 12제자 각각이 하나의 분파라고 해도 과언이 아니다. 예루살렘 교회가 수립된 초기에 아직 누가 최고 지도자가 될 것인지 결정되지 않았기 때문이다. 그러나 이들이 처음부터 대립적인 분파를 형성하며 강렬하게 대치했던 것은 아니다. 예수 승천 직후에 그들은 단합하여 예루살렘 교회를 만들었고, 여타의 유대인과 차별성을 확보하면서 새로운 신앙을 정착시키고자 시도하였다.

그러나 예루살렘 교회가 발전하면서 여러 가지 문제가 발생하였다. 새로운 신앙이 나아가야 할 방향, 유대인과의 관계 설정, 로마제국과의 관계 설정, 새롭게 신자가 된 자들에 대한 관리, 교회 신자들의 위계서열 수립 등의 문제가 계속해서 발생하면서 다양한 의견이 펼쳐졌고, 의견을 달리하는 사람들이 각기 분파를 결성하기 시작하였다. 예를 들어 「사도행전」에 나오는 히브리파와 헬라파(초기 예루살렘 교회는 팔레스타인 본토 출신들로 구성되었으며 아람어를 사용한 히브리파와 팔레스타인 밖 출신으로 헬라어를 사용한 헬라파로 구성되어 있었다.[27] 헬라파는 율법과 성전에 대해서 혁신적인 주장을

---

27 전통적으로 학자들은 히브리파와 헬라파를 이렇게 이분법적으로 구분해 왔다. 그러나 1~2세기 지중해 지역에서는 이중 언어 사용이 널리 보편화되어 있었다. 특히 지금까지 헬라어가 보편적으로 사용되었을 것이라고 생각해 온 안티오키아를 비롯한 여러 지역이 이중 언어 지역으로 밝혀지고 있다. 따라서 초기 기독교 신자들도 이중 언어를 사용하고 있었을 가능성이 높다. 이에 대해서는 이상일, 「예루살렘 초대교회의 히브리파, 헬라파와 초기 기독교의 기원」, 『Canon & Culture』 4-2, 2010을 보라.

펼쳐서 히브리파와 대립하였으며, 나아가 유대인들로부터 박해를 받았다)의 대립은 이를 예증한다.

이 분파 대립 가운데 주의 형제 야고보는 대체적으로 중도 보수적인 입장을 견지하였다. 그는 예루살렘 교회 내 히브리파의 수장으로서 헬라파를 계승한 바울로의 진보적인 노선에 반대하였다. 당시 예루살렘 교회는 전체 기독교 세계의 모교회를 자처하면서 다른 교회의 신앙생활을 관리·감독하였고, 야고보는 예루살렘 교회의 최고 지도자로서 기독교 신자들 사이에서 가장 권위 있는 사람이었다. 팔레스타인과 아시아 일대에 세워진 교회들에서 분파 활동이 일어나고, 그 분파들이 예루살렘 교회의 신학에 어긋나는 노선을 추구할 때 예루살렘 교회는 사람들을 파견하여 여러 교회의 신앙을 관리·감독하였다. 49년경에 안티오키아 교회에서 있었던 사건은 이 사실을 잘 보여 준다.

안티오키아 사건의 전개 과정과 의미에 대해서는 뒤에서 살펴보고 여기서는 그 사건 때 "야고보가 보낸 사람들이 들어오자 베드로가 할례를 주장하는 그 사람들이 두려워서 슬그머니 그 자리에서 물러났다"라는 구절의 의미만을 살펴보자. 이 구절은 주의 형제 야고보가 그의 신학을 추종하는 사람들을 보내어 여러 교회를 관리·감독하였으며, 그의 노선에서 벗어난 신자들을 바로잡았다는 것을 보여 준다. 그의 권위는 매우 높았고, 대다수의 기독교 신자들이 그 사실을 인정했음에 틀림없다.[28] 이는 바울로가 세운 갈라티아 교회의 변심에서 명확히 확인된다. 앞으로 살펴볼 바와 같이 갈라티아 교회는 바울로가 세운 교회로서 바울로를 몹시 사랑하였다. 그들은 바울로를 마치 '하느님의 천사처럼 그리스도 예수처럼' 존중하였고, 눈이라도 빼줄 것처럼 사랑하였다.[29] 그러나 그들은 야고보가

28　Robert Eisenman, 앞의 책, 1997, p. 193.

29　바트 어만, 강창헌 옮김, 『예수는 어떻게 신이 되었나』, 갈라파고스 2015, 296~97쪽은 이 구절에서 천사나 그리스도처럼이 아니라 그리스도와 같은 천사를

보낸 사람들이 왔을 때 순식간에 바울로의 가르침을 버리고, 야고보의 가르침을 받아들였다.[30] 이는 야고보의 권위가 너무나 절대적인 것이어서 누구도 도전할 수 없었다는 것을 의미한다.

이렇게 야고보는 예루살렘 교회뿐만 아니라 아시아 일대로 뻗어나간 모든 기독교 교회를 관리·감독하고, 때때로 사법적 권한을 행사하여 그의 신학 노선을 벗어난 자들을 바로잡았다. 그는 이렇게 살아 있었을 때 기독교 세계의 최고 지도자로 활동하였고, 원시 기독교 내에서 전개되는 분파 활동을 제어할 수 있었다.

그러나 62년경 주의 형제 야고보가 순교하고, 70년경 예루살렘 교회가 로마군에 의해서 파괴되면서 분파주의를 억제하고, 원시 기독교 전체의 구심점 역할을 하던 축이 사라져버렸다. 또한 그때에 이르러 예수의 1세대 제자들 가운데 상당수가 죽었고 이제 그들을 계승한 2세대 제자들이 원시 기독교를 이끌게 되었다.[31] 이런 상황에서 2세대 제자들은 기독교가 나아가야 할 방향을 새롭게 모색해야 했다. 이전에는 신앙 노선에 어떤 문제가 생기거나 신자들 사이에 갈등이 발생하면 예루살렘 교회에 문의하고 예루살렘 교회가 내려준 지침을 따르면 되었지만, 이제 모든 문제를 스스로 해결해야 했다. 이 탐색 과정에서 주의 형제 야고보가 이끌었던 보수적인 시각은 힘을 상실하였고, 헬라파와 바울로가 추구하던 진보적인 시각이 주류를 이루게 되었다. 이는 예루살렘 교회가 소멸하면서 유대 민족주의에 근거한 보수파의 명분이 위축되고, 신자들의 인적 구성이 점차 유대인에서 이방인으로 옮아가면서 발생하는 필연적인 일이었다.

신약성경에 포함된 복음서들은 바로 이런 상황에서 집필되었다. 복음서

맞이하는 것처럼으로 해석해야 한다고 주장하였다. 이 해석은 예수를 하느님과 동격으로 보는 것이 아니라 하느님보다 낮은 존재로 보는 것이다.

30 「갈라티아 신자들에게 보낸 서간」 2:6.

31 1세대 제자들이 활동하던 30~70년 사이를 '사도 시대'라고 부르기도 한다.

의 저자들은 유대 기독교[32]의 잔재를 털어내고 이방인 기독교의 신학을 제시하려고 시도하였다. 따라서 그들은 유대 기독교의 대변인 역할을 했던 주의 형제 야고보의 역할과 권위를 최대한 축소하였다. 복음서들이 주의 형제 야고보의 활동을 기록하지 않거나, 그와 그의 가족의 부정적인 면모를 강조한 것은 바로 이런 맥락에서 이루어졌다. 따라서 우리는 야고보의 실제 면모를 확인하는 데 있어서 복음서의 진술을 비판적으로 검토해야 하며, 그동안 가치를 제대로 인정받지 못하였던 외경 자료와 교부의 기록을 좀 더 열린 마음으로 수용해야 한다. 이런 시각에서 야고보의 위상과 활동을 살펴보자.

의로운 야고보

초대교회의 인물들은 별명이 있는 경우가 많았다. 베드로의 원래 이름은 시몬이었는데, 그는 반석이라는 뜻의 '케파'라고도 불렸고, 제베대오의 두 아들 야고보와 요한은 천둥의 아들이라는 뜻으로 둘 다 보아네르게스라고 불렸고, 토마스는 쌍둥이라는 뜻의 디두모스라고도 불렸다. 주의 형제 야고보는 '의로운 야고보'라고 불렸는데, 이에 대해서 4세기의 교회사가였던 유세비우스는 2세기의 교부였던 헤게시푸스를 근거로 제시하면서 다음과 같이 전한다.

야고보는 태어날 때부터 거룩하였다. 그는 포도주를 마시지 않았고 술 취하지 않았으며, 육식을 전혀 하지 않았다. 머리에 면도칼을 대지 않았으

---

32 유대-기독교라는 단어는 원래 고대에는 사용되지 않았고, 근대 학자들이 만들어낸 것이다. 이 단어를 최초로 사용한 사람은 17세기 영국학자인 헨리 해먼드(Henry Hammond)였다. 그는 바울로로 대변되는 이방인 기독교에 대립되는 개념으로 베드로와 주의 형제 야고보로 대변되는 유대-기독교라는 용어를 사용하였다. 이에 대해서는 Matti Myllykoski, 앞의 글, 2006, p. 74를 보라.

며, 몸에 기름을 칠하지 않았고, 목욕을 하지도 않았다. 그는 홀로 '거룩한 곳'에 들어갈 수 있었는데, 양털로 짠 옷을 입지 않고 아마포로 짠 옷만을 입었기 때문이다. 그는 '거룩한 곳'에 홀로 들어가곤 했으며, 종종 무릎을 꿇고 백성들을 용서해 줄 것을 간구하곤 했다. 하느님을 경배하고 백성들의 용서를 간구하느라 계속해서 구부리고 있었기 때문에 그의 무릎이 낙타의 무릎처럼 딱딱해졌다. 이렇게 누구보다도 의로웠기 때문에 그는 백성들의 성채, 의로운 야고보라고 불렸다.[33]

이 구절에 묘사된 여러 가지 특별한 모습은 유대교에서 나실인 (Nazirite)의 특징에 해당한다. 나실인은 야훼께 자신을 바치기로 특별히 서원한 사람으로, 후대로 이야기하면 수도사나 성직자와 비슷한 존재이다. 야고보가 이렇게 나실인으로 살았다는 것은 그의 신앙심이 매우 두터웠다는 것을 의미한다. 따라서 그가 의로운 인물이라고 불렸던 것은 그가 율법과 이스라엘의 전통을 철저히 지켰기 때문이었다. 이 때문에 기독교 신자들뿐만 아니라 유대인 가운데서도 그를 존경하는 사람들이 많았다. 우리는 이 사실을 유대 역사가 요세푸스의 다음 글에서 확인할 수 있다.

유다 총독 페스투스가 죽자 로마 황제는 총독으로 알비누스를 보냈다. 아그리파 왕은 요셉을 대제사장직에서 물러나게 하고, 아나누스의 아들로, 역시 아나누스라 불렸던 자로 하여금 그 자리를 잇게 하였다. …… 아나누스는 성정이 급하고 이례적으로 대담한 자였다. 아나누스는 사두가이파를 추종하였다. …… 그는 좋은 기회를 잡았다고 생각했는데, 페스투스는 죽었지만 알비누스는 아직 오고 있는 중이었기 때문이다. 그는 산헤드린의 재판관을 소집하여, 그들 앞에 그리스도라고 불리는 예수의 형제 야고보라는 자와 몇몇 다른 자를 끌어오게 했다. 아나누스는 율법을 어겼다

---

33 Eusebius, *Ekklesiastikes Istorias*, 2, 23.

는 죄목으로 그들을 고발했고, 그들을 돌로 쳐죽이도록 했다. 도시에 사는 자들 가운데서 가장 공정한 마음을 가졌고, 율법을 엄격하게 준수하는 자들이 이에 격분하였다. 그들은 아그리파 왕에게 비밀리 사람을 보내어, 아나누스가 더 이상 아무런 행동을 하지 못하도록 막아달라고 요청하였다. …… 아그리파는 세 달간 최고제사장 자리에 있었던 아나누스의 직위를 박탈하고 다른 자로 교체하였다.[34]

이 구절에 따르면, '주의 형제 야고보'는 유대 지도자들의 미움을 받았다. 그들은 예수를 죽였듯이 야고보를 죽였는데, 그때 유대인 가운데 '율법을 엄격하게 준수하는 자들'이 그의 죽음을 애통해했고, 그를 죽인 대제사장을 고발하였다. 이렇게 유대인 가운데서도 의롭고 율법을 철저히 지키는 사람들이 '주의 형제 야고보'를 존경하였다.

요세푸스의 이 기록은 참으로 중요하다. 성경을 제외하면 초대교회(예루살렘 교회)에 대한 유일한 기록이기 때문이다. 다시 말해 그것은 비기독교 신자가 원시 기독교의 존재를 전하는 최초의 문헌 증거이다. 그런데 그 증거에 등장하는 인물은 주의 형제 야고보뿐이다. 사도 베드로도 바울로도 등장하지 않는다. 요세푸스가 예수에 대해서 언급하기는 했지만 많은 학자들은 그 진술의 상당 부분이 후대에 덧붙여졌을 가능성이 높다고 생각하고 있다. 따라서 요세푸스의 눈에 초대교회의 가장 중요한 인물은 야고보였다고 추론할 수 있다.

여기서 또 하나 짚고 넘어가야 할 것이 있다. 야고보의 죽음을 애도하며 아나누스에 대항했던 '공정한 마음을 가졌고, 율법을 엄격하게 준수하는 자들'은 누구일까? 이들은 바리사이파였을 것으로 추정되는데, 이 문구가 바리사이파를 가리키는 대명사처럼 사용되었고, 사두가이파에 대항

---

34 F. Josephus, *Antiquitates Judaicae*, 20, 9, 1.

해서 현실 정치에 그렇게 큰 영향을 끼칠 수 있는 사람들은 바리사이파 밖에 없었기 때문이다.[35]

그렇다면 요세푸스는 왜 여기서 이들을 바리사이파라고 명시하지 않았을까? 그것은 아마도 요세푸스가 바리사이파에 대해서 부정적인 인식을 가지고 있었기 때문일 것이다. '율법에 열심인 자들'은 이 사건에서 사두가이파의 무도한 행위를 징치하는 정의로운 행동을 하였다. 이들을 바리사이파라고 묘사한다면, 바리사이파가 옳은 일을 했다는 것을 선전하는 형세가 된다. 따라서 그런 일을 피하기 위해서 요세푸스는 그들의 정체를 모호하게 처리해 버렸다.[36]

이 사건에서 우리는 중요한 사실을 하나 확인할 수 있다. 사두가이파는 주의 형제 야고보를 '율법을 파괴한 자'로 고발하고 돌로 쳐죽였다. 그런데 바리사이파는 사두가이파의 행동에 대해서 적극적으로 반대하였다. 바리사이파가 그렇게 행동했던 것은 사두가이파의 해석이나 판단이 잘못되었다고 판단했기 때문이다. 그들은 또한 주의 형제 야고보를 죽인 아나누스를 대제사장직에서 끌어내렸다. 이는 그들이 주의 형제 야고보의 대의에 동감하였고, 주의 형제 야고보와 친분이 있었을 가능성을 암시한다.

이런 사실은 우리가 일반적으로 알고 있는 바리사이파의 상에 대한 문제를 제기한다. 일반적으로 바리사이파가 위선자이며 예수의 적대자라는 생각이 널리 퍼져 있기에 주의 형제 야고보가 바리사이파와 친했다는 사실을 기이하게 여기는 사람이 많을 것이다. 그러나 「사도행전」에 따르면 예루살렘 교회에도 바리사이파 출신의 신자들이 많이 있었으며, 바리사이파는 예루살렘 교회에 우호적인 태도를 취하였다.[37] 따라서 주의 형제

---

35 Martin Hengel, John Bowden(tr.), *Between Jesus and Paul: Studies in the Earliest History of Christianity*, Wipf and Stock Publishers 1983, p. 21.
36 스티븐 메이슨, 유태엽 옮김, 『요세푸스와 신약성서』, 대한기독교서회 2002, 244~45쪽.
37 「사도행전」 15:5, 5:4.

야고보가 바리사이파와 친밀했다는 것은 전혀 이상한 일이 아니다.[38]

야고보가 이렇게 전통 유대교를 충실하게 신봉하는 사람이었고, 예루살렘에서도 명성이 높았다는 것은 예수와 그의 가족의 신분에 대해서 다시 생각하게 만든다. 일반적으로 예수와 그의 아버지 요셉은 목수로 알려져 있으며, 목수는 잘해야 중간층에 들기 때문에 예수와 그의 가족은 하층민이었을 것이라고 생각해 왔다. 심지어 예수가 글을 몰랐을 것이라고 생각하는 사람들도 많다.[39] 예수가 잘해야 중류층이었다면 이 추론이 맞을 가능성이 높다. 고대 세계에서 많아야 인구의 5퍼센트 정도만, 즉 상류 지배층만이 글을 읽고, 쓸 줄 알았기 때문이다.

그러나 야고보에 대한 유세비우스의 진술을 보면 야고보는 글을 읽고 쓸 줄 아는 '상류층'에 속했음에 틀림없다. 그가 유대교 사제로서 '거룩한 곳'에 들어갈 수 있었으며, 율법에 너무나 밝아서 '의로운 야고보'라고 불렸다는 것은 문맹에게는 불가능하기 때문이다. 야고보가 글을 읽고 쓸 줄 알았다면, 당연히 그의 형이었던 예수도 글을 읽고 쓸 줄 알았을 것이다. 따라서 예수와 그의 가족은 최소한 교육을 받을 수 있을 정도로 형편이 넉넉했다고 판단하는 것이 옳다.

예루살렘 교회의 최고 지도자

앞에서 언급했듯이 예수가 죽은 후 야고보는 마르코의 다락방 모임에 참석하였으며 예루살렘 교회의 창립 멤버가 되었다. 그리고 창립 직후부터 예루살렘 교회의 '기둥'으로 활약하였다. 그렇지만 「사도행전」은 전반

---

38 Brad H. Young, *Jesus: The Jewish Theologian*, Hendrickson 1995; 임인호, 「누가복음서 독자와 바리새(파): 바리새파는 예수의 적대자인가?」, 『신약논단』 13-1, 2006년 봄, 84~85, 105~07쪽.

39 제임스 로빈슨, 소기천·송일 옮김, 『예수의 복음』, 대한기독교서회 2009, 97~102쪽.

부는 「베드로 행전」, 후반부는 「바울로 행전」이라고 불릴 정도로 베드로와 바울로를 주인공으로 삼고 있다. 그러나 더 엄격하게 이야기한다면 바울로 행전이라고 말할 수 있다.

「사도행전」의 저자는 베드로와 바울로의 인생을 계속 비교하면서 서술하고 있는데, 특정 국면에서 바울로를 더 높인다. 예를 들어 둘 다 감옥에 갇혔다가 기적이 발생해서 풀려나는 경험을 한다. 베드로는 감옥에 갇혔을 때 자고 있었고, 홀연 중에 천사가 감옥문을 열어주자 도망침으로써 간수를 곤란하게 만들었다. 그러나 바울로는 감옥에 갇혀서도 기도에 열중했고, 지진이 일어나 도망갈 수 있었음에도 불구하고 간수를 배려하여 도망가지 않았다. 이에 감명을 받은 간수는 그 가족을 모두 데리고 와서 세례를 받고 신자가 되었다.[40] 이렇듯 「사도행전」이 베드로와 바울로, 특히 바울로의 행적을 중심으로 묘사하고 있기 때문에 주의 깊게 읽지 않는다면 야고보의 참모습을 알아내기가 쉽지 않다.

주의 형제 야고보가 본격적으로 등장하기 시작한 것은 42~43년경 분봉왕 헤로데 아그리파가 유대인의 환심을 사기 위해서 사도 요한의 형제 야고보를 죽인 후의 일이다. 이 일은 아마도 예루살렘 교회 내에 갈릴래아 출신에 대한 일회적인 박해였던 것 같다. 갈릴래아 출신인 베드로 또한 구금되었다가 '하느님의 도움으로' 감옥을 탈출했다. 그때 베드로는 "주께서 자기를 감옥에서 인도해 내신 소식을 야고보와 다른 교우들에게 알리라고 말하고는 다른 곳으로 떠나갔다."[41] 여기서 베드로가 예루살렘을 떠났다는 것은 그가 더 이상 예루살렘 교회의 지도자가 아니라는 것을 의미하고, 그 소식을 야고보에게 전하라고 한 것은 그때 예루살렘 교회의 최고 지도자가 야고보라는 것을 의미한다.

이에 대해서 학자들은 두 가지 의견을 제시하고 있다. 다수의 학자들은

---

40 「사도행전」 12장, 16장.
41 「사도행전」 12:17.

이 사건이 있기 이전까지 예루살렘 교회의 최고 지도자는 베드로였지만, 이후 야고보가 최고 지도자가 되었다고 생각하고 있다. 그러나 상당수의 다른 학자들은 원래부터 야고보가 최고 지도자였다고 주장한다. 4세기의 교회사가 유세비우스는 이런 주장을 뒷받침하는 글을 남겼다.

> 주께서 승천하신 후에, 베드로·야고보·요한은 이전에 주로부터 총애를 받았기에 영광을 차지하기 위해서 다투지 않고, 의로운 야고보를 예루살렘 주교로 선출하였다.[42]

이 구절은 주의 형제 야고보가 예루살렘 교회 수립 때부터 예루살렘 교회의 최고 지도자였음을 명확하게 서술하고 있다. 그런데 앞에서 지적하였듯이, 대다수의 학자들은 예루살렘 교회를 창립할 당시 최고 지도자는 베드로라고 주장하고 있다. 왜 이들은 유세비우스의 진술을 인정하지 않았을까? 그들이 「사도행전」의 진술을 액면 그대로 받아들였기 때문이다. 「사도행전」은 분명 예루살렘 교회의 수립에서 42~43년까지 예루살렘 교회의 최고 지도자를 베드로로 제시하고 있다.

그러나 「사도행전」의 진술을 그대로 인정하는 것은 잘못이다. 「사도행전」이 베드로의 권위를 높이려는 경향을 강하게 보이기 때문이다. 따라서 누가 예루살렘 교회의 초기 지도자였는지에 대해서는 새로운 접근이 필요하다. 먼저 예루살렘 교회를 비롯한 1~2세기 모든 교회가 수많은 가정 교회로 이루어졌다는 사실을 지적할 필요가 있다. 1~2세기 기독교 신자들은 교회 건물을 세우지 않고, 유력한 신자의 집에서 모임을 가졌다. 따라서 예루살렘 교회를 비롯한 모든 교회는 여러 개의 가정 교회로 구성되어 있었고, 필요에 따라서 큰 건물에 모여서 집회를 갖기도 하였다. 예루

---

42 Eusebius, *Ekklesiastikes Istorias*, 2. 1. 유세비우스는 이 구절의 전거를 알렉산드리아의 클레멘스로 제시하였다.

살렘 교회는 아마 20~30개의 가정 교회로 구성되어 있었고, 전체 신자의 모임이 필요할 때면 예루살렘 성전에 모이곤 했다.

이렇게 생각할 경우 예루살렘 교회에는 초기에 여러 명의 지도자가 집단 지도체제를 구성하고 있었다고 볼 수 있다. 베드로는 12제자가 중심이 되는 가정 교회의 지도자였고, 야고보는 예수의 가족들이 구성한 교회의 지도자였을 것이다. 두 사람 가운데 누가 더 권위가 높은지는 명확히 드러나지 않았다. 두 사람을 비롯한 여러 가정 교회의 지도자가 협의를 거쳐 예루살렘 교회를 이끌고 있었을 것이다.

그러다가 42~43년 박해로 12제자가 죽거나 예루살렘을 떠났고, 그 이후에 주의 형제 야고보가 단독으로 최고 지도자로 부각되었다. 따라서 주의 형제 야고보는 42~43년 이후 그가 순교하는 62년까지 예루살렘 교회의 수장으로 활동했다.

예루살렘 교회의 수장으로서 주의 형제 야고보는 49년경에 열린 이른바 예루살렘 사도회의를 주도하였다. 이 회의의 주제는 이방인 출신 신자들이 할례를 받고 율법을 지켜야 하는가였는데 유대인 출신 신자들 가운데 보수파는 그래야 한다고 주장했고, 바울로와 베드로는 그럴 필요가 없다고 주장하였다. 야고보는 중도 입장에서 율법과 할례를 지키지 않아도 되지만 우상숭배 그리고 도덕과 관련된 몇 가지 사항은 반드시 지켜야 한다고 주장하면서 그의 주장을 관철하였다.

「사도행전」에서 야고보의 마지막 모습은 바울로와 대적하는 장면에서 나온다. 바울로 편에서 살펴보겠지만 바울로는 예루살렘 교회와 별개로 독자적인 교회를 만들었고 그 때문에 예루살렘 교회와 심하게 대립하였다. 예루살렘 교회와의 긴장이 극에 달하자 바울로는 최후의 담판을 짓기 위해서 예루살렘으로 간다. 그때 예루살렘 교회의 최고 지도자였던 야고보는 바울로에게 예루살렘 성전에 올라가서 정결례를 행함으로써 바울로가 유대의 율법을 준수하는 모습을 보여 달라고 조언하였다. 바울로는 그의 권고를 받아들였지만 예루살렘 교회 신자들은 바울로를 용서하지 않았다. 이때 야고보는 예루살렘 교회 내의 강경파와 바울로를 중재하려고 했을까, 아니면 그 자신 강경파의 우두머리이면서 바울로에게 이중적인 태도를 취했던 것일까? 아마도 중재자였을 가능성이 높을 것이다. 아무튼 확실한 것은 야고보가 줄곧 예루살렘 교회의 최고 지도자로 활동하고 있었다는 것이다. 「사도행전」 내에서 예루살렘 최고 지도자로서 야고보의 지위나 권위는 너무나 확고한 것이었고, 어떤 도전도 받지 않았고 흔들리지 않고 계속되었다.

예수의 후계자: 나그함마디 문헌에 나타난 주의 형제 야고보

우리는 지금까지 신약성경과 요세푸스의 글을 통해서 주의 형제 야고보가 일반적으로 알려진 것과 달리 예수 생전에 이미 예수의 협력자였다는 것과 예수 사후 수립된 예루살렘 교회의 최고 지도자였다는 것을 살펴보았다. 주의 형제 야고보가 예루살렘 교회의 최고 지도자였다는 것은 그가 예수의 후계자였다는 것을 의미한다.

그렇지만 주의 형제 야고보가 예수의 후계자였다는 사실은 신약성경 내에서 추가로 확인되지 않는다. 주의 형제 야고보가 예수의 후계자였다는 사실을 좀 더 자세하게, 그리고 명확하게 확인하는 것은 앞에서 설명했던 이른바 나그함마디 문헌(Nag Hammadi Codex)이다. 나그함마디 문헌 가운데 네 편, 즉 「토마스 복음서」, 「야고보의 비밀 가르침」, 「야고보의 첫째 계시록」, 「야고보의 둘째 계시록」에 주의 형제 야고보가 주요 인물로 등장한다. 이들 문서는 예수 사후 제자들 사이에서 후계권을 두고 경쟁이 일어났으며, 주의 형제 야고보가 후계자였다는 것을 보여 준다. 각각 문서의 서술을 살펴보자.

네 편 가운데 「야고보의 첫째 계시록」과 「야고보의 둘째 계시록」에 묘사된 주의 형제 야고보의 모습을 먼저 살펴보자. 두 작품은 모두 2세기 영지주의의 특징을 담고 있는 묵시 문서이다. 「야고보의 첫째 계시록」은 발렌티누스파 영지주의[43]의 특징이 관찰되고, 「야고보의 둘째 계시록」은 마르키온주의의 특징이 나타난다.[44] 두 작품 모두 2세기 후반 이후에 작성된 것으로 파악된다. 두 작품 모두에서 주의 형제 야고보는 부활한 예수로부터 특별한 계시를 받는다. 그리고 예수의 가르침을 세상에 전파하다가 순교한다. 「야고보의 첫째 계시록」과 「야고보의 둘째 계시록」이 야고보를 부활한 예수로부터 특별한 계시를 받는 존재로 묘사하는 것은 야고보의 권위를 높이는 것이다. 1세기 후반 이후 원시 기독교 세계에서 부활한 예수를 만난다는 것은 특별한 권위를 얻는 것을 의미하기 때문이다.

두 작품 가운데 특별히 「야고보의 첫째 계시록」이 야고보의 권위를 잘 입증해 준다. 「야고보의 둘째 계시록」은 예수 살아생전에 야고보의 활동을 전하지 않는 반면, 「야고보의 첫째 계시록」에서 주의 형제 야고보는 예수 살아생전 때부터 이미 그의 협력자였다고 전한다. 이 문서에 따르면, 예수는 야고보를 특별히 신뢰하였기 때문에 수난을 앞두고 그가 곧 수난을 당할 것을 야고보에게 설명하였다. 그리고 수난을 당한 후에는 가우겔란(Gaugelan) 산에서 기도하고 있던 주의 형제 야고보에게 나타나 특별한

---

43 발렌티누스(Valentinus)는 2세기 영지주의의 대표적인 사상가이다. 이집트의 알렉산드리아에서 교육을 받았고, 성년 시절에 로마에서 활동하였다. 예수가 설파한 신과 구약의 신을 다른 존재로 파악하고, 창조, 악의 존재, 인간의 구원 문제에 대한 많은 성찰을 하였다. 그는 예수가 육신으로 이 세상에 왔으며, 십자가에서 죽었음을 인정하였다. 그렇지만 예수의 육체를 완벽한 인간의 것이 아니라고 주장했고, 예수의 죽음이 대속인지에 대해서도 모호한 태도를 취하면서, 예수의 죽음으로 인간이 영지를 얻을 수 있는 길이 열렸고, 그를 통해서 구원을 받을 수 있게 되었다고 파악하였다. 그 자신은 바울로의 신학을 계승하였다고 자처하였으며, 로마에서 주교직에 출마할 정도로 정통 교회 내에서 자신의 신학을 인정받으려고 노력하였다. 이에 대해서는 김진영, 「발렌티누스(Valentinus)의 신정론(神正論): '진리 복음서'(The Gospel of Truth)를 중심으로」, 『宗敎學硏究』 27, 2008, 143쪽; Michael Bird and Joseph Dodson(ed.), *Paul and the Second Century*, Bloomsbury 2011, pp. 127~32를 보라.
44 Marvin Meyer et al.(eds.), 앞의 책, 2007, pp. 322~23, 332.

가르침을 주었다. 그 후 주의 형제 야고보는 예수의 가르침을 전파하다가 순교한다. 이렇게 「야고보의 첫째 계시록」에서 주의 형제 야고보는 예수가 살아 있었을 때든 부활했을 때든 독보적인 권위를 가진 존재이다.[45] 「야고보의 첫째 계시록」의 이런 묘사를 보면 주의 형제 야고보는 예수의 수제자이자 후계자라고 할 수 있다.

「야고보의 첫째 계시록」에 대해서는 추가로 언급해야 할 것이 있다. 나그함마디 문헌의 「야고보의 첫째 계시록」에는 결루가 매우 심해서 내용 파악이 어려운 구절이 많다. 1970년대 이 결루를 채워줄 놀라운 발견이 이루어졌다. 이집트의 알 미니아에서 이른바 차코스 사본(Codex Tchacos)이 발견되었는데, 사본에 「야고보의 첫째 계시록」이 포함되어 있었다. 여기에 포함된 「야고보의 첫째 계시록」은 본문의 상태가 양호해서 나그함마디 문헌의 결루를 보충할 수 있게 해주었다. 차코스 사본에 「야고보의 첫째 계시록」이 있었다는 사실은 「야고보의 첫째 계시록」이 고대에 상당히 널리 유포되었음을 의미한다.

이렇게 「야고보의 첫째 계시록」과 「야고보의 둘째 계시록」이 주의 형제 야고보의 위상을 높이고 있지만, 그의 위상이 얼마나 높았는지, 다른 제자들과 어떻게 대립했는지 명확하게 진술하고 있지는 않다. 주의 형제 야고보가 다른 제자들과 권위 경쟁을 벌였음을 관찰하기 위해서는 「야고보의 비밀 가르침」을 살펴보아야 한다. 「야고보의 비밀 가르침」은 주의 형제 야고보가 쓴 편지글 형태를 띠고 있는데, 2세기 전반기 언젠가 작성된 문서이다.[46]

이 문서는 예수가 부활한 후 550일째 되는 날 예수의 모든 제자가 모여서 그들이 예수에게서 듣고 배운 것들을 정리하는 장면으로 시작한다.

---

45 W. R. Schoedel, "Scripture and the Seventy Two Heavens of the First Apocalypse of James", *Novum Testamentum* 12-2, 1970, p. 119.

46 Marvin Meyer et al.(ed.), 앞의 책, 2007, p. 21.

제자들이 듣고 배운 것을 정리한다는 것은 복음서를 기술한다는 것을 의미한다. 그런데 이때 예수가 나타나 주의 형제 야고보와 베드로를 따로 불렀다. 그가 두 사람을 특별히 부른 것은 다른 제자들은 많은 것을 보고 들었지만 실제로는 바보 같아서 제대로 듣지도 이해하지도 못하였기 때문이다. 예수가 이렇게 다른 제자들을 저급한 존재로 규정하고, 주의 형제 야고보와 베드로를 따로 불렀다는 것은 두 사람의 권위가 다른 제자들보다 높다는 것을 의미한다.

그렇게 해서 주의 형제 야고보와 베드로는 예수에게 특별한 가르침을 받게 되었다. 그런데 예수가 문답식으로 가르침을 전하는 동안 베드로는 예수의 말씀을 제대로 이해하지 못하고, 수준 낮은 질문을 하였다. 반면 주의 형제 야고보는 예수와 대화를 주도하면서 예수로부터 많은 가르침을 받아내고, 예수가 가르침을 끝내고 승천하자 예수에게서 배운 것을 제자들에게 가르친다.

「야고보의 비밀 가르침」의 이런 내용은 예수 사후에 야고보의 권위에 대해서 무엇을 말해 주는가? 「야고보의 비밀 가르침」에 나타난 제자들의 권위 구조는 「사도행전」이나 바울로 서간에 나타난 그것과 흡사하다. 「사도행전」과 바울로 서간에서 주의 형제 야고보는 표면적으로 두드러진 역할을 하지 않았지만 베드로보다 더 높은 권위를 가지고 있었다. 그런데 「사도행전」에서 감옥에서 풀려난 베드로가 자신이 예루살렘을 떠난다는 사실을 주의 형제 야고보에게 알렸던 사실, 그리고 '안티오키아 사건'에서 주의 형제 야고보가 보낸 사람들의 권위에 굴복했던 사실에서 나타나듯이 베드로는 늘 주의 형제 야고보의 권위를 인정하고, 그의 노선을 존중하곤 하였다. 따라서 후대의 관점에서 일반적으로 초대교회의 쌍두마차를 베드로와 바울로라고 말하곤 하지만 초대교회 당대의 관점에서 본다면 쌍두마차는 주의 형제 야고보와 베드로이고, 둘 가운데 주의 형제 야고보의 권위가 좀 더 높았다고 말할 수 있다.

「야고보의 비밀 가르침」은 바로 이런 구조로 되어 있다. 주의 형제 야고보와 베드로는 다른 제자들과 비교한다면 특별히 선택을 받아서 가르침을 받았다. 이 과정에서 주의 형제 야고보가 예수에게서 가르침을 받은 과정을 주도하였고, 또한 예수의 가르침을 좀 더 올바르게 수용하여 제자들에게 가르쳤다. 그렇지만 주의 형제 야고보는 베드로를 배격하거나 질책하지 않고, 끝까지 동료로 존중한다. 이는 두 사람이 동반하여 천상여행을 하였다는 것을 통해서 입증된다. 「야고보의 비밀 가르침」은 두 사람의 천상여행에 대해서 이렇게 묘사한다.

> 나(야고보)와 베드로는 감사를 드리고 우리의 마음을 하늘을 향해 위로 들어올렸다. 우리는 우리의 귀로 듣고 우리의 눈으로 전쟁의 소음과 나팔 소리와 큰 혼란을 보았다. 우리는 그곳을 통과하자 우리의 마음을 더더욱 위로 들어올렸다. 그리고 우리는 우리의 눈으로 보았으며, 우리의 귀로 찬가와 천사들의 축복과 천사들의 환호성을 들었다. 그리고 하늘의 존엄하심이 찬가를 불렀으며 우리 또한 환호하였다. 그다음에 우리는 다시 우리의 영을 저 위 '존엄하심'에게로 들어올리기를 원했다.[47]

두 사람의 천상여행은 부활한 예수로부터 가르침을 받은 후에 이루어진다. 이는 두 사람이 예수의 가르침을 받은 후에 의견을 달리해서 갈라서지 않았으며, 오히려 예수의 가르침을 통해서 깨달음을 얻어서 특별한 존재가 되었다는 것을 의미한다. 나그함마디 문헌을 비롯한 영지주의 문헌에서 살아 있는 자가 천상여행을 하는 것은 영지(그노시스)를 얻어서 인간이 성취할 수 있는 최고 수준에 도달하였고, 살아생전에 천상과의 합일을 미리 맛보는 것을 의미하기 때문이다.[48]

---

47 「야고보의 비밀 가르침」 15(송혜경, 앞의 책, 2014b, 171~72쪽의 번역에 따른다).
48 송혜경, 「영지주의 종말론」, 『가톨릭 신학과 사상』 74, 2014, 163~66쪽; Alan F. Segal, *Paul the Convert: The Apostolate and Apostasy of Saul the Pharisee*, Yale

「야고보의 비밀 가르침」은 이렇게 주의 형제 야고보와 베드로가 다른 제자들보다 권위가 높았다는 것, 그리고 두 사람 중에서 야고보가 좀 더 권위가 높았지만 두 사람 사이에 근본적인 노선의 차이가 없었음을 보여 주고 있다.

예수 사후 후계권을 두고 경쟁이 있었으며 주의 형제 야고보가 예수의 후계자였음을 좀 더 명시적으로 보여 주는 문서는 「토마스 복음서」이다. 이 문서에서 예수는 자신이 곧 세상을 떠날 것을 제자들에게 예고하였다. 그 후 예수와 제자들이 대화를 주고받는데 「토마스 복음서」는 그 대화를 다음과 같이 전한다.

> 예수의 제자들이 말하였다. "저희는 당신께서 저희 곁을 떠나시리라는 것을 알고 있습니다. 누가 저희의 지도자가 되겠습니까?" 예수께서 그들에게 말씀하였다. "너희가 어디서 왔든지 의로운 야고보에게 가야 할 것이다. 하늘과 땅이 바로 그를 위해 생겨났다."[49]

이 구절은 여러 가지 점에서 매우 당혹스럽고 기이하다.[50] 먼저, 예수가 수난을 앞두고 자신의 수난을 예고했다면 제자들은 스승의 앞날을 걱정하든지 스승을 만류해야 할 터이다. 공관복음서에는 이런 상황이 여러 번 나온다. 그런데 「토마스 복음서」에서 제자들은 그런 질문은 하지 않고 매우 직설적으로 예수가 세상을 떠나고 나면 누구를 지도자로 삼아야 하는지 묻는다. 이에 대해서 예수는 제자들의 무례함을 질책하지 않고, 주의

University Press 1990. p. 104.

49 「토마스 복음서」 12(송혜경, 앞의 책, 2009, 311쪽).

50 이 구절의 앞뒤 구절, 즉 「토마스 복음서」 11과 13은 수난에 대해서 아무런 말도 하지 않는다. 로기온 11은 종말에 대해서 말하고 있는 예수의 모습을 전하고 있고, 로기온 13은 예수의 정체성에 대해서 이야기하고 있다. 그렇다면 로기온 12는 원래 독립적으로 전승되어 오다가 「토마스 복음서」에 편입되었을 것이다.

형제 야고보를 지도자로 삼으라고 명령하고, 주의 형제 야고보가 매우 특별한 존재임을 설명한다.

두 번째, 이 구절을 제외하면 「토마스 복음서」는 주의 형제 야고보에게 특별한 역할을 부여하지 않는다. 오히려 공관복음서처럼 예수의 가족과 친척을 낮추려는 경향을 보인다. 「토마스 복음서」 로기온(Logion) 55는 "부모 형제를 미워하지 않고 자기의 십자가를 지지 않은 사람은 예수에게 합당하지 않다"라고 말함으로써 혈연의 형제를 부정하였고, 로기온 99는 "혈연의 가족이 아니라 하느님의 뜻을 행하는 자가 진정한 가족"이라고 말함으로써 형제들이 어떤 역할을 하는 것을 차단하고 있다.

세 번째, 「토마스 복음서」에는 유대 기독교적 신앙을 부정하는 흐름이 관찰된다. 오히려 로기온 53에서 할례의 가치를 부정하였으며,[51] 로기온 14에서 유대인의 기도법과 금식법이 갖고 있는 가치를 부정하였다. 「토마스 복음서」의 이런 신학적인 지향은 「토마스 복음서」가 팔레스타인 유대 기독교의 영향에서 벗어나 새로운 신앙을 추구하던 시점에서 작성되었다는 것을 확인해 준다. 따라서 토마스 공동체는 「토마스 복음서」의 최종 편집 시점에서 유대 기독교를 대변하는 인물이었던 주의 형제 야고보를 높일 특별한 이유가 없었다.

네 번째, 「토마스 복음서」는 예수의 12사도 가운데 한 명이었던 토마스를 높이고, 예수의 후계자로 제시하고 있다. 이는 로기온 1에서 토마스를 예수의 쌍둥이로 규정하고 토마스가 예수의 가르침을 기록하고 있다는 사실에서, 그리고 로기온 13에서 예수가 제자들에게 "너희들은 나를 누구라고 생각하느냐"라고 물어보자 베드로와 마태오가 엉뚱한 답변을 한데 반해,[52] 토마스가 정확한 답변을 한 사실에서 명확하다. 「토마스 복음

---

51 「토마스 복음서」 53. "할례가 유익했다면 유대인 부모가 뱃속에서부터 할례된 상태로 아이를 낳았을 것이다."

52 이 구절에서 마태오가 주요 제자로 등장한 것은 기이하다. 신약성경 내에서 마태오

서」가 토마스를 예수의 후계자로 삼았던 공동체의 작품이라면 그 집단은 주의 형제 야고보를 높일 특별한 이유가 없었다.

이상의 네 가지 이유에서 주의 형제 야고보를 예수의 후계자로 삼은 말씀이 「토마스 복음서」에 들어간 것은 매우 당혹스럽고 기이하다. 「토마스 복음서」의 저자가 「토마스 복음서」 전체의 신학이나 그의 저술 목적에 전혀 도움이 되지 않은 이 구절을 창작해 내지는 않았을 것이다. 그렇다면 이 구절은 역사적 예수에게서 유래하였거나 아니면 적어도 「토마스 복음서」가 집필되기 이전의 역사적 사실을 반영하고 있다고 보아야 한다. 아마 「토마스 복음서」의 저자는 예수 사후에 주의 형제 야고보가 예수의 후계자, 그리고 예루살렘 교회의 최고 지도자로 기독교 세계를 이끌었다는 사실을 부정할 수 없었기에 이 로기온을 본문에 포함시켰을 것이다.

그런데 「토마스 복음서」 저자는 이 로기온 바로 다음에서 앞에서 설명한 로기온 13, 즉 예수가 그의 정체를 제자들에게 묻고, 제자들 가운데 베드로와 마태오가 엉터리로 대답하였고 토마스가 올바로 대답했다는 사실을 담은 로기온을 배치하였다. 이는 주의 형제 야고보 다음으로, 혹은 주의 형제 야고보가 죽은 후에 토마스가 후계권을 이어받았다는 주장을 펼치기 위한 전략으로 보인다.[53]

「토마스 복음서」가 로기온 12를 포함시킨 이유가 무엇이든 우리는 이 로기온에서 주의 형제 야고보가 예수의 후계자였음이 명확하다는 사실을 알 수 있다. 「토마스 복음서」의 이런 주장을 뒷받침하는 다른 종류의 문서는 없을까? 외경 가운데 하나인 「히브리인의 복음서」가 있다. 이 복

가 주요 인물로 등장하는 사례가 없기 때문이다. 「토마스 복음서」가 마태오를 등장시킨 것은 마태오의 이름으로 쓰인 복음서가 유통되고 있었고, 「토마스 복음서」의 저자가 그에 대한 반감을 가지고 있었을 가능성을 암시한다. 이에 대해서는 Simon Gathercole, 앞의 책, 2012, pp. 169~70을 보라.

53 S. L. Jónsson, "James the Just, Brother of Jesus and Champion of Early Christian Faiths", University of Iceland, MA Thesis 2014, p. 76.

음서는 유대교의 전통을 고수하려고 노력한 기독교 신자들이 사용한 경전인데, 2세기 이레나에우스의 저작에서 그 존재가 확인되기 때문에 늦어도 2세기 중반에 쓰인 것으로 추정되지만 글 전체가 전하지 않고 오직 몇몇 단편만이 전해진다. 「히브리인의 복음서」는 4세기 유세비우스가 성경으로 삼을 수 있는 문서들을 평가할 때 '논란이 되는 문서'(Antilegomena)에 포함되어 있는데, 이는 이 문서를 정경으로 인정하는 신자 집단이 제법 많았다는 것을 의미한다. 이 복음서는 예수의 부활 장면을 이렇게 묘사하고 있다.

> 내(히에로니무스)가 막 그리스어와 라틴어로 번역했고, 오리게네스도 자주 인용한 '히브리인의 복음서'라는 이름의 복음서는 구세주 부활 이야기 다음에 이렇게 전한다. "주님께서는 아마포를 사제의 종에게 준 다음 야고보에게 가 그에게 나타나셨다. 사실 야고보는 주님께서 잔을 드시던 그 시각부터 그분께서 죽은 이들 가운데서 일어나시는 것을 보기 전까지는 빵을 맛보지 않겠다고 맹세했었다." 그러나 조금 뒤에 (다음과 같이 전한다) "주님께서 말씀하셨다. '식탁과 빵을 다오.'" 그리고 곧이어 덧붙인다. "빵을 들고 감사를 드리신 다음 그것을 떼어 의인 야고보에게 주시며 말씀하셨다. '나의 형제여, 네 빵을 먹어라. 사람의 아들이 죽은 이들 가운데서 다시 일어났다.'"[54]

이 자료는 야고보가 신심이 얼마나 깊었는가를 단적으로 보여 준다. 예수가 수난을 맞이하였을 때 12제자는 예수의 가르침을 잊어버리고, 고향 갈릴래아로 도망가서 물고기를 잡는 어부가 되었다. 그에 반해서 주의 형제 야고보는 금식하며 예수의 부활을 기다리고 있었다.

---

54 히에로니무스, 『위인들』 2(송혜경, 앞의 책, 2009, 301쪽에서 재인용).

이렇게 신앙심 깊은 야고보는 진정 예수의 후계자, 원시 기독교의 수장이라고 불리기에 조금도 부족함이 없다. 따라서 예루살렘 교회가 존재했을 때 기독교 신자들에게 "당신들의 수장은 누구입니까?"라고 묻는다면 아마 주의 형제 야고보라고 대답하는 사람들이 가장 많을 것이다.

본문에서 살펴보았듯이, 1~2세기의 여러 자료가 그가 예수의 후계자, 원시 기독교의 최고 지도자임을 확실히 보여 준다.[55] 또한 알렉산드리아의 클레멘스, 오리게네스, 유세비우스, 히에로니무스를 비롯한 3~4세기의 여러 기독교 지도자도 그들의 글에서 주의 형제 야고보가 최고 지도자였다는 1~2세기의 자료를 소개하고 있다. 이는 3~4세기에도 주의 형제 야고보가 원시 기독교의 최고 지도자라고 생각하는 사람이 많았다는 것을 의미한다. 따라서 4세기 언젠가 현재의 정통 교회가 확고한 우위를 확보하고, 예수-베드로-바울로로 이어지는 계승 노선을 명확하게 수립하지 않았다면, 지금까지도 우리는 주의 형제 야고보가 예수의 진정한 후계자라고 생각했을 것이다.

1세기 후반 이후 야고보의 계승자들

62년경에 야고보가 순교하였고, 70년경에 팔레스타인이 로마군에게 점령당하면서 예루살렘 교회는 거의 소멸하였다. 그러나 1세기 후반 이후에도 주의 형제 야고보를 계승하는 사람들은 사라지지 않았다. 그들은 사도 바울로파의 확장에 맞서 싸우면서 독자적으로 발전해 갔다. 이들을 흔히 '유대 기독교도'라고 부른다. 유대 기독교도는 처음에는 유대인 출신의 기독교도를 가리키는 말로 사용되었지만, 1세기 후반 이후에는 기독교 분파 가운데 유대교의 교리를 최대한 많이 유지하면서 기독교를 발전시키려

---

55 레자 아슬란, 앞의 책, 2014, 288~89쪽.

는 자들을 가리키게 되었다.

이들의 존재와 활동을 알려 주는 자료로는 후대에 외경으로 분류된 복음서들이 있다. 유대 기독교 공동체들이 작성한 복음서로는 세 가지가 전한다. 첫 번째는 「에비온파 복음서」인데, 2세기 후반의 교부였던 이레나에우스가 이 복음서의 실재를 전하며, 4세기의 이단 '사냥꾼'이었던 에피파니우스는 그의 글 『구급상자』(Panarion)에서 「에비온파 복음서」에 나오는 교리들을 인용하고 논평하였다. 현재 이 복음서는 독립적으로 전하지 않으며 오직 에피파니우스가 인용한 글들을 통해서만 단편적으로 재구성이 가능하다.

과연 「에비온파 복음서」를 만든 종파는 언제부터 존재했을까? 2세기 후반 이레나에우스가 「에비온파 복음서」를 이용하는 집단이 있다고 언급하였다.[56] 따라서 이들 존재의 연대적 하한선은 2세기 후반이다. 이들의 활동 연대를 추론할 수 있게 해주는 추가 자료가 있다. 2~3세기 교부들은 에비온파(Ebionite)라는 단어가 '가난한 자'라는 뜻을 갖고 있다고 설명하고, 이들의 신학이 '가난'해서 기독교를 제대로 이해하지 못했다고 비난하였다. 특히 위-테르툴리아누스는 2세기 영지주의 지도자였던 케린투스(Cerinthus)의 제자인 에비온이 에비온파를 창설했다고 주장했고,[57] 그후 많은 기독교 신자들이 그렇게 믿었다. 이 주장이 맞다면 에비온파는 빨라도 2세기에 생성된 것으로 파악된다. 케린투스가 2세기 초에 활동한 인물이기 때문이다.

얼핏 보면 이렇게 시대를 설정하는 것이 적절해 보인다. 더욱이 에비온파가 사용했던 「에비온파 복음서」가 「마태오 복음서」를 저본으로 하고 있다는 사실[58]은 그럴 가능성을 높인다. 「마태오 복음서」가 80년대에 작성

---

56 Gerd Lüdemann, E. Boring(tr.), *Opposition to Paul in Jewish Christianity*, Fortress Press 1989, p. 195.
57 Pseudo-Tertullianus, *Against Heresies*, 3.

되었다면 그 복음서를 저본으로 삼은 복음서는 그보다는 늦게, 즉 빨라야 1세기 최말이나 2세기 초에 형성되었을 것이다.

그러나 이런 주장은 기독교 교부들이 만들어낸 허상에 불과하다. 기독교 지도자들은 정통 교회가 예수-사도-주교(감독)로 이어지는 정통을 계승하였고, 이단들은 정통에서 갈라져 나왔다고 주장했으며,[59] 이러한 인식 아래 이단들의 발생 시점을 늦추어 잡았다. 따라서 케린투스의 제자가 에비온파를 창설했다는 교부들의 주장은 신뢰할 수 없다. 무엇보다 에비온이라는 인물이 실재했다는 것을 입증하는 자료가 없다. 그리고 에비온파가 「마태오 복음서」를 이용했다는 사실이 그들이 「마태오 복음서」 저술 이후에 존재했다는 것을 입증해 주지는 않는다. 그들이 「마태오 복음서」의 저술 이전부터 존재해 오다가 「마태오 복음서」가 유포되는 것을 보고 이용하기로 결정했을 수도 있기 때문이다.

따라서 우리는 2~3세기 교부들의 진술을 믿기보다는 에비온파가 예루살렘 교회를 계승했을 가능성을 살펴보아야 한다. 먼저 에비온이라는 명칭은 '가난한 자'를 의미하는데,[60] 예루살렘 교회의 신자들도 스스로를 '가난한 자'라고 불렀다. 에비온파가 예루살렘 교회 신자들이 스스로를 지칭하던 용어를 사용했다는 것은 그들이 예루살렘 교회의 잔여 집단이거나 아니면 최소한 예루살렘 교회를 계승한 집단임을 의미한다. 두 번째, 이레나에우스는 에비온파의 주요 교리가 유일신론, 양자론, 「마태오 복음서」만 사용, 바울로 거부, 예언서를 특별히 사용, 율법 준수, 예루살렘 방향으로 기도하기라고 전하고 있다.[61] 이런 교리적 특성, 특히 바울로를 거부하고 유대의 율법을 준수하는 것은 후기 예루살렘 교회의 주요 특징

---

58 유태엽, 『마태의 신학』, 감리교신학대학교 출판부 2008, 73쪽.

59 Ivor Davidson, *The Birth of The Church*, Baker Books 2004, p. 157.

60 Gregory C. Finley, "The Ebionites and 'Jewish Christianity'", *The Catholic University of America Diss. Paper*, p. 8.

61 Gerd Lüdemann, E. Boring(tr.), 앞의 책, 1989, p. 195.

이었다. 따라서 이들은 1차 유대 반란 이전 예루살렘 교회의 신학적 노선을 계승하고 있다. 그렇다면 에비온파는 예루살렘 교회의 잔여 집단일 가능성이 높다.

이들은 어디에서 활동했을까? 2세기 중반 기독교의 지도자였던 유스티누스는 『유대인 트리포와의 대화』(Dialogue with Trypho)에서 유대인 가운데서 예수를 그리스도로 받아들였지만, 모세(Moses)가 정한 모든 율법을 계속 지키는 무리가 있다고 전한다.[62] 유스티누스의 『유대인 트리포와의 대화』는 150~60년대에 작성되었지만, 작품 속에 펼쳐지는 대화는 130년대 동방의 카이사리아에서 이루어졌다.[63] 따라서 『유대인 트리포와의 대화』는 130년대 카이사리아와 그 주변 지역에 유대 기독교도들이 많이 활동하고 있었음을 입증한다. 에비온파는 이 유대 기독교도 가운데 일부였을 것이다. 곧 살펴볼 것처럼 에비온파와 나자렛파는 모두 예루살렘 교회의 생존자 혹은 계승자로, 예루살렘 교회가 소멸된 이후 팔레스타인과 시리아 등지에서 활동했기 때문이다.[64]

이상의 논의를 종합해 보면, 에비온파는 1세기 후반부터 존재하기 시작했다.[65] 이들은 예루살렘 교회가 소멸할 때 예루살렘 밖으로 이주하여 집단을 구성하였고, 예루살렘 교회의 신학을 계속 지켜나갔던 무리의 계승자들이다. 따라서 이들에게 예수의 후계자는 주의 형제 야고보였고, 이들이나 혹은 이들과 대의를 같이하는 집단이 다음에 살펴볼 위-클레멘스(Pseudo-Clemens)의 「설교」(Homilies)와 같은 작품을 썼다.

에비온파와 유사한 신앙을 보였던 나자렛파에 대해 살펴보면서 논의를 계속해 보자. 나자렛파(ἡ τῶν Ναζωραίων αἵρεσις)라는 단어는 「사도행전」

---

62 Justin Martyr, *Dialogue with Trypho*, 47.
63 Michael Slusser(ed.), *Dialogue with Trypho*, The Catholic University of America Press 2003, p. xii.
64 Gerd Lüdemann, E. Boring(tr.), 앞의 책, 1989, pp. 52~54.
65 R. A. Pritz, *Nazarene Jewish Christianity*, Jerusalem: Magnes Press 1988, p. 9.

에서 최초로 등장한다. 유대인 지도자였던 테르툴루스(Tertullus)가 사도 바울로를 나자렛파의 괴수라고 고소하였다.

여기서 나자렛파는 예루살렘 교회를 비롯해서 나자렛 예수를 신봉한 모든 기독교 신자들을 의미한다. 이 단어는 예수가 나자렛 출신이라는 데 서 유래했으며, 예수 시절부터 예수를 추종하는 집단이 그렇게 불렸다.[66] 따라서 이 단어가 처음 사용되었을 때 거기에는 기독교적인 의미에서 '이 단'이라는 의미는 전혀 없었다. 2세기 후반까지도 유대인은 기독교 신자 들을 '나자렛파'라고 불렀고, 일부 기독교 신자들 역시 그 명칭을 받아들 였다.[67] 그렇지만 기독교 신자들 다수는 이미 1세기 말부터 스스로를 '기 독교인'(Christiani)이라고 불렀다. 따라서 2세기 초 이후 나자렛파라는 단 어는 잘 쓰이지 않았다.

그런데 언젠가부터 이 단어는 기독교 신자 전체를 가리키는 것이 아니 라 유대적 신앙 방식을 고수하는 이단을 가리키기 시작하였다. 이 단어가 이렇게 이단을 가리키는 용어로 사용되기 시작한 것은 기독교 신자들이 유대 율법을 고수하는 유대인 출신의 신자를 더 이상 용납할 수 없게 되

---

66 예수가 나자렛 사람이기에 그를 따랐던 사람들은 나자렛파라고 불렸고, 그리스 어로는 'Nazoraioi'이다. 에피파니우스의 『구급상자』 29에는 이 유대 기독교인들 을 자세하게 설명하고 있다. 그런데 에피파니우스의 『구급상자』 18에는 다른 나자 렛파가 나온다. 이들은 그리스어로는 'Nazaraioi'이다. 에피파니우스는 이들은 예 수가 이전부터 있었고, 그리스도를 모른다고 지적하였다. 따라서 'Nazoraioi'와 'Nazaraioi'는 다른 분파이다. 에피파니우스는 'Nazaraioi'는 적극적으로 동물 희 생에 반대하였다고 전한다. 이는 유대인 가운데서 동물 희생을 반대하는 자들이 있었다는 증거이다. 후에 기독교도 동물 희생을 드리지 않게 되었는데, 기독교 신 자들이 언제부터 동물 희생을 적극적으로 반대했는지는 명확하지 않다. 예루살렘 교회의 구성원은 예루살렘 성전의 예배에 충실히 따랐으며, 동물 희생제를 반대하 는 신학은 외부에서 유래했다고 여겨진다. 예루살렘 교회의 발전과정에서 에세네 파의 일부가 합류하였고, 그들이 동물 희생 반대를 주장했던 것이다. 에세네파의 동물 희생 반대에 대해서는 마르셀 시몬, 박주익 옮김, 『예수 시대의 유대교 종파 들』, 대한기독교서회 1990, 87~88쪽을 보라.

67 Tertullianus, *Against Marcion*, 4. 8.

면서부터이다. 유대인 출신으로 스스로 율법을 준수하는 신자를 동료로 인정한 것으로 확인되는 마지막 기독교 신자는 순교자 유스티누스였다.[68] 그가 2세기 중엽에 활동하였기에 2세기 중엽 이후 언젠가 기독교 내에서 유대인 출신이라고 해도 율법을 준수하는 자를 이단으로 규정하는 인식이 정착되었던 것 같다.[69]

에피파니우스는 나자렛파의 형성에 대해서 마르코가 이집트에 선교한 이후에 교회로부터 갈라져 나갔다고 설명했으며, 그들의 신앙에 대해서 다음과 같이 진술하였다.

> 그들은 유대인과 달랐고, 또한 기독교 신자와도 달랐다. 그들은 유대인과 의견을 달리하여 그리스도에 대한 신앙을 갖게 되었다. 그러나 그들은 여전히 율법(할례, 안식일, 그리고 그 밖의 것들)에 얽매여 있기에 기독교 신자와 다르다.[70]

이 문장에서 에피파니우스는 기독교 신자이지만 유대인의 풍습을 고수하는 소수 종파를 나자렛파라고 불렀다. 에피파니우스는 이들이 70년 펠라로 이주한 예루살렘 교회의 후손들이라고 전하고,[71] 그들의 거주 장소로 베로이아(Beroea), 펠라 근처의 바사니티스(Bashanitis)를 제시하였다.[72]

---

68 최현준, 「순교자 유스티누스의 '트리포와의 대화'(Dialogue with Trypho)에 나타난 율법 해석과 종교적 갈등」, 『한국중동학회논총』 35-2, 2014, 94쪽. 유스티누스는 이방인 출신으로 기독교로 개종한 자가 율법의 준수에 대해서는 모호한 태도를 취하였으며, 이방인 출신 신자에게 율법의 준수를 요구하는 것은 금지하였다.

69 J. Taylor, "The Phenomenon of Early Jewish-Christianity: Reality or Scholarly Invention?, *Vigiliae Christianae* 44-4, 1990, p. 320.

70 Epiphanius, *Panarion* 29, 7, 4-5.

71 Epiphanius, *Panarion* 29, 7, 7-8.

72 베로이아는 안티오키아 동쪽에 있는 코일레시리아(Coelesyria) 근처에 있는 도시이고, 바사니티스는 펠라 북쪽에 있는 도시이다. 이들 도시의 위치에 대해서는 J. Finegan, *The Archeology of the New Testament: The Life of Jesus and the*

제1장 주의 형제 야고보: 예루살렘 교회의 최고 지도자 ● 71

에피파니우스의 이 진술이 역사적 사실을 정확하게 반영하고 있는지는 확실하지 않다. 4세기의 교회사가인 유세비우스가 예루살렘 교회의 신자들이 제1차 유대 반란이 한창일 때 하느님의 특별한 계시를 받고 예루살렘을 떠나서 펠라로 이주하였다고 전하기에[73] 에피파니우스의 진술이 역사적 사실을 반영하고 있을 가능성이 높다. 그러나 1세기 후반 펠라 지역에 이미 기독교 신자들이 존재하였고, 그들과 예루살렘 교회는 별 상관이 없다는 주장도 있다.[74]

어느 주장이 맞든 나자렛파는 1세기 후반부터 펠라 인근에 거주하였던 유대계 기독교 신자들의 후예인 것 같다. 이들은 「나자렛파의 복음서」(The Gospel of Nazarenes)라는 문서를 사용하였다. 이들이 사용한 복음서를 3세기의 교부인 오리게네스가 알고 있었고, 4세기의 교부인 히에로니무스는 그들의 복음서가 카이사리아 도서관에 보관되어 있었다고 전하고 있다.[75] 이는 「나자렛파의 복음서」가 3~4세기에는 상당히 인기가 있었음을 의미한다. 그러나 후대에 전하는 필사본이 전혀 없기 때문에, 오직 여러 교부가 인용한 글을 통해 단편적으로 복원할 수 있을 뿐이다.

현재까지 복원된 「나자렛파의 복음서」는 「에비온파 복음서」와 같이 「마태오 복음서」를 저본으로 하여 작성되었다. 「에비온파 복음서」가 「마태오 복음서」뿐만 아니라 「루카 복음서」와 「마르코 복음서」 또한 참조했던 데 반해서, 「나자렛파의 복음서」는 거의 전적으로 「마태오 복음서」만을 참조한 것 같다. 에피파니우스가 나자렛파는 「마태오 복음서」를 거의 그대로 쓰고 있다고 전하는 사실이 이런 추론을 뒷받침한다.[76]

Beginning of Early Church, Princeton University Press 1992, p. xI을 보라.

73 Eusebius, *Ekklesiastikes Istorias*, 3, 5, 3.

74 Gerd Lüdemann, "The Successors of Pre-70 Jerusalem Christianity: A Critical Evaluation of the Pella-Tradition", *Jewish and Christian Self Definition*, Fortress Press 1980, pp. 160~73; J. Taylor, 앞의 글, 1990, p. 320.

75 Hieronymus, *Dialogus Adversus Pelagianos*, 3, 2.

이렇듯 나자렛파의 기원이나 신학적인 지향이 에비온파와 유사하다. 그렇다면 두 집단은 동일 집단일까? 원래는 같은 집단이었다가 2세기 언젠가 분리되었던 것 같다. 에피파니우스가 두 파를 소개하면서 에비온파의 창시자인 에비온이 원래는 나자렛파 소속이었다고 말했고, 에비온파 역시 나자렛파와 같이 70년 펠라로 이주한 예루살렘 교회의 후손들이라고 전하고 있다는 사실이 이러한 추론을 뒷받침한다.[77] 에피파니우스는 에비온파에 대해서 많은 분량을 할애해서 매우 자세하게 설명한 반면에 나자렛파에 대해서는 비교적 간략하게 설명하였다. 이는 2세기 이후에 나자렛파의 세력이 점차 축소되어서 그의 시대에 나자렛파가 영향력이 없는 소수 종파였기 때문인 것 같다.

지금까지 살펴본 에비온파와 나자렛파의 존재가 확실하게 보여 주는 사실이 있다. 그것은 2~3세기 원시 기독교 세계에 유대교의 기본적인 교리를 준수하면서 유대교의 틀을 유지하려는 자들이 계속 존재했다는 것이다. 그들은 펠라를 비롯한 요단강 동편 지역과 시리아 일대에 광범위하게 퍼져 있었다. 이 사실은 교부들의 여러 전승, 그리고 최근의 고고학 발굴에서도 명백하게 확인된다. 20세기 후반에 진행된 발굴 결과에 의하면, 펠라 주변 지역에 2세기 기독교 공동체들이 상당한 세력을 보유하고 있었다.[78] 이들은 예루살렘 교회의 보수파와 동일한 신학을 추구하면서 유대교의 틀을 유지하려고 하였다.

이들의 신학은 대체적으로 주의 형제 야고보의 노선을 따랐다. 다시 말해 이들은 예수를 그리스도로 인정하였지만 유대교의 율법을 계속 지켜

---

76 송혜경, 앞의 책, 2009, 124~27, 287~97쪽.

77 Epiphanius, *Panarion*, 30, 1. 나자렛파와 에비온파 이외에도 유대 기독교의 주요 교파로 엘카사이파가 있었다. 후대 마니교를 창시한 마니가 엘카사이파에 속한다. 엘카사이파와 마니교에 대해서는 이수민 편역,『마니교』, 분도 2005를 보라.

78 Bastiaan Van Elderen, "Early Christianity in Transjordan", *Tyndale Bulletin* 45-1, 1994, pp. 106~08.

야 한다고 주장하였다. 이들은 자신들의 주장을 펼치기 위해서 여러 문서를 작성하였는데, 그 가운데 2세기에 쓰인 것으로 파악되는 '베드로의 설교'라는 문서가 있다. 이 문서의 저자는 바울로에 대한 적대감을 명확히 표출하고 반면에 주의 형제 야고보를 권위 있는 사람으로 인정하였다. 이는 이 저자가 주의 형제 야고보를 추종했던 유대계 기독교의 후손일 가능성을 암시한다.[79]

이들의 활동에 대해서는 조금 후에 다시 살펴보고, 유대-기독교의 또 다른 복음서인 「히브리인의 복음서」를 살펴보자. 이 복음서는 초대교회에서 널리 알려져 있었으며, 2세기의 교부들이 그 존재를 언급하였다. 앞에서 설명했듯이 2세기 중엽에 활동했던 파피아스가 이 복음서를 알고 있었기에 이 복음서의 형성 연도는 늦게 잡아도 2세기 초반이라고 할 수 있다. 따라서 이 복음서에 실려 있는 전승 다수는 1세기 후반에 형성되었을 가능성이 높다. 이 복음서의 내용은 기존의 복음서 내용들과 거의 중첩되지 않는데, 이는 이 복음서가 다른 복음서들에 의존하지 않았음을 의미한다.[80]

다시 말해서 이 복음서를 생산한 공동체는 사복음서를 생산한 공동체와 교류하지 않았고, 나아가 그들에 대한 강한 경쟁의식을 갖고 있었다. 「히브리인의 복음서」를 생산한 공동체는 어디에서 존재하였을까? 이 복음서의 내용을 전하는 사람들, 즉 알렉산드리아의 클레멘스, 오리게네스, 소경 디두모스(「토마스 복음서」의 저자 디두모스와는 다른 인물이다)가 모두 이집트의 알렉산드리아에 살던 사람들이라는 사실은 「히브리인의 복음서」를 생산한 공동체가 이집트에 살았다는 것을 암시한다.

「히브리인의 복음서」는 이렇게 사복음서에 거의 없는 내용으로 구성되어 있을 뿐만 아니라 주의 형제 야고보의 권위를 적극적으로 높였다. 이

---

79 Psedo-Clementine, *Recognitione*, 1:27-71.

80 송혜경, 앞의 책, 2009, 131~32쪽.

는 앞에서 인용하였듯이 부활한 예수가 그에게 나타나 빵을 먹으라고 권하고 가르침을 주었다는 사실에서 알 수 있다.[81]

「히브리인의 복음서」를 생산한 공동체가 활동했던 시기는 언제일까? 2세기 초중반에 활동하였던 파피아스가 그들을 알고 있었다는 것에 비추어보건대, 그들은 1세기 후반에서 2세기 초반에 형성되었을 것이다. 따라서 이들은 나자렛파와 에비온파와 같이 70년 이후 예루살렘 교회가 소멸하면서 생겨났다고 판단된다. 나자렛파와 에비온파가 팔레스타인 북부 지역에 머물렀던 데 반해서, 「히브리인의 복음서」를 생산한 공동체는 이집트로 이주하였고, 그곳에서 독자적으로 발전하였다.

이렇게 예루살렘 교회의 전통을 계승한 일부 신자들이 이집트로 이주했을 가능성은 앞에서 자세하게 설명하였던 나그함마디 문헌의 생산자들에 대해서 중요한 암시를 준다. 나그함마디 문헌에 포함된 텍스트의 생성 연도가 다양하였지만, 그 가운데 주의 형제 야고보를 주요 인물로 설정한 문서들은 예루살렘 교회의 전통을 계승한 신자들이 작성하였을 것이다. 다시 말해서 예루살렘 교회가 소멸한 후 예루살렘 교회의 대의를 추종하는 일부 신자들이 이집트로 갔다. 이 신자들 가운데 일부가 영지주의 신학을 받아들여서 '원-영지주의' 공동체를 형성하였고, 그들이 바로 나그함마디 문헌 내에 포함된 주의 형제 야고보를 주요 인물로 설정한 문서를 작성하였다.

이렇게 1세기 후반 주의 형제 야고보를 추종한 신자들은 다양하게 갈라져 나가 여러 분파를 형성하였는데, 그러면서도 그들에게 공통으로 관찰되는 현상이 있다. 그들은 여전히 유대교의 틀 내에 머물려고 노력하였으며, 1세기 후반 이후 유대교의 틀을 완전히 벗어나려는 집단, 특히 사도 바울로를 계승하는 집단과 대립하였다. 과연 이들과 사도 바울로 계승자

---

81 히에로니무스, 『위인들』 2(송혜경, 앞의 책, 2009, 301쪽에서 재인용).

의 대립은 어떻게 진행되었을까?

야고보 후계자들과 바울로 후계자들의 대립

56년경 사도 바울로는 생애 마지막으로 예루살렘을 방문하였다.[82] 이 것은 목숨을 건 위험한 여정이었는데, 예루살렘 교회의 할례당이 그의 복음을 이단으로 규정하고 그의 교회를 파괴하고, 그를 죽이려 하고 있었기 때문이다. 이때의 상황을 「사도행전」은 다음과 같이 전한다.

> 바울로 형제, 보다시피 유대인들 가운데에서 신자가 된 이들이 수만 명이나 되는데, 그들은 모두 율법을 열심히 지키는 사람들입니다. 그런데 당신이 다른 민족들 가운데에서 사는 모든 유대인에게 모세를 배신하라고 가르치면서 자식들에게 할례를 베풀지도 말고 우리 관습을 따르지도 말라고 한다는 이야기를 그들이 들었습니다. 그러니 어떻게 하면 좋겠습니까? 그들도 당신이 왔다는 것을 틀림없이 듣게 될 것입니다.[83]

야고보의 예상대로 '율법을 지키는 데 골몰한 유대인들', 즉 할례당은 바울로를 죽이려 했고, 바울로는 로마의 공권력에 의지하여 그 위기에서 벗어났다. 그 후 바울로는 로마로 끌려갔고 그가 세운 교회들이 무너지는 것을 안타까워하면서 역사의 무대 뒤로 사라졌다. 바울로가 죽은 후 그를 추종하던 신자들은 한동안 조용히 숨을 죽이고 살았다.

그러나 70년 유대 전쟁의 여파 속에서 예루살렘 교회의 붕괴와 함께 바울로파를 억압하던 할례당이 사라졌다. 그러자 바울로의 후계자들이

---

82 N. Taylor, *Paul, Antioch and Jerusalem: A Study in Relationships and Authority in Earliest Christianity*, Sheffield Academic 1992, pp. 51~59.

83 「사도행전」 21:20-22.

다시 세력을 회복하기 시작했다. 80년대 이후 그들은 「루카 복음서」와 「사도행전」을 발표하면서 율법으로부터 자유로운 복음을 주장했던 바울로의 대의를 되살리고자 노력하였다. 그리고 바울로의 이름을 빌려 여러 서간서들을 발표하면서 새로운 시대를 주도하려고 하였다.[84] 바울로파가 이렇게 부활하여 선전 활동을 통해 그들의 대의를 알리고자 했다는 것은 무엇보다 「루카 복음서」 서두에서 잘 드러난다.

「루카 복음서」는 그 첫 구절에서 테오필로스라는 이방인을 등장시키고 그에게 복음을 소개하겠다는 목적을 공개적으로 밝혔는데, 이 테오필로스는 특정 개인을 의미할 수도 있지만, 전 세계의 모든 독자를 염두에 두고 상정된 인물이라고 볼 수 있다. 루카-행전의 저자가 이렇게 외부인을 독자로 설정하고 글을 썼다는 것은 그가 그의 작품이 널리 유포되기를 바란다는 것을 공식적으로 천명한 것이다.[85]

80년 이후 바울로파가 이렇게 공세적인 태도를 취하자 여타의 기독교 신자들이 반발하였다. 이런 반발 기류는 유대 기독교도들에게서 뚜렷하게 관찰된다. 서언에서 설명했듯이 사도계 기독교 신자들 가운데 여전히 다수가 유대 기독교도들이었다.[86] 마태오 공동체나 요한 공동체는 70년 이후 상당 기간 회당에 소속되어 있었으며, 회당 내 유대인과 갈등을 겪

---

84 Loveday Alexander, *The Preface to Luke's Gospel,* Cambridge University Press 1993, pp. 6~7.

85 Martin Hengel, John Bowden(tr.), *The Four Gospels and the One Gospel of Jesus Christ,* Trinity Press International 2000, p. 103; Martin Dibelius, *The Book of Acts: Form, Style, and Theology,* Fortress Press 2004, p. 25.

86 사도계 기독교라는 용어는 주의가 필요하다. 일반적으로 이 용어는 베드로를 계승한 집단을 의미하며 로마 교회와 안티오키아 교회가 중심이다. 요한은 주요 사도이지만 1세기 후반 요한을 계승한 집단은 베드로를 계승한 집단과 대립하였기 때문에 별도로 요한계라고 불린다. 사도계 공동체는 로마 교회로 대표되며 저기독론을 펼쳤다. 이에 대해서는 Raymond E. Brown, *The Churches the Apostles Left Behind,* Paulist Press 1984, p. 18을 보라. 여기에서는 이 용어를 요한 공동체를 포함한 용어로 사용하기로 했다.

은 후에야 회당에서 분리되었다.[87]

　이들이 회당에 소속되어 있던 기간, 그들 공동체의 주류는 유대인 기독교도들이었다. 그들은 자신들이 율법을 충실히 지켜야 한다고 생각했으며, 이방인 출신 기독교도들도 율법을 지켜야 한다고 주장하였다. 이들은 어찌 보면 율법에 대한 태도에서 더욱 강경한 입장을 취하였다. 같은 회당에 속해 있던 유대인들이 기독교 신자들이 율법을 지키지 않는다고 비난하거나 의심의 눈초리를 보냈기에, 자신들은 전혀 그런 태도를 갖고 있지 않다는 것을 과시해야 할 필요를 느꼈기 때문이다. 이런 태도를 보인 집단이 바로 마태오 공동체이다. 사도계 공동체들 가운데 유대적 속성을 여전히 강하게 가지고 있던 마태오 공동체는 예수가 율법의 일점일획도 폐지하려고 하지 않았으며, 기독교 신자라면 계속 율법을 지켜야 한다고 주장하였다.[88]

　「마태오 복음서」가 천명한 이 강력한 율법주의가 바울로파에 대한 대항의 목소리였는지 확실하지는 않다. 오히려 마태오 공동체가 대립하고 있던 바리사이파에 대한 목소리였다고 해석할 수도 있기 때문이다. 그럼에도 불구하고 사도 계열 내에서 바울로파를 견제하려는 목소리가 있었던 것은 확실하다. 로마의 클레멘스의 이름으로 쓰였지만 2세기의 문서로 파악되는 '위-클레멘스(Pseudo-Clementines) 문서'가 있다.[89] 이 문서는 주의 형제 야고보가 예루살렘 교회의 최고 지도자로서 절대적인 권위를 행사했다는 것을 명확히 규정하였다. 이 문서에 따르면 주의 형제 야고보는

87　J. Louis Martyn, *The Gospel of John in Christian History*, Wipf and Stock 1978;
　　Raymond E. Brown, *The Community of the Beloved Disciple*, Paulist Press
　　1979에서 요한 공동체의 구성원이 몇 단계를 거치면서 변화했다는 것을 논증하였
　　고, 현재 대부분의 학자들은 이 견해를 따르고 있다.

88　Bruce Chilton and Craig Evans(ed.), *The Mission of James, Peter and Paul*,
　　Brill 2005, p. 198; 제롬 프리외르·제라르 모르디야, 이상용 옮김, 『예수 후 예수』,
　　한언 2006, 299쪽; 유태엽, 앞의 책, 2008, 33, 411쪽.

89　J. Louis Martyn, 앞의 책, 1978, p. 57.

추천장을 써서 사도와 신도들을 예루살렘 밖으로 파견하고, 그들로부터 활동 상황을 정기적으로 보고받았다.[90] 다시 말해서 주의 형제 야고보는 단순히 예루살렘 교회의 최고 지도자가 아니라 전 기독교 세계를 총괄하는 최고 지도자였다. 이 문서 가운데 일부인 「베드로 서간」(Epistula Petri)은 베드로가 야고보에게 쓴 편지글의 형태를 띠고 있다. 이 서간에서 베드로는 야고보에게 다음과 같이 말했다.

이방인 출신의 어떤 자들은 율법을 지키지 않아도 된다고 경박하게 주장하는 나의 적의 가르침에 빠져서 율법에 관한 나의 가르침을 거부하고 있습니다. 어떤 자들이 내가 아직 살아 있는데도 여러 가지 해석으로 내 말들을 변형시키려고 이런 행동들을 하고 있습니다.[91]

이 구절에서 '나의 적'은 바울로를 가리키는데, 이는 이 서간에서 베드로가 바울로에 대해서 적대적인 태도를 노골적으로 밝혔다는 사실에서 명확하다.[92] 베드로는 예수의 환영을 보았다고 주장하는 바울로를 비난하며 "환영, 환상, 꿈에 의존하는 자는 확실하지 않다. 그가 누구를 믿는지를 알지 못하기 때문이다. 그에게 나타난 환상이 사악한 다이몬이나 속이는 영일 수도 있기 때문이다"[93]라고 말하였다. 이 편지에서 베드로는 자신의 활동을 야고보에게 자세하게 보고하였으며, 야고보의 가르침에 따라서 선교활동을 펼치고 있다. 그 시기에 바울로는 율법에서 자유로운 신학을 펼치면서 베드로의 권위, 나아가 야고보의 권위에 도전하였다. 이에 베드로는 바울로를 노골적으로, 그리고 격렬하게 비난하였다.

---

90 Robert Eisenman, 앞의 책, 1997, p. 193.
91 「베드로 서간」 2.
92 Bart Ehrman, *Forged*, HarperOne 2011, p. 63.
93 Pseudo Clemens, *Homilies*, 17, 14-19.

「베드로 서간」이 언제, 누구에 의해서 쓰였는지는 명확하지 않다. 그러나 명확한 것은 그 서간을 쓴 집단은 야고보를 계승하였다는 것이다. 이 편지에서 베드로가 야고보의 권위에 순종하였다는 것은 베드로를 계승한 집단 가운데 일부가 야고보를 계승한 집단과 신학적인 노선을 같이했기 때문이라고 추론할 수 있다.

이렇듯 1세기 후반에서 2세기에 야고보를 계승한 집단은 바울로의 후계자들과 계속 대립하고 있었는데, 이런 대립이 담겨 있는 또 다른 문서는 신약성경에 포함된 「야고보 서간」이다. 이 문서는 초대교회부터 현대 기독교 세계에 이르기까지 상당히 천시받아 왔다. 2세기 중반까지 기독교 신자 가운데 이 문서를 언급한 사람은 아무도 없으며, 2세기 후반에 작성된 무라토리 성경 목록도 이 문서를 포함하지 않았다.[94] 3세기에도 이 문서의 권위를 제대로 인정하는 사람은 거의 없었다. 이 문서가 기독교의 성경 목록에 포함될 수 있었던 것은 4세기 기독교 지도자들인 히에로니무스와 아우구스티누스가 그 가치를 인정하였기 때문이다.[95] 그렇지만 정경에 포함된 뒤에도 많은 기독교 지도자들이 「야고보 서간」을 성경에서 제외해야 한다고 생각했는데, 마르틴 루터(Martin Luther)가 이 문서를 '지푸라기 서간'이라며 낮추어 평가한 것은 널리 알려진 사실이다.

이 문서가 이렇게 줄곧 천대받았던 중요한 이유는 작성자가 주의 형제 야고보로 알려져 있었고, 그 주요 내용이 바울로의 신학을 부정하고 있기 때문이다. 이 문서의 내용이 무엇인지 살펴보면서 이야기를 진행해 보자. 1세기 말이나 2세기 초에 쓰인 것으로 판단되는 이 문서의 핵심 주제는 기독교 신자들이 지켜야 할 윤리이다.[96] 그러나 「야고보 서간」을 단순

---

94 이승구, 「칭의에 대한 야고보의 가르침과 바울의 가르침의 관계(2)」, 『신학정론』 30(2), 2012, 147쪽.
95 김득중, 「야고보서의 反바울주의와 反世俗主義」, 『神學과 世界』 56, 2006, 11~12쪽.
96 L. Michael White, *From Jesus to Christianity*, HarperSanFrancisco 2004, pp.

히 윤리 규범집 혹은 지혜문학 수집 문서라고 볼 수는 없다. 대부분의 신약 서간서들이 그렇듯이 「야고보 서간」 역시 집필자가 당면했던 문제에 대한 대응으로 쓴 문서이기 때문이다. 「야고보 서간」이 그렇게 지혜를 배우라고 강권했던 것은 교회를 어지럽히는 불순한 신도들이 있었기 때문이다. 「야고보 서간」의 저자는 두 무리의 신자들이 교회의 질서와 신앙을 어지럽히고 있다고 보았다. 먼저 교회 내에 세속적인 부를 가지고 있는 부자들이 있었다. 그들은 부를 이용해서 가난한 신자들을 무시하고 특별한 대접을 받으려고 하였다. 두 번째로 바울로가 주창했던 '이신칭의'(以信稱義)를 맹목적으로 내세우면서 율법을 제대로 행하지 않는 무리가 있었다. 「야고보 서간」은 이렇게 교회 내부 문제로 발생한 분란에 대해서 지혜롭게 처신할 것을 강권하는 문서이다.[97]

「야고보 서간」의 저자가 사도 바울로의 '이신칭의'를 문제삼고 있다는 것은 아브라함이 의로움을 받는 방법에 대해서 논의했다는 사실을 통해서 명확히 드러난다. 사도 바울로는 믿음으로 의로움을 얻을 수 있다는 사실을 논증하기 위해서 아브라함의 예를 들었다. 그에 따르면 아브라함은 하느님을 믿음으로써 의로움을 얻었다. 그리고 그를 통해서 이방인도 하느님을 믿음으로써 구원을 받을 수 있다.[98]

「야고보 서간」의 저자는 사도 바울로의 이런 논지를 배격하면서 다음과 같이 말하였다.

> 우리 조상 아브라함이 자기 아들 이사악을 제단에 바칠 때 행함으로써 의로움을 인정받은 것이 아닙니까? 그대가 보는 대로 믿음이 그의 행함과 함께 작용을 한 것입니다. 그러므로 믿음은 행함으로 완전하게 됩니다.[99]

276~79.

97 강창희, 「야고보서의 주제와 적용문제」, 『신학과 선교』 2, 1998, 2, 7~9쪽.

98 「갈라티아 신자들에게 보낸 서간」 3:6-8.

이 인용문에서 「야고보 서간」의 저자는 아브라함이 의로움을 얻었던 것은 단지 하느님을 믿었기 때문이 아니라 그의 아들 이사악을 희생 제물로 바치는 행함이 있었기 때문이라고 주장하고 있다. 이는 행함을 강조하기 위한 논증을 펼치면서 사도 바울로가 믿음을 강조하기 위해서 펼쳤던 논증을 정면으로 반박한 것이다. 「야고보 서간」의 저자가 사도 바울로의 논증에는 아무런 관심 없고 단지 행함을 강조하고자 했다면, 사도 바울로가 사용한 논거를 반박하는 일은 하지 않았을 것이다. 따라서 「야고보 서간」의 저자가 행함을 강조했던 것은 단순히 윤리를 강조하려는 조처가 아니라 사도 바울로의 이신칭의에 맞서서 이행득의(以行得義)를 주장하기 위한 것이었다. 「야고보 서간」을 이렇게 해석하는 것은 루터[100] 이래 학자들의 다수 의견이다.[101]

이렇게 「야고보 서간」이 바울로 신학을 공격하고 있는데, 그 저자는 주의 형제 야고보일 수는 없다. 이는 간단한 추론으로 명확히 알 수 있다. 주의 형제 야고보가 살아생전에 그가 주도하는 교회에서 바울로의 이신칭의를 받아들여 율법을 무시하던 신자들의 무리는 거의 없었다. 그런 신자들이 교회에서 상당한 세력을 확보하는 상황은 70년 이후 그가 죽고, 교회가 분열된 후에 이루어졌다. 또한 「야고보 서간」에 따르면, 교회는 세속으로부터 위협을 당하고 있었는데 이 역시 70년 이후의 상황이라고 판단된다. 여기에 더하여 학자들은 주의 형제 야고보가 바울로의 서간을 읽어보지 않았으며, 「야고보 서간」에서 비판하고 있는 신학은 후대에 형식

---

99 「야고보 서간」 2:21-22.

100 주원일, 「야고보서의 구조 분석을 통한 의미 분석」, 총신대학교 석사학위논문, 2010, 10~11쪽.

101 W. G. 퀴멜, 박익수 옮김, 『신약정경개론』, 대한기독교출판사 1988, 411~15쪽. 그러나 기독교 신자들은 「야고보 서간」의 신학이 바울로의 신학과 모순되지 않는다고 주장한다. 이들은 대개 「로마 신자들에게 보낸 서간」 2장 13절을 제시하며 바울로 또한 율법의 실천을 강조했다고 주장한다. 이에 대해서는 최선애, 「야고보서 2:14-26의 행함과 믿음」, 베뢰아국제대학원 석사학위논문, 2005, 22쪽을 보라.

화된 바울로 신학이라고 판단하고 있다.[102]

그렇다면 우리는 「야고보 서간」을 바울로의 후계자에 맞서는 야고보 후계자의 목소리로 보아야 한다.[103] 그들은 80년 이후 바울로파가 부활하면서 적극적인 목소리를 내고 이방인 중심의 기독교가 세력을 확대하자 유대파 기독교가 흔들리는 상황에 대처하기 위해서 「야고보 서간」을 썼을 것이다. 그들은 바울로의 후계자들이 스스로 잘난 체하는 헛똑똑이라고 생각하였다. 그리하여 그들은 바울로의 후계자들을 참된 신앙인이 아니라 단지 "제 얼굴의 생김새를 거울에다 비추어보고는, 물러나서는 곧 제 모습을 잊어버리고 마는" 어리석은 사람이라고 비난하였다.[104]

이렇게 1세기 후반 주의 형제 야고보를 계승하려는 자들이 활동하고 있었다. 그들이 만든 문서가 신약성경에 포함되어 있다는 것은 그들의 세력이 여전히 상당히 강했다는 것을 의미한다. 2세기에도 이들의 세력은 상당히 컸다. 앞에서 인용했던 위-클레멘스 문서는 2세기 후반에 작성된 것으로 보이는데, 그 문서에서 야고보는 노골적으로 바울로에게 적대적인 태도를 취하였다. 이 문서가 널리 유포되었다는 것은 그 문서를 만든 사람들의 세력이 상당히 컸음을 의미한다.[105]

그러나 2세기 후반 이후 야고보 추종자들의 세력은 급격하게 위축될 것인데, 이는 무엇보다 기독교 신자들이 대부분 이방인 출신으로 충원될 것이고, 바울로의 신학에 근거하여 원정통 교회가 수립될 것이기 때문이다. 2세기 후반 이후 유대 기독교, 그리고 영지주의 기독교의 세력이 약화

---

102 W. G. 퀴멜, 박익수 옮김, 앞의 책, 1988, 416~18쪽.
103 김득중, 앞의 글, 2006, 26~27쪽.
104 레자 아슬란, 앞의 책, 2014, 296쪽.
105 N. Kelly, *Knowledge and Religious Authority in the Pseudo-Clementines*, Mohr Siebeck 2006, pp. 11~12는 위-클레멘스 문서의 원본이 3세기 전반기에 작성되었다고 주장하고 있다. 여기에서 내가 2세기라고 하는 것은 이 문서에 포함된 문서들이 작성된 시점을 이야기한다.

되어 가면서 주의 형제 야고보를 예수의 후계자라고 생각하는 집단은 점점 세력을 잃어갔고, 그러면서 주의 형제 야고보의 위상도 점점 더 낮아져 갔다.[106]

---

106 야고보 재평가 및 유대 기독교에 대해서는 정기문, 앞의 글, 2011; 정기문, 앞의 글, 2017c를 수정·보완한 것이다.

제2장

사도 요한:
예수가 가장 사랑한 제자

「요한 복음서」의 재발견

예수의 생애를 전하는 네 개의 복음서 가운데 첫 세 개인 「마르코 복음서」, 「마태오 복음서」, 「루카 복음서」는 전체적으로 동일한 시각을 견지하고 있기 때문에 공관복음서라고 불린다. 이에 반해서 네 번째 복음서인 「요한 복음서」는 예수의 생애에 대해서 전혀 다른 구도를 전하고 있다. 예를 들어 공관복음서는 예수가 공생애 동안 예루살렘을 단 한 차례밖에 방문하지 않은 것으로 묘사하고 있지만 「요한 복음서」는 여러 차례 방문한 것으로 묘사하고 있다.[1] 또한 공관복음서는 예수의 공생애 기간을 1년 남짓으로 묘사하고 있는 데 반해서 「요한 복음서」는 3년 남짓으로 묘사하고 있다.[2]

어떤 사안에 대해서 「요한 복음서」가 세 복음서와 다르게 묘사한다면

---

1 박호용, 『요한 복음서 재발견』, 쿰란출판사 2007, 42~43쪽.
2 Raymond E. Brown, 앞의 책, 1979, p. 48은 공관복음서와 「요한 복음서」의 차이가 단순히 서술적인 것이 아니라고 주장하고 있다. 그에 따르면 공관복음서는 유대 사회의 전통을 계승하면서 새롭게 만들려는 지향이 있었으나 「요한 복음서」는 유대 사회의 질서를 완전히 버리고 새로운 사회를 열려고 하였다.

어떤 것을 받아들여야 할까? 사람들은 대개 공관복음서의 묘사를 받아들이는 경향이 있다. 똑같은 이야기가 세 군데 나오니 당연히 한 군데서 이야기하는 것보다 신빙성이 높아 보이기 때문이다. 그러나 이는 일종의 착시 현상이다. 「마태오 복음서」와 「루카 복음서」는 「마르코 복음서」를 참고하여 집필하였기 때문에 결국 세 복음서에 똑같이 나온다고 해도 그것은 원래 하나의 이야기일 가능성이 높다.[3]

그렇지만 공관복음서가 선호되어 왔던 또 다른 이유가 있다. 「요한 복음서」는 "태초에 말씀이 계셨다"라는 구절로 시작하는데, 여기서 말씀은 그리스어로 로고스이다. 그리스 철학에서 로고스는 무질서한 세계를 지탱하는 질서의 원칙이나 법칙 혹은 합리적 이성의 총체를 말한다. 특히 헤라클레이토스(Heracleitos, BC 540?~BC 480?)는 만물은 하나의 로고스에 의하여 지배되며 로고스를 제대로 인식하는 것에 지혜가 있다고 주장하였다. 이런 그리스 철학의 개념은 「요한 복음서」가 제시하는 로고스론과 상통하는 것처럼 보인다. 이 때문에 근대 신학의 창시자 가운데 한 명인 발터 바우어는 「요한 복음서」가 헬레니즘 문화의 영향을 강하게 받았다는 것을 고려하여 170년경에 집필되었다고 주장했고, 19세기의 저명한 성경 주석학자였던 알프레드 루아지(Alfred Loisy, 1857~1940)는 150년경에 집필되었다고 주장하였다.[4] 20세기 전반기 최고의 신학자인 루돌프 불트만을 비롯한 많은 수의 신학자가 이 견해를 받아들였다.[5]

이렇듯 19세기 이후 1950년대까지 신학자들이 「요한 복음서」의 연대를

---

3 공관복음서와 「요한 복음서」의 관계에 대해서는 J. Robinson, *Redating the New Testament*, Wipf and Stock 2000, pp. 261~64를 보라.

4 James Charlesworth, "Reinterpreting John: How the Dead Sea Scrolls Have Revolutionized Our Understanding of the Gospel of John", *Bible Review* 9, 1993.

5 임병천, 「요한 복음의 유대적 경향성에 대한 연구: 요한 복음 4장 7~26절 중심으로」, 감리교신학대학교 석사학위논문, 2016, 10쪽.

늦추어 잡았던 것은 「요한 복음서」에 헬레니즘 문화의 냄새가 너무나 강하게 났기 때문이었다.[6] 로고스론 이외에도 「요한 복음서」에는 헬레니즘 문화의 영향으로 보이는 요소들이 여럿 있다. 예를 들어 「요한 복음서」는 빛과 어둠의 대립을 상정함으로써 후에 영지주의가 표방할 이원론적 사고를 보여 주었다. 그런데 영지주의는 기독교 신앙 가운데 유대적 전통을 부정하고, 철저하게 헬레니즘 문화의 관점으로 재해석하려고 하였다. 예를 들어 유대 전통은 육체의 부활을 강조했던 데 반해서 그리스 문화는 육체를 가장 저급한 것, 영혼을 가두는 감옥으로 인식하는 경향을 보였다.[7] 영지주의는 이 문제에 있어서 유대적 관점을 부정하고 헬레니즘 문화의 관점을 채택하였다. 이런 이유들 때문에 많은 사람들이 「요한 복음서」를 공관복음서보다 늦게 서술된 것, 그리스 문화와 영지주의의 영향을 받

---

6 그러나 「요한 복음서」의 저술 연대가 사복음서 가운데 가장 늦은 것으로 파악하는 것은 여전히 통설로 남아 있다. 연구자들의 견해는 「요한 복음서」가 95년에서 120년 사이에 쓰였다고 여기고 있다. 그렇다면 「요한 복음서」를 재평가해야 한다는 이야기는 어딘가 부족한 이야기로 보일 수도 있다. 아무래도 가장 늦게 집필된 것이 사실과 가장 거리가 멀 가능성이 있기 때문이다. 그러나 이는 한 가지를 고려하지 않은 오류이다. 현재 형태의 「요한 복음서」는 95~120년경에 만들어졌지만 그것은 이미 존재하던 텍스트를 재가공하고, 거기에 무언가를 덧붙인 것일 수 있다. 학자들은 대개 「요한 복음서」가 다섯 단계의 편집과 첨가를 통해서 완성되었으며, 「요한 복음서」의 핵심부는 사도 요한에게까지 거슬러 올라갈 것이라고 생각하고 있다. 따라서 「요한 복음서」를 재평가해야 한다는 주장은 여전히 타당하다. 이에 대해서는 L. Michael White, 앞의 책, 2004, p. 307을 참조하라. 또한 최근 몇몇 학자는 「요한 복음서」가 매우 일찍 서술되었다고 주장하고 있다. 예를 들어 폴 미네아르(Paul Menear)는 「요한 복음서」에서 예루살렘 성전의 파괴나 대사제들의 지위 상실을 암시하는 것이 전혀 없으며, 흔히 「요한 복음서」의 편년을 정하는 데 있어서 가장 중요한 사건으로 이야기되는 '회당 추방 사건'이 80년대 야브네 종교회의 이전에 지역적으로 존재했을 수 있다고 주장하면서 「요한 복음서」의 저술 연대가 66~70년 사이라고 주장하고 있다. 이에 대해서는 Paul S. Menear, *John: The Martyr's Gospel*, Wipf and Stock 1984, pp. 48~56을 보라.
7 고대 철학의 주류는 유물론이었다. 고대 철학자들은 신조차도 가장 이상적인 형태의 기본 물질 혹은 비인격적 존재라고 생각해 왔다. 여기에 반기를 들고 신을 영적인 존재라고 주장한 것은 소크라테스와 그의 제자들의 공로이다. 육체를 영혼을 가두는 감옥이라는 생각은 소크라테스에게서 기원한 것 같다.

은 것으로 평가해 왔고, 때문에 그 권위가 낮은 것으로 여겨 왔다.[8]

그러나 최근 학자들은 「요한 복음서」가 헬레니즘 문화의 영향을 받았다기보다는 유대 전통에 근거했다고 주장하고 있다. 이들은 「요한 복음서」가 구약을 계승했다는 생각을 가지고 있었으며, 특히 유대교의 핵심 인물인 모세와 유대의 주요 절기인 유월절을 주요 모티프로 삼았다고 주장했다. 이런 주장은 1940년대 쿰란(Qumran)에서 예수보다 먼저 활동을 시작했던 유대 종파인 '쿰란파'(에세네파, Essenes)의 문서들이 발견되면서 크게 강화되었다.[9]

여기서 잠시 쿰란 문서와 쿰란파에 대해서 살펴보고 넘어가자. 쿰란 문서는 1947년 이래 사해 북서쪽 연안에 있는 쿰란 지역의 여러 동굴에서 발견된 문서를 말한다. 이들 문서의 양은 대단히 많아서 800개가 넘는 작품이 확인되었다. 이들 문서는 대부분 구약성경과 수많은 외경, 그리고 이 지역에 거주했던 종파가 제작한 고유의 문서들로 추정된다.

이들 문서가 발견되자마자 세계의 이목을 끌었는데, 고대 유대교의 성격과 원시 기독교의 발전을 이해하는 데 매우 큰 역할을 할 것으로 여겨졌기 때문이다. 발굴과 해독에 참가했던 전문가들은 이구동성으로 이들 문서가 그동안 신비에 쌓여 있던 에세네파의 것이라고 주장했다. 이들 문서가 발견된 곳이 로마의 학자 플리니우스(Plinius)가 에세네파가 거주하는 지역이라고 언급했던 곳과 가까웠고, 이들 문서 가운데 「공동체의 규약」(Manual of Discipline)과 같이 어느 한 공동체의 존재를 확인해 주는 내용이 있었기 때문이다. 이후 이들 문서가 방사성동위원소 측정에 의해서 기원전 3세기에서 기원후 1세기의 것으로 확인되고, 문서가 발견된 곳

8 박호용, 앞의 책, 2007, 72~75쪽.
9 J. Louis Martyn, 앞의 책, 1978, pp. 2~3. 쿰란 문서 발견 이전에 「요한 복음서」의 독자성과 유대성을 주장하는 소수 학자들의 연구가 있었다. 이에 대해서는 스티븐 스몰리, 김경신 옮김, 『요한신학』, 생명의 샘 1996, 15~21쪽을 보라.

근처에서 공동묘지가 발견되면서 그런 신념은 더욱 강화되었다.

그러나 이후 추가적인 발굴과 연구가 이루어지면서 문서들의 내용이 너무나 다양하고, 그 내부에 일관성도 부족하기에 한 종파의 것으로만 보기 힘들다는 지적이 제기되었다. 이런 주장을 펼친 사람들 가운데는 쿰란파의 존재 자체를 부정하는 이도 있다. 그들에 의하면 쿰란의 문서들은 대부분 예루살렘과 같은 대도시에서 만들어졌으며 로마의 침략으로 전국토가 초토화되기 직전에 쿰란 지역으로 옮겨졌다. 성전의 사제와 같은 사람들이 신앙의 문서를 보존하기 위해서 쿰란 지역의 동굴들에 숨겼던 것이다.[10] 따라서 쿰란에 고유한 신앙을 견지하면서 그들의 신앙을 담은 문서들을 제작하였고, 제1차 유대 반란 때 로마가 침략해 오자 그들의 문서를 쿰란 지역의 동굴들에 묻었던 공동체는 애초부터 존재하지 않았다.

그렇지만 이런 회의주의적인 시각은 여전히 소수학자들의 목소리일 뿐이다. 대다수 학자들은 문서들의 내용이 매우 다양하고, 한 공동체의 것으로 보기에는 일관성도 부족하다는 것을 인정하면서도 쿰란 지역에 특이한 공동체가 있었음을 인정하고 있다. 이들에 의하면, 쿰란 지역 일대에 사람이 거주했다는 증거들이 속속 발견되며, 특이한 형태의 공동묘지도 발견되었다. 더욱이 쿰란 문서 가운데에서 여타의 다른 자료에서는 확인할 수 없는 특이한 신앙이 발견되었다. 따라서 쿰란 지역에는 그런 특이한 신앙을 추구했던 공동체가 있었다.[11] 이 공동체는 아마도 에세네파의 주도 집단이나 소집단이었을 것이다.

여기서 쿰란 문서에 대한 이야기는 그만하는 것이 좋겠다. 너무나 다양한 이야기라서 우리의 주제를 벗어나기 쉽기 때문이다. 우리 이야기와 관

---

10 Norman Golb, *Who Wrote the Dead Sea Scrolls?: The Search for the Secret of Qumran*, Scriber 1995.

11 Hillel Newman, *Proximity to Power and Jewish Sectarian Groups of the Ancient Period*, Brill 2006, pp. 101~02.

런해서 중요한 것은 그 문서들이 대단히 유대적 전통에 충실하다는 것이다. 쿰란 문서 가운데 히브리어로 쓰인 시가 매우 많다는 사실이 이를 단적으로 입증한다. 일반적인 통설에 의하면 예수 시절 히브리어는 거의 사어가 되었으며 대부분 사람들은 페르시아 제국의 언어였던 아람어를 사용하였다.[12] 쿰란에서 히브리어로 쓰인 작품이 매우 많다는 것은 이런 통설이 잘못된 것일 수도 있다는 것을 암시한다.[13] 이 시기에 히브리어를 사용했던 자들은 유대의 전통을 복원하고 지키려 했고, 지금까지 평가해 왔던 것보다 그들의 숫자가 많았던 것 같다.

그런데 이렇게 유대 전통에 충실한 것으로 평가되는 쿰란 문서가 「요한 복음서」의 여러 내용을 뒷받침하는 것으로 밝혀졌다. 예를 들어 「요한 복음서」가 전하는 메시아 상, 즉 죽은 자를 살리는 것과 같은 초자연적인 능력을 갖춘 메시아 상은 쿰란 문서(4Q521)에서 확인된다. 또한 「요한 복음서」에 따르면, 예수는 신자들에게 '빛의 자녀'가 되라고 가르쳤는데 이는 세상을 빛과 어둠으로 나누어보는 이원론적 사고에 근거한 것이다. 그동안 「요한 복음서」에 보이는 이원론은 헬레니즘의 영향을 강하게 받은 것, 따라서 비유대적인 것으로 평가되어 왔다. 그러나 쿰란의 여러 문서, 예를 들어, 「공동체의 규약」에는 세상을 빛의 세력과 어둠의 세력이 대립하는 장으로 보는 이원론이 뚜렷하게 관찰되었다.[14]

이렇게 쿰란 문서와 「요한 복음서」의 유사성에 주목한 학자들은 「요한 복음서」가 '가장 유대적'이라고 평가하기도 한다.[15] 따라서 최근 「요한 복음서」에 대한 평가에 있어서 그 저술 시기가 늦고 헬레니즘 문화의 영향을 강하게 받았다는 주장이 힘을 잃어가고 있다.[16]

---

12 윌리엄 슈니더윈드, 박정연 옮김, 『성경은 어떻게 책이 되었을까』, 에코리브르 2006, 294~97쪽.

13 Norman Golb, 앞의 책, 1995, p. 361.

14 James Charlesworth, 앞의 글, 1993, p. 20.

15 김선정, 『요한 복음과 로마황제 숭배』, 한들 2003, 104쪽.

이렇게 평가할 경우 「요한 복음서」의 역사성은 높아진다. 「요한 복음서」의 역사성을 높이 평가한 대표적인 학자는 폴라 프레드릭슨(Paula Fredriksen)이다. 프레드릭슨은 역사적 예수를 연구할 때 대개 학자들은 공관복음서의 기사가 더 신빙성이 높은 것으로 평가하지만, 「요한 복음서」의 기사가 더 신빙성이 높을 가능성이 있다고 주장하였다. 그녀는 특히 예수의 체포와 죽음에 대한 설명에서 공관복음서와 「요한 복음서」는 상이한 설명을 제시하는데, 「요한 복음서」의 설명이 더 정확하다고 주장하였다.

그녀에 따르면, 예수는 생의 마지막 해인 33년에 예루살렘을 단 한 차례 방문한 것이 아니라, 수시로 예루살렘을 방문했고 예루살렘에 가서는 하느님 나라가 임박했다고 설파하였다. 그러다가 33년 유월절에는 그의 종말론을 극단적으로 몰고 갔다.[17] 예수는 이번 유월절에 하느님 나라가 시작될 것이라고 설파하였고, 그의 설교에 감동받은 예루살렘 백성들이 그를 '이스라엘의 왕'이라고 외치면서 소요가 일어날 가능성이 생겼다. 이에 놀란 대사제와 빌라도(Pilatus)가 예수를 체포하여 죽였다.[18] 프레드릭슨의 설명은 예수가 십자가에 죽었지만 그의 제자들이 체포되지 않았고, 별다른 박해를 받지 않고 예루살렘 교회를 수립하였던 사실을 잘 설명해 주기에 설득력이 있다고 판단된다.[19]

---

16 Paula Fredriksen, *Jesus of Nazareth: King of the Jews*, Vintage 1999, p. 5.

17 유대 묵시종말론 가운데 시한부 종말론자들이 있었다. 예를 들어 쿰란 공동체는 마지막 날의 계산에 몰두하였으며, 그날이 기원전 70년대 언제일 것이라고 믿었다. 이에 대해서는 송창현, 「쿰란 사본의 종말론에 관한 연구」, 『가톨릭 신학과 사상』 74, 2014, 197~99쪽을 보라.

18 Paula Fredriksen, "Gospel Chronologies, the Scene in the Temple, and the Crucifixion of Jesus", Fabian Udoh(eds.), *Redefining First-Century Jewish and Christian Identities,* Indiana: University of Notre Dame Press 2008, pp. 250~51; 파울라 프레드릭슨, 한동수 옮김, 「역사적 예수 연구의 최근 동향(2)」, 『세계의 신학』 36, 1997, 204~05쪽.

19 최근 역사적 예수에 대한 연구 동향 가운데 예수를 종말론자로 보지 않으려는 경

「요한 복음서」의 애제자

이렇듯 최근 「요한 복음서」는 새로운 주목을 받고 있다. 그런데 「요한 복음서」에는 이름이 제시되지 않고, 단지 '(예수의) 애제자'라고만 제시된 특이한 인물이 등장한다. 이 '애제자'가 누구인지에 대해서는 다양한 의견이 있다.

그가 역사적인 실제 인물이 아니라 '이교도 출신의 기독교도'를 상징한다는 주장도 있고, 역사적인 인물이며 유다(예수를 팔아먹은 가리옷 유다가 아니라 12제자 가운데 한 명인 또 다른 유다)라는 주장도 있고, 세례 요한의 가르침을 잇는 존재라는 주장도 있으며, 아리마태아 출신의 요셉이라는 의견도 있고, 예수의 제자 가운데 이름이 전하지 않은 제자라는 의견도 있다.[20] 그러나 「요한 복음서」가 사도 요한의 정신을 계승하는 무리가 쓴 것이기 때문에 그가 사도 요한, 즉 제베대오의 아들 요한, 혹은 그를 상징

향이 있다. 예를 들어 북미에서 역사적 예수에 대한 연구를 주도하고 있는 예수 세미나단의 75퍼센트가 예수가 종말론자라는 데 반대하였다. 이에 대해서는 John Pryor, "Jesus and Family", *Australian Biblical Review* 45, 1997, p. 64를 보라. 존 프라이어는 이 논문에서 예수 세미나단의 대표자 중의 한 명인 크로산이 예수의 가족관에 대해서 제기한 주장을 비판하고 있다. 그에 따르면 크로산은 가족에 대한 예수의 비판적인 태도는 가족, 나아가 사회개혁을 위한 것이라고 주장하고 있지만, 유대적 전통에서 가족 내 위계질서의 붕괴는 종말의 때를 상징한다. 따라서 예수의 가족 관계에 대한 가르침은 종말의 때와 관계가 깊다.

20 '애제자'에 대한 다양한 견해는 서중석, 「요한 복음의 베드로와 애제자」, 『신학논단』 19, 1991; 김경희·차정식, 『신약성서개론』, 대한기독교서회 2002, 429쪽에 자세히 소개되어 있다. 특히 브라운은 애제자를 사도 요한으로 파악하려는 시도는 이미 2세기 후반부터 시작되었는데, 그런 시도는 기독교의 기원을 12제자로 단순화시키려는 노력의 일환이라고 평가하였다. 이에 대해서는 Raymond E. Brown, 앞의 책, 1979, p. 34를 보라. Richard Bauckham, "Papias and Polycrates on the Origin of the Fourth Gospel", *Journal of Theological Studies* 44-1, 1993은 장로 요한이라는 주장을 펼치고 있다. 리처드 보컴(Richard Bauckham)에 따르면, 장로 요한은 예수의 주요 제자이지만 12제자에 속하지 못한 사람으로 최후의 만찬에서 예수 바로 옆에 있었으며, 예수의 임종을 지켰고, 「요한 복음서」를 쓴 인물이다.

하는 인물이라고 보는 것이 무난할 것이다.[21] 후에 사도 요한이 에페소를 중심으로 소아시아에서 활동했고 「요한 복음서」가 그곳에서 저술되었다는 사실도 이런 가정을 뒷받침한다.[22]

아무튼 「요한 복음서」에서 '애제자'는 예수가 살아 있을 때 2회, 부활하였을 때 3회 등장한다. 이 가운데 4회에서 애제자와 베드로의 서열 문제가 부각된다. '애제자'는 최후의 만찬 장면에서 최초로 등장한다. 「요한 복음서」는 이 장면을 묘사하면서 "제자 가운데 한 명, 즉 애제자가 예수의 품에 의지하여 누워 있었다"라고 표현하였다.[23] 이때 예수는 제자 가운데 누군가 자신을 배반할 것이라고 말했다. 베드로는 매우 궁금했지만 직접 물어보지 못하고 '애제자'에게 누가 배반할 것인지 물어달라고 부탁하였다. '애제자'가 묻자 예수는 "내가 빵을 적셔서 줄 사람이 그 사람이다"라고 말하면서 가리옷 유다에게 빵을 주었다. 이런 자리에서 예수와의 거리나 말을 하는 순서는[24] 위계서열의 높고 낮음을 상징하기에 '애제자'가 베드로보다 서열이 높다고 할 수 있다.[25] 이 사실은 예수의 십자가 처형 장면에서도 확인할 수 있다. 베드로를 비롯한 다른 제자들은 모두 도망가고 없었는데 '애제자'만이 예수의 어머니를 모시고 예수의 임종을 지켰다. 예수는 죽음의 순간에 "이분이 네 어머니시다"라고 말하면서 마리아를 부탁하였다.[26] 따라서 이 장면에서 「요한 복음서」는 예수의 지상 후계자는

---

21 박호용, 앞의 책, 2007, 21~22쪽.

22 Edwin Yamauchi, *New Testament Cities in Western Asia Minor,* Wipf and Stock 1980, p. 111. 그러나 사도 요한이 에페소에서 활동했다는 것은 2세기 중엽 이후에 유포된 전승일 가능성도 있다. 이에 대해서는 Helmut Koester, 앞의 책, 2007b, pp. 263~64를 보라.

23 「요한 복음서」 13:23.

24 김득중, 『요한의 신학』, 컨콜디아사 1994, 191쪽.

25 김동수, 「요한 복음의 베드로와 애제자: 적인가? 동지인가?」, 『복음과 신학』 6, 2003, 159~60쪽.

26 「요한 복음서」 19:27.

애제자임을 노골적으로 부각하고 있다.[27]

「요한 복음서」가 애제자를 베드로보다 높은 사람으로 부각하는 데 있어 흥미로운 이야기가 있다. 앞에서 살펴보았듯이, 베드로의 별명은 '반석'이었다. 「마태오 복음서」는 이 반석을 매우 긍정적인 의미로 사용하여, 그 위에 교회가 세워질 것이라고 말하고 있다. 그런데 '반석'에는 다른 함의가 있다. 그것은 바로 매우 아둔하여 제대로 지성을 갖추지 못한 '돌대가리'라는 뜻이다. 「요한 복음서」는 예수가 반석이라는 별명을 베드로에게 주는 장면을 변경하였다. 「마태오 복음서」는 베드로가 뛰어난 행동을 한 직후에 그 별명을 얻었다고 서술한 반면, 「요한 복음서」는 베드로가 예수를 만난 직후에 얻었다고 서술하고 있다. 「요한 복음서」가 이렇게 반석이라는 별명을 주는 시기를 변경한 것은 「마태오 복음서」가 취하고 있는 뜻에 반대했기 때문일 것이다. 따라서 「요한 복음서」에서 반석은 '돌대가리'를 의미한다는 주장은 결코 헛소리가 아니다.[28]

이렇게 「요한 복음서」는 중반 이후 애제자를 예수의 수제자로 확연하게 부각하였다. 그런데 「요한 복음서」 마지막 장, 즉 21장은 전혀 다른 상을 전한다. 21장은 예수가 부활한 이후의 상황을 묘사하고 있다. 예수가 죽은 후 갈릴래아로 도망 온 제자들은 어느 날 배를 타고 물고기를 잡고 있었는데 밤새 아무것도 잡지 못하였다. 그때 예수께서 나타나서 "무얼 좀 잡았소?"라고 물었다. 제자들이 "아무것도 잡지 못하였습니다"라고 대답하였다. 예수는 "그물을 배 오른편에 던져보시오. 그러면 고기가 잡힐 것이오"라고 말하였다. 제자들이 예수가 시키는 대로 그물을 던진 후 그물을 끌어올려 보니 큰 고기가 가득 들어 있었다. 그때 애제자가 그물을 오

---

27 김득중, 『주요 주제들을 통해서 본 복음서들의 신학』, 한들 2006b, 119~21쪽; 김득중, 앞의 책, 2016, 158~59쪽. 김득중은 「요한 복음서」가 베드로의 권위를 낮추었다는 것을 여러 사례를 통해서 실증적으로 분석하였다.

28 김득중, 앞의 책, 1994, 193쪽.

른편에 던지라고 말한 사람이 예수인 것을 알아보았다. 예수는 제자들에게 방금 잡은 고기로 식사를 하자고 청하였고, 식사가 끝나자 시몬 베드로에게 물었다. 「요한 복음서」는 이 장면을 이렇게 전하고 있다.

> 그들이 아침을 먹고 나자 예수가 시몬 베드로에게 말씀하였다. "요나스의 아들 시몬아, 너는 이들보다 나를 더 사랑하느냐?" 베드로가 "예, 주님! 제가 주님을 사랑하는 것을 주님께서 아십니다" 하고 대답하였다. 예수께서 그에게 말씀하셨다. "내 어린양들을 먹이라." 예수께서 다시 두 번째로 베드로에게 물으셨다. "요나스의 아들 시몬아, 너는 나를 사랑하느냐?" 베드로가 "예, 주님! 제가 주님을 사랑하는 줄을 주님께서 아십니다" 하고 대답하였다. 예수께서는 그에게 말씀하셨다. "내 양들을 잘 돌보아라." 예수께서 세 번째로 베드로에게 물으셨다. "요나스의 아들 시몬아, 너는 나를 사랑하느냐?" 베드로는 예수께서 세 번이나 "나를 사랑하느냐?"라고 물으시므로 슬퍼하였다. 그리고 "주님, 주님께서는 모든 것을 아십니다. 제가 주님을 사랑하는 줄을 주님께서는 알고 계십니다" 하고 말하였다. 그러자 예수께서 베드로에게 말씀하셨다. "내 양들을 먹이라."[29]

이 구절에서 예수는 세 차례나 베드로의 사랑을 확인했다. 이는 베드로가 수난 장면에서 행했던 배신을 생각나게 한다. 그때 베드로는 예수를 세 번이나 부인함으로써 예수의 제자로서 자격을 상실하였다. 그럼에도 불구하고 이 장면에서 예수는 거듭해서 "내 양들을 잘 돌보아라"고 말하였다. 이는 예수가 베드로의 배반을 용서하고, 그를 기독교 신자들의 관리자로 신임했음을 의미한다. 이 구절에서 예수는 '내 양'을 베드로에게 위탁하였고, '내 양'은 기독교 신자들을 상징한다. 따라서 「요한 복음서」는

---

29 「요한 복음서」 21:15~17.

20장까지는 애제자를 가장 권위 높은 인물로 제시하다가 21장에 와서는 베드로를 최고 권위자로 제시하고 있다. 이 모순을 어떻게 설명할 수 있을까?

「요한 복음서」 21장이 후대에 덧붙여졌기 때문이라고 답할 수 있다. 「요한 복음서」 21장이 덧붙여졌다는 것은 몇 가지 사실을 통해 확인할 수 있다. 먼저, 앞에서 설명했듯이 20장까지 주인공은 예수가 사랑한 애제자이고, 그의 권위가 가장 높다. 반면 21장에서는 베드로의 권위가 가장 높다. 한 문서가 이렇게 모순적인 내용을 담고 있기는 힘들다. 두 번째, 「요한 복음서」 20장 마지막 절인 31절은 "이것을 기록한 목적은 예수께서 메시아이며 하느님의 아드님이심을 여러분이 믿고, 또 그렇게 믿어서 그분의 이름으로 생명을 얻게 하려는 것이다"라고 진술하고 있다. 이는 한 문서를 마감하는 진술이다. 이렇게 마감 진술을 한 이후에 추가로 어떤 내용이 오는 것은 매우 어색하다. 세 번째 「요한 복음서」 1~20장과 21장은 구사하고 있는 단어와 문체가 많이 달라서 한 사람이 썼다고 보기는 어렵다.[30]

그렇다면 「요한 복음서」 21장은 언제 덧붙여졌는가? 현재까지 발견된 「요한 복음서」 필사본 가운데 21장이 없는 것은 없다. 따라서 21장은 「요한 복음서」 최종 편집자가 원본에 덧붙였을 것이다. 다시 말해서 「요한 복음서」는 처음 집필되었을 때 20장으로 끝나는 문서였는데 2세기 초 누군가 21장을 덧붙였다.[31] 20장으로 된 문서가 작성될 때에는 아직 베드로의 후계자 즉위가 확고하지 않았기에, 「요한 복음서」의 저자는 요한 공동체의 주도자인 예수가 애제자의 권위를 절대적으로 높이면서 독자노선을 걷고 싶었다.

그러나 2세기 초 요한 공동체의 독자노선 추구는 심각한 위기에 봉착

---

30 Jey Kanagaraj, *John: A New Covenant Commentary*, Lutterworth 2013, p. 205.
31 Raymond Brown, *An Introduction to the New Testament*, Doubleday 1997, pp. 374~76.

한다. 먼저 1세기 말이나 2세기 초 베드로를 계승한 집단이 팔레스타인 인근 지역, 비티니아(Bithynia)를 비롯한 소아시아 일대, 그리스, 로마 등에서 큰 세력을 형성하였다. 요한 공동체는 현실적으로 이들의 세력을 인정할 수밖에 없었고, 그들과 협력 속에 생존해야 한다는 인식을 갖게 되었다. 그리하여 누군가가 베드로를 기독교 세계의 최고 지도자로 인정하는 21장을 새로이 창작하여 「요한 복음서」에 첨가하였다. 이리하여 2세기 초에 「요한 복음서」에서도 베드로가 예수의 후계자로 명확하게 규정되었다.[32]

두 번째, 1세기 말에서 2세기 초 영지주의 세력이 크게 성장하였다. 요한 공동체 내에서도 영지주의자들이 생겨났다.[33] 요한 공동체의 주도자들은 이들을 이단으로 규정하고 출교 조처하였다.[34] 그러나 출교당한 일부 신자들은 아마도 이집트로 갔던 것 같고 그곳에서 큰 세력을 형성하였다. 이 때문에 요한 공동체 본류도 그들과 한 패가 아닌지 의심을 받게 되었다. 그리하여 2세기 초 상당수의 기독교 신자들이 「요한 복음서」를 이단의 문서로 배척하는 경향을 보였다.[35] 이에 요한 공동체 지도자들은 자신들이 영지주의에 속하지 않고, 사도 계열의 정통 교회에 속한다는 것을 가시적으로 보여 줄 필요를 느꼈다. 바로 이런 필요를 충족하기 위해서 「요한 복음서」 21장이 덧붙여졌다.[36]

이렇게 2세기 초 언젠가 요한 공동체는 21장을 「요한 복음서」에 추가하기로 결정하였지만, 그러면서도 여전히 불편한 마음을 갖고 있었다. 21장에도 여전히 베드로와 애제자의 서열에는 긴장이 담겨 있기 때문이다. 이

---

32 존 도미닉 크로산, 김기철 옮김, 『예수』, 한국기독교연구소 2001, 77쪽.
33 「요한의 둘째 서간」 7.
34 「요한의 첫째 서간」 2:18-19: Raymond E. Brown, 앞의 책, 1984, pp. 31~32.
35 Juan Chapa, "The Fortunes and Misfortunes of the Gospel of John in Egypt", *Vigiliae Christianae* 64-4, 2010, p. 110.
36 김득중, 앞의 책, 2006b, 124쪽.

는 예수가 베드로에게 "내 양들을 잘 돌보아라"고 말한 다음의 구절부터 드러난다. 그 후 예수는 베드로에게 "정말 잘 들어두어라. 네가 젊었을 때에는 제 손으로 띠를 띠고 마음대로 돌아다닐 수 있었다. 그러나 이제 나이를 먹으면 그때는 팔을 벌리고 남이 와서 허리를 묶어 네가 원하지 않는 곳으로 끌고 갈 것이다"라고 말하였다.[37] 이는 베드로가 어떻게 죽을 것인가를 예언하는 구절이다.

부활한 스승이 자신의 미래를 말해 주었으면 보통은 그것으로 끝나야 정상이다. 그런데 베드로는 '애제자'에 대한 강한 경쟁심을 갖고 있었다. 때문에 베드로는 '애제자'는 앞으로 어떻게 되겠냐고 물었다. 이때 예수는 친절하게 가르쳐주는 것이 아니라 "내가 그를 어떻게 만들든 네가 무슨 상관이냐"라고 퉁명스럽게 대답한다.[38] 이는 애제자와 그의 후계자 집단의 독자성을 인정하라는 말이다. 그런 무안을 당한 베드로는 참으로 당혹스러웠을 것이다.

이렇게 2세기 초 요한 공동체는 베드로를 기독교 세계의 최고 지도자로 인정하였지만, 여전히 독자노선을 걷고 싶은 의지가 있었다. 이런 의지를 가진 집단은 사도 요한을 최고 지도자로 설정하는 문서들을 계속 발행한다. 「요한 행전서」가 이런 문서인데, 2세기 중반에 쓰인 이 문서에는, 사도 요한이 다른 사도들보다 더 높다는 인식이 담겨 있다. 이 행전에서 사도 요한은 예수에게 단독으로 진리를 배우곤 하였고, 베드로와 야고보는 요한이 예수에게 단독으로 배우는 것에 화를 내는 장면이 나온다는 사실이 이를 뒷받침한다.[39]

사도 요한을 계승한 집단과 사도 베드로를 계승한 집단의 경쟁은 2세기 중반 이후에도 계속된다. 원시 기독교에서 가장 중요한 절기는 부활

37 「요한 복음서」 18:21.
38 서중석, 앞의 글, 1991, 43쪽.
39 송혜경, 『신약외경 하권: 행전·서간·계시록』, 한님성서연구소 2011, 38, 371, 387쪽.

절이었다. 성탄절이 부활절보다 중요한 의미를 갖게 된 것은 근대의 일이다. 그런데 사도 요한을 계승한 집단은 부활절을 유대력에 따라서 준수하였다. 그들이 주축이 된 소아시아 교회는 유월절에 죽은 양이 예수를 상징한다고 생각했으며 예수가 유월절 전날에 죽었기 때문에, 예수가 죽은 날, 즉 니산월(the month of Nisan) 14일을 기념해야 한다고 주장하였다. 그래서 소아시아 교회는 '14일파'라고 불리기도 하였다. 이에 반해서 베드로를 계승하였다고 주장하는 로마 교회는 유대력을 따르는 것은 유대교의 후진성을 버리지 못하는 것이라고 주장하며, 유대력을 버리고 로마의 달력인 율리우스력에 따라서 예수의 부활을 기념하려고 하였다. 로마 교회는 예수가 일요일, 즉 주일에 부활한 것이 중요하다며 춘분 이후 보름달이 뜨고 첫 일요일을 부활절 날로 정하였다. 2세기 후반 이후 로마 교회와 소아시아 교회는 이 문제를 두고 계속 대립하였다. 콘스탄티누스 (Constantinus)가 기독교를 공인한 이후 최초로 열었던 니케아 공의회에서 이 문제가 다시 논의되었다. 콘스탄티누스가 로마 교회의 주장을 수용하였고, 이후 지금까지 기독교는 로마 교회의 방식으로 부활절을 준수하고 있다. 이렇게 하여 사도 요한을 계승한 집단은 기독교 내에서 주도권을 상실하였다.

지금까지 「요한 복음서」에 예수가 특별히 사랑하였던 제자가 나오고, 그가 베드로와 권위 서열 다툼을 벌였으며, 그를 계승하는 집단이 아시아 교회를 구성하고, 2~4세기 로마 교회와 많은 부분에서 협력하면서 또 일정 부분 대립하고 또 경쟁했다는 것을 살펴보았다. 과연 이 공동체가 어떻게 형성되었고, 어떤 특징을 갖고 있으며, 어떻게 발전했는지 좀 더 살펴보자.

사마리아인과 이방인의 유입

앞에서 예루살렘을 떠난 요한 공동체가 에페소로 갔고, 그곳에서 유대인 회당에 소속되어 신앙을 이어갔음을 살펴보았다. 그런데 이후 요한 공동체에는 지속적으로 구성원의 변화가 일어났다. 요한 공동체의 초기 구성을 살펴보면서 이야기를 진행해 보자. 「요한 복음서」 1~12장은 예수의 선교에 의해서 예수의 가르침을 받아들인 사람들을 제시하고 있는데, 이는 예수 시절부터 「요한 복음서」가 쓰일 때까지 요한 공동체로 편입된 사람들의 이야기를 담고 있다.[40]

가장 먼저 요한 공동체를 구성한 사람들은 세례 요한의 제자였던 안드레아와 사도 요한이었다. 그 후 여러 사람들이 개인적으로, 때때로 집단적으로 요한 공동체에 편입되었다. 개인적인 개종으로는 갈릴래아 지역의 고관 가족,[41] 38년이나 병을 앓다가 치료를 받은 사람의 이야기가 소개되고 있고,[42] 집단적인 개종으로는 오병이어(五餠二魚)의 기적을 보고 예수를 믿게 된 사람들,[43] 예루살렘의 유대인들이[44] 소개되어 있다.

이렇게 유대인들이 요한 공동체에 편입되었던 것은 조금도 이상한 일이 아니다. 예수가 공생애를 펼치면서 상당히 많은 추종자들이 따랐을 것이고, 바로 그들 가운데서 요한 공동체가 형성되었을 것이기 때문이다.

그런데 「요한 복음서」는 다른 복음서와 달리 예수가 이미 생전에 이방인과 사마리아인에게 복음을 전파했다는 이야기를 명확히 전하고 있다. 이는 공관복음서, 특히 「마태오 복음서」에서 예수가 생전에 그의 사역을 유대인에게 한정하려는 경향을 보였다는 사실과 대조된다.[45] 「요한 복음

---

40 우예지, 「요한 복음의 사마리아 선교 이해: 요 4:1–42 중심으로」, 감리교신학대학교 석사학위논문, 2012, 32~34쪽.

41 「요한 복음서」 4:43–54.

42 「요한 복음서」 5:15.

43 「요한 복음서」 6:14.

44 「요한 복음서」 7:25.

45 「루카 복음서」가 사마리아 선교에 관심을 보이긴 했지만 루카 공동체의 열정은 요한 공동체의 열정에 미치지 못한다. 이에 대해서는 박호용, 앞의 책, 2007, 198쪽을 보라.

서」는 특히 예수의 사마리아 선교에 대해서 길고 자세하게 소개하고 있다. 「요한 복음서」 4장 1~42절에 따르면, 예수는 사마리아 땅에 직접 들어갔고, 우물가에서 한 여인을 만났다. 예수가 예루살렘만을 예배 장소로 설정했던 유대교의 한계를 지적하면서 예배 장소의 보편성을 가르치고, 자신이 '오시기로 예언되어 있었던' 메시아임을 밝혔다. 이 여인은 예수의 가르침에 감동을 받고 동네 사람들에게 가서 "예수가 그리스도이다"라고 전파하였다. 이에 사마리아 동네 사람들이 예수를 찾아와서 보고는 예수를 그리스도라고 믿게 되었다. 「요한 복음서」는 이 장면을 다음과 같이 전한다.

> 그 도시에 사는 많은 사마리아인들이 예수를 믿게 되었다. 그 여자가 "저분은 제가 한 일을 모두 알아맞혔습니다" 하고 증언하는 말을 하였기 때문이다. 사마리아인들이 예수께 와서 자기들과 함께 머무르시기를 청하자, 그분께서는 거기에서 이틀을 머무르셨다. 그리하여 더 많은 사람이 그분의 말씀을 듣고 믿게 되었다. 그들이 그 여자에게 말하였다. "우리가 믿는 것은 이제 당신이 한 말 때문이 아니오. 우리가 직접 듣고, 이분께서 참으로 세상의 구원자이심을 알게 되었기 때문이오."[46]

이 구절은 두 가지 사실을 알려 준다. 먼저 사마리아인이 예수를 만나고 그가 '구세주'라고 깨닫고 인정하였다. 예수가 사역을 시작한 후에 많은 사람들이 예수를 믿게 되었지만 예수를 세상을 구원할 '그리스도'라고 인정하는 사람은 극히 드물었다. 12제자조차도 이 사실에 대해서는 의구심을 품고 있었다. 그런데 사마리아인들이 예수를 구세주, 그리스도라고 인정하고 그를 믿게 되었다. 이렇게 사마리아 사람들이 적극적으로 예수

---

46 「요한 복음서」 4:39-42.

를 그리스도라고 인정했다는 것은 그들의 신앙이 선도적이라는 의미를 갖고 있다. 이 사실이 예수 당대의 사실이 아니라 요한 공동체의 상황을 반영하는 것이라면 이 기사는 요한 공동체 내에 사마리아인들이 선도적으로 신앙을 이끌고 있는 상황을 반영한 것이라고 볼 수 있다.[47]

두 번째 이 구절에서 사마리아 사람들은 특정 개인이 아니라 집단으로 개종하였다. 먼저 여인이 예수가 그리스도라는 것을 깨닫고 그녀가 살고 있는 도시에 그 사실을 알렸으며 그 도시 사람들이 집단으로 예수를 그리스도라고 인정하였다. 이는 사마리아 사람들이 매우 많이 예수를 믿게 되었다는 것을 의미한다. 이 사실 역시 예수 당대의 사실이 아니라 요한 공동체의 상황을 반영하는 것으로 요한 공동체 내에 상당히 많은 사마리아 사람들이 있었다는 것을 의미한다. 그렇다면 요한 공동체에 사마리아 사람들이 얼마나 많았을까? 이 사실을 추측해 볼 수 있게 해주는 좋은 기사가 있다.

어느 날 예수와 유대인들 사이에 격렬한 논쟁이 벌어졌다. 예수가 좋은 말로 여러 차례 훈계했지만 유대인들이 알아듣지 못하고 계속 따지자 예수는 유대인들을 악마의 자식들이라고 몰아붙였다. 그러자 유대인들은 "당신은 사마리아 사람이며 마귀 들린 사람이오. 우리 말이 틀렸소?" 하고 나대었다.[48] 이에 예수는 자신이 귀신 들리지 않았다고 반박했지만, 사마리아 사람이라는 공격에 대해서는 아무 말도 하지 않았다. 이는 예수가 자신이 사마리아 사람임을 인정했다는 것을 의미한다.

이 기사가 예수 당대의 사실을 반영한다면 그 맥락을 전혀 해명할 수 없다. 예수는 분명 나자렛 출신이라고 다른 복음서에 명기되어 있기 때문이다. 설령 나자렛 출신이라는 사실이 잘 알려져 있지 않았다고 해도 예수가 유대인이었다는 것은 명백한 사실이었다. 따라서 이 기사는 예수 당

---

47 「요한의 첫째 서간」 2:18-19; Raymond E. Brown, 앞의 책, 1984, p. 102.
48 「요한 복음서」 8:48.

대의 상황이 아니라 요한 공동체의 상황을 반영하고 있는 것으로 보아야한다. 이 논쟁이 일어날 당시 요한 공동체에는 많은 사마리아인이 유입되었다. 그들이 너무나 많이 유입되었기에 요한 공동체는 마치 사마리아인의 공동체처럼 보였다. 그래서 요한 공동체가 속해 있던 회당의 유대인들은 요한 공동체와 논쟁을 하면서 당신들은 진정한 유대인이 아니라 '사마리아 사람'이라고 몰아붙였던 것이다.[49]

이렇게 요한 공동체는 성립 이후 여러 기원의 사람들을 추가로 받아들였다. 처음에는 당연히 팔레스타인의 유대인이 유입자의 다수를 이루었지만, 요한 공동체의 선교활동 범위가 넓어지면서 사마리아인이 대거 유입되었고, 소수이지만 이방인도 유입되었다. 이런 상황은 요한 공동체가 예루살렘을 떠나서 에페소에 정착한 이후에도 계속되었다.

요한 공동체를 구성하는 데 또 한 번의 큰 변화가 발생한 것은 80년대 후반에서 90년대 중반 사이 요한 공동체가 회당에서 축출되면서 일어났다.[50] 회당에서 추방된 요한 공동체는 유대인에 대한 철저한 반감을 품게되었고 주변의 기독교 신자들과 협력을 추구하면서 이방인 선교에 적극적으로 나섰다. 1세기 말 큰 세력을 구축하고 있던 바울로 공동체, 베드로 공동체, 로마 교회 등은 이미 신자의 다수가 이방인으로 구성되어 있었다. 이 점에서 요한 공동체는 후발 주자라고 할 수 있다.

---

49 Raymond E. Brown, 앞의 책, 1979, pp. 35~40; 우예지, 앞의 글, 2012, 20~30쪽.
50 회당에서 기독교 신자들의 추방을 결정하였던 얌니야 종교회의는 80년대 중반에서 90년대 중반 사이에 열렸다. 이 회의에서 '이단자들에 대한 저주'(Birkat Ha-Minim)가 결정되었다. 이때 결정된 기도문 18조 가운데 12조는 다음과 같다. "당신의 토라를 저버린 배교자들에게는 희망이 없게 하소서! 나자렛 도당들과 이단자들을 즉각 사라지게 하소서. 당신 백성 이스라엘의 집의 모든 적들을 살아 있는 이들의 책에서 지워버리시어 의인들과 함께 적혀 있지 않게 하소서. 적들을 흩으시고 무엄한 자들을 굴복시키시는 주님, 찬양 받으소서." 이 문장은 송혜경, 앞의 책, 2012, 135~36쪽에서 재인용하였다.

요한 공동체가 이방인 선교 문제에 관심을 가졌다는 것은 「요한 복음서」 내에서 확연히 관찰된다. 먼저 「요한 복음서」는 유대인과 이방인을 구별하지 않은 보편주의 정신을 보여 주고 있다. 「요한 복음서」에 따르면, 예수는 이 땅에 '모든 사람'을 비추는 빛으로 왔다.[51] 그는 온 세상의 죄를 없애고, 온 세계를 구원하기 위해서 이 땅에 왔다.[52] 그는 세상의 모든 사람을 이끌어 하느님께로 나아가게 할 것이다.[53] 「요한 복음서」가 이렇게 보편주의를 표방한 것은 예수의 복음이 유대인에게 한정되지 않는다고 보았기 때문이다.

물론 이런 보편주의는 내부의 선언으로 끝나지 않고 구체적인 선교를 통해서 실현될 것이다. 따라서 「요한 복음서」의 저자는 예수가 이방인 선교를 감행했음을 보여 주는 기사들을 전한다. 예를 들어 예수와 바리사이파 사이에 논쟁이 벌어졌을 때 예수는 그들이 찾을 수 없는 곳으로 가겠다고 말했다. 이때 바리사이파는 다음과 같이 말하였다.

저 사람이 어디에 가려고 하기에 우리가 자기를 찾지 못한다는 말인가? 그리스인들 사이에 흩어져 사는 동포들에게 가서 그리스인들을 가르치겠다는 말인가?[54]

여기서 말하는 주체는 바리사이파이지만 예수가 이방인 선교에 대해서 아무런 암시를 하지 않았더라면 바리사이파가 이런 말을 하지 않았을 것이다. 따라서 이 말은 요한 공동체가 이방인 선교에 관심을 가지고 있었던 상황을 반영하고 있는 것으로 평가해야 한다.[55] 앞 장에서 설명했듯이,

---

51 「요한 복음서」 1:9.
52 「요한 복음서」 1:9, 3:17.
53 「요한 복음서」 12:32.
54 「요한 복음서」 7:35.
55 Raymond E. Brown, *The Gospel according to John I-XII*, Anchor Bible 1966,

「요한 복음서」 12장 20~21절에 따르면, 그리스인들이 자발적으로 예수를 찾아왔는데 이는 요한 공동체가 이방인에게 개방적인 태도를 취하고 있었기 때문에 가능했을 것이다. 「요한 복음서」에 표명된 이런 이방인에 대한 개방적 보편주의는 요한 공동체가 회당에서 나오면서 적극적 선교활동으로 이어졌을 것이다. 이는 「요한의 셋째 서간」의 저자가 선교사들의 '접대'에 큰 관심을 보이고 있는 것에 잘 드러난다.[56]

요한 공동체가 이방인 선교를 어떻게 펼쳤는지 자세히 보여 주는 자료는 없다. 그렇지만 요한 공동체가 「요한의 첫째 서간」을 쓸 단계에 이르러 공동체 구성원 다수는 이방인이었던 것 같다. 「요한의 첫째 서간」의 저자는 수신자를 다음과 같이 밝히고 있다.

> 우리가 보고 들은 바를 당신들에게도 전파합니다. 당신들도 우리와 동료 관계를 맺게 하려는 것입니다. 우리의 동료 관계는 아버지와 또 그 아들이신 예수 그리스도와 함께하는 것입니다.[57]

이 구절에서 '당신들'과 '우리'가 대조된다. 우리가 기존 유대인으로 구성된 요한 공동체의 구성원들이라면 '당신들'은 선교활동을 통해서 새롭게 편입된 이방인 기독교 신자들이다. 「요한의 첫째 서간」의 저자는, 예수 그리스도와 사랑이라는 주제를 중심으로 기본적인 교리를 설명하고, 예수가 육신으로 왔다는 것을 부정하는 가현설주의자들을 조심하라고 경고한 후[58] "나의 사랑하는 자녀 여러분, 우상을 멀리하십시오"[59]라는 말로 편지를 끝맺고 있다. 만약 수신자들이 기존의 유대인 신자들이면 우상

---

p. LXXVII.

56 「요한의 셋째 서간」 1:5-8.

57 「요한의 첫째 서간」 1:3.

58 얀 판 더 바트, 황원하 옮김, 『요한문헌 개론』, 기독교문서선교회 2011, 46쪽.

59 「요한의 첫째 서간」 5:21.

을 멀리하라는 말을 할 필요는 없었을 것이다. 모든 유대인들이 이미 우상숭배를 멀리하고 있었기 때문이다. 따라서 「요한의 첫째 서간」의 수신자는 이방인 기독교 신자들이었을 것이다.[60] 「요한의 첫째 서간」의 집필 시기를 정확하게 확정할 수는 없지만 일반적인 의견대로 대략 120년경에 집필되었다면 이 시기 요한 공동체는 다수의 이방인 출신들을 포함하고 있었다고 결론내릴 수 있다.

요한 공동체-반유대주의자들

전승에 따르면, 사도 요한은 예루살렘 교회가 소멸된 이후에 예수의 어머니 마리아를 모시고 소아시아의 에페소로 갔다.[61] 이 전승이 얼마나 역사적 사실을 반영했는지 확실하지 않다. 앞에서 설명했듯이, 사도 요한은 그의 형 야고보가 순교한 40년대 초에 예루살렘을 떠났을 것이다. 그때 베드로도 예루살렘 교회를 떠났기에 갈릴래아 출신의 신자 상당수가 예루살렘을 떠났던 것 같다. 사도 요한은 예루살렘을 떠나 아마 팔레스타인 해안지대에 거주하다가, 60년대 후반 유대 반란 와중에 에페소로 이주하였을 것이다.[62]

이들은 에페소나 그 인접 지역으로 가면서 중요한 선택을 해야 했다. 그곳에는 전통 유대교를 믿는 유대인들이 회당을 중심으로 신앙생활을 하고 있었던 한편 바울로가 선교하여 세운 바울로파 교회들이 회당과 분리된 새로운 교회를 수립하여 독자적으로 신앙생활을 하고 있었다. 이때 사도 요한의 무리는 어떤 집단을 선택했을까? 요한이 예수의 제자였기에 유

---

60 L. Michael White, 앞의 책, 2004, p. 316.

61 김주찬, 『밧모섬에서 돌아온 사도 요한』, 향유옥합 2004.

62 F. F. Bruce, *Peter, Stephen, James & John: Studies Non-Pauline Christianity*, William B. Eerdmans Publishing 1994[1979], pp. 121~22.

대인들의 회당이 아니라 당연히 바울로파 기독교 교회를 선택했을 것이라고 생각하기 쉽다.

그러나 예루살렘 교회가 처음 수립되었을 때 기독교 신자들은 자신들이 유대교를 탈피하여 새로운 종교를 만들어야 한다고 생각하지 않았다. 그들은 자신들이 참된 유대인이라고 생각하여 예루살렘 성전에 나아가 기도하고 예배하였으며, 유대교의 율법이나 관습을 부정하는 행위는 일체 하지 않았다. 그들은 다만 예수가 메시아라고 믿었을 뿐인데, 그런 믿음은 유대교의 틀 내에서 허용되는 것이었다.

또한 그들이 선교활동을 펼쳐서 예루살렘 밖에 신자 집단들이 생겨났을 때, 새로운 신자들은 유대인들의 회당에서 기도하고 예배하였다.[63] 이런 상황은 70년대에도 거의 변함없이 유지되었다. 「마르코 복음서」를 쓴 마르코 공동체나 「마태오 복음서」를 쓴 마태오 공동체는 요한 공동체보다 시기적으로 먼저 존재했는데 두 공동체 모두 회당의 규범을 존중하면서 회당 내에 머물렀다.[64] 회당 밖에 존재했던 유일한 존재는 바울로파의 기독교도들이었는데 이들이 회당을 뛰쳐나온 이유에 대해서는 뒤에서 좀 더 자세히 설명하겠다.[65] 그러나 확실한 것은 70년대 대부분의 비바울로파 기독교도들은 바울로파 교회가 분파주의자들이고, 주로 이방인들로 구성되어 있어 위험한 존재라고 생각했다. 이런 생각은 이 시기에 유대 반란의 여파 속에서 민족주의가 유대인들의 마음을 강력하게 장악하고 있었기 때문에 더욱 강할 수밖에 없었다.[66]

---

63 허경삼, 「회당제도가 그리스도교 예배에 끼친 영향」, 『신학사상』 12, 1976.
64 루돌프 불트만, 허혁 옮김, 『신약성서신학』, 성광문화사 1976, 51쪽.
65 바울로파 교회 이외에도 로마 교회가 회당에서 분리되었을 가능성이 높다. 그러나 로마 교회의 기원과 발전에 대한 자료가 거의 없기 때문에 자세히 다루지 못하였다.
66 에티엔느 트로크메, 유상현 옮김, 『초기 기독교의 형성』, 대한기독교서회 2003, 167~69쪽.

이런 분위기가 고조되었기 때문에 사도 요한과 예수의 어머니 마리아가 전승대로 에페소로 갔다면, 바울로파 교회가 아니라 유대인의 회당 공동체에 참석하여 신앙생활을 계속했을 가능성이 높다.[67] 실제 70년 예루살렘 교회가 파괴된 후에 사방으로 흩어진 기독교 신자들, 그리고 이미 팔레스타인 밖에서 기독교에 입교한 신자 집단은 독자적인 교회를 결성한 것이 아니라 유대교 회당에 소속되어 있는 경우가 대부분이었다.[68]

우리는 이 사실을 「요한 복음서」에서 확인할 수 있다. 「요한 복음서」에는 예수와 특별한 관계를 맺은 사람들, 예수를 메시아로 믿는 사람들이 '회당에서 쫓겨난다'는 이야기가 세 차례(9:22, 12:42, 16:2) 나온다. 이 이야기는 뒤에서 살펴볼 것처럼 로마가 제1차 유대 반란을 진압한 이후 야브네(Yavne, 얌니야라고도 불리며, 지금의 텔아비브 근처이다)로 이주한 바리사이파 유대인들이 그들의 정체성을 강화하면서 회당 내에 존재하던 분파들을 추방하던 시기, 즉 80~90년대를 배경으로 하고 있다.[69]

그런데 기독교 신자들이 회당에서 쫓겨났다는 사실은 그들이 이전에 회당에 소속되어 있었다는 것을 전제하고 있다. 따라서 요한 공동체가 70년 예루살렘 성전이 파괴되면서 소아시아로 이동한 사람들로 구성되어 있었다면 그들은 바울로파 교회가 아니라 유대인 회당을 신앙의 장소로 선택했음에 틀림없다.

우리는 또한 요한 공동체가 바울로파 교회와 접촉하지 않았다는 사실을 신약성경 내의 요한계 문서에 담긴 신학의 경향을 통해서 확인할 수 있다. 만약 두 집단 사이에 어떤 긴밀한 접촉이 있었다면 요한 총서(「요한 복음서」와 「요한의 첫째 서간」, 「요한의 둘째 서간」, 「요한의 셋째 서간」, 그리고 「요한

67 J. Louis Martyn, 앞의 책, 1978, pp. 100~01.

68 Jacob Jervell, *The Unknown Paul*, Augsburg Publishing House 1984, pp. 26~51.

69 스티븐 스몰리, 앞의 책, 1996, 127쪽; 임병천, 앞의 글, 2016, 20~21쪽은 이에 대해서 부정적인 견해를 보였다.

계시록」은 사도 요한 계열의 신학을 담고 있기에 요한 총서라고 불린다)의 집필자들은 바울로 서간들을 보았을 것이고, 거기에 영향을 받았을 것이다. 그러나 요한 총서는 바울로 서간은 물론, 바울로의 이름을 빌려 쓴 위바울로 서간(「콜로새 신자들에게 보낸 서간」, 「에페소 신자들에게 보낸 서간」, 「테살로니카 신자들에게 보낸 둘째 서간」, 목회 서간)과도 신학적으로 큰 차이를 보인다. 어떤 신학자들은 둘 사이의 차이점이 그렇게 큰 것은 요한 총서의 신학이 바울로 신학보다 한 단계 발전했기 때문이라고 해석한다. 그러나 그렇게 해석하는 것은 작위적이며 둘이 그렇게 다른 것은 둘 사이에 별 접촉이 없었기 때문이라고 해석하는 것이 옳다.[70]

그런데 기독교 신자들은 언제 유대교 회당에서 쫓겨나기 시작했을까? 「요한 복음서」는 100년 전후에 쓰였는데, 이 복음서가 집필되기 직전부터 각지의 유대인 회당들이 기독교 신자들을 축출하기 시작했던 것 같다. 유대인들이 회당에서 기독교 신자들을 축출한 것은 랍비 유대교의 성립과 긴밀한 관계가 있다. 제1차 유대 반란 와중에 예루살렘을 탈출하였던 요하난 벤 자카이(Johanan ben Zakkai)가 야브네에 바리사이파 공동체를 재건했는데, 바로 이 바리사이파 공동체가 유대 반란과 예루살렘 성전의 파괴로 인하여 신앙적 공황 상태에 빠져 있던 유대인들을 위로하고 신앙생활의 새로운 규범을 제시하였다. 사두가이파와 에세네파가 전쟁의 참화 속에서 소멸되어 버렸기 때문에 이들의 세력 확장을 막을 수 있는 세력은 없었다. 더욱이 그들은 로마제국에 유화적인 태도를 취함으로써 로마제국의 지지를 받고 있었다. 따라서 로마제국과의 충돌을 피하려고 했던 디아스포라[71] 지역의 유대인들은 그들을 적극적으로 지지하였다.

---

70 루돌프 불트만, 허혁 옮김, 앞의 책, 1976, 364~68쪽.

71 이산(離散), 즉 흩어짐이라는 뜻이다. 유대인들이 그들의 고향땅인 팔레스타인 밖으로 흩어진 것을 말한다. 이는 기원전 721년 아시리아가 이스라엘을 멸망시키면서 시작되었으며, 그 후 유대인들이 전쟁에 패할 때마다 대규모로 재현되었다. 유대인의 관점에서 보면 팔레스타인 밖의 지역은 디아스포라 지역이고, 팔레스타인 밖

그러나 이들이 팔레스타인과 각지에 살고 있었던 유대인의 신앙생활을 확고하게 장악할 수 있을 정도로 세력을 키우는 데에 제법 많은 시간이 필요했다. 먼저 요하난 벤 자카이가 야브네에 바리사이파 학교를 세우고, 제자들을 양성하는 데 상당한 시간이 소요되었다. 그리고 그들이 디아스포라 각지로 뻗어나가는 데도 시간이 필요했다. 제1차 유대 반란이 일어나기 이전에 바리사이파는 거의 전적으로 팔레스타인 내에만 존재했기에 디아스포라 지역에는 아무런 기반이 없었기 때문이다. 이 기간이 구체적으로 얼마였다고 말하기는 힘들지만 대략 20년 정도는 걸렸을 것이다. 요하난 벤 자카이가 야브네에 도착했던 무렵이 70년경이었는데, 기독교 신자들을 공식적으로 저주하고 회당에서 축출하기로 결정했던 이른바 야브네 종교회의가 90년대 중반에 열렸기 때문이다.

그러나 90년대 중반에도 랍비 유대교의 장악력이 확고부동했던 것은 아니었다. 132년에 바르 코크바(Bar Kokhba) 반란이 일어날 때까지 상당수의 기독교인들이 여전히 회당에 소속되어 있었는데,[72] 이는 랍비 유대교가 야브네 종교회의의 결정을 각지의 모든 회당에서 일시에 실시할 수 있을 정도로 강력하지는 않았다는 것을 의미한다.

그럼에도 불구하고 야브네 종교회의를 전후하여 유대인들이 기독교도들을 회당에서 쫓아내기 시작했고, 그 후 유대교의 전통을 준수하려던 기독교 신자들은 기독교 내의 소수파로 전락했다. 끝까지 유대교의 틀을 지키려던 자들은 2세기 중반 이후 원정통 교회에 의해서 이단으로 정죄되었다.

그렇다면 랍비 유대교가 회당에 속해 있던 기독교 신자들을 강제로 쫓아낸 이유는 무엇일까? 「요한 복음서」의 저자는 그 이유를 다음과 같이

에 살고 있는 유대인은 디아스포라 유대인이다.

72 Marcel Simon, H. McKeating(tr.), *Verus Israel: A Study of the Relations between Christians and Jews in the Roman Empire A.D. 135-425,* The Littman Library of Jewish Civilization 1996.

명확하게 밝히고 있다.

> 누구든지 예수를 메시아라고 고백하면 회당에서 쫓아내기로 유대인들
> 이 이미 합의하였기 때문이다.[73]

이 구절의 메시아는 '기름 부은 자'라는 뜻으로 그리스어로 번역하면
그리스도이다. 회당을 장악한 바리사이파 출신의 유대인들이 메시아라는
말에 대해서 상당한 거부감을 가지고 있었다. 그들의 창시자이자 랍비 유
대교의 선구자인 요하난 벤 자카이가 늘 메시아 운동에 부정적인 태도를
취하였기 때문이다.[74] 그는 메시아 운동이 과도한 민족주의 열광을 일으
켜서 로마제국과 충돌을 야기할 것을 염려하였다. 그의 유지를 받든 랍비
유대교는 제1차 유대 반란이 처참하게 실패한 상황에서 로마인을 자극하
지 않기 위해서 최대한 노력해야 한다고 생각하였다. 따라서 그들의 눈으
로 보면 예수가 메시아이며, 그가 머지않아서 종말을 이끌 것이라고 주장
하는 기독교인들은 참으로 위험한 존재였다.[75] 이런 생각 때문에 1세기 말
회당을 장악한 랍비 유대교 지도자들은 예수를 메시아라고 주장하는 기
독교도들을 추방하기 시작하였다.[76]

그러나 메시아 신앙만으로 유대인이 기독교도를 추방했다는 것을 온전
하게 설명하기는 힘들다. 당시 기독교 신자들뿐만 아니라 전통 유대교를
신봉하는 유대인들 가운데서도 메시아 사상을 펼치고 신봉하는 사람들
이 제법 있었다. 2세기 초 명망이 높았고, 당시 가장 유명한 랍비였던 아
키바(Rabbi Akiva)는 132년 제2차 유대 반란을 주도했던 바르 코크바를

---

73 「요한 복음서」 9:22.
74 Jacob Neusner, *First Century Judaism in Crisis*, Ktav 1982, p. 165.
75 Robert Eisenman, 앞의 책, 1997, p. 21.
76 이창희, 「요한 복음서에 나타난 공동체 의식 연구」, 이화여자대학교 석사학위논문,
   2004, 14쪽.

메시아로 선포하였다. 유대인들은 범민족적으로 그를 메시아로 숭배했으며, 그의 지도에 따라서 로마에 대반란을 일으켰다. 이렇듯 1~2세기에 메시아 신앙은 유대인에게 일반적이었으며 신앙 때문에 박해받은 사람은 거의 없었다. 따라서 기독교가 예수를 메시아로 섬겼다는 사실 하나만으로 회당을 장악한 유대인들이 기독교도들을 추방한 것을 온전히 설명하기는 힘들다.[77]

메시아 사상을 제외한다면 고려해 볼 수 있는 다른 주요한 요인은 이른바 '기독론'인데, 이는 예수가 어떤 존재인가에 대한 기독교의 교리를 말한다. 1세기 기독교 신자들 다수는 예수를 뛰어난 존재이기는 하지만 근본적으로 인간이라고 생각했던 데 반해서, 요한 공동체는 예수를 초인간적인 신적인 존재, 나아가 하느님과 동등한 존재라고 주장하였다.[78]

앞에서 언급했듯이 「요한 복음서」는 '태초에 말씀이 계셨다'라는 구절로 시작하는데, 이 말씀은 그리스어로 로고스이고, 세상이 창조되기 이전부터 계셨던 신적 존재이다. 그런데 요한 공동체는 나자렛 예수가 바로 이 로고스라고 주장했다. 다시 말하면 예수가 태초부터 계셨던 신이며, 그가 인간이 되어서 이 세상에 오셨다고 주장했던 것이다. 이외에도 「요한 복음

---

77 권터 보른캄, 허혁 옮김, 『바울』, 이화여자대학교 출판부 2006, 53쪽.

78 엄격하게 이야기하면 예수를 메시아로 보는 것도 기독론의 범주에 들어간다. 기독론에는 저기독론(low christology)과 고기독론(high christology)이 있다. 저기독론은 인간으로서 예수의 이력을 강조한다. 저기독론에 따르면, 예수는 인간 가운데 최고의 존재, 혹은 구약이 예언하고 있는 최고의 인물이다. 예수를 예언자나 메시아 등으로 부르는 것은 이런 인식의 산물이다. 그렇다고 저기독론이 예수에게 신성이 있다는 것을 완전히 부정하지는 않는다. 다만 신적인 존재로서 하느님과 동질에 이르렀다고 보지는 않는다. 예수를 '사람의 아들'로 부르는 것은 이런 인식을 반영한다. 고기독론은 예수의 신적 속성을 강조하면서, 그 신성이 하느님에게 버금가거나 하느님과 같다고 주장한다. 예수를 '하느님의 아들', '주님', '하느님' 등의 칭호를 사용하는 것이 여기에 해당된다. 이에 대해서는 Raymond E. Brown, *An Introduction to New Testament Christology*, Paulist Press 1994, p. 4를 보라. 기독론이 요한 공동체가 회당에서 추방된 주요 이유였다는 논의에 대해서는 김선정, 앞의 책, 2003, 105~13쪽을 보라.

서」에는 예수가 하느님의 아들, 나아가 하느님과 동격임을 시사하는 구절이 여럿 있다. 예를 들어 5장 18절에는 "유대인들은 더욱 예수를 죽이려고 하였다. 그분께서 안식일을 어기실 뿐만 아니라, 하느님을 당신 아버지라고 하시면서, 당신을 하느님과 대등하게 만드셨기 때문이다"라고 쓰여 있다. 또한 10장 33절에는 "당신이 좋은 일을 하였기 때문이 아니라 하느님을 모독하였기 때문에 당신에게 돌을 던지려고 하는 것이오"라고 쓰여 있다.[79]

이렇게 예수를 신격화했던 요한 공동체의 기독교인들은 그를 하느님이라고 부르며 그에게 기도를 드렸다. 유대교가 철저한 유일신 신앙을 견지하고 있었기 때문에 예수가 신이라는 주장은 다신교에 빠진 것으로 보이거나 아니면 신성모독으로 여겨졌을 것이다.[80] 전통 유대인은 이런 신성모독을 용인할 수 없었으며, 따라서 기독교 신자들을 회당에서 추방하였다.[81] 이렇게 요한 공동체는 메시아 신앙을 신봉하고 새로운 '기독론'을 발전시키면서 랍비 유대교와 대립하였고, 그 때문에 회당에서 쫓겨나고 있던 신자들로 구성되었다.[82] 그들이 회당에서 쫓겨나 독자적인 공동체를 구성한 것은 기독교 발전의 또 다른 획을 긋는 중요한 사건이었다.

여기서 잠깐 짚고 넘어가야 할 것이 있다. 20세기 전반기 신학 연구를 주도하였던 불트만과 헤르만 군켈 등은 이른바 양식비평을 발전시켰는데, 이 비평에 의하면 복음서의 구절들은 교회의 의례나 교육에 사용되기 위해서 단위 구절들로 모아졌고, 그것이 후에 편집되었다. 따라서

79 L. Michael White, 앞의 책, 2004, pp. 312~14.
80 Alan F. Segal, 앞의 책, 1990, pp. 205, 263; 루돌프 불트만, 허혁 옮김, 앞의 책, 1976, 364쪽; 서중석, 앞의 책, 2007, 177쪽.
81 이창희, 앞의 글, 2004, 28~29쪽. 뒤에서 살펴보겠지만 요한 공동체를 비롯한 비바울로파 공동체들이 90년대에 와서 비로소 추방되기 시작했던 데 반해서, 바울로파 교회들은 이미 50년대 회당과 결별했다. 바울로파가 회당과 결별했던 것도 아마 이 기독론과 관련이 깊을 것이다.
82 Raymond E. Brown, 앞의 책, 1979.

복음서의 저자들은 이미 존재했던 자료들을 편집한 사람들이다. 20세기 중후반에 독일의 신학자들이 새로운 비평학을 발전시켰다. 귄터 보른캄(Günther Bornkamm), 빌리 마르크센(Willi Marxsen), 한스 콘첼만(Hans Conzelmann)을 비롯한 신학자들은 복음서의 저자들이 전승을 편집하는 데 그치지 않고, 그들의 인식과 필요에 따라서 구전 전승을 창조적으로 재구성하였고, 때때로 새로운 본문을 만들어내기도 했다고 주장하였다. 이들의 주장에 의하면, 복음서의 작가는 편집자에 머물지 않고 사실상의 창작자일 수도 있다. 이런 비평법을 편집비평이라고 하는데, 복음서의 저자가 사실상의 창작자라는 사실을 잘 보여 주는 구절이 있다.[83]

「요한 복음서」 9장에서 날 때부터 소경인 자를 예수께서 치료해 준 이야기가 나오는데 바리사이파와 유대인들이 생트집을 잡으면서 예수가 진짜로 그런 기적을 행했다는 것을 부정하려고 하였다. 그들은 소경이었던 자의 부모에게 몰려가서 소경이 그의 아들이 맞는지, 그리고 어떻게 눈을 뜨게 되었는지를 물었다. 그러자 그 부모는 "예, 틀림없이 날 때부터 눈이 멀었던 저희 아들입니다. 그러나 그가 어떻게 지금 보게 되었는지, 또 누가 눈을 뜨게 하여 주었는지는 모릅니다. 다 자란 사람이니 그에게 물어보십시오. 제 일은 제가 대답하겠지요"라고 말하였다.

그런데 「요한 복음서」의 저자는 이에 대해서 "그의 부모는 유대인들이 무서워서 이렇게 말한 것이다. 유대인들은 예수를 그리스도라고 고백하는 사람은 누구나 다 회당에서 쫓아내기로 작정하였던 것이다"라고 대답하였다. 그런데 앞에서 설명했듯이 예수 시절에 유대인들은 예수를 믿는 자들을 회당에서 쫓아낼 생각을 전혀 하지 않았으므로 이런 생각을 가진 사람은 예수 시절에는 존재할 수 없다. 예수와 사도들은 자유롭게 회당에 출입하였을 뿐만 아니라 회당에서 설교하고 선교활동을 펼쳤기 때문

---

83 정기문, 『그리스도교의 탄생』, 도서출판 길 2016, 21쪽.

이다.[84] 사도 바울로의 경우를 제외한다면 회당에서 기독교 신자들이 추방되었다는 이야기는 아마 80년대에 이르러서야 비로소 이루어졌을 것이다.[85] 따라서 이 소경의 아버지는 예수 시절에 살지 않았던 사람임에 틀림없고, 이 이야기는 「요한 복음서」의 저자가 창작해 낸 것이다.[86]

소경의 이야기에서 드러나듯이 후대의 작가가 어떤 이야기를 지어내면서 자신의 시대 배경을 전 시대에 투영하는 것을 시대착오(anachronism)라고 한다. 신약성경에는 지금 살펴본 소경 이야기 이외에도 이런 시대착오 현상이 여러 개 발견된다. 예를 들어 「마태오 복음서」에 따르면 예수는 부활한 후 제자들에게 나타나서는 "나는 하늘과 땅의 모든 권한을 받았다. 그러므로 너희는 가서 이 세상 모든 사람을 내 제자로 삼아 아버지와 아들과 성령의 이름으로 그들에게 세례를 베풀고 내가 너희에게 명한 모든 것을 지키도록 가르쳐라. 내가 세상 끝 날까지 항상 너희와 함께 있겠다"라고 말하였다.[87] 이 말에 따르면 예수는 제자들에게 이방인 선교에 나서라고 분명하게 말하였다.

그러나 「사도행전」에 따르면 예루살렘 교회의 신자들은 교회 수립 이후 상당 기간 오직 유대인에게만 선교하였다. 이방인 선교는 헬라파가 박해를 받은 후에, 그리고 베드로가 이방인 선교를 시작하라고 명령하는 특별

---

84 이일호, 「제2성전 시대 유대교와 초대 기독교의 선교 운동」, 『성경과 고고학』 56, 2007, 21쪽.

85 여기에 대해서는 이견이 있다. 예루살렘 교회의 헬라파였던 스테파노의 순교 때에 유대인들이 기독교도를 회당에서 추방했을 것이라고 주장하는 학자들도 있다. 물론 그 가능성이 전혀 없는 것은 아니다. 그러나 스테파노의 박해는 일회성 사건이었고, 그 후 상당히 오랫동안 유대교도들이 기독교도를 박해한 사건은 일어나지 않았다. 따라서 80년 이전에 유대인들이 회당에서 기독교도를 추방해야 한다는 생각이 널리 퍼져 있었다고 생각할 수는 없다. Raymond E. Brown, 앞의 책, 1984, p. 54.

86 구전 전승의 변화와 공동체의 역할에 대해서는 키트 니클, 이형의 옮김, 『공관복음서 이해』, 대한기독교출판사 1984, 54~58쪽을 보라.

87 「마태오 복음서」 28:18-20.

한 환상을 본 후에 비로소 시작되었다. 그런데 하느님이 베드로에게 이방인 선교를 시작하라는 환상을 보이자 베드로는 "말도 안 됩니다. 주님, 저는 불결하고 더러운 음식(이방인을 상징)은 먹어본 적이 없습니다"라고 대답하였다. 또한 우여곡절 끝에 베드로가 이방인에게 선교하였을 때 이방인들에게도 성령이 내렸는데 그때 예루살렘 교회의 신자들은 "성령의 은사가 이방 사람들에게까지 임한 것을" 보고는 깜짝 놀랐다.[88]

우리가 「사도행전」의 이 진술을 그대로 믿는다면 베드로와 그를 추종했던 무리들은 예수로부터 이방인 선교를 시작하라는 명령을 받은 적이 없고, 예수가 승천한 후 시간이 제법 지난 후에 비로소 다른 계기를 통해서 이방인 선교에 착수하였다. 그렇다면 「마태오 복음서」와 「사도행전」의 진술 가운데 어떤 것이 맞을 것인가? 어떤 것이 맞다고 하든 하나는 틀리게 되는데 초대교회의 역사를 살펴보면 「사도행전」의 진술이 사실에 가깝다. 따라서 「마태오 복음서」의 진술은 시대착오적인 것이다.

다시 요한 공동체 이야기로 돌아가자. 앞에서 설명했듯이, 요한 공동체는 회당에서 쫓겨나고 있었다. 그런데 그것은 자발적인 것이 아니라 강제적인 것이었다. 즉 요한 공동체가 스스로 유대교의 틀을 깨고 나온 것이 아니라 유대교가 그들을 이단으로 규정하고 쫓아냈던 것이다. 이렇게 종교적 교리의 차이로 인해서 대립이 발생하는 경우 대개 폭력이 수반된 핍박과 박해가 따르기 마련이다. 일찍이 사도 바울로도 자신이 새로운 생각을 펼치다가 정통 유대교 신자들로부터 수없이 테러를 당했으며, 죽을 고비도 여러 번 넘겼다고 이야기하였다.[89] 이제 유대인들은 예전의 사도 바울로에게 그랬듯이 요한 공동체 신자들에게 수많은 폭력과 테러를 가했다.[90]

이런 핍박과 박해 속에서 성장한 요한 공동체는 유대교와 유대인에 대

<hr />

88 「사도행전」 1:45.
89 「코린토 신자들에게 보낸 둘째 서간」 11:23.
90 J. Louis Martyn, 앞의 책, 1978, pp. 102~05.

해서 극심한 적대감을 표출했다.[91] 이 때문에 「요한 복음서」는 「마태오 복음서」와 더불어 극도의 반유대인 정서를 표출하고 있다. 「요한 복음서」의 이런 반유대주의는 여러 곳에서 발견되는데[92] 특히 예수의 재판 장면에서 가장 명확하게 드러난다. 사복음서 가운데 가장 먼저 쓰인 「마르코 복음서」에는 빌라도가 예수를 재판하면서 예수의 '죄를 발견하지 못하였다'라는 소리를 한 번도 하지 않는다. 그런데 「요한 복음서」에서 빌라도는 세 번이나 명확하게 예수가 무죄라고 이야기하며 어떻게든 예수를 석방하기 위해서 노력한다. 예수는 빌라도의 노력을 높이 평가하여 "나를 너에게 넘겨준 사람의 죄가 더 크다"라고 말하며 그에게 일종의 면죄부를 준다.[93] 반면 유대인 지도자와 군중은 예수를 석방하려는 빌라도의 시도를 거듭 좌절시키고 끝내 예수를 죽음의 길로 몰고 간다. 따라서 「요한 복음서」의 묘사에 의하면 예수의 죽음에 대한 책임은 명백하게 유대인에게 있었다.

「요한 복음서」의 이런 극단적인 반유대주의는 이미 「루카 복음서」의 저자에게서 관찰되는 것이기는 하지만[94] 「요한 복음서」에서 강화된 것으로 이후 서구 역사에 불행의 큰 원인이 된다. 「요한 복음서」는 유대인에게 예수 처형의 전적인 책임이 있다고 규정하고, 그들을 '사탄의 자식'이라고 부르곤 한다.[95] 서구 역사에서 반복적으로 등장하는 반유대주의자들은 「요

---

91 원시 기독교 내 반유대주의는 1세기 후반에 폭넓게 관찰되는데 그 요인은 여러 가지이다. 70년 이후 회당 내에서 기독교 세력과 바리사이파 세력이 주도권 경쟁을 벌이는 과정에서 적대감이 커지기도 하였고, 랍비 유대교의 폭력적인 추방 때문에 생기기도 하였으며, 기독교 신자들이 자신들의 정체성 수립을 위해서 반유대주의를 전략적으로 피력했을 수도 있다. 세 번째 가능성에 대해서는 M. Zetterholm, *Approaches to Paul*, Fortress 2009, pp. 47~57을 보라.

92 예를 들어서 「요한 복음서」 7장 20절에서 유대 군중은 예수를 미친 사람이라고 말한다.

93 M. Sordi, A. Bedini(tr.), *The Christians and the Roman Empire*, Routledge 1994, pp. 7~8.

94 일레인 페이절스, 권영주 옮김, 『사탄의 탄생』, 루비박스 2006, 125~26쪽.

95 「요한 복음서」 8:44.

한 복음서」의 이런 규정과 인식을 그들의 무기로 사용한 것이다.[96] 물론 「요한 복음서」의 이런 반유대주의는 전적으로 「요한 복음서」 저자의 창작이다. 예수가 살아 있던 시절, 나아가 예루살렘 교회 시절에 원시 기독교에서 반유대인 정서는 거의 없었다. 그들은 자신들의 신앙이 유대교를 배척하는 것이 아니라 유대교를 완성한다고 생각하고 있었기 때문이다.

요한 공동체: 신의 자녀들

요한 공동체의 또 다른 주요 특징이 있었다. 그들은 자신들을 '신적 존재'로 인식하였다. 그들은 '하느님의 말씀을 지키는 자들은 모두 신으로' 믿었으며,[97] 예수가 하느님의 아들이듯이 자신들이 '하느님의 자녀'라고 주장하였다.[98] 이렇듯 요한 공동체의 신자들은 자신들이 하느님의 자식으로 신성한 존재라고 생각했는데, 인간과 신의 차이는 인간은 죽는 데 반해서 신은 영원히 산다는 것이다. 이 공동체의 신자들도 바로 그렇게, 즉 자신들이 신성한 존재가 되었기 때문에 영원히 살 것이라고 믿었다. 다음 구절은 이 사실을 명확하게 보여 준다.

내가 진실로진실로 너희에게 말한다. 내 말을 듣고 나를 보내신 분을 믿는 이는 영생을 얻고 심판을 받지 않는다. 그는 이미 죽음에서 생명으로 건너갔다. 내가 진실로진실로 너희에게 말한다. 죽은 이들이 하느님 아들의

---

96 폴 악트마이어, 소기천 옮김, 『새로운 신약성서 개론』, 대한기독교서회 2004, 246쪽.
97 「요한 복음서」 10:35.
98 「요한 복음서」 3:12. 그러나 '하느님의 말씀을 지키는 자가 신'이라는 것을 극단적인 신비주의로 해석하지 않고 Joseph Lumpkin, *The Gospel of Thomas*, Fifth Estate 2005, p. 9가 지적하듯이, 영지주의의 일반적인 특징으로 파악할 수도 있다. 본문에서 살펴보았듯이, 요한 공동체 내에서 영지주의자들이 발흥하였다는 사실을 고려하면 이런 해석이 맞을 수도 있다. 더욱이 「요한 복음서」는 오랫동안 영지주의자들의 복음서로 규정되어 이단의 문서라고 불리기도 하였다.

목소리를 듣고 또 그렇게 들은 이들이 살아날 때가 온다. 지금이 바로 그때이다.[99]

이 구절에서 예수를 믿는 자가 "죽음의 세계에서 벗어나 생명의 세계로 들어섰다"라는 이야기는 도대체 무슨 뜻일까?

기원전 2세기 이후 크게 유행했던 유대 묵시론 전통에 종말의 때가 이미 시작되었고, 그때가 되면 신자들은 천사로 변화되어 이른바 '사람의 아들'이 이끌고 온 천사들과 힘을 합해서 사탄이 이끄는 악마의 군대를 물리칠 것이라고 믿는 자들이 있었다. 여기서 '사람의 아들'이라는 표현은 주의를 요한다. 사람이라는 글귀에 사로잡혀 그가 어떤 평범한 사람의 아들이라고 생각해서는 안 된다. 유대교에서는 하느님이나 하느님을 모시는 대천사가 인간의 모습을 하고 지상에 나타나 특별한 일을 하곤 하였다. 그 대천사는 하늘 군대의 우두머리 일뿐만 아니라 하느님의 신성에 동참함으로써 그 자신이 하느님에 버금가는 속성을 가지게 되었다.[100] 바로 그런 존재, 즉 사람의 모습으로 나타나게 될 신적인 존재가 '사람의 아들'이다.

이른바 쿰란 공동체가 이런 신앙을 펼쳤으며 그들은 자신들의 몸과 공동체를 철저하게 깨끗하게 만들어 모든 신자가 최후의 날에 천사로 변할 준비를 해야 한다고 생각했다. 그들이 정결에 대해서 편집병적인 집착을 보였던 것은 안식일에는 심지어 대변조차 보지 않았던 사실이 잘 보여 준다.[101] 그런데 그들의 지도자들은 자신들이 완벽하게 깨끗해졌고, 최후의 때가 다가왔기 때문에 이미 천사가 되었다고 생각했고, 하늘로 올라가 천

---

99 「요한 복음서」 5:24-25.
100 Alan F. Segal, 앞의 책, 1990, pp. 42~43, 205.
101 플라비우스 요세푸스(Flavius Josephus)는 『유대 전쟁사』 2권, 147~49쪽에서 에세네파가 안식일에는 배변을 하지 않았고, 평일에도 배변을 할 때는 극도로 조심했으며, 배변을 즉시 땅에 묻었다고 기록하고 있다.

사들과 일체가 되는 환상을 보기도 하였다.[102] 다시 말해서 그들은 이미 '신적인 존재'가 된 것이다.

신자들이 "죽음의 세계에서 벗어나 생명의 세계로 들어섰다"라는 말은 앞에서 나온 다른 구절, 즉 "하느님의 말씀을 지키는 자들은 모두 신이다"와 연계해서 해석하면 요한 공동체가 쿰란 공동체가 펼쳤던 '천사화' 신앙을 공유하고 있다는 것을 의미한다. 그들은 이미 자신들이 천사와 같은 신적인 존재가 되어 미래에 누릴 은사에 참여하고 있다고 믿었다.[103]

이렇게 종말이 임박했으며, 종말 때에 신자들이 천사와 같은 신적인 존재로 변하여 영원한 생명을 누릴 것이라는 믿음은 원시 기독교의 신앙에서 핵심적인 역할을 하고 있었다. 요한 공동체뿐만 아니라 바울로도 이와 유사한 신앙을 펼쳤다. 이는 「코린토 신자들에게 보낸 첫째 서간」의 다음 구절에서 명확히 드러난다.

> 자, 내가 여러분에게 신비 하나를 말해 주겠습니다. 우리 모두 죽지 않고 다 변화할 것입니다. 순식간에, 눈 깜박할 사이에, 마지막 나팔 소리에 그리될 것입니다. 나팔이 울리면 죽은 이들이 썩지 않은 몸으로 되살아나고 우리는 변화할 것입니다.[104]

이 구절은 분명 신자들이 죽음을 맞지 않고 불멸하는 존재, 즉 신적인 존재로 눈 깜빡할 사이에 바뀔 것이라고 주장하고 있다. 바울로는 그런 일이 자기 생전에 일어날 것이라고 믿고 있었다.[105] 그런데 쿰란 공동체가 보

---

102 Alan F. Segal, *Life After Death: A History of the Afterlife in the Religions of the West*, Doubleday 1989, pp. 296~308.
103 이충희, 「부활현현 단락에 반영된 요한 공동체와 사도계 공동체: 요한 복음 20:19-23절을 중심으로」, 연세대학교 석사학위논문, 2003, 23쪽.
104 「코린토 신자들에게 보낸 첫째 서간」 15:51-52.
105 A. Andrew Das, *Paul and the Jews*, Library of Pauline Studies 2003,

여 주었고, 바울로도 믿었던 이런 신앙을 요한 공동체 또한 확고하게 믿고 있었던 것이다. 물론 쿰란 공동체, 요한 공동체, 그리고 바울로가 변화된 이후의 상태에 대해서 모두 같은 생각을 갖지는 않았다.

그렇지만 분명한 것은 신자들이 신적인 존재로 변한다는 것은 이미 종말의 때가 시작되었다는 것을 의미한다. 이는 종말이 미래에 실현될 것이 아니라 이미 실현되었다고 생각하기 때문에 '실현된 종말론'이라고 불린다. 이 '실현된 종말론'의 의미를 제대로 파악하려면 유대 묵시론을 알아야 한다.

앞에서 설명했듯이 예수 당시 유대 묵시론에 따르면 최후의 날에 '사람의 아들'이 하늘의 군대를 끌고 와서 선한 신자들과 결합하여 악의 세력을 일소하고 나면 최후의 심판이 시작되는데 그때 죽은 사람들이 부활할 것이다. 그런데 기독교 신자들은 예수가 죽은 자 가운데서 부활하여, 부활의 '첫 열매'가 되었으며 그것은 일회적인 사건으로 끝나지 않고 곧 모든 사람의 부활로 이어질 것이라고 생각하였다. 다시 말해 예수의 부활은 이미 종말이 시작되었다는 것을 의미한다. 그것은 단순한 상징이 아니라 엄연한 현실이다. 예수가 부활한 순간에 무덤에서 잠자던 많은 성도들이 부활하여 예루살렘으로 갔고 많은 사람들 앞에 나타났다.[106] 많은 사람들이 부활하기 시작하였다는 것은 종말이 이미 시작되었음을 의미한다.

이렇게 종말이 시작되었다고 믿었던 원시 기독교 신자들은 예수의 예언이 실현되고 있다고 믿었다. 예수는 분명하게 "이 세대가 가기 전에 모든 것이 이루어질 것이기 때문에, 여기에 서 있는 사람들 가운데 죽음을 맛보지 않고 살아서, 사람의 아들(예수)이 자기 왕권을 차지하고 오는 것을 볼 사람들도 있다"라고 말하였다.

요한 공동체의 신자들도 자기들이 죽기 전에 예수가 다시 구름을 타고

pp. 34~35.
106 「마태오 복음서」 27:52.

내려와서 최후의 심판을 할 것이라고 믿었다. 전승에 의하면 사도 요한은 90년대 말까지 살았는데 신자들은 그가 예수를 직접 본 사람이기 때문에 그가 죽기 전에는 반드시 예수가 재림할 것이라고 생각하였다. 그러나 사도 요한이 죽은 후에도 예수는 오지 않았다. 이제 종말이 이미 시작되었다거나 그것이 정말 임박했다는 것을 믿지 않는 사람들이 많이 생겨났다. 이 때문에 동요하는 신자들이 생겨났고, 교회의 지도자들은 그들의 동요를 막기 위해서 새로운 설명을 만들어내야 했다. 바로 그 대답의 하나가 「요한 묵시록」이다. 이 문서는 최후의 심판 때를 묘사하면서 지옥(불)의 끔찍한 형벌을 적나라하게 묘사하고 있다. 이는 아마도 믿지 않는 자들, 의심하는 자들을 단속하기 위한 하나의 수단이었을 것이다.[107]

지금까지 「요한 복음서」에서 애제자라는 인물이 나오고, 예수가 그를 베드로보다 더 사랑했으며, 그의 권위가 베드로의 권위보다 더 높았다는 것을 살펴보았다. 실제로 사도 요한은 베드로에 결코 뒤지지 않은 인물이었던 것 같다. 그는 예루살렘 교회가 수립되었을 때 야고보를 비롯해 베드로와 함께 교회의 '기둥'이라고 불렸고, 후에 소아시아 일대에 그를 추종하는 무리들이 생겨나서 이른바 '요한 총서'라는 것을 만들어냈다.

요한 총서를 만들었던 공동체는 적어도 2세기가 시작되기 이전에는 베드로의 수위권을 인정하지 않았으며 독자적인 발전을 추구하고 있었다. 그러나 2세기 초 언젠가 베드로를 계승한 집단의 세력이 무시할 수 없을 정도로 크다는 사실에 직면하였을 뿐만 아니라 요한 공동체 내에서 분열이 발생하여 요한 공동체가 친영지주의자들이라는 오해를 받게 되자, 베드로를 예수의 후계자로 인정하고, 그를 계승한 집단과 협력하는 길로 나아갔다.[108]

---

107 Alan E. Bernstein, *The Formation of Hell: Death and Retribution in the Ancient and Early Christian Worlds*, Cornell University Press 1993, pp. 261~63.

그런데 예수의 제자 가운데 최고 권위자 자리를 놓고 경쟁을 벌였던 사도는 비단 요한만이 아니었다. 요한 이외에도 토마스와 가리옷 유다가 혹은 그들을 추종하는 무리들이 베드로가 아니라 그들이 최고 권위자라고 주장하였다. 이제 그런 인물 가운데 세 번째 인물인 토마스에 대해서 살펴보자.

---

108 사도 요한에 대한 진술은 정기문, 「요한 공동체의 기원과 발전」, 『역사문화연구』 63, 2017d를 수정·보완한 것이다.

제3장

쌍둥이 토마스:
예수의 쌍둥이 형제

「토마스 복음서」의 발견

1945년 이집트 나일 강 상류 지역인 나그함마디에서 나그함마디 문헌이 발견되었다는 것은 여러 차례 언급하였다. 이 문헌 가운데 백미는 단연 「토마스 복음서」이다. 「토마스 복음서」가 특히 학자들의 관심을 끌었던 데에는 두 가지 이유가 있었다. 먼저 「토마스 복음서」는 114개의 로기온(말씀)으로 구성된 어록 복음서이다. 「토마스 복음서」의 발견은 예수의 말씀만을 담은 어록 복음서가 먼저 있었고 그 어록 복음서에 서사를 결합한 서사 복음서가 나중에 생겼을 가능성을 높였다.[1]

「토마스 복음서」가 주목을 받은 두 번째 이유는 원정통 교회와 다른 '이단'의 목소리를 담고 있기 때문이다. 4세기 이전 원시 기독교 내에 다양한 분파가 존재하였는데, 정통 교회를 제외한 분파들이 생산한 문서는 거의 남아 있지 않다. 4세기 말에 정통 교회의 지도자들이 정통 교회가 사용하고 있는 문서 이외에 다른 문서들을 소각하라는 명령을 내렸고 그

---

1 Helmut Koester, *Ancient Christian Gospels: Their History and Development*, Trinity Press International 1990, pp. 81~82.

때문에 여러 분파의 문서들이 대부분 소각되었기 때문이다. 나그함마디 문헌의 발견은 이런 상황을 그 뿌리부터 뒤집을 수 있는 사건이기에 열광적인 관심을 받았다. 원정통 교회의 시각이 아니라 지금은 사라진 '이단'의 시각으로 그들의 정체를 파악할 수 있다면 원시 기독교의 본질에 대해서 근본적으로 다른 이해에 도달할 수 있기 때문이다.

원정통 교회는 예수-사도-원정통 교회의 지도자로 이어지는 계승에 의해서 교회가 발전하였고, 이단은 이런 흐름에서 이탈하는 사악한 무리라고 주장해 왔다. 1934년 독일의 신학자 발터 바우어가 『원시 기독교의 정통과 이단』에서 이 견해에 정면으로 도전하였다.[2] 그는 원시 기독교의 여러 중심지, 즉 에데사, 이집트, 소아시아, 마케도니아, 크레타 등에서 정통 교회보다 이른바 '이단' 교회가 더 먼저 존재했을 뿐만 아니라 다수파였다고 주장하였다. 바우어의 주장은 혁신적이었지만 실증적인 차원에서 여러 오류가 발견되어 많은 지지를 받지는 못하였다. 그런 상황에서 나그함마디 문헌의 발견은 바우어의 견해에 다시 힘을 실어주었고, 1950년대 이후 바우어의 시각에서 원시 기독교를 연구하기 위한 많은 노력이 있었다. 「토마스 복음서」에 대한 연구는 이런 연구의 중심축을 차지하였다. 「토마스 복음서」에 대한 연구 결과를 살펴보면서 토마스와 그를 추종하였던 신자 집단의 정체를 확인해 보자.

「토마스 복음서」의 저술 연대와 장소

토마스 공동체의 정체를 파악하기 위해서는 「토마스 복음서」의 연대를 파악하는 것이 중요하다. 누가, 언제, 어디서 살았는지를 보여 주는 '삶의 자리'가 그들 정체성의 중요한 요소이기 때문이다. 「토마스 복음서」의 연

---

2 Walter Bauer, 앞의 책, 1934.

대적 하한선은 3세기 초이다. 3세기 초 로마 교회의 지도자였던 히폴리투스(Hippolytus)가 이 복음서를 언급하였기 때문이다.[3] 3세기 이전 언제인가에 대해서는 40년대에서 2세기 후반까지 다양한 의견이 제시되고 있는데, 대체적으로 1세기 중후반설과 2세기 중반설이 우세하다.

1세기 중후반설의 대표자인 헬무트 쾨스터는 다음과 같은 근거들을 제시하고 있다.[4] 첫째, 베드로를 정점으로 하는 사도들의 위계서열이 형성되지 않은 시점에 작성되었다. 로기온 12, 13은 주의 형제 야고보, 베드로, 마태오, 토마스가 더 높은 권위를 차지하기 위해서 대립하고 있는 모습을 보여 준다. 둘째, 로기온 62~65와 같이 공관복음서 전승보다 더 오래된 예수의 말씀들을 담고 있다.

이는 「토마스 복음서」가 원래는 Q복음서와 같은 전승을 공유하고 있었을 가능성을 보여 준다. 셋째, '주', '메시아'(그리스도), '인자'와 같은 기독교 신앙에서 중요한 용어들을 사용하지 않고 있다. 이는 「토마스 복음서」가 공관복음서와 바울로 서간으로 대변되는 원정통 교회 문헌의 영향을 받지 않았고, 그 저술 시기가 매우 빨랐을 가능성을 뒷받침한다. 많은 학자들이 쾨스터의 주장을 지지하면서, 「토마스 복음서」의 저술 연대를 70~80년대로 파악하고 있다.[5]

---

3 Hippolytus of Rome, *Refutation of All Heresies,* 5, 7, 20. 히폴리투스는 나아센파(Naassenes)가 이 복음서를 이용했다고 전하는데, 이 파는 오직 히폴리투스의 글에만 나온다. 「토마스 복음서」의 신학은 히폴리투스가 전하는 나아센파와 매우 흡사하다. 이에 대해서는 W. R. Schoedel, "Naassenes Themes in the Coptic Gospel of Thomas", *Vigiliae Christianae* 14-4, 1960, p. 225; R. G. Grant, "Two Gnostic Gospels", *Journal of Biblical Literature* 79-1, 1960, p. 4를 보라.

4 Helmut Koester, "GNOMAI DIAPHOROI: The Origin and Nature of Diversification in the History of Early Christianity", Robinson and Helmut Koester(ed.), *Trajectories through Early Christianity*, Fortress Press 1971, pp. 126~43.

5 유태엽, 「도마의 공동체: 기독교인의 원시적 삶의 모형」, 『신학과 세계』 57, 2006, 10쪽.

특히 존 도미닉 크로산은 「토마스 복음서」의 많은 부분이 50년대 예루 살렘 교회의 지도자인 주의 형제 야고보의 권위를 빌려서 작성되었고, 주의 형제 야고보가 순교한 후 이 모음집을 가진 집단이 에데사로 이주하였으며 거기서 60~70년대에 토마스의 권위를 빌려서 기존 자료의 편집 및 추가 수집이 이루어졌다고 주장하였다.[6] 크로산의 주장은 「토마스 복음서」가 공관복음서보다 먼저 쓰였고 예수의 말씀을 더 충실히 담고 있다고 평가한 것이다.[7]

그런데 크로산의 주장에서 주의를 기울여야 할 부분이 있었다. 크로산이 2단계 편집설을 주장한 것은 「토마스 복음서」 내에 해명하기 곤란한 사항이 있기 때문이다. 크로산에 따르면, 로기온 12는 주의 형제 야고보를 기독교 내에서 가장 권위가 높은 인물로 제시하고 있는 반면, 로기온 13은 사도 토마스를 최고의 권위자로 제시하고 있다. 이렇게 모순적인 진술이 있는 것은 시간이 흐르면서 「토마스 복음서」가 편집되었다고 판단할 때 가장 잘 해명된다. 여러 학자들이 크로산의 의견에 동의하면서 「토마스 복음서」를 편집 가설에 입각해서 설명하려고 시도하고 있다.[8]

이런 편집 가설은 다른 복음서들에 대한 연구에서도 확인된다. 대표적으로는 이른바 Q복음서가 50, 60, 70년대에 각각 새롭게 편집되면서 그 중심 신학이 바뀌어가고 있다는 것을 밝힌 연구를 들 수 있다.[9] 「토마스 복음서」의 연구에도 이런 시각을 적용해야 한다고 최초로 주장한 사람은 「토마스 복음서」에 대한 초기 연구를 주도하였던 G. 퀴스펠(G. Quispel)이다.[10]

6 John Dominic Crossan, *The Historical Jesus: The Life of a Mediterranean Jewish Peasant,* HarperOne 1993, pp. 427~28.

7 박지선, 앞의 글, 2015, p. 94.

8 G. Quispel, "The Gospel of Thomas and the New Testament", *Vigiliae Christianae* 11 1957, pp. 176~77.

9 소기천, 『예수말씀 복음서 Q 개론』, 대한기독교서회 2004.

퀴스펠은 「토마스 복음서」의 상당 부분이 '유대 기독교의 말씀'으로 이루어져 있는데, 그것은 50년대에 예루살렘에서 기록되었을 것이라고 주장하였다. 그러나 퀴스펠은 「토마스 복음서」의 저술 연대를 140년경으로 설정했다. 유대 기독교의 말씀 모음집을 가진 공동체가 시리아 쪽으로 이주하여 정착한 후에 그 지역에서 새로이 많은 내용을 첨가하였다고 생각했기 때문이다.

그에 의하면 이때 추가된 내용은 주로 '엔크라티즘'(Encratism)이라고 불리는 극단적 금욕주의자들의 신학이었다. 엔크라티즘은 메난데르(Menander)와 사투르니누스(Saturninus)의 신학을 계승한 2세기의 금욕주의파이다.[11] 알렉산드리아의 클레멘스가 전하는 바에 따르면, 이들 금욕주의자들(Encratites)은 성행위와 결혼을 금지하였으며, 음식 섭생도 까다로워 고기와 포도주를 섭취하지 않았고, 자발적으로 가난하고 청빈한 삶을 살았다. 이들은 또한 부활이 이미 이루어진 것으로 생각했으며, 원죄는 성이 하나에서 둘로 분리되면서 발생하였기에 남녀의 성적 차이를 없애야 한다고 믿었다.[12]

퀴스펠은 독신을 옹호하고 있는 로기온 4, 11, 22~23, 37, 46, 49, 75, 114, 부활이 이미 이루어진 것으로 제시하고 있는 로기온 51, 남녀의 구별을 극복해야 한다고 주장하는 로기온 11, 22, 아담이 무가치하고 그로 인해서 죄가 세상에 왔다고 이야기하고 있는 로기온 86, 방랑하는 가난한 삶을 옹호하고 있는 로기온 16, 55, 99, 101, 이 세상이 죽음 또는 물

---

10 G. Quispel, "Some Remarks on the Gospel of Thomas", *New Testament Studies* 5, 1959, pp. 276~90.

11 James L. Papandrea, *The Earliest Christologies: Five Images of Christ in the Post Apostolic Age*, InterVarsity Press 2016, pp. 61~62를 보라. W. Arnal, 앞의 글, 1995는 「토마스 복음서」가 Q복음서와 같이 여러 층으로 이루어진 문서인데, 크게 보아서 어록 부분과 영지주의 부분이 있다고 주장하였다. 어록 부분이 먼저 작성되었고, 영지주의 부분은 후대에 첨가되었다.

12 *Paedagogus*, II, ii, 33 ; *Stromata*, I, xv ; VII, xvii.

질과 연계된 것이기에 철저히 부정해야 한다고 말하고 있는 로기온 56, 80 등을 엔크라티즘의 수용에 의한 편집으로 보았다.[13]

지금까지 1세기 후반설과 2세기 중반설의 근거를 살펴보았다. 퀴스펠이 인정하였듯이 「토마스 복음서」의 상당 부분은 50~60년대 유대 기독교도들에 의해서 작성된 것으로 생각된다. 따라서 후대의 편집을 사소한 것이라고 생각한다면 1세기 후반설이 적절하다고 생각할 수 있다. 그러나 「토마스 복음서」에는 1세기 중후반 기독교 신앙과 조화되지 않는 내용이 제법 포함되어 있다. 예를 들어 예수나 바울로는 결혼과 성행위 자체를 금지하는 극단적인 금욕을 추구하지 않았다. 그런데 「토마스 복음서」는 독신을 강력하게 장려하고 있다. 예를 들어 로기온 75에서 "많은 사람이 문가에 서 있다. 그러나 신방에 들어갈 사람들은 혼자인 이들이다"라고 말함으로써, 오직 독신을 유지하고 있는 사람만이 구원을 받을 수 있다는 신학을 피력하고 있다.

이런 극단적 금욕주의는 1세기 말 이후의 소산임에 틀림없다. 1세기에

---

13 퀴스펠은 G. Quispel, 앞의 글, 1957 등 여러 논문에서 이런 주장을 피력하였고, April DeConick, 앞의 책, 1996, pp. 2~8이 그의 연구들을 잘 정리하고 있다. 퀴스펠은 G. Quispel, "The 'Gospel of Thomas' Revisited", B. Barc(éd.), *Collogue international sur les textes de Nag Hammadi*, Québec, 22~25 août 1978, pp. 218~66에서 「토마스 복음서」에 헤르메스주의(Hermeticism)의 신학이 포함되어 있다는 것을 인정함으로써 3단계 편집의 가능성을 제시하였다. 헤르메스주의는 1~2세기 아시아와 이집트에서 성행했던 신비주의의 일파이다. 이들은 그리스의 신 헤르메스가 예언자로서 우주와 인간의 비밀과 구원에 대해서 계시받은 것을 인간에게 전해 주었다고 주장하였다. 이들의 신앙에 의하면, 하느님은 생명과 빛인데 인간은 하느님에게서 왔기 때문에 인간 안에는 신적인 본성이 있다. 인간은 자기의 본성을 깨닫고 경건하고 금욕적인 삶을 삶으로써 그의 기원으로 돌아갈 수 있다. 헤르메스주의는 영지주의와 비슷한 세계관과 구원관을 가지고 있지만, 영지주의와 달리 물질세계를 다스리는 신과 물질세계를 악한 것으로 보지 않는다. 따라서 이들은 성행위를 부정적인 것으로 보지 않는다. 헤르메스주의에 대해서는 송혜경, 『신약외경 입문 하권: 신약외경 각론』, 바오로딸 2013, 52~53쪽을 보라. 퀴스펠은 로기온 3, 7, 50, 56, 67, 80, 87, 111b, 112에서 헤르메스주의 신학이 관찰된다고 주장하였다.

작성된 기독교 문서 가운데에서는 이런 극단적 금욕주의가 거의 발견되지 않기 때문이다. 2세기 초 이후 기독교 신자들이 작성한 여러 문서에서 강력한 금욕주의가 관찰된다. 2세기 중반에 작성된 「베드로 행전」이나 「바울로 행전」이 이런 경향을 대표적으로 보여 준다.[14] 2세기 초 이후 강력한 금욕주의를 표방하는 문서들이 등장한 것은 기독교가 발전하면서 금욕주의적인 색채를 지향하는 신자 공동체들이 생겼다는 것을 의미한다. 「토마스 복음서」에 나타난 금욕주의도 이런 흐름 가운데 하나였을 것이다. 「토마스 복음서」에 보이는 금욕주의는 토마스 공동체가 시리아에 정착한 후 그 지역의 고유한 신비 신앙을 채택하면서 발전한 것으로 판단하는 것이 옳다. 따라서 「토마스 복음서」를 생산한 공동체가 2세기 중반에 기존의 자료에 더하여 새로운 자료를 추가하여 「토마스 복음서」를 생산하였다고 보는 것이 적절하다.

「토마스 복음서」의 본문에 대한 최근 연구들은 이런 추론을 뒷받침한다. 「토마스 복음서」가 상당 기간 편집을 거치면서도 계속 독자 전승을 유지하였는지, 아니면 공관복음서나 2세기 중반의 조화 복음서인 「디아테사론」(Diatessaron)의 영향을 받았는지에 대해서는 논쟁이 계속되고 있다.[15] 대체적으로 「토마스 복음서」가 공관복음서의 영향을 받았다는 의견이 우세한데,[16] 특히 공관복음서 가운데 「루카 복음서」의 영향을 받았을 가능성이 높다. 두 복음서에서 단어나 표현이 일치하는 구절들을 표로 정리하면 다음과 같다.

다음의 표에서 보듯이, 「토마스 복음서」와 「루카 복음서」만이 공유하고 있는 독특한 표현이 있는 병행구는 6개이다. 또한 단어와 표현이 일치하

---

14 송혜경, 앞의 책, 2011, 82쪽.
15 송혜경, 앞의 책, 2009, 138~39쪽은 두 진영으로 나뉜 학자들의 다양한 의견을 잘 소개하고 있다.
16 조재형, 앞의 글, 2018, 67~68쪽.

「토마스 복음서」와 「루카 복음서」의 일치 구와 표현[17]

토마스 복음서	루카 복음서	일치 단어 혹은 표현	다른 복음서 병행구
로기온 16	12:52~53	다섯 사람이 분쟁하되 두 사람이 세 사람과 세 사람이 두 사람과 한다.	「마태오 복음서」 10:35
로기온 31	4:24	받아들여지다	「마태오 복음서」 13:57, 「마르코 복음서」 6:4
로기온 39	11:52	지식의 열쇠	「마태오 복음서」 23:13
로기온 47	5:39	"오래된 포도주를 마시고 새 것을 원하는 자가 없다."	「마태오 복음서」 9:14~17, 「마르코 복음서」 2:18~22
로기온 79	23:29	"날이 이르면 …… 먹이지 못한 젖이 복이 있다."	
로기온 89	11:40	속을 만든 이가 겉도 만들었다.	겉과 속이 두 복음서에서 바뀌어 있음

지는 않지만, 전체적으로 단어의 순서나 표현이 유사해서 다른 복음서들과 다른 경우가 2개 있다. 「토마스 복음서」 5장 2절, 65장 6절은 각각 「루카 복음서」 8장 17절, 20장 9~17절과 매우 유사하다.[18] 두 경우 「토마스 복음서」의 본문은 「루카 복음서」의 대본이 되는 「마르코 복음서」, 그리고 상당 부분 같은 자료를 공유하고 있는 「마태오 복음서」와는 상이하다. 이렇게 「토마스 복음서」가 「루카 복음서」의 특수한 본문을 공유하고 있다는 것은 「토마스 복음서」의 최종 편집이 「루카 복음서」보다 늦게 이루어졌

---

17 Satoshi Toda, "The Gospel of Thomas Revisited Once More," *The Annual Report on Cultural Science* 142, 2014, pp. 71~72.

18 Simon Gathercole, 앞의 책, 2012, pp. 186~208. 사이먼 개더콜은 「토마스 복음서」 31장 1절과 「루카 복음서」 4장 24절도 표현이 유사하다고 주장하고 있는데, 이 병행구는 표현이 일치하는 경우에서 다루었기 때문에 삭제하였다.

을 가능성을 암시한다. 그렇다면 「토마스 복음서」의 최종 편집은 「루카 복음서」가 쓰인 80년대 이후 아마도 2세기 언젠가 이루어졌을 것으로 판단된다. 따라서 「토마스 복음서」의 최종 저술 연대는 1세기 중후반이 아니라 2세기 중반으로 파악된다.

토마스 공동체의 활동 지역은 「토마스 복음서」를 작성한 지역과 그 인접 지역으로 생각할 수 있다. 「토마스 복음서」에 대한 연구가 시작된 이래 대다수의 학자들은 이 복음서가 동부 시리아 지역에서 유래했다고 생각하고 있다. 이 주장의 근거는 다음과 같다.[19]

첫 번째, 「토마스 복음서」 서문에서 저자가 '디두모스(Didymus) 유다(스) 토마스'라고 명기되어 있다. 신약성경에는 유다[20]라는 이름을 가진 토마스가 없는데, 시리아 교회에는 토마스와 유다가 동일 인물이라는 전승이 있다. 이 이름은 「토마스 행전」 등 시리아 교회에서 작성된 여러 문서에서도 확인된다.[21] 이들 문서는 시리아 교회의 중심지였던 에데사에서 생산되었을 가능성이 높다.[22]

두 번째, 「토마스 복음서」에는 토마스가 중요한 사도로 등장한다. 토마스는 서방교회에서는 중요한 사도로 등장하지 않는 반면, 시리아와 그 동쪽의 교회에서는 중요한 인물로 부각된다. 「토마스 행전」에 따르면, 토마스는 예수의 쌍둥이 형제였다. 그리고 예수는 부활한 이후 제자들에게 선교할 지역을 나누어주었는데, 토마스는 인도를 할당받았다.[23]

세 번째, 「토마스 복음서」에 나타난 신학이 시리아 교회의 신학과 부합

---

19 Helmut Koester, 앞의 글, 1971, pp. 126~29 ; 조주용, 「도마 복음서에 나타난 제자직」, 감리교신학대학교 석사논문, 2016, 8~9쪽.
20 그리스어 식으로 유다스라고 표기하는 것이 옳으나 성경의 인명을 표기를 존중하여 유다로 표기하였다.
21 송혜경, 앞의 책, 2011, 176~77쪽.
22 A. Klijn, "Christianity in Edessa and the Gospel of Thomas", *Novum Testamentum* 14-1, 1972.
23 송혜경, 앞의 책, 2011, 625쪽.

한다. 앞에서 설명했듯이 시리아 교회에는 금욕적 성향이 강하였다. 「토마스 복음서」에서 발견되는 금욕적 성향은 시리아 교회가 추구한 신학과 유사한 측면이 강하다.[24]

지금까지 살펴보았던 「토마스 복음서」의 연대와 장소를 종합하면 「토마스 복음서」를 생산한 공동체는 예루살렘 교회의 한 분파로 출발하였다가 동쪽 시리아 지역으로 이주하였던 것 같다.

토마스의 위상과 토마스 공동체

'의심 많은 제자'라는 별명을 갖고 있는 토마스의 위상에 대한 논의는 「요한 복음서」에서 시작하는 것이 좋다. 공관복음서가 그를 단순히 12제자 가운데 한 명으로만 소개하고 있는 데 반해서, 「요한 복음서」는 네 장면(11:16, 14:5, 20:24-29, 21:2)에서 상당히 자세하게 소개하고 있기 때문이다. 네 장면 가운데 특히 두 장면에서 토마스는 중요한 역할을 하고 있다. 그 첫 장면은 베타니아라는 마을에서 이루어진다. 그곳에는 삼남매인 라자로, 마르타, 마리아가 살고 있었다. 어느 날 라자로가 병들자 자매들이 예수에게 사람을 보내어 급히 와서 고쳐달라고 청하였다. 이때 예수는 자신이 사랑하는 라자로가 이미 죽었다는 것을 알고 빨리 가서 다시 살려야겠다고 말한다. 그런데 예수와 유대인 지도자들 사이가 매우 좋지 않았다. 때문에 제자들은 그곳으로 가면 유대인들에게 맞아 죽을 것이라며 예수를 만류하였다. 베드로를 비롯한 모든 제자가 유대인들이 두려워 망설이고 있는데 토마스가 나서서 "우리도 주와 함께 죽으러 가자"[25]라고 말하였다.

이 장면에서 토마스는 제자들 가운데 가장 중요한 인물이다. 오직 그

---

24 송혜경, 같은 책, 2011, 157~59쪽.
25 「요한 복음서」 11:16.

만이 예수와 뜻을 같이하고, 그 뜻을 이루기 위해서 죽음도 불사하겠다고 선언하고 있기 때문이다. 그러나 이 장면에서 「요한 복음서」가 토마스를 절대적으로 긍정하고 있는 것은 아니다. 토마스가 '죽으러 가자'라고 말하기 전에 예수는 이미 "지금은 낮 12시이니 걱정하지 않아도 된다"라고 말했는데, 토마스는 그 말을 듣고도 확신하지 못하였다. 또한 예수는 자신이 유월절 어린양으로 죽을 것을 이미 「요한 복음서」 1장 29절과 1장 36절에서 밝혔는데, 토마스는 그 사실을 기억하지 못하고 예수가 죽을 것을 염려하였다. 따라서 토마스는 완벽한 신앙인의 모델은 아니다.[26]

두 번째는 일반적으로 가장 널리 알려진 장면으로 토마스가 부활한 예수를 만난 장면이다. 예수가 부활한 후에 제자들이 모여 있을 때 나타났는데 마침 토마스는 그 자리에 없었다. 제자들이 토마스에게 부활한 예수를 보았다고 말하자 토마스는 "내가 그의 손의 못자국을 보며 내 손가락을 그 못자국에 넣으며 내 손을 그 옆구리에 넣어보지 않고는 믿지 못하겠소" 하고 말하였다. 며칠 후 다시 제자들에게 나타난 예수는 토마스에게 "네 손을 내밀어 내 옆구리에 넣어보라" 하고 말하였다.[27] 카라바조(Caravaggio, 1571?~1610)가 이 이야기를 그림으로 그린 이래 많은 사람들이 토마스가 예수의 몸에 난 못자국에 손을 넣었다고 생각하고 있다. 그러나 일반적으로 생각하는 것과 달리 이때 토마스가 진짜 예수의 못자국에 손을 넣어보았던 것은 아니다. 오히려 토마스는 예수가 말을 끝내자마자 예수의 몸을 향해 손을 뻗친 것이 아니라 "나의 주님, 나의 하느님"이라고 대답하며 자신의 의심을 버렸다.[28]

이 기사에서 토마스의 고백만을 보면 토마스는 최고의 신앙 모델이다. 공관복음서에서 제자들 가운데 누구도 예수를 '하느님'이라고 고백하지

---

26 D. A. Carson, *The Gospel According to John*, Apollos 1991, p. 410.
27 「요한 복음서」 20:27.
28 「요한 복음서」 20:28.

않았다. 그런데 토마스는 예수가 하느님의 아들이 아니라 바로 하느님이라고 고백했다. 이는 토마스가 다른 제자들보다 예수의 정체를 훨씬 더 정확하게 알고 있었음을 의미한다. 이 고백 하나만으로도 토마스는 충분히 높이 평가받을 만하다.[29] 1세기 후반 기독론을 두고 베드로의 신학을 계승하는 공동체들과 경쟁하고 있던 요한 공동체는 고기독론을 지향하고 있었기에 토마스의 이 고백을 매우 중요하게 생각하였다. 따라서 이 장면에서 「요한 복음서」는 토마스를 사도 요한에 버금가는 '최고의 신앙 모델'로 제시하고 있다고 파악할 수 있다.[30]

그러나 나자로 사건에 대한 대응에서 토마스가 절대적으로 긍정적인 인물이 아니었듯이 이 장면에서도 토마스는 한계를 가진 인물이다. 그는 다른 제자들이 부활한 예수를 보았다고 말했음에도 불구하고 그것을 믿지 않았다. 그리고 그가 예수의 정체를 알아보고 올바른 신앙고백을 했지만, 예수는 그를 칭찬하지 않고 오히려 "너는 나를 보고야 믿느냐? 나를 보지 않고도 믿는 사람은 행복하다" 하고 말씀하셨다.[31] 예수의 이 말은 요한 공동체가 자신들은 보지 않고도 믿는데, 토마스 공동체는 본 후에 믿는다고 생각했음을 의미한다. 따라서 이 장면에서 「요한 복음서」는 토마스의 권위를 일정 정도 낮추고 있다.[32] 이렇듯 「요한 복음서」가 토마스를 철저하게 긍정적인 인물로 제시하지는 않는다. 그렇지만 「요한 복음서」의 토마스에 대한 진술은 토마스가 예수가 공생애를 펼칠 때 주요 제자였으며, 사도 요한이 경쟁의식을 가질 정도로 위상이 높았음을 보여 준다. 따라서 토마스와 그를 추종하는 토마스 공동체가 활동했고, 상당히 영향력

---

29 박호용, 앞의 책, 2007, 469~72쪽.
30 박호용, 같은 책, 2007, 117~19쪽.
31 「요한 복음서」 20:29.
32 오강남, 앞의 책, 2009, 85쪽은 이 이야기는 실제로 있었던 사건이 아니라 요한 계열의 신자들이 토마스 계열의 신자들을 낮추기 위해서 만들어낸 것이라고 주장하고 있다.

이 컸다는 것은 역사적 사실이라고 판단할 수 있다.

토마스 공동체가 생각했던 토마스가 어떤 인물이었는지 살펴보자. 먼저, 「토마스 복음서」는 토마스를 예수와 가장 친밀한 존재로 제시한다. 이는 「토마스 복음서」의 머리말에서부터 명확히 드러난다. 앞에서 설명했듯이, 「토마스 복음서」는 머리말에서 저자를 '디두모스 유다스 토마스'로 소개하고 있다. 이 문장의 '디두모스 유다스 토마스'에서 디두모스는 그리스어로 쌍둥이라는 뜻이고, 토마스는 히브리어로 쌍둥이라는 뜻이며, 유다스는 유다의 그리스식 표현이다. 따라서 이 구절은 '쌍둥이 유다 쌍둥이'라는 뜻이며, 토마스의 본명이 유다라는 것을 의미한다. 이 유다가 「마르코 복음서」에 나오는 예수의 형제 "야고보, 요셉, 유다, 시몬" 가운데 한 명인 유다라고 단정할 수는 없다.[33] 그렇지만 명확한 것은 「토마스 복음서」가 토마스를 예수의 쌍둥이 형제로 제시하고 있다는 것이다. 쌍둥이라는 것보다 세상에 존재하는 두 사람이 가장 친밀한 존재임을 더 부각하는 표현은 없을 것이다.[34]

만약 토마스가 진짜 예수의 쌍둥이 형제라면 그는 예수를 가장 닮았으며 예수의 속내까지 정확히 읽어낼 수 있었을 것이다. 토마스가 예수의 쌍둥이 형제라는 사실은 토마스가 예수를 가장 닮았을 것이며 예수의 속

---

33 「마르코 복음서」 6:3.

34 그러나 이때 '쌍둥이'를 육체적인 것으로 보기는 힘들다. 토마스 계열의 문서 이외에는 예수가 쌍둥이였다는 전승이 없고, 쌍둥이라는 사실을 영적인 것으로 해석할 수 있기 때문이다. 「토마스 복음서」가 예수의 육화를 인정했는가에 대해서는 이견이 있다. 본문에서 살펴본 바와 같이 「토마스 복음서」에는 육체를 경시하는 경향이 나타나지만, 또한 육체와 영혼의 이원론을 경계하는 모습도 관찰된다. 아무튼 「토마스 복음서」가 가현설을 따르고 있다고 보면 예수가 인간과 똑같은 육체를 가졌던 것이 아니라, 육체를 입은 것으로 보았을 뿐이다. 따라서 예수의 육체는 예수의 실체가 아니다. 토마스 계열의 문서에서 예수는 때때로 토마스와 똑같은 외관을 가진 것으로 나타나는데, 이는 예수와 토마스가 육체적으로 쌍둥이라는 의미가 아니라 두 사람이 하나가 될 정도로 일치를 이루었다는 뜻이다. 이에 대해서는 James L. Papandrea, 앞의 책, 2016, p. 54를 보라.

내까지 정확히 읽어낼 수 있었다는 것을 의미한다. 「토마스 복음서」가 제시하는 토마스의 상이 바로 그렇다. 그는 예수와 가장 친밀한 사람이었고, 가장 총명한 제자로서 예수의 존재를 바르게 알아보고, 예수에게서 신령한 계시를 받는다. 이런 토마스의 상이 가장 잘 드러나는 것은 예수의 참 존재를 맞추는 장면이다. 「마태오 복음서」에 따르면 예수는 제자들에게 "너희는 내가 누구라고 생각하느냐"라고 물었다. 이때 베드로는 "주님은 그리스도시요 살아 계신 하느님의 아들이십니다"라고 대답함으로써 예수의 수제자라는 평가를 얻어냈다.[35]

「토마스 복음서」에서도 예수는 제자들에게 똑같은 질문을 던졌다. 그런데 이때 베드로는 "당신은 의로운 천사입니다"라고 다소 엉뚱한 대답을 했던 데 반해서 토마스는 "나의 입술로는 당신이 누구인지 온전히 표현할 수 없습니다"라고 대답하였다.[36] 이 말은 토마스가 예수를 인간의 입술로는 표현할 수 없는 신성한 존재라고 인식하고 있었음을 의미하며 이 구절에서 예수의 존재를 올바르게 알아본 사람은 베드로가 아니라 토마스였다. 따라서 「토마스 복음서」에서 예수의 수제자는 바로 토마스였으며, 그는 베드로보다 권위가 높았다.

토마스에게 이렇게 높은 권위를 부여하고 있는 공동체는 누구였을까? 앞에서 살펴보았듯이 토마스 공동체는 예루살렘 교회의 분파로 시작했다. 이 공동체는 66년 유대 반란이 일어난 후 동쪽으로 가서 동부 시리아 일대에 정착하였다.[37] 토마스 공동체가 동부 시리아에 정착했다는 사실은

---

35 「마태오 복음서」 16:18-19.

36 Willis Barnstone(ed.), 앞의 책, 2005, p. 301.

37 사도 요한이 에페소에 정착한 시기는 60년대 후반으로 추정된다. 초기 기독교 전승에 따르면 사도 요한은 예루살렘 교회가 소멸된 이후에 예수의 어머니 마리아를 모시고 소아시아의 에페소로 갔다. 그러나 사도 요한은 그의 형 야고보가 순교한 40년대 초에 예루살렘을 떠나서 팔레스타인 해안지대에 거주하다가, 60년대 후반 유대 반란 와중에 에페소로 이주하였던 것 같다. 이에 대해서는 F. F. Bruce, 앞의 책, 1994[1979], pp. 121~22를 보라.

「토마스 복음서」의 저술 장소에서 확인된다. 앞에서 살펴보았듯이, 「토마스 복음서」에 대한 연구가 시작된 이래 대다수의 학자들은 이 복음서가 동부 시리아 지역에서 유래했다고 생각하고 있다.

이 공동체는 세력이 매우 컸고, 활동 기간도 매우 길었음에 틀림없다. 이 공동체가 여러 문서를 생산하였고, 그 문서들이 널리 유통되었다는 사실이 이를 입증한다.[38] 토마스 공동체가 생산한 문서로는 「토마스 복음서」 이외에도 「용사 토마스의 책」(The Book of Thomas the Contender)과 「토마스 행전」이 있다.

「토마스 복음서」의 저작 시기와 장소에 대해서는 앞에서 충분히 살펴보았다. 그런데 이 복음서가 얼마나 널리 읽혔는가에 대해서는 고민할 거리가 있다. 나그함마디 문헌이 발견되기 이전에 「토마스 복음서」의 존재는 널리 알려져 있었다. 3세기의 여러 교부들이 이 복음서를 언급하였기 때문이다.[39] 이 복음서의 실제 모습은 19세기 말에 밝혀지기 시작하였다. 1897년과 1903년 이집트의 옥시링쿠스에서 예수의 어록을 담고 있는 작은 단편들이 발견되었기 때문이다.[40] 여기서 발견된 단편들은 그리스어로 쓰인 파피루스 사본으로 P. Oxy. 1, P. Oxy. 654, 655로 명명되었다. 그러나 그때 학자들은 이 단편이 갖고 있는 가치를 제대로 파악할 수 없었다. 파피루스 사본에 담긴 내용들이 어떤 문서의 일부인지 알 수 없었기 때문이다. 나그함마디 문헌이 발견된 이후 이 파피루스들이 「토마스 복음서」의 일부임이 밝혀졌다.[41] 이 파피루스들은 「토마스 복음서」의 필사본들

---

38 본문에서 설명했듯이, 「토마스 복음서」의 필사본이 세 개 발견되었다. 또한 「토마스 복음서」는 히폴리투스와 오리게네스를 비롯한 여러 교부에 의해서 언급된 바 있다. 이 사실들은 「토마스 복음서」가 널리 유포되었음을 의미한다. 이에 대해서는 B. Lincoln, 앞의 글, 1977, p. 69를 보라.

39 Simon Gathercole, *The Gospel of Thomas: Introduction and Commentary*, Brill 2014, p. 116.

40 Lee Martin McDonald, 앞의 책, 2009, pp. 164~66.

41 물론 사본학(寫本學)을 연구하는 학자들은 이에 대해 이의를 제기하기도 한

이 널리 유통되었을 가능성을 보여 준다. 신약성경의 정경 가운데 2~3세기 작성된 파피루스 사본이 발견된 경우는 많지 않다. 「마르코 복음서」는 1개, 「코린토 신자들에게 보낸 첫째 서간」은 2개밖에 발견되지 않았다. 따라서 「토마스 복음서」의 파피루스 사본은 「토마스 복음서」가 상당히 널리 읽혔음을 입증해 준다.[42]

「용사 토마스의 책」은 나그함마디 문헌 가운데 하나이다. 이 문서에서 예수는 "나의 형제 토마스여, 너는 아직 이 세상에 머물고 있으니 나의 말을 들어라. 네가 네 마음속에 생각하고 있는 것들을 내가 밝혀줄 것이다. 너는 나의 쌍둥이이고 진실한 형제라고 말해지니 너 자신을 점검하고 네가 누구인지를 이해하라"라고 말한다.[43] 이 구절에서 예수는 명확하게 토마스를 자신의 쌍둥이 형제라고 말하고 있다. 따라서 「용사 토마스의 책」은 토마스를 예수의 주요 제자로 제시하고 있음에 틀림없다.

「토마스 행전」은 나그함마디 문헌에 포함되지 않는다. 나그함마디 문헌이 발견되기 이전에 이 문서의 존재는 널리 알려져 있었다. 3세기 초반에 작성된 것으로 판단되는 이 문서는 워낙 인기가 높아서 여러 언어로 번역되었으며, 아우구스티누스를 비롯한 여러 기독교 지도자가 인용하였고, 많은 필사본이 남아 있어서 고대의 수많은 외경 행전 가운데 유일하게 온전한 형태로 전하고 있다.[44] 이는 이 문서가 정통 교회의 주요 사도의 삶을 다룬 「베드로 행전」이나 「바울로 행전」 못지않게 인기가 높았다는 것을 의미한다.[45] 따라서 이 문서의 존재는 3세기에도 토마스 공동체의 세력이 매우 강하였다는 것을 입증해 준다.[46]

다. 파피루스 필사본과 나그함마디 문헌의 차이에 대한 의견에 대해서는 Simon Gathercole, 앞의 책, 2014, pp. 15~16을 보라.

42 Simon Gathercole, 같은 책, 2014, p. 11.

43 Marvin Meyer et al.(ed.), 앞의 책, 2007, p. 239.

44 송혜경, 앞의 책, 2011, 176~77쪽.

45 양재훈, 「신약외경과 알레고리」, 『Canon & Culture』 8-2, 2014, 142~43쪽.

지금까지 살펴본 바에 따르면 의심 많은 제자로만 알려져 있는 토마스는 실제로는 용기 있는 제자였으며, 예수 생전에 그리고 예수가 승천한 후에 예수의 제자 집단 가운데 주요 인물이었음에 틀림없다. 그리고 그가 예수와 가장 친밀한 사이였으며, 예수의 수제자, 그리고 후계자라고 생각하는 원시 기독교 내의 집단들도 있다.[47] 이제 이 토마스 공동체가 추구했던 신앙의 핵심이 무엇이었는지 살펴보자.

토마스 공동체의 자력 신앙

앞에서 지적했듯이 「요한 복음서」는 토마스를 특별한 존재로 부각하였다. 그렇다면 「요한 복음서」는 왜 토마스를 특별히 중요하게 다루었을까? 그것은 요한 공동체와 토마스 공동체가 협력 관계에 있었기 때문이다. 두 집단은 같은 기원을 가지고 비슷한 대의를 추구하고 있었다. 「토마스 복음서」의 내용을 확인하면 이 사실을 명확히 알 수 있다.[48]

「마태오 복음서」에 따르면, 예수가 세상을 향해 외친 첫 마디는 "회개하라, 하늘나라가 가까이 왔다"이다.[49] 「마르코 복음서」나 「루카 복음서」에

---

46 이 문서에 재미있는 이야기가 나오는데, 토마스의 직업이 예수의 직업과 같았다는 것이다. 토마스는 인도 상인 압바네스가 무슨 일을 할 줄 아느냐고 묻자 "나무로는 쟁기와 멍에, 저울과 배, 노와 바퀴를, 돌로는 비석과 성전과 궁궐을 만들 줄 압니다"라고 대답하였다(송혜경, 앞의 책, 2011, 629쪽). 토마스와 예수가 쌍둥이 형제이니까 직업이 같았던 것은 당연한 일일 것이다.

47 송혜경, 앞의 책, 2011, 629, 645쪽.

48 오강남, 앞의 책, 2009, 21쪽. 「요한 복음서」가 영지주의 세력이 주장하는 토마스의 상이 근본적으로 잘못되었음을 주장하기 위해서 토마스를 자주 등장시켜 바로 그 토마스로 하여금 영지주의의 주장을 부정하게 만들었다는 주장도 있다. 예를 들어 영지주의자들은 육체의 부활을 부정했고 예수가 이 땅에 육체를 가지고 살았다는 것을 부정하였다. 그런데 그들의 수장격인 토마스가 예수의 육체를 직접 만졌다고 이야기한다면 이 이야기는 그들의 주장을 무너뜨리기에 매우 좋은 재료가 될 것이다. 따라서 「요한 복음서」에만 존재하는 이 의심하는 토마스의 이야기는 1세기 말 기독교 세계 내에서 벌어졌던 경쟁의 한 단면을 담고 있다.

서도 예수는 계속 하늘나라가 임박했으니, 모든 사람이 하늘나라에 들어갈 준비를 해야 한다고 선포하고 다녔다. 이렇게 공관복음서에서 예수는 계속해서 '끝'을 이야기하는데, 「요한 복음서」는 이와 사뭇 다르게 '처음'을 이야기한다. 「요한 복음서」 1장에는 "태초에 말씀이 계셨고, 그 말씀이 곧 하느님이다"라고 실려 있다.

「요한 복음서」는 왜 '세상의 처음' 이야기로 그의 복음서를 시작했을까? 그것은 예수에 대한 새로운 상을 제시하기 위해서였다. 공관복음서에서 예수는 하느님의 아들, 사람의 아들, 랍비와 같은 여러 이름으로 불렸으며, 메시아로서 그의 정체를 드러냈다. 그런데 메시아는 원래 기름부음을 받은 자라는 뜻이고, 그는 하느님이 부여한 특별한 사명을 세상에서 실천하는 '인간'이다. 그가 비록 왕이나 사제로서 특별한 권능이나 권한을 받았을지라도 근본적으로는 인간이다. 물론 공관복음서의 예수상이 이렇게 단순하지는 않다. '사람의 아들'이라는 표현은 단순한 인간이 아니라 세상의 심판을 명령받은 대천사와 같은 신적인 존재일 수도 있기 때문이다. 그렇지만 이 경우에도 그는 하느님과 동급에 이를 수 없는 하급 존재일 뿐이다.

「요한 복음서」의 저자는 이에 반대하면서 예수를 하느님과 동급의 존재로 제시한다. 그에 따르면 예수는 태초부터 계셨고, 태초에 하느님과 함께 세상을 창조하신 분이시고, '빛'으로서 모든 존재에게 생명을 주는 존재이다. 이렇게 「요한 복음서」는 그 서두부터 자신의 문제의식을 명확히 드러내는데, 「토마스 복음서」도 이와 유사한 생각을 피력하였다. 「토마스 복음서」에서 예수는 제자들이 "당신이 머무는 곳을 알려 주십시오"라고 말하자, "들을 귀 있는 사람은 들어라. 빛은 빛의 사람 안에 있다. 그는 세상 전체를 비춘다. 그가 빛을 내지 않을 때는 어둠이다"[50]라고 대답했다.

---

49 「마태오 복음서」 4:17.
50 「토마스 복음서」 24(송혜경, 『신약외경 하권: 행전·서간·계시록』, 한님성서연구소

당신이 어디 있느냐는 질문에, 빛은 어디 있다고 대답했으니, 이는 예수가 자신이 빛임을 천명한 것이다. 예수가 빛이라면 제자들은 누구인가? 신자들의 정체에 대한 「토마스 복음서」는 다음과 같이 전한다.

> 예수께서 말씀하셨다. 사람들이 너희가 도대체 어디서 왔는지 물으면 그들에게 말해 주어라. "우리는 빛에서 왔소. 그곳은 빛이 스스로 생겨나 [자리 잡고] 서서 그들의 모상을 통해서 모습을 드러낸 곳이오." 그들이 너희에게 여러분이 그분이십니까? 하고 물으면 다시 말해 주어라. "우리는 그분의 아들이오. 또한 우리는 살아 계신 아버지의 선택된 사람들이오."[51]

여기서 「토마스 복음서」는 예수는 빛이고, 신자들은 그 빛에서 온 빛의 후손이라고 주장하는데, 이는 「요한 복음서」가 제시한 예수, 그리고 신자들의 상과 유사하다. 「요한 복음서」도 예수를 태초의 말씀, 태초의 빛으로 상정했고, 신자들을 '하느님의 자녀'라고 주장하였다.[52] 따라서 「토마스 복음서」와 「요한 복음서」는 공관복음서와 달리 예수를 태초의 빛으로 보고 있으며, 신자들을 어둠에 맞서는 신의 자식들로 보고 있는 점에서 같다.[53]

두 복음서는 또한 원시 기독교의 가장 중요한 주제 가운데 하나인 하느님 나라에 대해서도 비슷한 생각을 피력하였다. 앞에서 설명했듯이 공관복음서에서 예수는 하느님 나라가 멀지 않다고 주장하였다. 아무리 임박했다고 해도 멀지 않았다는 것은 미래에 올 것이라는 의미이다. 그런데

2011의 번역을 따른다).

51 「토마스 복음서」 50.

52 「요한 복음서」 3:12.

53 「토마스 복음서」가 '처음'을 지향하고 있다는 것에 대해서는 S. Davies, "The Christology and Protology of the Gospel of Thomas", *Journal of Biblical Literature* 111, 1992, pp. 665~67; S. Davies, *The Gospel of Thomas*, SkyLight Paths 2002, p. xxii를 보라.

「요한 복음서」는 그 하늘나라가 미래에 올 것이며 동시에 이미 온 것이라고 주장한다. 예를 들어 「요한 복음서」에서 예수는 이렇게 말하였다.

진실로진실로 너희에게 말한다. 때가 오면 죽은 자들이 하느님의 아들의 음성을 들을 것이며 음성을 들은 이들은 살아날 터인데 바로 지금이 그 때이다.[54]

유대 묵시종말론에 따르면, 최후의 심판의 '그날'이 오면 죽은 자들이 살아나서 심판을 받는다. 그런데 예수는 바로 그날이 '지금'이라고 말하고 있다. 즉 이미 하느님 나라의 도래가 시작되었다는 것이다. 「토마스 복음서」 또한 하느님 나라의 도래 시기에 대해서 다음과 같이 말하였다.

제자들이 그분에게 말하였다. "죽은 이들의 안식은 언제 이루어집니까? 언제 새로운 세상이 옵니까?" 그분께서 그들에게 말씀하셨다. "너희가 기다리는 것은 이미 왔다. 그런데도 너희는 그것을 깨닫지 못한다."[55]

이 구절에서 「토마스 복음서」는 새로운 세상, 즉 하느님의 나라가 이미 도래했다고 말함으로써 그것이 미래에 일어날 것이라는 공관복음서의 시각에 반대하며, 그것이 이미 이루어지고 있다는 「요한 복음서」와 같은 생각을 피력한다.[56]

이렇게 「토마스 복음서」는 예수와 제자들의 정체, 그리고 하느님 나라

---

54 「요한 복음서」 5:25.
55 「토마스 복음서」 51.
56 「토마스 복음서」가 피력한 하느님 나라는 피안적인 저 세상에서 실현되는 것이 아니라 이 땅에서 실현되는 새로운 세상을 의미할 수 있다. 이에 대해서는 김동호, 「『도마 복음』에 나타난 하나님 나라의 현재적 내재성」, 『종교연구』 66, 2012, 260쪽을 보라.

144 ● 예수의 후계자들

의 도래 시기에 대해서 「요한 복음서」와 유사한 신학을 펼치고 있다.[57] 여기서 중요한 의문이 생긴다. 「토마스 복음서」가 중요한 쟁점에 대해서 「요한 복음서」와 유사한 시각을 피력했는데, 요한 공동체는 왜 토마스 공동체에 대해서 경쟁의식을 가졌던 것일까? 그것은 인간이 어떻게 빛, 즉 하느님을 찾을 것인가라는 중요한 문제에 대해서 완전히 다른 생각을 가지고 있었기 때문이다.[58]

「요한 복음서」는 인간이 스스로 빛을 찾을 수 없고 오직 빛으로 오신 예수를 믿음으로써만 가능하다고 주장한다. 「요한 복음서」에 따르면, 인간은 비록 하느님의 형상으로 지음을 받기는 했지만 타락했기에 빛을 알아보지 못하고 어둠 속에서 지내왔다. 그래서 하느님이 직접 육신이 되어서 자신을 드러냈지만, 대부분의 사람들은 그의 참 정체를 알아보지 못하였다. 오직 요한 공동체만이 그 빛의 정체를 알아보고, 그를 믿음으로써 빛의 자식이 되었다. 「요한 복음서」는 이런 생각을 거듭해서 피력했는데,[59] 특히 "나는 길이요 진리요 생명이다. 나를 거치지 않고서는 아무도 아버지께 갈 수 없다"[60]라는 말에 방점을 찍었다.

어떻게 예수가 모든 인간을 구원하여 하느님에게 이끌 수 있다는 말인가? 그것은 예수가 그 자신을 세상의 모든 죄를 대신 짊어지고 가는 속죄양이기 때문에 가능하다. 「요한 복음서」의 핵심에는 바로 이런 생각이 들어 있다. 이는 예수가 세례를 받는 장면을 살펴보면 쉽게 알 수 있다. 공관복음서는 세례받는 예수를 묘사하면서 '하느님의 아들'[61]이라고 묘사했지만, 「요한 복음서」는 "세상의 죄를 없애시는 하느님의 어린양"이라고 묘

57 S. Davies, 앞의 글, 1992, p. 666.
58 Elaine Pagels, 앞의 책, 2003, pp. 92~93.
59 「요한 복음서」 1:12, 3:36.
60 「요한 복음서」 14:6.
61 「마태오 복음서」 3:17; 「마르코 복음서」 1:11; 「루카 복음서」 3:12.

사한다.[62]

「요한 복음서」는 또한 예수의 죽음을 묘사하면서 그를 유월절 어린양으로 규정한다. 공관복음서에 따르면, 예수는 유월절 만찬을 최후의 만찬으로 정하고 금요일에 죽었다. 그러나 「요한 복음서」는 예수가 죽은 날을 '유월절 축제 준비일', 즉 유월절 최후의 만찬 때 먹을 양을 잡는 날이라고 제시하였으며,[63] 유월절에 죽을 속죄양은 몸에 흠이 없어야 하기에 예수의 다리가 부러지지 않았다고 묘사하였다.[64] 이렇게 「요한 복음서」는 세상의 빛인 예수가 세상의 모든 죄를 대신하기 위해서 속죄양이 되어서 죽었다고 주장하였다. 그리고 신자들은 오직 그 사실을 믿음으로써 구원을 받을 수 있다고 가르쳤다. 「요한 복음서」의 이런 신학은 현재 기독교 신앙의 핵심 교리인 타력 신앙이라고 할 수 있다.

그런데 토마스는 이에 대해서 다른 생각을 피력하였다. 「토마스 복음서」는 모든 인간이 하느님의 형상으로 지어졌고, 따라서 모든 인간이 스스로 하느님, 즉 진리를 찾을 능력이 있다고 말한다. 이는 예수의 정체에 대한 예수와 제자들과의 대화에서 드러난다. 앞에서 설명했듯이 어느 날 예수가 제자들에게 "너희는 나를 누구라고 생각하느냐"라고 물었을 때, 베드로와 마태오는 함량에 미달하는 대답을 하였고, 토마스는 "당신이 누구신지 제 입으로는 도저히 말할 수 없습니다"라고 대답하였다. 그러자 예수는 다음과 같이 말하였다.

> 나는 너의 스승이 아니다. 내가 직접 (크기를) 잰 샘에서 솟아오르는 물을 네가 이미 마시고 취하였기 때문이다.[65]

---

62 「요한 복음서」 1:30.
63 「요한 복음서」 9:14.
64 「요한 복음서」 19:31.
65 「토마스 복음서」 13.

예수의 이 대답은 도대체 무슨 뜻일까? 그것은 토마스가 자신과 같은 샘물을 마셨기 때문에 자기와 같은 능력을 갖추었다는 뜻이다. 예수가 또 다른 날에 한 말, 즉 "내 입에서 나오는 것을 마시는 자는 나와 같이 될 것이고, 나도 그가 될 것이다. 그리고 감추어진 것들이 드러날 것이다"[66] 라는 예수의 생각을 더욱 명확하게 보여 준다. 이 구절에서 예수는 제자가 그와 같이 되었고, 그러면 능력을 갖게 되어서 감추어진 것을 찾음으로써 진리에 도달할 수 있다고 말하고 있다.[67]

바로 이것이 「토마스 복음서」의 핵심이다. 토마스에 따르면 신자는 예수가 빛이라는 것을 믿고, 그 빛에 동참함으로써 예수와 같은 능력, 그 안에서 원래 갖추고 있었지만 그동안 발현되지 못했던 능력을 갖게 된다.[68] 그리고 그 능력을 갖게 된 자는 이제 끊임없이 진리에 도달하기 위해서 노력해야 한다. 그래서 「토마스 복음서」는 다음과 같이 시작한다.

> 그분께서 말씀하셨다. "이 말씀들의 의미를 찾은 사람은 죽음을 맛보지 않을 것이다. 찾은 사람은 찾을 때까지 찾기를 멈추지 마라."[69]

이 구절에서 「토마스 복음서」는 신자에게 '믿으라'고 강변하는 것이 아니라 스스로 찾으라. 너는 빛에 동참하였으므로 찾을 능력이 있다고 주장하고 있다. 이렇게 「토마스 복음서」는 배우고, 찾음으로써 진리에 도달할 수 있다고 주장하고 있으며, 이것을 한마디로 정리하면 자력 신앙이라고 할 수 있다.[70]

---

66 「토마스 복음서」 108.
67 오강남, 앞의 책, 2009, 82~83쪽.
68 S. Davies, 앞의 책, 2002, p. 14.
69 「토마스 복음서」 1.
70 S. Davies, 앞의 글, 1992, pp. 664~65; 오강남, 앞의 책, 2009; 김낙경, 「공관복음서들과 병행하는 도마 복음서의 비유들의 신학적 의도」, 목원대학교 석사학위논문,

「토마스 복음서」의 자력 신앙은 1~2세기 기독교 세계에서 매우 예외적인 것이 아니었다. 원시 기독교 탄생기인 예루살렘 교회 시절 아직 타력 신앙은 하나의 교리로 자리 잡지 못했다.[71] 그것은 바울로와 그의 후계자들, 그리고 로마 교회가 발전시킨 것이다. 예루살렘 교회에서 유래한 유대-그리스도 계통의 문헌에는 잘 나타나지 않는다. 토마스 공동체가 소속되었던 시리아 교회는 예루살렘 교회의 이런 전통을 계승하고 있었고, 그들의 신학이 「토마스 복음서」에 피력된 것 같다.[72] 2세기에도 타력 신앙을 부정하고 자력 신앙을 주장하는 신자 집단이 있었다. 2세기 최대의 이단이라고 불리는 마르키온이 대표적인 인물이다. 그에 따르면 하느님이 인간에게 그리스도를 보낸 것은 인간에게 구원을 향해 갈 수 있도록 마음을 열어주기 위한 것이었다. 그것은 일회적인 사건이었고, 그 이후 구원은 그리스도의 대속으로 이루어지는 것이 아니라 인간의 노력과 깨달음으로 이루어진다.[73] 2세기에 세력이 매우 강성하였던 영지주의자들은 대부분 마르키온과 유사한 생각을 가지고 있었다.

바로 이 점에서 「토마스 복음서」는 「요한 복음서」와 완전히 다른 비전을 제시하였다. 따라서 「요한 복음서」를 생산한 집단과 「토마스 복음서」를 생산한 집단은 원래 출발점이 같았고 많은 점에서 비슷한 생각을 가지고 있었지만, 어떻게 진리에 도달할 것인가에 대해서 서로 타협할 수 없는 대립적인 시각을 펼쳤다. 이 때문에 두 공동체는 일정 정도 협력하면서도 경쟁

1997은 「토마스 복음서」에 나오는 비유를 분석하여 「토마스 복음서」가 영지주의와 자력 신앙을 추구하였음을 논증하고 있다. 예를 들어 그에 의하면 로기온 8의 큰 물고기는 개인이 노력으로 얻게 되는 깨달음을 의미한다.

71 G. A. Boyd, *Cynic Sage or Son of God?: Recovering the Real Jesus in an Age of Revisionist Replies*, Eugene: Wipf and Stock 2010, pp. 86~87.

72 April DeConick, *The Original Gospel of Thomas in Translation*, T&T Clark 2006, p. 5; 송혜경, 앞의 책, 2009, p. 158.

73 Keith Hopkins, *A World Full of Gods: The Strange Triumph of Christianity*, Plume 1999, p. 88.

하는 관계에 있었다.

「토마스 복음서」는 영지주의 문서인가

앞에서 토마스 공동체가 자력 신앙을 추구하였다는 것을 살펴보았다. 이 자력 신앙은 2세기 영지주의 신앙의 가장 핵심적인 요소였다. 2세기 영지주의자들은 예수를 믿음으로써 구원을 받는 것이 아니라 신령하고 비밀스러운 지식, 즉 영지를 깨달음으로써 구원의 길에 이를 수 있다고 주장하였다. 「토마스 복음서」가 이 '영지'를 추구했던 것은 명확하다. 「토마스 복음서」의 시작구에 '디두모스 유다스 토마스가 받아 적은 비밀의 말씀들'이라는 구절이 나오기 때문이다. 더욱이 「토마스 복음서」는 영지주의 계열의 여러 문서를 담고 있는 나그함마디 문헌에 포함되어 있었다. 이 때문에 일찍부터 「토마스 복음서」를 영지주의 계열의 문서로 보아야 한다는 주장이 있었고,[74] 지금도 상당수의 학자는 이런 주장을 계속적으로 펼치고 있다.[75] 예를 들어 존 마이어(John Meier)는 「토마스 복음서」가 공관복음서에 의존하고 있기에 그 저술 연대를 2세기로 파악하고, 「토마스 복음서」에 나타난 신비주의, 금욕주의, 범신론 등은 모두 영지주의 신학의 일부라고 파악하였다.[76]

그러나 이런 주장은 최근 심각한 도전을 받고 있다. 「토마스 복음서」와 2세기 만개한 영지주의의 신학적 특성이 많이 다르기 때문이다. 2세기 만개한 영지주의의 가장 큰 특징은 세 가지로 말할 수 있다. 먼저, 2세기 중엽 만개한 영지주의는 영지를 대단히 중요시하였다. 영지는 그리스어로

74 R. Wilson, *Studies in the Gospel of Thomas*, A. R. Mowbray 1960, pp. 15~16.

75 D. A. Israel, *Gospel of Thomas*, North Charleston: Book Surge Publishing 2007.

76 John Meier, *A Marginal Jew: The Roots of the Problem and the Person*, Doubleday 1991, pp. 126~27, 131.

그노시스(gnosis)이고 이를 번역하면 '지식'이다. 그런데 이 '지식'은 논리적이고 이론적인 지식을 의미하지 않는다. 이것은 개인적인 체험을 통해서 얻은 계시에 가깝다. 신적인 존재나 그의 대변인이 다른 사람들을 배제한 채 특정인에게 비밀스러운 지식을 전해 주고, 그 지식을 전해받은 사람은 신과 자신의 본질에 대한 깨달음을 얻어서 구원을 받을 수 있다.[77] 두 번째, 신·세계·인간에 대한 이원론을 뚜렷하게 피력하였다. 이런 신앙에 의하면 최고의 신은 순전히 영적인 존재이고 절대적으로 선한 분이다. 불완전하고 사악한 신이 그에 맞서고 있다. 사악한 신이 창조한 것이 물질세계이기에 물질로 이루어진 이 세상은 절대적으로 악하다. 세 번째, '신들의 세상'에 대한 정교한 사고를 발달시켰다. 신적 존재들(에온)의 본성과 그들의 활동지인 플레로마(pleroma)의 구성, 하급 에온 — 신을 말한다 — 들의 탄생, 계보, 위계서열, 그리고 물질세계의 불행한 창조 등이 세밀하게 논의되었다.[78] 「토마스 복음서」에는 이 중 두 번째 요소는 약하게 나타나고, 세 번째 요소는 거의 발견되지 않는다.

그렇다면 「토마스 복음서」는 영지주의 문서가 아닌가? 여기서 영지주의에 대한 정의를 살펴볼 필요가 있다. '영지주의'(Gnosticism)라는 단어는 고대에 쓰이지 않았다. 17세기에 헨리 무어(Henry Moore)가 소아시아의 두아디라(Thyatira)라는 도시의 이단을 지칭하기 위해서 처음 사용하였다. 이 교회는 「요한묵시록」에 아시아의 7교회 가운데 하나로 등장한다. 「요한묵시록」 2장 18~29절에 따르면, 이 교회는 이제벨이라는 여자 예언자의 가르침을 받고 불륜을 저지르고 우상을 숭배하였다.

---

77 스티븐 횔러, 이재길 옮김, 『이것이 영지주의다』, 샨티 2006, 19~20쪽.

78 최병수, 「도마 복음의 구원론 연구: 영혼의 혼례식을 중심으로」, 한신대학교 박사학위논문, 2012, 26~45쪽; April DeConick, *The Thirteenth Apostle: What the Gospel of Judas Really Says*, Continuum, 2007은 영지주의의 일파인 세트파의 신화관을 잘 설명하고 있다.

무어가 불륜과 우상숭배를 '영지주의'의 특징이라고 묘사했던 것은 2~3세기 교부들의 이단들에 대한 설명 때문이었다. 2세기 말 이레나에 우스는 『이단들을 논박함』이라는 책에서 '사이비 지식'을 추구하는 '지식 있는 사람들'(gnostikos)에게서 배운 사람들이 종교적 의식의 일부로서 혼음을 행하고 있다고 비난하였다.[79] 이레나에우스는 '사이비 지식'을 추구하는 교파는 원래 사마리아 출신의 마술사 시몬 마구스에게서 배운 자들이었으며, 여러 분파가 있다고 주장하였다. 그런 분파로는 바르벨로파 (Barbeliotes), 오피테스파(Ophites), 세트파(Sethians), 카인파(Cainites) 등이다. 2세기 말에서 3세기 전반기에 활동하였던 알렉산드리아의 클레멘스도 카르포크라테스(Carpocrates)를 추종하는 그노시스파에 대해서 전하고 있다.[80] 그는 이 파가 "네가 달라는 모든 사람에게 주라"는 예수의 말씀을 핑계 삼아 아내들을 공유하고 있다고 비판하면서 그들의 행적을 다음과 같이 전한다.

들리는 바에 따르면 이들과 그리고 똑같이 사악한 일에 열광하는 또 다른 자들이, 남녀가 같이 더러운 일을 하기 위해서 모였다. (나는 진실로 그들의 모임을 '아가페'라고 부르고 싶지 않다.) 그들은 배불리 먹어서 식욕을 채운 다음에 …… 그들의 '올바른' 간음에 부끄러움을 가져오는 램프를 치웠다. 그리고 누구든 원하는 자와 결합해서 원하는 대로 성교를 했다.[81]

이렇게 이레나에우스와 클레멘스 등과 같은 교부들은 2~3세기에 활동하였던 여러 이단을 '지식 있는 사람들'이 이끄는 무리, 혹은 '사이비 지식'

---

79 Irenaeus, *Adversus Haereses*, 1. 23. 4.
80 카르포크라테스는 인간의 가치관이 무의미하기 때문에 그것들을 모두 벗어버려야 한다고 주장하면서 쾌락주의적인 경향을 보였다. 이에 대해서는 James L. Papandrea, 앞의 책, 2016, p. 72를 보라.
81 Clemens, *Stromata* 3. 2. 5.

을 추구하는 무리라고 불렀다. 2~3세기 교부들에 따르면 '지식 있는 사람들'은 정통 교회의 가르침을 왜곡하는 이단들이다.

무어가 '영지주의'라는 단어를 만든 이후 학자들은 2세기 '지식'을 추구하는 무리를 통칭하여 영지주의라고 불러왔다.[82] 여기에는 '영지주의'에 대한 본격적인 연구를 출범시킨 아돌프 하르나크의 공헌이 크다. 19세기 말 독일의 자유주의 신학자였던 하르나크는 영지주의를 '기독교의 급격한 헬라화'로 이해하였다. 지금까지도 그의 설을 지지하는 학자들이 상당수 있다.[83]

그러나 원시 기독교에 대한 연구가 심화되면서 '영지주의'라는 명칭에 문제가 있음이 점차 드러났다. 2~3세기 이전에도 비밀스러운 '지식'(gnosis)을 추구하는 신자들이 있었던 것이다. 예를 들어 바울로의 「코린토 신자들에게 보낸 첫째 서간」 2장 6절에서 3장 4절에 '신령한 자들'(pneumatikoi)이 등장한다. 그들은 '지혜'(sophia)를 가진 자들로 바울로의 지혜가 낮다며 바울로를 경멸하였다. 이들은 육체의 부활을 부정하였고, 채식주의를 추구하였으며, 또한 예수의 십자가보다 지혜가 구원을 받는 데 있어서 중요한 역할을 한다고 주장하였다. 이런 주장들은 2세기 영지주의자들에게서 널리 관찰된다. 이른바 목회 서간이라고 불리는 「티모테오에게 보낸 첫째 서간」과 「티모테오에게 보낸 둘째 서간」에서도 이런 사람들이 관찰된다. 「티모테오에게 보낸 첫째 서간」의 저자는 그들을 '지식'(gnosis)을 추구하는 사람들이라고 불렀다.[84] 그들은 매우 금욕적인 성향을 보였으며, 부활을 이미 지나간 과거의 것으로 규정하였다. 그들은 물질세계를 경멸하였으며 영적 지식의 확보가 구원에서 중요한 기준이라고 주장하였다.[85] 앞으로 살펴볼 바와 같이 이들은 '원-영지주의'(proto-

---

82 Karen King, 앞의 책, 2003a, p. 7.

83 Karen King, 같은 책, 2003a, p. 55.

84 「티모테오에게 보낸 첫째 서간」 6:20.

gnosticism)라고 불리는데, 1세기 말 이전에 원-영지주의는 아직 이단으로 규정되지 않았고, 원시 기독교 내의 분파 가운데 하나였다.[86] 1세기 기독교뿐만 아니라 유대교에서도 '지식'을 추구하였던 사람들이 관찰된다. 두 가지 자료가 이들의 존재를 입증한다. 먼저 예수의 경쟁자였던 세례 요한을 구세주로 믿었던 자들로 이른바 만다이교도들(Mandaeans)이 있다. 이 교파는 1세기에 수립되어 동쪽으로 선교활동을 펼쳤고, 지금도 이란과 이라크 지역에서 수십만 명의 신자를 거느리고 있다.[87] 이 종파는 여러 독자적인 경전을 갖고 있는데 『요한의 서』(The Book of John), 『하란 가와이타』(Haran Gawaita)가 대표적이다.[88] 이들은 비밀스러운 지식(manda)을 추구하는 집단으로, 극단적인 이원론에 입각하여 우주와 세상을 설명하였다. 그들은 후대의 영지주의자들처럼 데미우르고스(dēmiurgos)가 창조한 물질세계, 특히 인간의 육체를 부정적으로 여겼고, 빛의 세계로부터 온 영혼이 천상 빛의 세계로 돌아가는 것을 구원으로 여겼다.

두 번째, 나그함마디 문헌이 발견되면서 영지주의에 대한 깊이 있는 연구가 가능해졌다. 그 결과 영지주의자들이 구약성경을 많이 이용하였으며 유대 묵시문학의 영향을 크게 받은 사실이 밝혀졌다. 특히 나그함마디 문헌 가운데는 기독교의 영향을 전혀 받지 않은 문서도 있었다. 예를 들어 「아담 계시록」은 아담이 꿈에서 천상의 세 사람들에게 받은 계시를

---

85 제임스 던, 김득중·이광훈 옮김, 『신약성서의 통일성과 다양성』, 솔로몬 2005, 429~41쪽.

86 영지주의 연구의 권위자인 일레인 페이절스는 사도 바울로가 일반적으로 알려진 것과 달리 반영지주의자가 아니라 영지주의자라고 주장하였다. 이에 대해서는 Elaine Pagels, The Gnostic Paul, Trinity Press International 1992를 보라.

87 이 교파는 원래 독립적인 교파였다가 세례 요한의 계승자들을 편입했다는 주장도 있다. 이에 대해서는 김득중, 앞의 책, 2006b, 293쪽을 보라.

88 Richard Horsley(ed), A People's History of Christianity, Minneapolis: Fortress Press 2005a, pp. 94~105. 만다이파의 문헌과 만다이파의 기원이 시기적으로 기독교 이후일 가능성에 대해서는 스티븐 스몰리, 앞의 책, 1996, 69~72쪽을 보라.

그의 아들인 세트에게 전하는 형식을 갖고 있다. 이 문서가 영지주의 속성을 갖고 있음은 명확하다. 다른 영지주의 문헌들처럼 데미우르고스라는 사악한 신이 '지식'을 가진 의로운 사람들을 멸망시키려고 하고, 거기에 맞서서 '빛을 주는 자'가 구원자로 온다는 이야기를 전하고 있기 때문이다. 그런데 이 문서의 텍스트에는 기독교 신앙의 모티프가 거의 발견되지 않는다. 이는 이 문서가 기독교가 탄생하기 이전에 만들어졌거나 아니면 기독교와 상관없이 독자적으로 발전했음을 의미한다.[89] 이렇게 1세기 기독교와 유대교 내에서 '지식' 혹은 '지혜'를 추구하면서 2세기 영지주의자들과 유사한 신앙을 펼쳤던 자들의 존재가 관찰되었다. 그렇다면 영지주의가 정통 교회에서 이탈해 나간 이단으로 2세기에 성행했다는 기존의 설명이 틀렸는데, 이 문제를 어떻게 해결할 것인가?[90]

여기에 대해서는 크게 세 가지 대응이 이루어지고 있다. 먼저, 영지주의의 의미를 좀 더 포괄적으로 정의하려는 움직임이 있다. 이런 시각을 비중 있게 제시한 최초의 사람은 독일의 신학자인 군켈이었다. 그는 영지주의는 기독교와 유대교가 생기기 전부터 있었던 오래된 종교 현상으로 다양한 형태를 띠고 있다고 주장하였다. 20세기 신학의 왕이라는 별명을 갖고 있는 루돌프 불트만이 그의 주장을 수용하였다.[91] 이후 여러 학자가 이

---

89 J. Vandercam and W. Adler, *The Jewish Apocalyptic Heritage in Early Christianity,* Fortress Press 1996, p. 151; 김동민, 「아담의 계시록과 유대 영지주의」, 『예수말씀 연구』 8, 2016, 53쪽; Edwin Yamauchi, "Pre-Christian Gnosticism in the Nag Hammadi Texts?", *Church History* 48-2, 1979, pp. 129~41은 이에 반대하고 있다.

90 송순열, 「영지주의적 현대적 의미: 개념과 분류의 재구성을 위하여」, 『신학연구』 63, 2013, 54~55쪽은 19세기 말 모리스 프리들랜더가 영지주의가 기독교 이전에 탄생했음을 지적했는데 주목을 받지 못하다가 나그함마디 문헌이 발견되면서 다시 주목을 받게 되었다고 지적하였다.

91 불트만은 영지주의의 기원을 인도에서 유래했고 페르시아를 통해서 서쪽으로 전해진 '시원 인간 신화'(Primal Man myth)에서 찾았다. 이에 대해서는 D. Brakke, "Self Differentiation among Christian Groups: The Gnostics and their

들의 견해를 발전시키고 있다. 예를 들어 「토마스 복음서」를 영지주의 문서로 보는 쾨스터는 영지주의를 비극적인 이 세상에서 벗어나 신적인 장소로 돌아가는 지혜를 추구하는 밀의(密儀) 신학이라고 정의한다. 그에 따르면 「토마스 복음서」는 깨달음을 통해서 신적인 세상으로 돌아가기 위한 '신적인 지혜', '비밀 암호'를 추구하기 때문에 영지주의 문서이다.[92] 또한 일레인 페이절스는 영지주의를 '아는 것'으로 규정했는데, 여기서 아는 것은 신적인 빛을 찾기 위한 통찰과 지혜를 추구하는 '지식'을 말한다.[93] 이렇게 「토마스 복음서」가 영지주의 문서라고 규정하는 학자들은 영지주의를 구원을 받기 위한 신적인 지혜를 추구하는 신학이라고 본다.

두 번째는 영지주의라는 포괄적인 명칭을 아예 거부하는 것이다. 예를 들어 게르숌 숄렘(Gershom Scholem)은 나그함마디 문헌의 발견 이후 영지주의에 대한 연구가 매우 활발하게 진행되었지만 학자들이 영지주의의 기원과 정의에 대해서 점점 더 다른 견해를 제시하고 있다고 지적한다. 그에 따르면 원시 기독교의 교부들이 전하는 자료가 아니라 나그함마디 문헌을 분석해 보면 그 안에는 시몬파, 니콜라파(Nicolaitanes), 카인파, 발렌티누스파(Valentinus), 세트파, 헤르메스파를 비롯한 수많은 파벌이 존재한다. 이런 분파들은 각각의 특성이 매우 강해서 모두 영지주의라는 통칭으로 묶기 힘들다. 예를 들어 어떤 교파는 극단적 금욕주의를 추구했던 데 반해서, 어떤 교파는 반대로 육체적 쾌락을 방임하는 교리를 추구하였다. 이렇게 다른 특징을 가진 분파를 포괄하기 위해서 영지주의라는 명칭을 사용하면 또 다른 위험이 있다. 2세기에는 영지주의와 유사한 여러 신앙이 있었다. 엔크라티즘, 극단적 신비주의, 묵시신앙 등을 들 수 있는데, 이

Opponents", M. Mitchell et al.(ed.), *The Cambridge History of Christianity*, Cambridge University Press 2006, p. 247을 보라.

92 Helmut Koester, 앞의 책, 1990, pp. 124~28.
93 Elaine Pagels, 앞의 책, 1979, p. xix.

들 신앙에도 영지주의와 유사한 교리들이 있었다. 영지주의를 포괄적으로 정의하면 이런 종파들도 포함하게 되고, 그 결과 2세기 각 종파들이 갖고 있는 특징이 소멸될 위험이 크다.[94]

이렇게 연구가 더 많아질수록 의견 수렴이 이루어지기는커녕 오히려 더 많은 이견이 제시되고 있는 것은 원시 기독교 교부들이 만들어놓은 틀로 2세기의 여러 교파를 파악하려고 하기 때문이다. 따라서 새로운 자료들에 근거해서 당파성·파편성·피상성·자의성을 극복할 수 있을 만큼 충분한 연구와 합의가 이루어질 때까지 영지주의라는 단어의 사용을 중지하는 것이 적절하다.[95] 에이프릴 데코닉(April DeConick)을 비롯한 상당수의 학자들이 이 견해를 지지하면서 영지주의라는 분파의 역사적 실체가 없었다는 사실을 강조하고 있다.[96]

세 번째는 영지주의라는 단어의 자의성을 인정하지만 그럼에도 불구하고 이 단어를 사용하는 것이 편리하기 때문에 계속 사용하자는 주장이다. 이런 주장을 펼치는 학자들은 영지주의라는 정의 내에 포괄되었던 여러 교파가 각기 다른 교리를 발전시켰다는 것은 인정하지만, 그들은 모두 '영지'를 추구하였다는 점에서는 공통점을 갖고 있다고 주장한다. 이런 주장에 의하면 거의 모든 영지주의 문헌이나 교리에 영지나 그와 유사한 단어가 등장한다. 그리고 이들은 원정통 교회와 대립했다는 공통점을 갖고 있다. 이들은 성직자 위계 문제, 남녀평등 문제, 정경 획정 문제 등에서 원정통 교회의 교리에 반대하여 독자적인 교회를 운영하였다. 따라서 비록 편의적인 일이라고 해도 이들을 묶는 통칭으로 영지주의라는 명칭을 계속 사용하는 것이 좋다.[97]

---

94 April DeConick, 앞의 책, 2006, p. 3.

95 Karen King, 앞의 책, 2003a, p. 2.

96 April DeConick, 앞의 책, 2006, p. 3; 송혜경, 앞의 글, 2008, 35~36쪽.

97 Larry W. Hurtado, *Lord Jesus Christ: Devotion to Jesus in Earliest Christianity*, William B. Eerdmans Publishing 2005, pp. 520~29.

그렇지만 이들은 첫 번째 견해를 지지하는 학자들과 달리 2세기 영지주의자와 그 이전의 영지주의에 큰 차이가 있음을 강조한다. 이들은 2세기의 영지주의는 그대로 영지주의로 부르고, 그 이전의 영지주의는 원-영지주의라고 부르든가, 아니면 영지를 추구하는 경향이라고 불러야 한다고 주장한다.[98] 이런 견해는 1966년 시칠리아에 있는 도시인 메시나(Messina)에서 열린 국제학술대회에서 많은 학자들이 주장한 것이다. 이주장에 의하면 2세기에 만개한 영지주의는 두 가지 특징, 즉 신·인간·세계에 대한 엄격한 이원론, 그리고 신계에 대한 정교한 사고를 보이지만 1세기 원-영지주의에는 두 가지가 뚜렷하게 관찰되지 않는다.

그런데 여기서 더 큰 딜레마가 발생한다. 2세기 영지주의 내에 다양한 분파가 있고, 그들을 하나로 정의하는 것이 힘들 듯이, 원-영지주의 내에는 더 다양한 분파가 있고 그들의 실체를 밝히는 것은 더욱 어렵다. 이들에 대한 자료가 2세기 영지주의자들의 자료보다 훨씬 적기 때문이다. 원-영지주의를 정의하기 어려운 것은 자료의 부족 이외에도 다른 요소가 있다. 원-영지주의는 다양하고 복잡한 여러 신앙과 철학의 혼합물이다.[99]

헬레니즘 시대에 여러 종교와 신앙의 혼합 또는 융합 현상이 진행되었다. 브라만교와 힌두교, 조로아스터교, 미트라교, 이집트의 신비주의, 이스라엘의 유대교가 섞이면서 여러 가지 혼합 종교가 탄생하였다. 원-영지주의는 이런 혼합주의의 물결 가운데 만들어진 신앙 가운데 하나였다.[100] 여러 요소 가운데 원-영지주의의 형성에 가장 큰 영향을 끼친 것은 조로아스터교의 이원론, 헬레니즘 세계의 비의신앙, 유대교의 묵시신앙이다. 조

---

98 조재형, 앞의 글, 2018, 63~64쪽은 영지를 포함한 다양한 사유를 '영지 사상'이라고 부르자고 제안하였다. 그는 2세기 영지주의와 이전의 원-영지주의를 구별하는 것이 아니라, 양자를 포괄하는 포괄적인 용어의 사용이 적절하다고 주장하고 있다.

99 이수민, 「영지주의와 성서 해석」, 『Canon & Culture』 4-2, 2009, 53~55쪽.

100 김요한, 「히폴뤼토스의 영지(γνωστζ)와 철학의 발생학적 연결에 관한 비판」, 『범한철학』 27, 2002, 271~72쪽.

로아스터교는 최초로 동방 세계를 통일한 페르시아의 국교로서 기원전 6세기 이후 아시아와 유럽의 사유 체계에 거대한 영향을 끼쳤다. 조로아스터교의 교리에 따르면, 세상은 선한 신과 악한 신, 그리고 각각 그들을 추종하는 천사들과 인간들의 대립으로 이루어진다. 언젠가 종말의 시기가 오면 구원자가 나타나 악의 세력을 물리치고 모든 사람을 심판할 것이다. 그때 선의 편에 섰던 사람들은 구원을 받는다. 조로아스터교의 이런 이원론은 이후 여러 가지 모습으로 변형되었다. 특히 기원 전후에는 플라톤 철학과 결합하였다. 나그함마디 문헌에 플라톤의 국가론 사본이 포함되어 있었다는 사실에서 알 수 있듯, 영지주의자들이 플라톤 철학을 특히 좋아하였다. 플라톤이 이 세상을 불완전하고 궁극적으로 소멸되어야 할 것으로 본 반면 저 세상을 원형적이고 이상적인 것으로 보았기 때문이다. 그렇지만 영지주의에서 플라톤 철학의 성격이 뚜렷하게 나타나는 것은 2세기의 일이다.

헬레니즘 세계의 비의신앙은 신비주의에 입각해서 특정한 신에게 비밀스러운 의식을 치름으로써 그 신과 합일하거나 그 신의 도움을 받아서 좋은 상태를 얻을 수 있다는 믿음이다. 예를 들어 그리스에는 엘레우시스 비의가 있었다. 이 비의에 참가한 자들은 포도주의 신 디오니소스(Dionysos)의 수난과 부활에 동참하고, 그 과정에서 영적 정화를 얻을 수 있다고 믿었다. 헬레니즘 시대에 이런 비의신앙이 아시아 전역에서 폭넓게 행해졌다.[101]

이런 비의신앙 가운데 하나가 유대 묵시신앙이다. 기원전 3세기 이후에 널리 관찰되는 유대 묵시신앙에 의하면 하느님으로부터 특별한 능력을 받거나 아니면 특별한 수련을 통해서 초인적인 능력을 갖추게 된 사람이 꿈이나 환상 중에 하느님이나 천사를 만나서 특별한 계시를 받는다. 계시를

---

101   티모시 프릭·피터 갠디, 승영조 옮김, 『예수는 신화다』, 미지북스 2009, 35~43쪽.

받은 인물로는 에녹이나 모세와 같은 인물이 유명하지만, 사도 바울로가 환상 중에 '제3하늘'까지 여행해서 하느님으로부터 특별한 계시를 받았다는 이야기도 잘 알려져 있다. 기원후 1세기에도 유대 문화권에는 묵시 운동이 계속되고 있었으며, 「에녹 2서」, 「에녹의 비밀서」, 「아브라함의 계시록」, 「에스드라 2서」와 같은 묵시서가 계속 출판되었다.

　이런 여러 요소가 혼합되어 기원 전후에 원-영지주의가 탄생하였기에 그것을 정확하게 정의하는 것은 힘들다. 그럼에도 불구하고 어떤 범주를 설정해서 이들을 정의해야 한다면 크게 두 가지 특징을 가진 집단이라고 할 수 있다. 먼저 이들은 비밀스러운 지식이나 계시를 강조한다. 이들은 자신들이 중요하게 여기는 인물이 신이나 신적인 존재로부터 특별한 계시나 지식을 받았다고 주장하며, 그 계시나 지식이 인간이 구원을 받는 데 있어서 중요한 역할을 한다고 주장한다. 이런 경향은 1~2세기 기독교 신자들 사이에서 잘 관찰된다. 기독교-영지주의자들에 따르면, 세상 사람들이 아둔하기 때문에, 심지어 대부분의 사도들도 예수의 말씀을 제대로 이해하지 못했기 때문에 예수가 중요한 진리를 몇몇 총명한 제자에게 비밀스럽게 계시해 주었다. 그것이 바로 영지인데, 영지를 받았다고 주장하는 제자로는 토마스, 주의 형제 야고보, 마리아 막달레나 등이 있다. 이렇듯 원-영지주의자들이 지도자로 삼았던 사도들은 대개 베드로, 요한, 바울로를 축으로 한 정통 사도들과 대립하는 존재들이다. 정통 사도 계열의 중심인물인 베드로와 바울로는 이중적인 모습으로 등장한다. 「베드로 계시록」, 「필리포스에게 보낸 베드로의 편지」, 「베드로와 열두 사도들의 행전」 등은 베드로를 긍정적으로 묘사한 반면에 「마리아 막달레나 복음서」, 「지혜 믿음」, 「제1 야고보 계시록」 등은 베드로를 부정적으로 묘사하였다.[102] 바울로의 경우 일부 나그함마디 문헌에 긍정적으로 등장하지만, 위(僞)클

102　서중석, 『바울 서간 해석』, 대한기독교서회 1998, 29쪽.

레멘스의 「설교」와 같은 문서에서는 부정적인 모습으로 등장한다.

두 번째, 원-영지주의는 대개 이원론적인 성격을 띠는데 그 정도가 2세기의 영지주의보다는 좀 덜 뚜렷하다. 이원론의 핵심적인 요소 가운데 하나인 육체와 영혼의 대립에서 이런 차이가 잘 드러난다. 2세기 영지주의자들은 육체와 영혼이 절대적으로 대립한다고 생각한다. 이들에 따르면 육체는 가장 악한 것이며 영혼을 가두는 감옥과 같은 것이고, 가장 선한 존재는 순전히 영적인 존재이다. 따라서 이들은 인간이 죽으면 육체는 썩고 영혼이 불멸한다고 믿었으며, 구원자로 오신 예수도 육체를 입을 수 없다고 믿었다. 그들의 이런 믿음이 이른바 예수가 육체를 입은 것은 실제로 입은 것이 아니라 단지 그렇게 보였을 뿐이라는 가현설을 낳았다. 그렇지만 1세기 원-영지주의 문헌에는 이런 육체와 영혼의 대립 정도가 약하다.

지금까지 원-영지주의와 2세기 영지주의의 특징을 살펴보았다. 「토마스 복음서」는 이 둘 가운데 원-영지주의에 속한다고 볼 수 있다. 「토마스 복음서」는 예수가 다른 제자들을 배제하고 토마스에게 비밀 말씀을 계시하였고, 그 말씀, 즉 지식을 통해서 자신의 정체를 올바로 깨달은 사람은 구원을 받을 수 있다고 서술하고 있다. 이 점에서 「토마스 복음서」는 전형적인 영지주의 문서에 속한다고 할 수 있다. 그렇지만 「토마스 복음서」에서는 2세기 영지주의의 전형적인 특징인 신계에 대한 복잡한 사유가 거의 발견되지 않는다. 그리고 이원론의 강도도 상대적으로 약하다. 이는 「토마스 복음서」의 육체와 영혼에 대한 사유에서 잘 관찰된다. 「토마스 복음서」의 로기온 56, 80 등에서 육체를 부정적으로 보는 시각이 관찰되는 것은 사실이다. 그러나 「토마스 복음서」는 예수가 육신으로 세상에 왔다는 것을 명확하게 인정하였고,[103] "영혼에 의존하는 몸에 화가 있을 것이다. 몸에 의존하는 영혼에 화가 있을 것이다"라고 말하면서 영과 육을

---

103 「토마스 복음서」 28. W. R. Schoedel, 앞의 글, 1960, p. 231은 이에 대해서 부정적으로 논하고 있다.

이원론적으로 분리해서 해석하는 것에 대해서 적극적으로 반대하고 있다.[104] 「토마스 복음서」의 이런 육체관은 원-영지주의 단계의 사고로 생각된다.[105] 따라서 「토마스 복음서」를 원-영지주의 문서로 분류하는 것이 적절하다.

「토마스 복음서」뿐만 아니라 앞에서 언급한 「마리아 막달레나 복음서」, 「지혜 민음」, 「야고보의 첫째 계시록」 등과 같은 기독교 문서들, 그리고 1세기 후반의 유대교 묵시문학들도 이런 경향을 보인다. 따라서 이런 문서들에서 발견되는 '영지'는 예수 시절의 묵시문학과 2세기의 영지주의를 연계하는 것이라고 파악되며, 그것에 영지주의라는 명찰을 붙이고자 한다면, 2세기 영지주의와 구별해서 원-영지주의라고 하는 것이 옳다.

지금까지 예수의 제자였던 토마스가 기존의 평가와 달리 의심 많은 제자가 아니라 용감한 제자이고, 예수로부터 '쌍둥이 토마스'라고 불릴 정도로 특별한 사랑을 받았다는 사실, 「토마스 복음서」, 「토마스 행전」과 같은 외경 문서들을 볼 때 토마스를 예수의 후계자로 설정하고 독자적인 신앙을 추구하였던 공동체가 존재하였고, 그들의 세력이 상당히 컸음을 살펴보았다. 토마스 공동체는 요한 공동체와 비슷한 세계관을 갖고 있었지만, 예수를 믿음으로써 구원이 이루어지는 것이 아니라 지식 혹은 깨달음을 얻음으로써 이루어진다고 주장하였다. 이들의 신앙은 1세기 말 원시 기독교 세계가 전개하고 있던 신앙의 스펙트럼이 지금까지 일반적으로 생각했던 것보다 훨씬 넓었다는 것을 여실히 보여 주었다. 예수를 믿음으로써 구

---

104 오강남, 앞의 책, 2009.
105 배철현, 「도마 복음서에 나타난 영지주의」, 『인문논총』 54, 2005, 148~55쪽은 「토마스 복음서」의 육체와 영혼에 대한 견해가 영지주의의 전형적인 이원론에 근거하고 있지 않음을 논증하고 있다. 그러나 「토마스 복음서」가 부활을 부정하고 종말을 이미 실현된 것으로 보았기 때문에 영지주의 문서로 파악해야 한다는 주장도 있다. 최병수, 「도마 복음의 실현된 종말론」, 『신학연구』 55, 2009는 「토마스 복음서」가 육체의 부활을 부정하고 있으며, 이는 2세기 육체의 부활을 주장한 교부들과 대립의 소산이라고 주장하고 있다.

원을 받는다는 타력 신앙은 아직 정통 혹은 주류로서 확고한 입지를 차지하지 못하고 있었다.

제4장

가리옷 유다:
예수의 '협력자'

'가리옷 유다 딜레마'

가리옷 유다(Judas Iscariot)는 은 30냥을 받고 예수를 팔아넘긴 인물로 널리 알려져 있다. 유다는 참으로 수치스럽고 비열한 자이다. 성경에 따르면 그가 사악한 길을 걷게 된 것은 사탄이 그의 몸에 들어갔기 때문이다. 그는 용서받을 수 없는 행위를 한 후에 번뇌를 이기지 못하고 자살하여 끔찍하게 죽었다. 더군다나 예수가 직접 그가 어떤 존재인지를 논란의 여지없이 명확하게 규정하였다. 그는 제자들에게 설교하면서 "너희 가운데 한 명, 즉 가리옷 사람 유다는 악마이다"라고 말하였다.[1]

이렇게 사악한 악마를 예수의 후계자라고 말한다면 모두들 기이하게 여길 것이다. 그러나 '의심 많고, 비판하기를 좋아하는 지식인들'은 정통 기독교와 다른 방식으로 유다를 이해해 보려고 노력해 왔다. 예를 들어 철학자인 버트런드 러셀(Bertrand Russell, 1872~1970)은 유다의 배신이 예정된 일이고 예수가 유다의 배신을 알고 있었다면 유다는 그의 자유의지

---

1 「요한 복음서」 6:70.

로 배반한 것이 아니기에 유다에게 배신의 책임을 묻는 것은 잘못이라고 주장했다. 철학 논리로 본다면 러셀의 주장은 확실히 옳다. 유다에게 자유의지가 없었다면 다른 어떤 힘에 의해서 이루어진 그의 행위에 대해서 그에게 책임을 묻는 것은 잘못이기 때문이다.

또한 그리스 태생의 작가이자 철학자인 니코스 카잔차키스(Nícos Kazantzakis, 1883~1957)는 유다는 예수의 가장 친한 친구로 예수의 사역을 돕기 위해서 예수를 로마인에게 넘겨주었다고 주장하였다. 이런 모티프를 이용하여 마틴 스코세이지(Martin Scorsese, 1942~) 감독이 제작한 영화가 「그리스도 최후의 유혹」이다. 최근 슬라보예 지젝(Slavoj Žižek)은 이런 논의를 발전시켜 흥미로운 추론을 전개하였다. 그의 주장에 따르면 예수는 자신의 삶을 십자가형으로 마감하고자 하였고, 유다에게 자신이 그 사역을 완수할 수 있게 해달라고 부탁하였다. 유다는 신의 계획을 성취하기 위해서 자신의 영혼이 영원히 지옥불에 떨어질 것임을 알고서도 기꺼이 그를 도왔다. 따라서 유다의 배신은 다른 어떤 것과도 비교할 수 없는 최고의 희생이었다.[2] 한국에서도 이런 시각을 개진한 사람들이 있었는데, 예를 들어 소설가 백도기는 1979년에 발표한 『가룟 유다에 대한 증언』이라는 제목의 소설에서 가리옷 유다를 우호적이고 긍정적인 시각으로 바라보았다.

이것이 '가리옷 유다 딜레마'이다. 우주의 모든 역사를 하느님께서 예정하셨고, 세계의 모든 역사는 하느님의 주관하에서 이루어진다. 예수가 십자가에 못 박혀 죽을 것도, 가리옷 유다가 예수를 팔 것도 모두 예정되어 있었다. 더욱이 만약 유다가 예수를 팔지 않았다면 예수는 그의 신성한 사명을 완수하지 못하였을 것이다. 따라서 유다의 배신행위는 얼핏 보면

---

2 슬라보예 지젝, 김정아 옮김, 『죽은 신을 위하여: 기독교 비판 및 유물론과 신학의 문제』, 도서출판 길 2007, 28~29쪽. 이렇게 유다 문제를 다른 시각으로 해석한 사례들은 이외에도 많다. 이에 대해서는 김기현, 『가리옷 유다 딜레마』, IVP 2008, 16, 56~57쪽을 보라.

인류 최대의 범죄이지만, 다르게 생각하면 숭고한 희생이다. 이 딜레마는 오랫동안 많은 사람들의 마음속에 맴돌고 있었다. 이는 2006년 이 딜레마에 대한 새로운 답을 제시하는 「유다 복음서」가 발표되었을 때 사람들이 열광적인 관심을 보였다는 사실에서 드러난다. 「유다 복음서」의 발표는 내셔널지오그래픽 사가 주관하였는데, 2006년 이 회사가 만든 프로그램 가운데 가장 많은 구독자 수를 기록하였다.[3] 우리는 이 딜레마를 어떻게 평가해야 할 것인가? 과연 그가 왜 예수를 팔았는지를 생각하면서 이 딜레마에 대해서 좀 더 고민해 보자.

유다는 왜 예수를 팔았는가

유다가 왜 예수를 팔았는지 그 이유를 묻는 것은 어리석은 질문으로 보일 수도 있다. 성경이 분명 그가 돈에 눈이 어두워 예수를 팔았다고 기술하고 있기 때문이다. 「마태오 복음서」에 따르면, 그는 스스로 먼저 대제사장에게 가서 예수를 넘겨주면 얼마나 줄 것이냐고 물었고, 은 30냥을 준다는 약속을 받아냈다.[4]

그러나 이 설명을 액면 그대로 믿기에는 석연치 않는 구석이 있다. 먼저 최초의 복음서라고 알려져 있는 「마르코 복음서」는 유다의 배신 때 돈을 주고받기로 한 주체에 대해서 다르게 진술하고 있다. 유다는 단지 예수를 성전 사제들에게 넘겨주겠다고 말했고, 성전 사제들이 그 대가로 돈을 주겠다고 약속했다.[5] 두 번째, 유다는 예수가 십자가에 매달리기도 전에 자신의 잘못을 뉘우치고, 돈을 반환하였다. 「마태오 복음서」는 그 상황을 이렇게 전한다.

---

3 피터 스탠퍼드, 차백만 옮김, 『예정된 악인 유다』, 미래의 창 2016, 134쪽.
4 「마태오 복음서」 26:15-16.
5 「마르코 복음서」 14:10-11.

그때에 예수를 팔아넘긴 유다는 그분께서 사형선고를 받으신 것을 보고 뉘우치고서는 그 은돈 서른 냥을 수석 사제들과 원로들에게 돌려주면서 말하였다. "죄 없는 분을 팔아넘겨 죽게 만들었으니 나는 죄를 지었소." 그러나 그들은 "우리와 무슨 상관이냐? 그것은 네 일이다"라고 하였다. 유다는 그 은돈을 성전 안에다 내던지고 물러가서 목을 매달아 죽었다.[6]

이 구절에 의하면 대제사장이 예수를 죽이려고 하자, 유다는 무언가 잘못되어 가고 있다는 것을 깨닫고는 돈을 돌려주고 예수를 석방시키려고 했다. 그렇지만 상황이 그가 예상한 대로 흘러가지 않자, 유다는 자신의 배신을 통렬하게 후회하고 그 후회의 표시로 자살을 택하였다. 후대에 자살을 부도덕한 것으로 보는 시각이 확립되면서 유다의 자살을 부도덕의 극치로 파악하려는 시각이 있지만, 고대에 자살은 결코 부도덕한 일이 아니었다. 유대인을 포함한 많은 고대의 영웅이 그들이 추구했던 일이 실패하거나 그들의 힘으로 제어할 수 없는 상황에 직면했을 때 자살로써 자신의 행위를 반성하거나 더 이상의 수치를 막았다. 예를 들어 이스라엘의 초대 왕 사울은 팔레스타인 군대에 패배한 이후 팔레스타인 군대에 의해 죽임을 당하는 것을 면하기 위해서 자살하였고, 로마의 개혁가인 가이우스 그라쿠스(Gaius Gracchus)도 혁명이 실패한 후에 자살로써 생을 마감하였다.

그런데 고대의 누구도 이들이 비굴한 죽음을 택했다고 비난하지 않았다. 따라서 유다의 자살은 그의 행위에 대한 진정한 반성으로 보아야 한다. 유다가 단지 돈 몇 푼에 예수를 팔았다는 설명은 적절하지 않다. 만약 그가 정말 돈 욕심이 많고, 방탕한 자였다면 돈을 마음껏 쓰면서 즐겼을 것이다. 유다가 전혀 그런 행동을 하지 않았다는 것은 그가 예수를 판 것

---

6 「마태오 복음서」 27:3-5.

이 돈 때문이 아니라는 추론을 뒷받침한다.[7]

그리고 무엇보다 은전 30냥의 가치가 문제이다. 은전 30냥은 결코 많은 돈이 아니었다. 여기서 언급된 은화는 예루살렘 성전에서 받는 것으로 티로스에서 주조한 것이다. 이 은화는 로마의 은화로 환산하면 4데나리우스이다. 1데나리우스는 보통 도시 노동자의 하루치 임금이다. 따라서 은전 30냥은 노동자의 120일치 임금이다. 지금 돈으로 치면 1,000만 원 정도 되는 돈이니[8] 적은 돈은 아니다. 그렇지만 예수라는 주요 현상범을 팔고 받기에는 많지 않은 돈이다. 예수 무리의 금고를 관리하던 가리옷 유다가 욕심을 내기에는 적은 돈이다. 따라서 유다가 돈 욕심에 스승을 팔았다는 것은 맞지 않다.

돈이 아니라면 무슨 이유에서 사랑하는 스승을 팔았을까? 돈 때문에 스승을 팔았다는 성경의 설명에 만족할 수 없었던 사람들은 다양한 의견을 제시해 왔는데, 그것은 아주 오래전부터 시작되었다. 중세 유럽에서 많이 읽혔던 책 가운데 하나였던 『황금전설』이 이 사실을 입증해 준다. 이 책에 따르면 유다가 태어났을 때 그의 부모는 유다가 민족에게 불행을 가져올 것이라는 예언을 듣고 유다를 버렸다. 유다는 카리오트 해변에서 한 왕비에게 목격되어 양육되었다. 후에 왕비가 아이를 갖게 되자, 유다는 질투심에 사로잡혀 왕자를 살해하고 예루살렘으로 도주하였다. 유다는 예루살렘에서 빌라도의 부탁으로 어떤 사람의 집에 침입하여 그 집 주인을 살해하였다. 이에 빌라도는 상으로 어떤 여자를 주었는데, 그녀는 그의 어머니였다. 결혼 후에 그녀가 자신의 어머니라는 사실을 알게 되었고, 그 자신이 큰 죄를 지었음을 통탄했다. 뉘우치는 마음으로 예수의 제자가 되

---

7 차정식, 『예수는 어떻게 죽었는가』, 한들 2006, 68~70쪽.
8 당시의 화폐 가치에 대해서는 조철수, 『예수 평전』, 김영사 2010, 647~49쪽을 참조하라. 조철수는 유다가 받은 30냥은 실제로 받은 돈이 아니라 왕권을 상징하는 수치라고 주장한다.

었고, 회계 담당자가 되었다. 그러나 도적의 본성을 버리지 못하고 돈을 받고 예수를 팔았다. 따라서 『황금전설』에 따르면 예수가 유다를 배반했던 것은 본성이 사악했기 때문이었다.

근대에는 좀 더 합리적인 설명이 덧붙여졌다. 예를 들어 감리교의 창시자인 존 웨슬리(John Wesley)는 유다는 예수의 제자 중 유일하게 유대 지역 출신으로 갈릴리 출신의 제자들, 특히 베드로에게 열등감을 갖고 있었고 그 때문에 예수를 팔았다고 주장하였고,[9] 독일의 시인인 프리드리히 고틀리프 클롭슈토크(Friedrich Gottlieb Klopstock, 1724~1803)는 그의 서사시 「메시아」에서 유다를 정열적으로 예수를 섬겼지만 요한에게 질투를 느껴서 예수를 배반한 인물로 묘사하였다. 또한 프랑스의 신학자 조제프 에르네스트 르낭(Joseph Ernest Renan, 1823~92)도 그의 대작 『예수의 생애』에서 유사한 견해를 피력하였다.[10]

이후에도 여러 설명이 제시되었지만 가장 유력한 것은 정치적인 설명이다. 이 설명은 그의 이름 분석에서부터 시작한다. 그는 '시몬의 아들 이스카리옷 유다'(Judas Iscariot the son of Simon)라고 불렸다. 이스카리옷의 의미가 무엇인가에 대해서 논쟁이 계속되고 있다. 상당수의 학자들은 케리옷(Kerioth)을 그리욧의 다른 표현으로 보고, 이스카리옷이 '그리욧 출신의 사람'을 의미한다고 주장한다. 이렇게 볼 경우 그리욧이 유대의 남쪽에 있던 도시이기에 12제자 가운데 유다만이 갈릴리 출신이 아니라 유대 출신이다. 이에 반대하는 학자들은 케리옷이라는 도시가 확인되지 않는다고 주장하면서 '이스카리옷'을 시카리우스(sicarius)라는 젤롯당과 연계시키려고 한다.[11] 사본 증거가 이런 추론을 뒷받침한다. 성경에는

---

9   임예림, 「가리옷 유다를 위한 변명」, 서울여자대학교 석사학위논문, 2017, 12쪽.

10 K. 루돌프·골드슈미트 엔트너, 『대결로 보는 세계사의 결정적 순간』, 달과 소 2008, 374쪽.

11 양종석, 「유다 이스카리옷 관련 이야기의 신학적 의도 연구: 네 복음서를 중심으로」, 가톨릭대학교 석사학위논문, 2014, 16~17쪽. 이 글에서 열심당(젤롯당)은 로

여러 판본이 존재하는데, '이스카리옷'이 'Skariotes' 혹은 'Skarioth'라고 되어 있는 판본도 있다. 이 단어는 당시 유대 젤롯당의 과격파인 '시카리파'(sicarii)를 연상시킨다.[12] 이는 유다가 젤롯당에 속했을 가능성을 암시하는데, 이런 가정은 예수의 12제자 가운데 시몬(시몬 베드로가 아니다)이 젤롯당 출신이었음을 생각할 때 더욱 힘을 얻는다.

유다가 정말 젤롯당이었다면 여러 사람이 추측하고 있듯이 그가 예수를 배반한 것은 정치적인 이유 때문이었을 것이다.[13] 즉 유다는 예수가 자신이 메시아임을 선포하고 백성들을 이끌고 로마 군대를 무찔러 줄 것으로 생각했지만, 예수는 백성들의 신망을 한몸에 받았음에도 불구하고 그의 기대를 저버리고 오직 종교적인 문제에만 몰두하였다. 이에 참을 수 없었던 유다는 예수가 로마인에게 잡혀서 죽을 위기에 처한다면 마음을 바꾸어 살기 위해서 백성들을 선동하든지, 그렇지 않다고 하더라도 유대 백성들이 반란을 일으켜 그를 구해 낼 것이고, 그렇게 되면 예수도 태도를 바꾸어 백성들을 이끌고 로마군을 몰아낼 것이라고 생각했다. 따라서 그는 예수를 팔 때 예수가 죽으리라고는 전혀 생각하지 않았다.

유다가 이런 생각 속에서 예수를 팔았다면 예수를 판 이후의 그의 행적이 잘 설명된다. 유다는 그의 예상과 달리 예수가 아무런 저항도 하지 않고 십자가에서 죽어버리자, 자신이 잘못된 판단을 했음을 후회하고, 은 30냥을 대제사장에게 돌려주려고 하였다. 그러나 대제사장이 돈을 받지 않자 자신의 행동을 후회하며 자살하였다. 그가 자살한 곳은 '피밭'이라는 별명을 얻었다.[14]

마에 맞서서 정치적 독립을 강렬하게 추구하였던 열심자들이라는 의미로 사용하였다.

12 최순봉, 「유다스 호 이스카리오테스」, 『광신논단』 17, 2008, 123~25쪽; Robert Eisenman, 앞의 책, 1997, p. 179.

13 아이작 아시모프, 박웅희 옮김, 『아시모프의 바이블』, 들녘 2002, 244~45, 292~93쪽.

유다는 원래 악인이었는가

앞에서 우리는 유다가 예수를 배반한 사실에는 양면성이 있어서 일방적으로 사악한 것이라고 규정하기는 힘들며, 그가 은 30냥이 욕심이 나서가 아니라 다른 이유에서 예수를 팔았을 수 있다는 것을 살펴보았다. 그렇다면 그에게 덧씌워진 사악한 악마라는 이미지는 잘못된 것이 아닐까?

사복음서 내에 존재하는 유다에 대한 서술의 차이는 이런 추론의 가능성을 보여 준다. 사복음서 가운데 가장 먼저 쓰인 「마르코 복음서」에서 유다는 두 차례 등장한다. 첫 번째는 12제자를 소개하는 명단의 제일 마지막에 나오고, '예수를 팔아넘긴 가리옷 사람 유다'라고 소개되어 있다. 두 번째는 예수를 팔아넘기는 장면에 등장한다. 예수가 수난을 앞두고 예루살렘에 있을 때, "유다가 대사제들을 찾아가 예수를 넘겨주겠다고 하자, 그들은 유다의 말을 듣고 기뻐하며 그에게 돈을 주겠다고 약속하였다. 그래서 유다는 예수를 넘겨줄 기회만을 엿보고 있었다. 어느 날 예수와 제자들이 겟세마니라는 곳에서 기도하고 있을 때, 유다가 대사제들과 율법학자들과 원로들이 보낸 무리와 함께 나타났다. 그는 그들과 미리 암호를 짜고 "내가 입 맞추는 사람이 바로 그 사람이니 붙잡아서 놓치지 말고 끌고 가라" 하고 일러두었다. 유다가 예수께 다가와서 "선생님!" 하고 인사하면서 입을 맞추자, 무리가 달려들어 예수를 붙잡았다.

「마르코 복음서」는 이렇게 유다의 배신행위를 담담하게 묘사하고 있는데 유다가 예수를 팔아넘긴 이유를 제시하지 않고 있다. 그가 돈 욕심에 예수를 팔았다고 진술하지도 않았고, 그가 원래 사악한 사람이기 때문에 예수를 배반했다고 적지도 않았다.

「마르코 복음서」 다음으로 쓰인 「마태오 복음서」는 유다를 조금 더 나

---

14 「사도행전」 1:17-20.

뻔 사람으로 만든다. 「마태오 복음서」에 유다는 대사제를 찾아가 먼저 "내가 당신들에게 예수를 넘겨주면 그 값으로 얼마를 주겠소?"라고 묻는다. 다시 말해 유다는 돈 욕심에 예수를 팔았던 것이다. 그렇지만 「마태오 복음서」는 유다를 회복 불가능하게 사악한 인간으로 규정하지는 않는다. 유다는 예수가 유죄판결을 받고 죽게 된 것을 보고는 대사제들에게 가서 "내가 죄 없는 사람을 배반하여 그의 피를 흘리게 하였으니 나는 죄인입니다"라고 말하였고, 그가 받은 은화를 성소에 내동댕이치고 물러가 스스로 목매달아 죽었다.[15] 「마태오 복음서」의 이 진술은 어떻게 보면 유다의 명예를 회복하여 주는 것이라고 볼 수 있다. 앞에서 살펴보았듯이 고대에 자살은 현대인이 생각하듯 윤리적으로 나쁜 것이 아니라 오히려 자신의 대의를 표방하는 수단으로 인정받았다는 사실을 고려하면 더욱 그렇다.

사복음서 가운데 세 번째로 쓰인 「루카 복음서」는 유다를 좀 더 사악한 인물로 규정한다. 「루카 복음서」는 유다가 예수를 판 이유를 "사탄이 이스카리옷이라고 하는 유다에게 들어갔기" 때문이라고 규정하였다. 현대인은 '사탄이 들어갔다'라는 말을 들으면 사악한 귀신이 들어서 나쁜 존재가 되었다고 생각하기 쉽다. 그러나 공관복음서의 저자들에게 '사탄이 들어갔다'라는 말은 어떤 잘못된 생각을 갖게 되거나 유혹에 빠져서 그릇된 행동을 했다는 의미이지, 사탄이 들어간 사람 자체가 나쁜 존재라는 의미는 아니다. 이는 무엇보다 예수가 베드로를 사탄이라고 불렀던 데서 명확히 드러난다. 수난을 앞두고 예수가 자신이 고난을 받고 죽게 될 것이라고 예언했을 때 베드로가 그렇게 죽으면 안 된다고 항의하였다. 그러자 예수는 베드로가 하느님의 일은 고려하지 않고, 자신의 영광만을 생각한다며, "사탄아 물러가라"고 질책하였다.[16] 이 대화에서 베드로는 사탄 자체가 아니라 단지 사탄의 유혹에 빠진 존재일 뿐이다. 「루카 복음서」는 이

---

15 「마태오 복음서」 27:1-5.
16 「마르코 복음서」 8:33; 「마태오 복음서」 16:23.

일화를 그대로 전하지 않지만 "시몬아, 시몬아, 들어라. 사탄이 이제는 키로 밀을 까부르듯이 너희를 제멋대로 다루게 되었다"라고 변형한다. 이는 베드로가 그의 본래 의지가 아니라 사탄의 유혹 때문에 어쩔 수 없이 잘못을 범했다는 의미를 갖고 있다.[17]

사복음서 가운데 가장 긴 「루카 복음서」는 인간의 행위나 세상사의 진행을 설명하면서 복음서 가운데 영적인 힘의 작용을 가장 중요시하였다. 그래서 「루카 복음서」는 사탄과 악마(devil)를 각각 6회, 베엘제불을 3회, 귀신(demon)을 22회나 언급하였다.[18] 따라서 「루카 복음서」가 사탄이 유다에게 들어갔다고 표현한 것은 유다를 최악의 절대악으로 규정한 것으로 볼 수 없다. 이렇게 「마태오 복음서」와 「루카 복음서」는 「마르코 복음서」보다 유다를 약간 더 나쁜 사람으로 규정하고 있는 것 같은데, 사실 그것도 명확하지는 않다.

유다를 정말 사악한 인간의 대명사로 규정한 것은 사복음서 가운데 가장 늦게 쓰인 「요한 복음서」이다. 「요한 복음서」에서 유다는 처음 등장할 때부터 악마였다. 「요한 복음서」에 따르면, 예수가 자신의 몸과 피가 생명의 빵과 포도주라고 가르쳤을 때 많은 제자들이 그의 가르침을 받아들이지 못하고 예수를 떠났다. 예수는 그들을 질책하면서 "너희 가운데 하나는 악마다"[19]라고 말하는데, 이는 유다를 가리키는 말이었다. 예수의 이 말은 사탄이 유다에게 들어갔다는 것이 아니라 유다가 원래부터 가장 사악한 존재라는 의미를 갖고 있다.

「요한 복음서」에서 유다가 두 번째로 등장하는 것은 나사로의 동생 마리아가 나사로의 집에서 예수의 발에 향유를 부은 장면에서이다. 마리

---

17 「루카 복음서」 22:31.

18 Simon Gathercole, *The Gospel of Judas: Rewriting Early Christianity*, Oxford University Press 2007, p. 34.

19 「요한 복음서」 6:71.

아가 매우 귀한 향유를 예수의 발에 붓자 유다는 "어찌하여 이 향유를 300데나리우스에 팔아서 가난한 이들에게 나누어주지 않는가?"라고 불평하였다. 그런데 「요한 복음서」의 이 진술은 매우 특이하다. 「마르코 복음서」와 「마태오 복음서」에도 같은 장면이 나오는데, 「마르코 복음서」는 불평한 주체를 유다가 아니라 "몇 사람이 분개하여"[20]라고 묘사하였고, 「마태오 복음서」는 "제자들이 분개하여"[21]라고 묘사하였다. 이렇게 「요한 복음서」가 마리아를 비난한 주체를 제자들에서 유다로 바꾼 것은 유다를 사악한 인간으로 묘사하기 위한 전략으로 볼 수 있다. 더욱이 「요한 복음서」는 유다가 혼자서 마리아의 행위를 비난하였다고 묘사한 후에 이어서 "유다가 그렇게 말하였던 것은 가난한 이들에게 관심이 있어서가 아니라 도둑이었기 때문이다. 그는 돈주머니를 맡고 있으면서 거기에 든 돈을 가로채곤 하였다"라고 묘사함으로써 유다를 상습적인 도둑으로 규정하고 있다. 물론 유다가 금고를 관리하는 사람이었고, 상습적으로 금고의 돈을 횡령했다는 묘사는 공관복음서에는 나오지 않는다.

이렇게 「요한 복음서」는 유다를 악마와 도둑으로 규정하고, 그가 예수를 배반한 이유는 두 번에 걸쳐서 그에게 사탄이 들어갔기 때문이라고만 간략하게 설명하였다.[22] 그리고 예수의 체포 장면도 공관복음서와 달리 매우 간략하게 묘사하고 있다. '멸망의 자식'인 유다는 대사제들의 병사들을 데려와 그들로 하여금 예수를 잡아가게 한다. 그런데 「요한 복음서」는 유다가 돈을 받았다는 이야기도 소개하지 않고, 나아가 예수가 잡혀가는 장면에서 유다가 했던 말도 소개하지 않으며, 키스했다는 이야기도 하지 않는다. 이는 「요한 복음서」의 저자가 유다를 악마를 상징하는 인물로 규정하였기 때문에 그의 행위에 어떤 이유를 제시해야 할 필요를 느끼

---

20 「마르코 복음서」 14:4.
21 「마태오 복음서」 26:8.
22 「요한 복음서」 13:2, 13:27.

지 못하였기 때문이다.[23]

결국 「요한 복음서」는 유다를 도둑·사탄·악마로 규정하였고, '마귀, 살인자, 전혀 진리가 없는 거짓의 아버지'인 유대인을 대변하는 인물로 내세웠다.[24] 「요한 복음서」의 이런 반유대주의는 이후 서구 역사에 불행의 씨앗이 될 터이다. 2세기 이후 기독교 신자들은 유다를 세상에 가장 나쁜 사람으로 각색하는 수많은 이야기를 만들어내면서, 그에게 세상에서 가장 나쁜 사람이라는 이미지를 덧씌웠다.[25] 이렇게 유다는 시간이 지나면서 점점 더 나쁜 사람으로 규정되었는데, 그의 잘못된 행위를 자살로써 반성한 유다가 그 자신을 해명할 기회를 가질 수는 없을까?

유다가 정치적인 이유로 예수를 팔았다고 해석한다면 그의 배신행위를 설명하는 것이 가능할 것 같다. 그런데 이 설명으로도 해명할 수 없는 이상한 구절이 있다. 「요한 복음서」에 따르면, 제자들과 최후의 만찬을 하고 있을 때 예수는 "너희 가운데 나를 팔아넘길 사람이 하나 있다"라고 공개적으로 말하였다. 그리고 가리옷 사람 유다에게 빵을 주면서 "네가 할 일을 어서 하여라"고 일렀다. 그러나 다른 제자들은 예수의 말이 무슨 의미인지 몰랐다.[26] 여기서 예수는 유다의 배신을 사전에 알았는데 유다를 말리거나 책망하기는커녕 "어서 하여라"고 명령하고 있다. 이렇게 예수가 가리옷 유다를 질책하거나 그의 행동을 말리지 않은 것은 「마태오 복음

---

23 김문현, 「요한 복음서에 등장하는 유다, 그는 누구인가?」, 『신약연구』 11-4, 2012, 847~48쪽.

24 「요한 복음서」가 유다를 이렇게 부정적으로 묘사하고 있는 것은 기독교 신자들이 시간이 지날수록 유다를 사악한 인물로 규정하려는 성향을 보였다는 것 이외에도 요한 공동체의 특수한 상황을 생각해 볼 수 있다. 80~90년대 요한 공동체는 회당에서 쫓겨나고 있었고, 그 이후 유대인에게 강한 적대감을 갖게 되었다. 유다는 이런 적대감을 표출하는 도구가 되었다. 또한 요한 공동체는 핍박을 받으면서 내부 단속을 강화해야 했다. 따라서 배반자를 매우 부정적으로 묘사함으로써 배반을 막으려고 시도하였다. 이에 대해서는 양종석, 앞의 글, 2014, 106~15쪽을 보라.

25 차정식, 앞의 책, 2006, 76~81쪽.

26 「요한 복음서」 13:21-28.

서」에서도 관찰된다. 「마태오 복음서」에 따르면, 예수가 겟세마니 동산에서 기도하고 있을 때 유다가 대제사장의 무리를 끌고 왔는데, 그때 예수는 유다를 야단치지 않고, 오히려 "친구야, 네가 하러 온 일을 하여라"고 말씀하셨다.[27] 두 복음서의 이런 진술은 예수와 유다 사이에 사전 조율이 있지 않았을까 하는 의구심을 들게 한다.

어떻게 이런 일이 가능할까? 제자가 사악한 길을 가려고 한다면 스승은 당연히 말려야 할 터인데 '어서 하라니' 말이 되지 않는다. 이는 오직 예수가 유다의 행위를 합당한 것으로 평가했을 때만 가능한 일이다. 예수는 유다의 '배신행위'가 자신의 사역을 완성하는 데 반드시 필요하다고 생각했기에 유다에게 비밀리 그런 명령을 내렸던 것이 아닐까? 앞에서 말했듯이 예전부터 이런 생각을 개진한 사람은 있었다. 그러나 그것은 단순히 추론이었지 전혀 증거가 없었기에 별 지지를 얻지 못하였다. 그런데 이 추론을 뒷받침할 새로운 증거가 1970년대에 발견되었다. 전부터 그것이 존재한다고만 알려져 왔던 「유다 복음서」가 발견된 것이다. 과연 「유다 복음서」는 유다의 배신행위를 어떻게 설명하고 있을까?

「유다 복음서」의 발견과 세트파

리옹의 주교였던 이레나에우스가 180년경에 『이단들을 논박함』에서 「유다 복음서」의 존재를 언급했지만, 이 복음서의 실체가 무엇인지는 오랫동안 수수께끼로 남아 있었다. 그런데 1970년대 이집트의 알 미니아에서 이른바 차코스 사본이 발견되었다. 이 사본은 「유다 복음서」, 「야고보의 첫째 계시록」, 「필리포스에게 보내는 베드로의 편지」 등을 포함하고 있는 귀중한 문서였지만 사본의 소유자들이었던, 하나 아사빌(Hanna Asabil),

---

27 「마태오 복음서」 26:50.

프리다 차코스(Frieda Tchacos) 등이 사본의 진정한 가치를 제대로 알아보지 못하고 오로지 더 많은 돈을 받고 팔기 위해서 여러 번 거래를 하는 바람에 세상에 공개되지 못하다가 2006년에 이르러서야 완전히 공개되었다. 이렇게 해서 1800여 년 동안 잊힌 「유다 복음서」가 세상에 모습을 드러냈다.[28]

이 복음서를 만든 사람들은 누구일까? 이레나에우스는 카인파라는 이단이 「유다 복음서」를 만들었다고 전하고 있다. 그에 따르면, 카인파는 최초의 인간인 아담의 두 자식, 즉 아벨과 카인 가운데 카인을 의인, 그들의 영적인 조상으로 숭배한다.[29] 그들은 또한 야곱의 아들 에사오(Esau), 모세의 적대자였던 코라, 그리고 소돔인(Sodomites)을 숭배하였다. 이들이 일반적으로 나쁜 사람이라고 알려진 인물들을 숭배하였던 것은 구약의 신은 사악한 신인데 카인을 비롯하여 그들이 숭배하는 인물이 그 사악한 신에 의해서 희생되었다고 생각했기 때문이다.[30] 여러 기독교 지도자들이 카인파는 육체는 악한 것이기에 육체를 비도덕적 행위로 더럽혀야 구원을 얻을 수 있다고 생각했다고 전하는데 이런 설명을 신뢰할 수 있는지 확실하지 않다.

카인파의 세력은 상당히 컸음에 틀림없는데, 3세기 초에 활동하였던 기독교의 지도자인 테르툴리아누스가 "카인파라는 사악한 이단이 최근 이곳(북아프리카)에서 활동하고 있는데 매우 사악한 교리로 수많은 신자들을 낚아채 갔다"라고 쓰고 있기 때문이다.[31] 그러나 콘스탄티누스가 기독교를 공인한 후에 정통 교회가 완전히 확립되면서 카인파를 비롯한 영지

---

28 제임스 로빈슨, 양형주 옮김, 「기독교적 관점에서 본 유다복음서」, 『개혁주의 이론과 실천』 1, 2011, 165~85쪽이 이 복음서의 발견에 대해서 정확하고 세밀하게 소개하고 있다.

29 Irenaeus, *Adversus Haereses*, 1, 31, 1-2.

30 김동수, 「유다 복음서: 실체 해부」, 『기독교 문화연구』 11, 2006, 111쪽.

31 Tertullianus, *On Baptism*, 1.

주의 세력은 그 자취를 찾아보기 힘들 정도로 위축되었다. 4세기 말 이단 사냥꾼으로 유명하며, 여러 이단의 특징과 역사를 조사하여 『구급상자』라는 책을 쓴 에피파니우스는 카인파라는 이단은 거의 뿌리 뽑히고 없다고 전하고 있다.[32]

그런데 「유다 복음서」가 카인파의 저작인가에 대해서는 이론이 있다. 학자들은 「유다 복음서」를 생산한 집단을 카인파라고 규정하기도 하고, 또 세트파라고 규정하기도 한다. 그렇다면 카인파와 세트파가 동일한 집단인가? 그렇지 않은데 카인파는 최초의 인간 아담의 아들로 동생 아벨을 죽인 카인을 숭배하고, 세트파는 아담의 셋째 아들인 세트를 숭배한다. 따라서 카인파와 세트파는 다른 집단이다. 에피파니우스도 분명 두 파를 구분하여 설명하고 있다. 그런데 왜 「유다 복음서」를 생산한 집단이 두 파 모두에 소속되었다는 설명이 있는가? 앞에서 설명했듯이 최초로 「유다 복음서」의 존재를 언급하였던 이레나에우스는 「유다 복음서」를 언급하고 그것을 쓴 집단은 카인을 숭배하는 카인파라고 전하고 있다. 그런데 1970년대 발견되어 현재 우리가 갖고 있는 「유다 복음서」에는 카인이라는 인물이 등장하지 않고, 오히려 세트라는 인물이 등장한다. 이 때문에 최근 대부분의 학자들은 「유다 복음서」를 생산한 집단을 세트파라고 보고 있다.

세트파라는 명칭은 아담의 세 번째 아들인 세트에서 유래하였다. 세트파의 세계관에 따르면 원래 영적인 존재인 신들이 사는 천상계(플레로마)에는 최고의 신, 즉 '보이지 않는 영'이 홀로 있었다. 이 최고신의 여성적인 산출물이 어머니이다. 이 어머니는 바르벨로라고도 불린다. 아버지의 빛으로부터 혹은 바르벨로에게서 '스스로 태어난 자'(Autogenes)라고 불리는 아들이 나왔다. 이 삼위의 세 신은 각각 여러 에온(Aeons, 신적인 존재)

---

32 Epiphanius, *Panarion*, 39, 1, 1-2.

들과 광체(Luminaries)를 거느리고 있다. 이들이 거느린 광체로는 아다마스(Adamas), 세트, 세트의 세대(the Generation of Seth), 엘레레트(Eleleth)가 있다. 엘레레트에서 마지막으로 생겨난 에온이 소피아이다. 이후 소피아가 자가 생식으로 세상의 지배자를 낳는데, 세트파의 문헌에서 그의 이름은 얄다바오트(Yaldabaoth), 사클라스(Saklas), 사마엘(Samael), 네브루엘(Nebruel) 등으로 다양하게 등장한다. 소피아가 단성 생식으로 낳았기 때문에 얄다바오트는 불완전한 괴물이다. 괴물이 나오자 소피아는 당황하여 얄다바오트를 구름 속에 숨겼다. 이후 얄다바오트는 어머니가 갖고 있는 영(Spirit)의 일부를 훔쳐서 플레로마 밑으로 내려왔고, 구름 속에 숨어서 살았다. 바로 이 얄다바오트가 인간 세상을 만든 창조주이다. 그가 인간을 만들었을 때 인간은 제대로 서지도 못하고 벌레처럼 시들어갔다. 이 모습을 불쌍하게 여긴 소피아가 얄다바오트에게 인간에게 숨을 불어넣어 주라고 말하였고, 그녀의 권고에 따라서 얄다바오트가 인간에게 숨을 불어넣어 주었다. 그런데 이때 그가 어머니 소피아에게서 훔친 영이 인간에게 들어갔다. 소피아는 인간 속으로 들어간 이 영을 회수하려고 하고, 얄다바오트는 그 영을 다시 자기가 가지려고 한다. 이렇게 신들이 인간의 영을 차지하기 위해서 싸우면서 인간의 영은 신들의 전쟁터가 된다.

그런데 일부 영지주의 문헌은 영이 인간에게 들어간 경위를 다르게 설명한다. 얄다바오트가 인간을 만들었을 때 소피아는 가브리엘 천사를 통해서 인간에게 영을 넣어주었고, 얄다바오트의 조정을 받은 천사들은 '가짜 영'을 집어넣었다. 소피아의 영을 받은 인간은 구원을 받을 수 있지만, 가짜 영을 받은 자들은 얄다바오트의 조정을 받는다. 세계의 역사는 소피아의 영을 받은 자와 얄다바오트의 영을 받은 자의 대립으로 이루어진다.

얄다바오트가 최초로 만든 아담과 하와 속에는 '영'이 들어가 있었는데, 소피아는 뱀의 모습으로 나타나 하와에게 그녀의 진정한 본성에 대해서 이야기해 줌으로써 아담과 하와의 영이 구원을 받을 수 있게 노력하였다. 아담과 하와가 '지식'을 얻어서 구원을 받을 수 있는 가능성이 생기자 얄다바오트는 화가 났고, 아담과 하와를 에덴동산에서 추방하였다. 그 후 그들의 자식인 카인과 아벨이 죽었고, 소피아가 인간에게 준 영은 세트를 통해서 후손으로 전해졌다. 이후에도 소피아는 여러 모습으로 인간에게 나타나 그들의 참된 존재인 영에 대해서 계시해 주었다.[33]

이 설화를 보면 소피아가 인간을 구원하는 데 결정적인 역할을 하는 것 같다. 그러나 세트파 내부에는 다양한 분파가 있어서 앞에서 제시한 설명의 대강을 같이하면서 세부적인 내용은 다르게 설명하는 자들이 있었다. 특히 소피아의 역할이 다양하게 나타난다. 타락한 에온인 소피아에 반감을 품은 사람들은 그녀의 역할을 축소하고 그리스도의 조력자로 만듦으로써 그리스도의 역할을 강조한다.[34] 여러 세트파 문헌에서 최종적으로 인류를 구원하는 임무를 수행하는 존재는 최초의 신 가운데 하나였던 그리스도이다. 소피아가 인간을 구원하기 위해서 노력했지만 힘이 부족하자 그녀는 천상의 신들에게 도움을 요청하였다. 그리하여 그리스도가 최후의 계시자로서 인간인 예수의 몸을 빌려서 인간들에게 나타나 천상의 비밀을 계시해 준다.[35] 그리스도의 계시를 받은 인간은 자신의 본질을 깨달음으로써 구원에 이를 수 있다.

이런 세계관을 갖고 있는 세트파는 카인파보다 더 세력이 강했던 것 같

---

33 세트파 교리는 April DeConick, 앞의 책, 2007, pp. 39~45를 정리한 것이다. 인간에게 계시하기 위해서 나타난 것이 바르벨로라고 설명하기도 한다.

34 Tuomas Rasimus, *Paradise Reconsidered in Gnostic Mythmaking: Rethinking Sethianism in Light of the Ophite*, Brill 2009, p. 156; Robert Haardt, J. F. Hendry(tr.), *Gnosis: Character and Testimony*, Brill 1971, pp. 61~62.

35 세트파의 창조와 구원에 대한 이런 설명은 오피테스(Ophites)의 영향을 받은 것이다. 오피테스에 따르면, 소피아는 그리스도가 예수의 몸에 들어갈 때 함께 들어가서 활동하다가 예수가 십자가에 못 박힐 때 함께 떠났다. 이에 대해서는 Tuomas Rasimus, "Ophite Gnosticism, Sethianism and the Nag Hammadi Library", *Vigiliae Christianae* 59-3, 2005, pp. 237~38을 보라.

다. 그들이 여러 종류의 문헌을 만들었다는 사실이 이를 뒷받침한다. 「요한의 비밀 가르침」(Apocryphon of John), 「아르콘들의 실체」(Hypostasis of the Archons), 「조스트리아노스」(Zostrianos), 「멜기세덱」(Melchizedek), 「세 가지 형태로 이루어진 최초의 사고」(Trimorphic Protennoia), 「이집트인의 복음서」(The Gospel of the Egyptians)를 비롯하여 이른바 나그함마디 문헌의 대부분이 세트파의 문헌이다.

그렇지만 「유다 복음서」는 전형적인 세트파의 문서는 아니다. 이 문서에 세트파가 중요시하는 바르벨로, 소피아, 세트 등이 등장하기는 하지만, 세트파 문헌에 등장하는 세트파의 구원론이나 세트파가 행하는 의례가 거의 언급되어 있지 않기 때문이다. 따라서 「유다 복음서」를 생산한 공동체는 세트파의 세계관을 공유하고 있지만 상당한 독자성을 띠고 있던 방계 집단이라고 생각된다.[36]

유다는 「유다 복음서」의 영웅인가

「유다 복음서」가 발표되자 학자들은 대부분 유다가 「유다 복음서」의 영웅이라고 생각하였다. 이레나에우스가 유다가 「유다 복음서」의 영웅이라고 이야기했기 때문이다. 대다수의 학자들이 이렇게 생각하였던 또 다른 이유가 있는데 2~3세기에 쓰인 여러 외경 문서가 정통 교회에 의해서 낮

---

36 J. Turner, "The Sethian Myth in the Gospel of Judas: Soteriology or Menonology?", April DeConick(ed.), *The Codex Judas Papers*, Brill 2009, pp. 96~99; G. S. Robinson, "The Gospel of Judas", April DeConick(ed.), *The Codex Judas Papers: Proceedings of the International Congress on the Tchacos Codex held at Rice University, Houston Texas, March 13-15, 2008*, Brill 2009, p. 89. 「유다 복음서」가 세트파의 문서라면 카인파가 「유다 복음서」를 썼다는 이레나에우스의 진술은 틀린 것일까? 이에 대해 어떤 학자들은 이레나에우스가 언급한 「유다 복음서」가 우리가 갖고 있는 「유다 복음서」와 다른 작품일 가능성도 있다고 보고 있다. 이에 대해서는 Simon Gathercole, 앞의 책, 2007, pp. 114~31을 보라.

추어졌던 인물들의 복원을 시도하였기 때문이다. 대표적인 외경 문서인 「야고보의 첫째 계시록」, 「토마스 복음서」, 「마리아 막달레나 복음서」 등은 주의 형제 야고보, 토마스, 마리아 막달레나 등을 주인공으로 설정하고, 그들이 예수의 수제자이거나 후계자라고 천명하였다. 이런 문서를 만든 분파들은 베드로와 요한을 중심으로 사도와 바울로를 주요 지도자로 삼고 있는 원정통 교회에 반대하면서 자신들이 숭앙하는 주요 인물들의 이름으로 여러 문서를 만들었다. 그들이 원정통 교회와의 대립에서 패배하면서 그들이 사용하던 문서들은 외경으로 규정되었고, 심지어 그 존재 자체를 상실당하였다. 1945년 이루어진 나그함마디 문헌의 발견과 1955년 「마리아 막달레나 복음서」의 발표는 이렇게 잊힌 인물들을 복권하는 물결을 이루어냈다.[37]

「유다 복음서」가 이런 범주에 속하는 문서이기에 그 주인공인 유다가 영웅인 것은 당연하다. 「유다 복음서」의 복원과 번역을 주도하였던 학자들, 즉 마빈 마이어(Marvin Meyer), 바트 어만 등이 이런 시각을 견지하였다.[38] 그들은 유다가 「유다 복음서」에서 예수의 수제자, 가장 친한 친구, 매우 중요한 과업을 수행한 영웅이라고 평가하였다. 그후 일레인 페이절스와 캐런 킹(Karen King),[39] 랜스 제노트(Lance Jenott)[40] 등이 이런 견해를 수용하고 지지하는 글들을 발표하였다.

그러나 불과 몇 달 뒤에 이른바 '수정주의'가 등장하였다.[41] 2006년에

---

37 Bart Ehrman, 앞의 책, 2006a, pp. 238~39.
38 내셔널지오그래픽사(社)가 고용한 마빈 마이어, 카세르(R. Kasser), 부르스트 (G. Wurst) 그리고 그들과 협력한 어만을 말한다.
39 Elaine Pagels and Karen King, *Reading Judas*, Penguin Books 2007.
40 Lance Jenott, *The Gospel of Judas: Coptic Text, Translation, and Historical Interpretation of the 'Betrayer's Gospel*, Tübingen: Mohr Siebeck 2011. 랜스 제노트는 희생 제사의 의미, 가현설의 타당성 등을 검토하면서 수정주의자들의 견해를 비판하였다.
41 마빈 마이어는 그에 반대하는 자들의 견해를 수정주의라고 불렀다. 엄격하게 말하

열린 국제학술대회에서 여러 학자들이 「유다 복음서」에서 유다가 긍정적인 영웅이 아니라, 부정적인 악한이라고 주장하였다. 예를 들어 에이나르 토마센(Einar Thomassen)은 「유다 복음서」에서 유다가 거룩한 세대에 들어갈 수 없는 존재로 규정되어 있기에 유다의 운명은 비극적인 것이며, 그의 배반은 예수의 요청으로 이루어진 '의로운 것'이 아니라 별들의 조정으로 이루어진 '사악한 것'이라고 주장하였고,[42] 에이프릴 데코닉은 「유다 복음서」에서 유다는 영지주의에서 사악한 하위 신으로 규정된 얄다바오트의 통제를 받는 다이몬이고, 그가 행한 여러 행위는 비극적인 것이라고 주장하였다.[43] 이후 여러 학자가 이 견해를 지지하는 글을 발표하였다.[44] 과연 어떤 주장이 타당한가? 두 가지 주장을 살펴보면서 이야기를 진행해 보자.

영웅으로서 유다상

「유다 복음서」는 그 첫 구절에서 스스로를 '예수가 유월절을 준수하기 3일 전, 8일 동안 가리옷 유다와 대화하며 말한 계시에 대한 비밀 기록'이

면 이런 명칭은 부적절하다. 마이어와 그의 동료들이 제시한 견해가 확고한 기반을 확립하였고, 그 후 그에 반대하는 견해가 제시된 것은 아니기 때문이다. 이 논문은 편의상 마빈 마이어의 주장을 전통주의 견해, 그에 반대하는 주장을 수정주의 견해라고 불렀다.

42 Einar Thomassen, "Is Judas Really the Hero of the Gospel of Judas?", Madeleine Scopello(ed.), *The Gospel of Judas in Context: Proceedings of the First International Conference on the Gospel of Judas,* Brill 2008, pp. 160~67.

43 April DeConick, "The Mystery of Betrayal. What does the Gospel of Judas Really Say?", Madeleine Scopello(ed.), *The Gospel of Judas in Context,* Brill 2008, pp. 239~64.

44 한국에서도 이 견해를 지지하는 논문이 발표되었다. 민경식, 「유다 복음서의 예수와 유다 공동체의 자기이해」, 『한국기독교신학논총』 103, 2017에서 「유다 복음서」의 웃음을 분석하면서 이 견해를 취하였다.

라고 소개하고 있다.[45] 이 소개를 보면 예수가 유다에게 특별한 계시를 내렸으며, 따라서 유다는 예수와 매우 긴밀한 관계였고 예수를 특별히 잘 이해했던 제자인 것 같다.

「유다 복음서」의 첫 장면은 이런 생각을 더욱 강화한다. 「유다 복음서」에 따르면 예수가 12제자를 뽑아서 가르쳤는데, 제자들이 성만찬을 행하고 있었다. 이 모습을 본 예수가 웃자, "제자들이 왜 우리를 비웃으십니까?"라고 묻는다. 그러자 예수는 "너희가 이렇게 하는 것은 너희 자신의 뜻이 아니고, 이렇게 함으로써 너희의 신이 찬양받게 될 것이기 때문이다"라고 대답한다.[46] 이 대화에서 예수는 제자들이 섬기는 신이 플레로마의 최고신이 아님을 밝히고 있다. 「유다 복음서」의 세계관에 따르면, 예수가 계시하고자 한 신은 플레로마에 사는 최고신인 반면, 제자들이 섬기는 신은 플레로마의 가장 낮은 곳에 사는 소피아가 만든 얄다바오트 혹은 그의 보조자인 사클라스였다. 사클라스는 천사들과 함께 인간을 만들었고, 그들에게 희생 제사를 받으면서 세상을 지배한다. 그들의 통치 아래 있는 별들이 인간의 운명을 좌우하는데, 제자들 역시 그들의 별이 지시하는 대로 행동한다.[47] 이렇게 제자들은 예수가 섬기는 최고신이 아니라 사악한 인간 세계를 창조한 신의 지배를 받는 존재이기에 그들 가운데 있는 사람들은 어떤 세대도 예수의 정체를 올바로 알 수 없다.[48]

---

45 이 책에서 「유다 복음서」의 번역은 대체적으로 송혜경, 앞의 책, 2014b를 따랐지만 때때로 R. Kasser and Gregor Wurst, *The Gospel of Judas, Critical Edition: Together with the Letter of Peter to Philip, James, and a Book of Allogenes from Codex Tchacos*, Washington: National Geographic 2007을 참조하여 번역하였다.

46 「유다 복음서」 34:7-10(송혜경, 앞의 책, 2014b, 283쪽).

47 2세기 세트파 신화와 「유다 복음서」가 갖고 있는 세트파 세계관에 대한 가장 뛰어난 해설서는 April DeConick, *The Thirteenth Apostle: What the Gospel of Judas Really Says*, Continuum 2007이다.

48 「유다 복음서」 34:15-18.

그런데 유다는 예수의 정체를 올바로 알아보았다. 예수가 제자들이 잘못된 의례를 행하고 있으며, 그들이 섬기는 신은 참된 신이 아니라고 비판했을 때 제자들은 속으로 예수에게 크게 화를 냈지만, 그들은 영이 약해서 예수 앞에 감히 설 수도 없었다. 그때 유다가 말하였다. "나는 당신이 누구이며 어디로부터 왔는지 압니다. 당신은 바르벨로의 불멸 세계로부터 왔습니다. 그리고 나는 당신을 보내신 분의 이름을 발음할 자격조차 없습니다"[49]라고 말하였다.

유다의 이 고백은 유다가 예수의 정체를 정확하게 파악했음을 보여 준다. 원시 기독교의 여러 문헌에서 예수의 정체를 정확하게 알아보고 고백하는 자는 최고의 권위를 가진 자임을 의미한다. 「마태오 복음서」에서 베드로는 예수를 "선생님은 살아 계신 하느님의 아들 그리스도이십니다"라고 대답한 공로로 예수로부터 수제자로 인정을 받았다.[50] 외경인 「토마스 복음서」에서 다른 제자들이 예수의 정체에 대해서 엉뚱한 대답을 했을 때 토마스는 "당신이 누구와 비슷한지 제 입으로는 도저히 말을 못하겠습니다"라고 대답하였다.[51] 예수는 이에 대해서 "나는 너의 스승이 아니다. 내가 직접 크기를 잰 샘에서 솟아오르는 물을 네가 이미 마시고 취하였기 때문이다"[52]라고 대답하였다. 「토마스 복음서」에서 예수와 토마스의 대화는 토마스가 예수를 최고의 신적인 존재로 인식하고 고백하였고, 예수가 토마스를 제자가 아니라 동료로 인정했다는 것으로 해석된다.[53]

이렇게 정경과 외경 모두에서 예수의 정체를 똑바로 알아본 제자는 그 자체로 특별한 존재, 가장 탁월한 제자임을 입증하는 것이다. 따라서 유다가 예수의 정체를 올바르게 알아보았다는 것은 그가 예수의 제자 가운데

---

49 「유다 복음서」 35:15-20(송혜경, 앞의 책, 2014b, 284쪽).
50 「마태오 복음서」 16:16-18.
51 「토마스 복음서」 13:3.
52 「토마스 복음서」 13.
53 송혜경, 앞의 글, 2008, 42~44쪽.

매우 특별한 존재, 예수의 수제자임을 의미한다. 유다가 예수의 정체를 올바로 알아보는 명민함을 발휘하자 예수는 "다른 제자들로부터 떨어져라. 내가 너에게 그 나라의 비밀을 말해 주겠다"[54]라고 말하고, 그를 특별히 불러서 우주와 인간, 그리고 유다의 운명에 대해서 자세히 설명해 주었다.

이 자세한 설명이 「유다 복음서」의 내용에서 매우 많은 부분을 차지한다. 「유다 복음서」의 구성을 살펴보면 이 사실을 잘 알 수 있다. 「유다 복음서」는 총 세 개의 장면으로 구성되어 있는데, 장면 1에서는 유다가 예수의 정체를 바로 알아보는 이야기가 나오고, 장면 2에서는 예수가 제자들을 가르치는 장면이 나오는데 이 장면은 예수가 유다에게 인간의 세대에 대해서 질문하는 것으로 끝맺는다. 장면 3은 가장 긴 부분인데 거의 전적으로 예수와 유다의 대화로 구성되어 있다.[55] 따라서 형식적인 구성으로 보면, 「유다 복음서」의 주인공은 유다임에 틀림없다. 유다가 예수의 수제자로 인정을 받고, 예수에게서 가르침을 받은 것으로 구성되어 있기 때문이다.

「유다 복음서」의 주인공으로서 유다의 활동은 그의 배신에서 절정에 달한다. 예수는 유다에게 마지막 날에 여러 종류의 사람들이 무엇을 할 것인지에 대해서 계시하고 있었는데, 유다에 대해서는 "그러나 너는 다른 제자들 모두를 능가할 것이다. 왜냐하면 너는 나를 옷처럼 둘러싸고 있는 그 남자를 희생시킬 것이기 때문이다"[56]라고 말하였다. 예수의 가르침을 받은 유다는 예수를 배반하여 죽게 하였다. 유다의 배신은 예수에게 주는 최고의 선물인데, 영지주의 세계관에 의하면 육체는 영혼을 가두고 있는 감옥이기 때문이다. 예수도 이 감옥에 갇혀 있었는데, 유다의 배신으

---

54 「유다 복음서」 35:24-25.
55 김동수, 앞의 글, 2006, 128~29쪽은 「유다 복음서」의 내용 구조를 잘 제시하고 있다.
56 「유다 복음서」 56:17-18(송혜경, 앞의 책, 2014b, 304쪽).

로 육체에서 그의 영혼이 해방되어 천상으로 돌아갈 수 있었다.[57]

이렇게 유다가 예수의 수제자로서 예수로부터 우주와 인간에 대한 가르침을 받았고, 예수의 권유로 그의 영혼을 해방하는 임무를 완수하였기에 유다는 축복받은 존재이다. 그는 생을 마치면 빛나는 구름 속으로 들어갈 것이고, 그 후 "열세 번째가 될 것이다.[58] 다른 세대들은 그를 저주할 것이지만 유다는 그들을 다스리게 될 것이다."[59] 결국 유다는 「유다 복음서」의 참된 영웅이다.[60]

악한으로서 유다상

「유다 복음서」를 얼핏 보면 유다가 영웅인 것 같지만 정밀하게 읽어보면 그렇지 않다. 「유다 복음서」 44장 21절에서 예수는 유다를 '열세 번째 다이몬'이라고 불렀다. 마빈 마이어가 주도하는 팀은 이 단어를 '영'(spirit)으로 번역했지만, 원어를 살려서 다이몬이라고 번역해야 한다. 이렇게 번역할 경우 다이몬은 사악한 영이다. 특히 '열세 번째'라는 단어가 중요한 의미를 갖고 있다. 세트파 신화에서 '열세 번째' 에온은 물질세계를 창조한 얄다바오트가 지배하는 영역이다. 따라서 '열세 번째 다이몬'은 얄다바오트를 대변하는 존재이거나 얄다바오트의 화신을 의미한다.[61]

---

57 로돌프 카세르·마빈 마이어·그레고르 부르스트, 김환영 옮김, 『예수와 유다의 밀약: 유다복음』, 이엔이미디어 2008, 150쪽.

58 '열세 번째'가 무엇인지에 대해서는 논란이 있다. 「유다 복음서」 본문에서 '열세 번째'라는 단어는 두 차례 나오는데, 처음 나올 때 이 단어 뒤에 '다이몬'이 붙어 있었다. 따라서 여기서 '열세 번째' 뒤에는 다이몬이 생략되어 있다고 보는 것이 맞다.

59 「유다 복음서」 46:22-23.

60 Bart Ehrman, *The Lost Gospel of Judas Iscariot*, Oxford University 2006b, pp. 138~39.

61 April DeConick, 앞의 책, 2007, pp. 52~54; April DeConick, 앞의 글, 2008, p. 242.

유다가 얄다바오트를 대변하는 인물이라는 사실은 「유다 복음서」의 문맥에서도 확인된다. 「유다 복음서」에는 별이 15회 이상 등장하는데, 이는 「유다 복음서」가 작성된 시기의 어떤 문헌보다 많은 것이다.[62] 「유다 복음서」에 별이 이렇게 많이 등장하는 것은 「유다 복음서」가 모든 사람은 각자의 별을 갖고 있으며, 그 별의 지도에 따라 살아가는 운명적인 존재라는 세계관을 갖고 있기 때문이다.[63] 특히 유다의 별은 4회 등장하는데, 이 가운데 장면 3 초입에서 유다는 환상 중에 천상의 집을 보고, 예수에게 자신이 그 집으로 들어갈 수 있게 해달라고 청하였다. 그러자 예수는 "너의 별이 너를 잘못 인도하였다"라고 대답한다.[64] 예수의 이 답은 유다가 자기 스스로 운명을 결정하는 존재가 아니라 천상의 별의 통제를 받는 존재임을 의미한다.

유다가 얄다바오트와 연관된 다이몬이라는 사실은 유다를 긍정적인 인물로 파악하는 근거로 이용되었던 구절의 재해석을 요구한다. 유다가 「유다 복음서」에서 주인공으로 보이는 가장 중요한 근거 중의 하나는 다른 제자들은 모두 예수의 참 정체를 몰라보았는데, 오직 유다만이 그가 '바르벨로의 세계'에서 온 신이라는 것을 알아보았다는 것이다. 「마르코 복음서」는 이 사실을 새롭게 해석할 근거를 제공한다. 「마르코 복음서」에 따르면, 예수가 지상 사역을 시작하였을 때 제자들은 그의 정체를 제대로 알아보지 못하였다. 그런데 귀신은 예수가 '하느님의 거룩한 자',[65] '하느님의 아들'[66]임을 알아보았다. 이 사실에 비추어보면 유다가 예수의 정체를 알

---

62 N. Lewis, "Fate and the Wandering Stars", April DeConick(ed.), *The Codex Judas Papers*, Brill 2009는 「유다 복음서」에서 별이 중요한 역할을 하고 있는 부분, 즉 33:22-47:1과 54:13-58:26이 별도로 작성되었을 가능성을 탐색하였다.

63 「유다 복음서」 42:7-8, 54:13-55:11.

64 「유다 복음서」 45:13.

65 「마르코 복음서」 1:24.

66 「마르코 복음서」 3:11.

수 있었던 것은 그가 얄다바오트의 통제를 받는 사악한 다이몬이기 때문이다. 따라서 유다가 예수의 정체를 알아보았다는 것은 그가 긍정적인 영웅이 아니라 사탄의 지배를 받는 사악한 존재임을 의미한다.

「마르코 복음서」에서 귀신들이 예수의 정체를 알아보았을 때 예수는 그들에게 거듭해서 자신의 정체를 말하지 말라고 명령했듯이, 예수는 유다가 자신의 정체를 알아보자 그를 따로 불러서 가르침을 주었다. 유다는 예수에게서 가르침을 받아서 뛰어난 존재가 되고 영원한 구원을 받기를 원하였다. 그런데 예수는 유다가 '거룩한 세대'에 들어갈 수 없는 운명을 타고났음을 밝힌다. 앞에서 살펴보았듯이 유다는 「유다 복음서」 장면 3에서 환상 중에 천상에 그 크기를 가늠할 수 없는 거대한 집을 보았다. 유다는 위대한 사람들이 그 집에 들어가고자 노력하는 장면을 보고 예수에게 "선생님, 이 사람들과 저를 이 집 안으로 데려가 주십시오"라고 말한다. 그러자 예수는 "유다야, 너의 별이 너를 잘못 인도하였다. 죽을 운명을 가지고 태어난 사람은 네가 본 그 집에 들어갈 자가 없다"[67]라고 대답하였다. 예수의 대답은 유다가 거룩한 세대에 속하지 않음을 명확히 보여준다.

전통주의자들은 예수가 유다에게 가르침을 시작하는 첫 구절은 이런 해석에 어긋난다고 주장했다. 예수가 유다에게 "다른 제자들로부터 떨어져라. 내가 너에게 (하늘) 나라의 신비들을 말해 주겠다"라고 말했기 때문이다.[68] 그러나 이 구절에서 유다가 (하늘) 나라에 들어갈 수 있는지 명확하지 않다. 예수는 유다에게 (하늘) 나라의 신비를 말해 주겠다고 말하고, 곧이어 "네가 그곳에 가게 하려는 것이 아니라, 네가 크게 비통하게 하려는 것이다"라고 말했기 때문이다. 이 말이 무슨 의미인지 제대로 파악하기 힘들다. 더욱이 예수가 말한 나라의 의미도 모호하다. 영지주의자들이

---

67 「유다 복음서」 45:13-19.
68 「유다 복음서」 35:24-27.

가고자 하는 천상을 말하는지, 아르콘들 ── 천상계 밑에 존재하는 물질세계의 지배자들로 악한 신들을 돕는다 ── 이 지배하는 낮은 등급의 영역인지 명확하지 않다. 후자일 가능성이 크다. 왜냐하면 그곳이 천상의 거룩한 세대들이 거하는 곳이라면 유다가 비통해야 할 이유가 없기 때문이다.[69]

「유다 복음서」에는 유다가 '비통했다'라는 구절이 3회 등장하는데, 특히 두 번째 구절은 유다의 운명을 이야기하면서 등장한다. 예수는 유다의 운명에 대해서 "그러나 너는 그 나라와 모든 세대를 보면 매우 비통할 것이다"라고 말한다.[70] 유다의 운명이 영광으로 끝난다고 생각한다면 이 구절의 문맥을 제대로 파악할 수 없다. 유다가 자신의 운명에 대해 설명을 듣고, 그것이 비극적인 것이기에 비통해했다고 파악해야만 그 문맥을 이해할 수 있다.

이렇게 해석하면 예수가 그의 운명을 말해 주었을 때 유다가 한 대답도 잘 이해할 수 있다. 유다는 "제가 그것을 받은 것이 무슨 소용이 있습니까? 왜냐하면 당신은 저 세대로부터 저를 따로 떼어 놓으셨습니다"라고 대답한다.[71] 여기서 저 세대는 거룩한 세대를 의미하고 유다는 자신의 운명이 거룩한 세대에 들어가지 못한다는 것을 알고는 도대체 당신의 가르침을 배우는 것이 무슨 소용이 있습니까?라고 묻고 있다. 따라서 이 대화에서도 유다의 비극은 지속되고 있다.

유다가 비극적인 인물이라는 것은 그의 인생에서 가장 중요한 행위, 즉

---

69 G. S. Robinson, "The Gospel of Judas: Its Protagonist, Its Composition, and its Community", April DeConick(ed.), *The Codex Judas Papers*, Brill 2009, p. 79.

70 「유다 복음서」 46:11-13(송혜경, 앞의 책, 2014b, 294쪽).

71 「유다 복음서」 46:16-18(송혜경, 같은 책, 2014b, 294쪽). 마빈 마이어가 주도하는 「유다 복음서」 편집팀은 이 구절에서 "당신은 저 세대를 위해 저를 따로 떼어놓으셨습니다"라고 해석하였다. 이 구절을 본문처럼 해석한 데코닉이 옳다고 생각한다. 데코닉의 해석에 대해서는 April DeConick, 앞의 글, 2008, p. 243을 보라.

예수를 팔아넘긴 것에서 정점에 도달한다. 「유다 복음서」 말미에 예수는 "그러나 너는 다른 제자들 모두를 능가할 것이다. 왜냐하면 너는 나를 옷처럼 둘러싸고 있는 그 남자를 희생시킬 것이기 때문이다"[72]라고 말하였다. 유다를 영웅으로 보려는 학자들은 유다는 예수가 영지주의 세계관에 따라서 부정적 존재인 육체를 벗어버릴 수 있도록 도왔다고 해석하고 있다.

그러나 이렇게 해석하는 것은 잘못이다. 왜냐하면 이 구절 바로 앞에 예수가 제자들이 사클라스에게 희생 제사를 드리는 것이 사악한 것이라고 이야기했기 때문이다. 유다가 예수를 희생 제사를 드리는 것 역시 사악한 것으로 보아야 한다. 이 구절에서 유다가 누구에게 희생 제사를 드린다는 이야기가 나오지 않는데, 희생 제사를 받는 존재는 사악한 신인 얄다바오트로 보아야 한다. 그렇다면 다른 제자들은 짐승들을 하위의 신들에게 희생 제사를 드리기 때문에 사악하고, 유다는 하느님의 아들인 예수를 사악한 신들의 대장인 얄다바오트에게 희생 제사를 드리기 때문에 가장 사악하다. 다시 말해 유다가 다른 모든 제자를 능가할 것이라는 예수의 말은 유다가 다른 제자들보다 긍정적으로 뛰어나다는 것을 설명하는 것이 아니라 유다가 다른 제자들보다 사악한 일을 함에 있어서 가장 뛰어나다고 해석해야 한다.

그렇다면 예수는 제자인 유다에게 그렇게 사악한 행동을 요청하였는가? 유다를 영웅으로 보려는 학자들은 예수가 그렇게 요청하였고 유다가 고민 끝에 결단을 내려서 수용했다고 해석한다. 그러나 「유다 복음서」 문맥에서 예수가 그런 행위를 요청했다는 내용은 전혀 없다. 예수는 사복음서에 나오듯이 단순히 예언했을 뿐이다.[73] 따라서 유다의 행위는 예수의

72 「유다 복음서」 56:17-21.
73 B. Pearson, "Judas Iscariot in the Gospel of Judas", April DeConick(ed.), *The Codex Judas Papers*, Brill 2009, pp. 144~46.

요청으로 이루어진 것이 아니며, 그 행위로 인해서 그가 일생의 가장 위대한 업적을 남겨 영웅이 된 것도 결코 아니다.

이렇게 해석하는 것에 걸림돌이 될 것 같은 구절이 있다. 예수가 유다가 자신을 배반할 것임을 예언한 후에 유다는 눈을 들어 하늘에 있는 빛나는 구름을 보았고, 그곳으로 들어갔다.[74] 유다가 빛나는 구름 속으로 들어갔다는 것은 일견 그가 영광스러운 최후를 맞이한 것을 의미하기에 전통주의 견해를 뒷받침하는 것으로 파악할 수 있다. 그러나 영지주의 문헌에서 구름은 결코 긍정적인 요소가 아니다. 그것은 소피아가 그녀가 낳은 괴물 신을 숨기기 위해서 만든 것이다.[75]

그렇다면 유다는 그 빛나는 구름 속으로 왜 들어갔는가? 이 사실을 이해하는 데 도움이 되는 문서가 있다. 그것은 나그함마디 문헌 가운데 하나인 「거대한 권능의 개념」(Concept of Our Great Power)이다. 이 문서에 따르면 예수가 지상 사역을 통해서 '최고신'의 존재를 알리고 인간에게 영지를 통해서 구원의 길을 열어주고자 하자, 물질세계의 지배자인 아르콘이 상황이 불리해지고 있음을 깨닫고 화가 났다. 그들은 예수를 죽임으로써 하늘의 신비가 인간에게 계속 계시되는 것을 막기 위해서 노력하였다. 이들 아르콘이 유다의 영혼에 들어가 유다를 조종하여 예수를 배반하게 하였다. 그리하여 예수의 지상 사역은 끝났지만, 아르콘은 예수의 육체를 붙잡지는 못하였다. 예수의 육체는 붙잡을 수 있는 것이 아니었기 때문이다. 아르콘의 의도와 달리 그들의 행위는 역효과를 냈는데, 예수가 죽은 이후 인간의 영혼이 하늘로 올라가는 종말이 시작됨으로써 인간의 구원이 구체화되었기 때문이다.[76]

---

74 「유다 복음서」 57:22-23.

75 April DeConick, 앞의 글, 2008, p. 256.

76 「거대한 권능의 개념」 40:24-42:31(Marvin Meyed(ed.), *The Nag Hammadi Scriptures*, HarperOne 2007, pp. 397~98).

유다의 배신은 바로 이런 시각에서 보아야 한다. 예수가 지상 사역을 시작하자 물질세계를 지배하는 아르콘은 그를 죽이고자 협력자를 찾았고, 그렇게 선택된 자가 유다이다. 유다는 아르콘이 조정하는 다이몬으로서 예수를 배반하게 될 비극적인 운명의 소유자이다. 그가 하늘의 빛나는 구름 속으로 들어갔다는 것은 아르콘들의 통제 속으로 들어갔다는 것을 의미한다. 그렇게 아르콘들의 통제를 받게 된 유다는 예수의 육체를 물질세계의 최고신에게 희생 제사를 드렸고, 따라서 그의 희생 제사는 모든 희생 제사 가운데 가장 사악한 것이다.[77]

유다가 예수를 배반한 것은 이렇게 사악한 것이지, 유다를 영웅으로 보려는 학자들의 주장처럼 결코 긍정적인 것이 아니다. 그들은 유다의 배신으로 예수가 육체에서 해방되었다고 주장한다. 육체가 영혼을 가두고 있는 감옥이라는 명제는 영지주의 세계관 일반에서 타당하다. 그러나 이는 「유다 복음서」의 예수에게는 적용될 수 없다. 「유다 복음서」에 따르면, 예수는 죽기 이전에 이미 '거룩한 세대'를 자유롭게 오갔기 때문이다.[78] 이는 그의 육체가 보통의 인간이 갖고 있는 것과 근본적으로 다른 것임을 의미하고, 그의 영혼이 육체에 갇히지 않은 것임을 의미한다. 따라서 유다가 예수를 배반해서 죽게 한 것은 결코 예수에게 도움이 되는 행동이 아니다. 이 행위로 유다가 영웅이 되었다고 판단하는 것은 잘못이다.

모호함의 해소를 위하여

앞에서 살펴보았듯이, 유다를 영웅으로 보려는 전통주의자들의 견해와

---

77 April DeConick, 앞의 글, 2008, pp. 260~61.

78 「유다 복음서」 36:16-17. Stephen Emmel, "The Presuppositions and the Purpose of the Gospel of Judas", in Madeleine Scopello(ed.), *The Gospel of Judas in Context*, Brill 2008, pp. 33, 38.

그들의 근거는 많은 문제점을 안고 있다. 오히려 유다를 악한으로 보는 것이 「유다 복음서」의 전체 문맥을 훨씬 올바르게 이해할 수 있게 해준다. 그럼에도 불구하고 전통주의자들의 대변인인 마빈 마이어는 그의 견해를 계속 견지하고 있다. 그의 이런 태도를 단적으로 보여 주는 것은 '열세 번째 다이몬'을 어떻게 해석할 것인가의 문제이다. 앞에서 살펴보았듯이 마이어는 2006년 「유다 복음서」를 처음 발표할 때 유다를 '열세 번째 영'이라고 해석하였다.

수정주의 견해를 대변하는 데코닉은 「유다 복음서」 원문을 보면 '열세 번째 다이몬'으로 되어 있으며, 다이몬은 부정적인 존재이기에 번역을 고쳐야 한다고 주장하였다. 마이어는 그녀의 비판을 받아들여서 2007년 비평본에서는 '열세 번째 다이몬'이라고 번역하였다.[79] 그러나 마이어는 2007년 이후 발표한 여러 글과 강연에서 「유다 복음서」의 목적은 유다의 복권이며, 유다는 「유다 복음서」의 영웅이라고 주장하였다. 그는 다이몬이 유대-기독교 문헌에서 부정적인 존재로 나오는 것은 맞지만, 「유다 복음서」가 플라톤의 세계관을 강하게 반영하고 있기 때문에 그리스 문헌의 용법에 따라서 긍정적인 존재로 보아야 한다고 주장하였다.[80]

그러나 마이어의 주장은 근거가 박약하다. 「유다 복음서」는 2세기 세트파의 문헌이기에 세트파의 신앙 안에서 보는 것이 타당하고, 좀 더 스펙트럼을 넓힌다고 해도 기독교 형성기의 유대 문헌이나 원시 기독교의 문헌에 비추어 해석해야 한다. 그런데 세트파의 문헌들, 즉 「요한의 비밀 가

---

79 R. Kasser and Gregor Wurst, 앞의 책, 2007, p. 207.

80 Marvin Meyer, *The Thirteenth Daimon: Judas and Sophia in the Gospel of Judas*, Internet Edition 2008, p. 3; Marvin Meyer, *The Gospel of Judas: On a Night with Judas Iscariot*, Wipf and Stock 2011a, pp. 9~10; Marvin Meyer, *The Gospels of Judas, Mary, and Thomas: The Rehabilitation of Marginalized Disciples in Early Christian Literature*, Internet Edition 2011b에서 데코닉의 주장을 수용할 수 없다고 주장하였다.

르침」, 「아르콘들의 실체」, 「조스트리아노스」, 「멜기세덱」, 「세 가지 형태로 이루어진 최초의 사고」, 「이집트인의 복음서」 등에서 다이몬은 부정적인 존재로 나온다. 예를 들어 「세 가지 형태로 이루어진 최초의 사고」에서 물질세계의 창조주가 다이몬이라고 불린다. 이렇듯 세트파 문헌에서 다이몬이 부정적인 존재로 등장하는데, 유독 「유다 복음서」만이 이 단어를 긍정적으로 사용하고 있다는 주장은 받아들이기 곤란하다.[81]

이렇게 전통주의의 근거가 무너지고 있지만 여전히 상당수의 학자들은 「유다 복음서」에 '모호함'이 있고, 「유다 복음서」에서 유다는 양가적인 모습으로 등장한다는 애매한 태도를 취하고 있다.[82] 이렇게 유보적인 태도를 취하는 것이 일정 부분 타당할지도 모른다. 「유다 복음서」의 훼손이 심하여 복원이 완벽하게 이루어지지 않았고, 그로 인해서 중요한 부분에서 의미가 불명확한 경우가 많기 때문이다.[83] 더욱이 몇몇 쟁점의 경우 문장을 어떻게 해석하는가에 따라서 판단이 달라진다. 예를 들어 「유다 복음서」마지막 부분에 "유다가 자기 눈을 들어 빛나는 구름을 보았고, 그는 거기로 들어갔다"[84]라는 구절이 있다. 전통주의자들은 이 구절에서 '그'는 당

---

81 B. Pearson, 앞의 글, 2009, pp. 139~40. 다이몬은 기독교 탄생기 유대 기독교 문헌 대부분에서 부정적인 함의를 갖고 있다. 그러나 Ignatius, *To the Smyrneans*, 3, 2에서 부활한 예수는 베드로를 비롯한 제자들에게 나타나서 "잡아보아라, 나를 만져보아라, 그리고 내가 육체가 없는 다이몬이 아님을 보아라"고 말하였다. 이 구절에서 다이몬은 부정적인 의미가 없는 '영'이라는 의미이다. 이 구절은 '베드로의 가르침'(Petri doctrina)에도 나온다. 이에 대해서는 M. Mitchell, "Bodiless Demon and Written Gospels: Reflections on the Gospel According to the Hebrews in the Apostolic Fathers", *Novum Testamentum* 52-3, 2010, pp. 224~26을 보라.

82 Wilhelm Pratscher, "Judas Iskariot im Neuen Testament und im Judasevangelium", *Novum Testamentum* 52, 2010, pp. 9~10을 보라.

83 현재 「유다 복음서」의 본문 85퍼센트가량을 복원한 것으로 생각된다. 이에 대해서는 S. Pennington, "The Enigma of the Life and Work of Judas Iscariot", A Thesis of The University of Georgia, 2010, p. 26을 보라.

84 「유다 복음서」 57:22-23.

연히 유다를 의미하고, 이는 유다가 영광스럽게 이 세상을 떠났음을 의미한다고 주장한다.

수정주의자들은 이런 해석에 반대한다. 수정주의자들이 반대하는 이유는 두 가지이다. 어떤 수정주의자들은 앞에서 설명했듯이, 구름을 부정적인 존재로 본다. 또 다른 수정주의자들은 이 구절에서 '그'는 유다가 아니라 예수라고 주장한다. 이들의 주장에 따르면 예수의 영혼이 하늘로 올라갔고 유다는 그것을 바라보았을 뿐이다.[85] 이렇게 구름으로 들어간 사람이 누구인지 명시되어 있지 않은 상황에서 '그'를 누구로 보는가는 학자 각자의 문맥을 보는 시각에 따라 달라질 수밖에 없다. 따라서 「유다 복음서」의 '모호함'을 완전히 해소하는 것은 불가능하다고 볼 수 있다.

그럼에도 불구하고 우리는 모호함을 최대한 해소하려는 시도를 해야한다. 이를 위해서 우리가 확인해야 할 가장 중요한 사실은 과연 「유다 복음서」의 목적이 유다의 복권인가이다. 전통주의자들은 2세기의 여러 외경이 주의 형제 야고보, 토마스, 마리아 막달레나의 복권을 시도하고 있다는 사실을 강조함으로써 「유다 복음서」도 당연히 유다의 복권을 시도하고 있다고 주장한다. 그러나 이 시각에는 근본적인 문제가 있다. 주의 형제 야고보, 토마스, 마리아 막달레나는 예수가 죽은 뒤에도 활동하였고, 그들의 대의를 계승한 집단이 확인된다. 주의 형제 야고보는 예루살렘 교회의 수장으로 62년까지 활동하였고, 그가 죽은 후에도 '유대파' 기독교도들이 그의 신앙을 계승하기 위해서 노력하였다. 토마스는 여러 전승에서 시리아와 동쪽 지역에서 선교하였으며, 그를 계승하는 집단이 있었음이 확인된다. 마리아 막달레나는 주의 형제 야고보나 토마스와 같이 명확하지는 않지만 그녀가 1세기 후반에 상당한 위상을 지니고 있었음은 명확하다. 1~2세기의 여러 자료가 그녀가 베드로나 바울로에 못지않은 위

---

85 B. Pearson, 앞의 글, 2009, p. 148.

상을 지니고 있었음을 입증하고 있기 때문이다.[86]

그런데 유다는 예수가 죽고 난 후 곧 자살하였다. 1~2세기의 그 어떤 문헌에도 예수가 죽은 후에 유다가 활동하였음을 암시하는 언급이 나오지 않는다. 심지어 그 어떤 외경 자료에도 그가 활동을 했다는 진술이 전혀 없다. 이는 예수 사후에 유다가 어떤 활동을 통해서 그의 신앙을 계승하는 집단을 만들지 않았음을 의미한다. 예수 사후 유다가 단절된 인물이 된 것은 「유다 복음서」 자체에서도 확인된다. 주의 형제 야고보, 마리아 막달레나의 복권을 시도하는 문헌은 모두 부활한 예수가 그들에게 나타났고 계시를 주었다고 말하고 있다. 「토마스 복음서」는 그렇지 않지만 이는 토마스 복음의 주제가 예수 생전의 어록을 전하기 때문이다. 그런데 「유다 복음서」에는 부활한 예수가 유다에게 계시를 주었다는 내용이 없다. 이 사실은 매우 중요한데 1세기 기독교에서 부활한 예수가 나타나 계시를 주었다는 것은 계시를 받은 인물의 권위를 뒷받침하는 기준으로 여겨졌기 때문이다. 따라서 「유다 복음서」에 부활한 예수가 등장하지 않는 것은 「유다 복음서」의 목적이 유다의 복권이 아님을 뒷받침한다.

그렇다면 「유다 복음서」의 목적은 무엇인가? 「유다 복음서」는 유월절을 준수하기 3일 전, 8일 동안 예수가 유다에게 준 계시를 제시하고 있다. 「유다 복음서」가 수난을 앞둔 8일 동안의 행적에 집중한 것은 사복음서가 제시하는 수난을 재해석하려는 것이다. 이는 「유다 복음서」 구조에서 뚜렷하게 확인된다. 먼저 「유다 복음서」는 예수의 마지막 8일을 사복음서와 유사하게 재구성하고, 거기에 대응하는 사건을 배치하였다. 이 사실을 도표로 살펴보면 다음과 같다.

---

86 Rena Pederson, *The Lost Apostle: Searching for the Truth About Junia*, Jossey-Bass 2006, p. 21.

정경 복음서와 「유다 복음서」의 수난 재구성 비교[87]

정경 복음서	「유다 복음서」
성만찬(「마태오 복음서」 26:26~29)	성만찬에 대한 비판(33, 22~34, 17)
겟세마니에서 기도와 제자들 견책(「마태오 복음서」 26:36~41)	거룩한 세대를 다녀옴과 제자들에 대한 비판(36, 9~37, 26)
성전 방문	제자들의 성전과 희생 제사에 대한 비판(38, 1~39, 15; 39, 15~17; 39, 18~44, 14)
공관복음서의 묵시와 계시(「마태오 복음서」 24:3~25:46)	세트파의 구원론(44, 15~57, 14)
유다의 사라짐(「요한 복음서」 13:27~30)	유다의 사라짐(57, 15~58)
유다가 예수를 넘겨줌(「마태오 복음서」 21:26)	유다가 예수를 넘겨줌(58, 9~26)

이 도표를 보면 「유다 복음서」의 저자가 사복음서의 수난 구조에 맞추어 「유다 복음서」를 저술하였음을 명확히 알 수 있다. 「유다 복음서」가 이런 구조를 갖고 있는 것은 「유다 복음서」가 예수의 수난을 재해석하고 그것을 통해서 2세기 정통 교회의 주요 교리와 성직자를 비판하려는 목적을 가지고 있기 때문이었다. 「유다 복음서」가 주요 비판 대상으로 삼은 것이 성만찬, 예수에 대한 고백, 성직자들의 악행이었다는 사실은 이런 해석을 뒷받침한다.

이렇듯 「유다 복음서」의 목적은 수난을 재해석하여 정통 교회를 비판하려는 것이다. 유다를 복권하는 것이 이 목적에 도움이 될 수 있는가?

---

87 Frank Williams, "The Gospel of Judas: Its Polemic, its Exegesis, and its Place in Church History", *Vigiliae Christianae* 62-4, 2008, pp. 374~75.

전혀 그렇지 않다. 유다는 예수를 배반하여 저주받은 인물이었다. 악명이 높은 인물을 복권하는 일은 오히려 비난을 받기 쉽기 때문이다. 따라서 「유다 복음서」를 유다의 복권이라는 시각에서 보면 안 된다.

「유다 복음서」가 유다의 복권을 시도하지 않았다고 생각한다면 「유다 복음서」에서 관찰되는 유다에 대한 '모호함'이 어느 정도 해명 가능하다. 사실 사복음서에도 그에 대한 진술에는 모호함이 있으며, 그 모호함은 유다의 배반이 예수의 수난 완성에 필수적인 요소라는 데서 기인한다. 결국 유다는 대체적으로 악한 인물이지만, 그의 배반은 반드시 필요한 일이었고, 이 점에서 유다는 비극적인 인물이었다. 「유다 복음서」는 이런 양가성을 그대로 지니고 있고,[88] 그 때문에 어떤 측면에서는 유다가 영웅으로 보이기도 하는 것이다. 그렇지만 「유다 복음서」를 전체적으로 보면 그가 악한, 비극적인 인물임은 부정할 수 없다. 따라서 「유다 복음서」의 발견은 '가리옷 유다 딜레마'를 해소하지 못하였다.

그럼에도 불구하고 「유다 복음서」는 유다에 대해서 중요한 정보를 제공한다. 「유다 복음서」는 유다를 비극적인 인물로 설정하고 있기는 하지만, 그를 예수의 수제자로 제시하고 있다. 이 시각을 받아들이고 성경을 다시 읽어보면 「유다 복음서」의 진술이 허황된 헛소리만은 아니라는 것을 알 수 있다. 유다는 분명 예수 공동체의 금고를 책임지고 있었다. 예수가 그에게 금고 관리를 맡겼다는 것은 그를 매우 신뢰했다는 것을 의미한다. 예수는 또한 제자들 가운데 유일하게 그를 '친구' 혹은 '동료'라고 불렀다.[89]

그리고 유다는 최후의 만찬장에서도 예수 근처에 있었다. 「요한 복음서」에 따르면 예수가 제자들에게 제자 가운데 한 명이 자신을 팔 것이라고 말하자, 제자들은 그가 누구냐고 물었다. 이에 예수는 "내가 빵을 적

---

88 Wilhelm Pratscher, 앞의 글, 2010, pp. 9~10.
89 「마태오 복음서」 26:50.

셔서 줄 사람이 바로 그 사람이다" 하고 말씀하셨다. 그러고는 "빵을 적셔서 가리옷 사람 시몬의 아들 유다에게 주셨다."[90] 이 묘사를 보면 예수와 제자들은 3인용 장의자에 누워서 식사를 했으며, 예수 왼쪽에는 애제자였던 사도 요한이 있었고, 오른쪽에는 유다가 있었던 것 같다. 그래야 예수가 빵을 적셔주었다는 표현이 잘 해명된다.[91] 예수가 자신의 마지막 식사에서 유다를 오른쪽에 앉혔다는 것은 그가 제자단의 중요 인물이었음을 의미한다.[92]

90 「요한 복음서」 13:26.

91 게리 윌스, 권혁 옮김, 『예수는 그렇게 말하지 않았다』, 돈을새김 2007a, 167쪽;
    미타 마사히로, 이원두 옮김, 『성서의 수수께끼를 푼다』, 동방미디어 1998,
    204~05쪽.

92 유다에 대한 서술은 정기문, 앞의 글, 2020을 수정한 것이다.

제5장

마리아 막달레나:
사도들의 사도

예수가 사랑한 '창녀', 마리아 막달레나

마리아 막달레나는 원시 기독교의 여성 가운데 가장 많은 관심을 받았으며, 또 가장 논란이 많았던 인물이다. 아주 오래전부터 그녀가 예수의 애인이라는 주장이 있어왔고, 여러 유명한 작품들이 그런 상상을 더욱 부추겼다. 예를 들어 1971년 브로드웨이에서 상연되어 큰 인기를 끈 「지저스 크라이스트 슈퍼스타」(Jesus Christ Superstar)라는 작품에서 마리아 막달레나는 창녀였으며, 예수가 성적으로 매력을 느낀 인물로 묘사되어 있다. 또한 카잔차키스의 『그리스도 최후의 유혹』을 대본으로 하여 2002년에 스코세지 감독이 만든 영화 「그리스도 최후의 유혹」에서도 예수와 마리아 막달레나는 애인으로 등장한다.

극적인 이야기를 좋아하는 사람들은 마리아 막달레나를 창녀로 만드는 데 멈추지 않았다. 그들은 「요한 복음서」 8장에 나오는 여인, 즉 간음하다 현장에서 잡혀서 투석형으로 처형당할 위기에 있을 때 예수가 "너희 중에 누구든지 죄 없는 사람이 먼저 저 여자를 돌로 쳐라"고 말하면서 보호해 준 여인이 바로 마리아 막달레나라고 말하기도 한다. 그러나 이 여자가 마리아 막달레나라는 이야기는 후대에 만들어낸 허구일 뿐이다. 무엇보다 간음하다 현장에서 잡힌 여자를 예수가 구해 주었다는 이야기는 역사적으로 실제로 있었던 사건이 아니다. 필사본 연구에 따르면 그 이야기는 「요한 복음서」 원본에는 담겨 있지 않았다. 「요한 복음서」의 오래된 필사본에는 이 이야기가 없는데, 이는 이 이야기가 2세기 언젠가 창작되어 「요한 복음서」에 덧붙여졌다는 것을 의미한다.[1]

2003년에 출판된 댄 브라운(Dan Brown)의 소설 『다빈치 코드』는 예수와 '창녀'인 마리아 막달레나의 이루어지지 못한 사랑을 맺어준다. 그 소설에서 마리아 막달레나는 예수와 결혼하여 아이를 낳았다. 이런 설정은 대단히 신성모독적이지만, 댄 브라운은 소설가이니까 그런 이야기를 할 수도 있을 것이다.[2]

그러나 예수가 마리아 막달레나와 결혼했을 것이라는 추론은 그리 새로운 것이 아니다. 유대 사회가 결혼을 권장한 반면에 독신을 금기시했고, 베드로와 바울로를 비롯한 예수의 추종자들 또한 대부분 결혼하였으며,[3] 당시 유대인들이 결혼한 자만을 랍비라고 불렀다는 사실 등을 들어서 오

---

1 Keith Elliott and Ian Moir, *Manuscripts and the Text of the New Testament*, T&T Clark 1995, p. 40; D. C. Parker, *An Introduction New Testament Manuscripts and Their Texts*, Cambridge University Press 2008, pp. 342~43; 바트 어만, 민경식 옮김, 『성경 왜곡의 역사』, 청림출판 2006, 129~32쪽.

2 소설가뿐만 아니라 학자들 중에도 마리아 막달레나가 예수와 결혼하였거나 그의 성적 파트너였다고 생각하는 사람이 있다. 예를 들어 에스테르 더 부르(Esther de Boer)는 「요한 복음서」의 애제자가 마리아 막달레나이며, 그녀는 예수와 육체적으로 친밀했다고 주장하고 있다. 이에 대해서는 Marvin Meyer and Esther de Boer, *The Gospels of Mary: The Secret Tradition of Mary Magdalene, the Companion*, HarperCollins 2009를 보라. 마리아 막달레나를 예수의 아내로 보는 최초의 전통은 3세기의 교부인 히폴리투스에게서 발견된다. 이에 대해서는 소기천, 「초기 그리스도교 문서에 나타난 막달라 마리아의 사도적 정체성에 관한 연구」, 『예수말씀 연구』 4, 2014, 38~39쪽을 보라.

3 바울로는 자신이 독신이라고 이야기했음에도(「코린토 신자들에게 보낸 첫째 서간」 7:8) 불구하고 대부분의 학자들은 바리사이파 교육을 받은 바울로가 처음부터 결혼하지 않았을 리 없고 다만 그가 선교활동을 펼치기 이전에 아내가 죽었고 그 후에 독신으로 지냈다고 생각하고 있다.

래전부터 이런 추론이 있어왔다. 나그함마디 문헌 가운데 하나인 「필리포스 복음서」는 이런 추론에 힘을 더욱 보탰는데 거기에 마리아 막달레나가 '예수의 동반자'라고 적혀 있기 때문이다. 그러나 예수가 결혼했는지를 확실히 입증하는 증거는 하나도 없다. 이렇게 증거가 없는 일에 대해서 상상하는 것은 자유이지만 가급적 언급하지 않는 것이 좋을 것이다.

마리아 막달레나를 예수의 부인이라고 주장하는 사람들에게도 문제가 있지만, 사실 그보다 더 문제가 되는 것은 보수적인 기독교도의 태도이다. 예전에 많은 기독교 신자들이 마리아 막달레나가 창녀라고 주장하곤 했는데, 이는 브라운의 소설만큼이나 허구적이며, 또한 인신모독적인 언사이다. 그녀가 창녀라고 주장하는 사람들은 그녀가 곧 「루카 복음서」 7장에 나오는 '죄를 지은 한 여자'라고 말한다.[4] 이런 주장은 이미 3세기 로마의 교부였던 히폴리투스에게서 발견되며, 591년 교황 그레고리우스 1세(Gregorius I)가 공식적으로 인정하였다.[5] 그레고리우스 1세는 「루카 복음서」 7장에 대해서 설교하면서 "「루카 복음서」에 나오는 죄를 지은 한 여자는 바로 창녀였으며, 일곱 귀신이 들렸던 마리아 막달레나였다. 그 일곱 귀신은 모든 악덕을 의미한다"라고 말하였다.[6] 그 후 대부분의 기독교 신자들은 마리아 막달레나가 창녀라는 설을 계속 믿어왔다.[7]

---

4 Jane Schaberg, *Resurrection of Mary Magdalene: Legends, Apocrypha, And The Christian Testament*, Continuum 2004, pp. 73~77. 「루카 복음서」의 저자가 예수의 발에 기름을 부은 여자를 죄인으로 묘사한 것은 예수에게 기름부음이 강한 정치적인 의미를 지니고 있기 때문이다. 같은 장면을 묘사하는 「마르코 복음서」나 「마태오 복음서」에는 기름부음을 한 여자는 죄인이 아니며, 기름을 부은 곳도 발이 아니라 머리이다. 이는 기름을 부은 사람이 사제로서 예수에게 기름을 부어서 예수를 메시아로 임명했다는 의미를 갖고 있다. 「루카 복음서」의 저자는 이런 의미를 받아들일 수 없었기 때문에 그녀를 죄인으로 만들어 기름부음의 의미를 완화하였다.

5 안연희, 앞의 글, 2015, 278~79쪽.

6 Bart Ehrman, 앞의 책, 2006a, pp. 190~91.

7 채승희, 「초대교회의 마리아 막달레나의 표상 변화에 대한 역사적 고찰」, 『한국기독교신학논총』 56, 2008, 103~05쪽. 서방교회와 달리 동방교회는 마리아 막달레나가

그러나 이 '죄 있는 여자'가 마리아 막달레나라는 언급은 성경 어디에서도 찾아볼 수 없다. 마리아 막달레나를 창녀라고 이야기하는 것은 후대에 만들어낸 이야기에 불과하며, 후대의 기독교 지도자들이 그렇게 한 것은 그들이 남성 중심 사회의 구조를 공고히 하려는 의도 속에서 그녀의 권위를 낮추기 위해서 벌인 '비열한' 행동이다. 비록 늦었지만 1969년 로마 가톨릭 교회는 그레고리우스 1세의 선언이 실수라고 공식적으로 인정하고 철회하였다.[8] 그럼에도 불구하고 지금도 상당수의 사람들이 여전히 그녀를 창녀라고 알고 있다.[9]

기독교 신자들의 여성 낮추기

마리아 막달레나가 죄인이자 창녀라는 부정적인 인물이 된 것은 그녀의 원래 지위나 역할을 반영한 것이 아니다. 뒤에서 살펴볼 것처럼 그녀는 베드로와 견줄 수 있을 정도로 권위가 높았으며, 1세기 기독교의 발전에서 중요한 역할을 한 인물이다. 그런데 그레고리우스 1세가 그녀를 창녀로 규정하기 오래전부터 남성과 가부장의 권위를 중요시하는 베드로와 바울로를 계승한 교회는 그녀의 권위를 낮추기 위해서 온갖 수단을 동원하였다.

이런 사실을 가시적으로 보여 주는 유적이 있다. 지금까지 기독교 신자들이 남긴 유적 가운데 최고는 단연 카타콤(catacomb)일 터인데, 이 카타콤 가운데에서도 가장 유명한 것이 로마의 도미틸라 카타콤이다. 도미틸라 카타콤은 조성 시기가 3세기로 매우 빠를 뿐만 아니라 보존 상태가

회개한 죄인이라고 규정하지 않았다. 이에 대해서는 Esther de Boer, 앞의 책, 2004, p. 4를 보라.

8 장 이브 를루, 박미영 옮김, 『막달라 마리아 복음서』, 루비박스 2006, 19쪽.

9 C. Bourgeault, 앞의 책, 2010, p. 6.

매우 좋다.

이 카타콤에는 원시 기독교 신자들의 신앙을 보여 주는 수많은 벽화가 그려져 있는데, 그 가운데 '작은 사도들의 아치형 묘실(墓室)'(arcosolium of the little apostles)에 있는 벽화가 유명하다. 이 묘실의 벽면은 상하로 구분되어 각각 그림이 그려져 있다. 윗부분에는 12사도가 예수를 중심으로 앉아 있는 모습이 묘사되어 있고, 아랫부분에는 어떤 여인이 가운데 있으며 그 여인의 좌우에는 베드로와 바울로가 서 있다.[10] 여인이 그림 가운데 있고, 베드로와 바울로가 양옆에 있다는 것은 그녀의 권위가 두 사도보다 더 높다는 것을 상징한다.

이 여인의 정체를 도저히 확인할 수 없는데, 후대에 누군가 여자가 베드로와 바울로를 대동하고 서 있는 모습을 마뜩잖게 여겨서 그 여인의 모습을 지워버렸기 때문이다.[11] 과연 이 여인은 누구일까? 1~2세기 기독교 세계에서 베드로와 바울로를 대동하고 있는 모습으로 그려질 수 있는 여인은 주의 어머니 마리아와 마리아 막달레나밖에 없다. 두 여인 가운데 마리아 막달레나일 가능성이 매우 높은데, 2~3세기 여러 자료에 마리아 막달레나가 사도를 가르치는 모습이 등장하기 때문이다.[12] 그녀의 모습을

---

10 Pontificia Commissione di Archaeology Sacra, *Roman and Italian Catacombs,* Domitilla 2002, p. 51.

11 http://www.domitilla.info/images/gallery2/057.jpg. 24; 정기문, 「2세기 이후 중세까지 이루어진 여성 폄하를 위한 성경 본문 변개」, 『서양중세사연구』 35, 2015b, 19~20쪽.

12 2~3세기 기독교 외경에 나타난 '마리아'가 누구인가에 대해서는 대부분의 학자들이 마리아 막달레나라고 생각하고 있다. 「마리아 막달레나 복음서」를 비롯한 대부분의 문헌 속에서 마리아가 예수에게 배우는 장면이 나오는데, 이는 어머니 마리아에게는 적합하지 않기 때문이다. 그리고 어머니 마리아는 거의 모든 외경에서 예수의 부활현현 목격자로 나오지 않는다. 그러나 「필리포스 복음서」와 「피스티스 소피아」에서만 마리아 막달레나라고 특정되었고, 다른 문헌에서는 마리아라고만 나온다. 따라서 「마리아 막달레나 복음서」를 비롯한 외경의 마리아가 어머니 마리아라는 소수설이 있다. 이에 대해서는 S. Shoemaker, "Rethinking the Gnostic Mary: Mary of Nazareth and Mary of Magdala in Early Christian

지워버린 기독교 남성 신자들의 야만성을 어떻게 평가해야 할까?

이렇게 기독교 남성 신자들은 원시 기독교 시대에 여성들이 남성들 못지않게 높은 권위를 가지고 활발하게 활동했다는 것을 보여 주는 유적을 인정할 수 없었다. 이들의 '사악한 마음'은 유적을 훼손하는 데 그치지 않았다. 그들은 여성을 억압하기 위해서 사도들의 권위를 빌어서, 다시 말해 이미 죽은 지 오래된 바울로나 베드로의 이름으로 여성을 비하하는 글을 지어내기도 했다. 이런 글로 대표적인 것이 다음 구절이다.

> 여자는 조용히 복종하는 가운데 배워야 합니다. 나는 여자가 남을 가르치거나 남자를 지배하는 것을 허락하지 않습니다. 여자는 침묵을 지켜야 합니다. 먼저 아담이 창조되었고 하와는 그다음에 창조된 것입니다. 아담이 속은 것이 아니라 하와가 속아서 죄에 빠진 것입니다. 그러나 여자가 자녀를 낳아 기르면서 믿음과 사랑과 순결로써 단정한 생활을 계속하면 구원을 받을 것입니다.[13]

교회 지도자들은 교회에서 여성을 남성 아래 두기 위해 이 구절을 이용해 왔다. 지금도 가톨릭에서 여자 신부를 인정하지 않은 것도 이 때문이다. 그러나 이 구절을 담고 있는 「티모테오에게 보낸 첫째 서간」은 이른바 목회 서간 가운데 하나로 후대에 누군가 바울로의 이름으로 쓴 글이다. 현재 합리성을 추구하는 신학자 가운데 이 사실을 부정하는 사람은 거의 없다. 시중에 나와 있는 대부분의 신학 개론서에도 그렇게 쓰여 있다. 그렇다면 교회는 바울로가 쓰지도 않은 엉터리 문서를 가지고 여성을 억압해 왔던 셈이다. 참으로 무지의 소치로 극악무도한 행위가 아닐 수 없다.

Tradition", *Journal of Early Christian Studies* 9-4, 2001을 보라.
13 「티모테오에게 보낸 첫째 서간」 2:11-15.

이런 사악한 남성들의 행위에 의해서 남성 중심의 교회가 완성되기 이전에 많은 기독교 신자들이 마리아 막달레나를 '사도 가운데 사도'(apostola apostolorum)라고 불렀다. 그들이 마리아 막달레나를 그렇게 불렀던 것은 마리아 막달레나가 예수의 공생애에서 12사도보다 더 중요한 역할을 수행하였을 뿐만 아니라 예수가 승천한 후에는 그들을 가르치기도 하였기 때문이다.

그런데 앞에서 설명했듯이, 2세기 이후 남성 중심의 기독교 지도자들이 그녀의 위상을 낮추기 위해서 온갖 비열한 행동을 하였고, 결국 마리아 막달레나는 점점 낮추어진 인물, 잊힌 인물이 되어버렸다. 20세기 후반부터 그의 목소리를 복원하는 작업이 본격적으로 진행되고 있다. 이 작업은 두 방향으로 진행되었는데, 먼저 신약성경에 묘사된 마리아 막달레나 상을 재평가하는 것이고, 다른 하나는 20세기 중반 이후 새로 알려진 자료들을 적극적으로 활용하는 것이다. 첫 번째 작업의 주요 성과들을 먼저 살펴보자.

예수의 공생애 기간의 활동

예수 시절 팔레스타인 유대인들 사이에서 마리아라는 이름은 매우 흔했다. 기원전 330년에서 기원후 200년 사이에 247명의 여성 이름을 확인한 연구에 따르면 그 가운데 61명은 살로메라는 이름을, 58명은 마리아라는 이름을 가지고 있었다.[14] 이렇게 마리아라는 이름이 흔했기 때문에 성경에 '마리아'라는 이름을 가진 여성이 여러 명 등장하는 것은 자연스러운 일이다. 그런 여인들로는 예수의 어머니 마리아, 나자로의 누이 마

---

14 Richard Bauckham, "Salome the Sister of Jesus, Salome the Disciple of Jesus, and the Secret Gospel of Mark", *Novum Testament* 33-3, 1991, pp. 253~54.

리아, 야고보의 어머니 마리아 등을 들 수 있다. 마리아 막달레나는 이들 여성 가운데에서 가장 특출한 인물이었다. 그녀는 갈릴래아 호수 서쪽 지역에 있는 막달레나 도시 출신이다. 역사적 인물로서 마리아 막달레나를 이해하려면 먼저 막달레나라는 도시에 대해서 알아야 한다.

예수의 고향 나자렛이 작고 초라한 마을이었던 데 반해서 막달레나는 갈릴래아 연안의 어업 중심지로서 부유했으며, 훌륭한 성채를 갖춘 큰 도시였다. 도시 안에는 거대한 망루가 있었는데, 이 망루에서 막달레나라는 명칭이 유래하였다. 이 도시는 또한 교통의 중심지로 당시 세계를 주도하고 있던 헬레니즘의 영향을 많이 받았다. 이 도시에 그리스 스타일의 극장, 그리고 1만 명을 수용할 수 있는 경기장이 있었다. 마리아 막달레나는 이렇게 제법 규모가 있고, 헬레니즘 문화의 영향을 강하게 받은 도시에서 자랐다.[15]

그녀는 또한 대단한 재산 보유자였다. 「루카 복음서」에 따르면, 그녀는 원래 일곱 귀신이 들렸다가 예수로부터 고침을 받고 그 후 줄곧 예수를 따라 다니면서 추종하였다. 「루카 복음서」가 전하는 정황은 이렇다.

악령과 병에 시달리다 낫게 된 몇몇 여자도 그들과 함께 있었는데, 일곱 마귀가 떨어져 나간 막달레나라고 하는 마리아, 헤로데의 집사 쿠지스의 아내 요안나, 수산나였다. 그리고 다른 여자들도 많이 있었다. 그들은 자기들의 재산으로 예수의 일행을 먹이고 입혔다.[16]

이 구절에 따르면 재산이 든든한 여러 여자들이 예수의 일행을 도왔는데, 그 으뜸이 되는 이가 마리아 막달레나였다. 여기서 우리는 일반적으로 간과하면서 별로 관심을 두지 않았던 한 문제를 살펴볼 필요가 있다. 예

---

15 Bart Ehrman, 앞의 책, 2006a, p. 197.
16 「루카 복음서」 8:2-3.

수와 그의 제자들은 가난뱅이 어부 출신이었는데, 생업을 위해서 아무런 일도 하지 않고 그저 하느님 나라를 선포하는 일에 열중하였다. 예수는 3년이나 그들을 끌고 다니면서 종교적 사업에만 열중하였다.

그렇다면 그들은 어떻게 먹고살았을까? 그것은 바로 마리아 막달레나를 비롯해서 재산이 많은 사람들이 많은 기부를 하였고, 또한 예수와 그의 제자들을 따라다니면서 온갖 시중을 들었기 때문에 가능했다. 아마도 마리아 막달레나는 예수와 제자들을 먹이고, 입히고, 재우는 일을 감당하는 '봉사단'의 책임자였을 것이다. 그러자면 상당히 많은 돈을 가지고 있었을 것이고, 나름대로 학식도 갖추고 있었을 것이다.[17] 물론 예수에 대한 애정이 남달랐을 것이며, 예수와 매우 친밀한 관계를 맺기도 했을 것이다. 그녀는 그렇게 가진 모든 것을 바쳐서 예수를 추종하였다. 마리아 막달레나는 여성 제자단의 최고 지도자였음에 틀림없다. 이는 사복음서에 그녀가 11회나 등장하고, 여성 제자단을 소개하는 장면에서 늘 가장 먼저 나온다는 사실을 통해서 확인할 수 있다.[18]

마리아 막달레나는 이렇게 예수 생전에 예수를 적극적으로 도움으로써 권위를 인정받고 있었다. 그렇지만 그녀의 인생에서 가장 중요한 사실은 그녀가 예수의 부활을 처음으로 목격했다는 것이다. 초대교회에서 어떤 사람이 부활한 예수를 만났다는 것은 매우 중요한 사실이었다. 부활한 예수가 그 사람의 권위를 인정한 것으로 해석되었기 때문이다. 따라서 1~2세기 기독교 지도자들은 서로 자신이 먼저 부활한 예수를 만났다고 주장하곤 하였다. 마리아 막달레나가 예수의 부활현현 첫 증인이라면 그녀는 다른 모든 제자보다 더 권위가 높다는 사실을 예수가 인정했다는

---

17 S. Shoemaker, 앞의 글, 2005, p. 446.
18 마리아 막달레나가 등장하는 11회 가운데 1회에서는 가장 먼저 나오지 않는다. 「요한 복음서」 19장 25절은 예수의 십자가 처형 장면을 지켜보았던 여인을 소개하면서 예수의 가족들을 먼저 제시하였다. Bart Ehrman, 앞의 책, 2006a, pp. 197~99.

것을 의미한다. 따라서 초대교회에서 이 사실을 인정할 것인지에 대한 치열한 논쟁이 있었다. 사복음서를 중심으로 과연 그녀가 부활현현의 첫 증인인가를 살펴보자.

예수의 부활을 목격한 첫 증인

사복음서 가운데 가장 먼저 쓰인 「마르코 복음서」는 예수가 십자가에 못 박힌 순간에 모든 제자가 도망가 버린 상황에서, 여자들, 즉 '마리아 막달레나, 작은 야고보와 요셉의 어머니 마리아, 그리고 살로메'를 비롯한 여자들이 멀리서 예수가 죽는 과정을 지켜보았다고 전한다.[19] 예수의 여성 제자들은 이렇게 남성 제자들보다 훨씬 더 충성심이 강했다. 여성 제자들의 헌신은 예수가 죽은 후에도 계속된다. 「마르코 복음서」는 예수가 죽은 후 마리아 막달레나를 비롯한 여성들이 예수의 무덤을 찾아간 이야기를 다음과 같이 전한다.

안식일이 지난 후 마리아 막달레나, 야고보의 어머니 마리아, 살로메가 예수의 몸에 발라드리려고 향료를 샀다. 그들은 주의 첫날 매우 일찍 해가 돋은 후에 예수의 무덤으로 갔다. …… 그들이 무덤 안으로 들어갔더니 한 청년이 흰옷을 입고 오른편에 앉아 있는 것을 보았다. 그들이 크게 놀라자, 청년이 그들에게 "놀라지 말라. 너희가 십자가에 달리셨던 나자렛 사람 예수를 찾고 있구나. 예수는 부활하셨고 여기에 계시지 않다. 보아라. 여기가 예수의 시체를 모셨던 곳이다. 자, 가서 제자들과 베드로에게 예수께서는 예전에 그가 말씀하신 대로 그들보다 먼저 갈릴래아로 가실 것이니 거기서 그분을 만나게 될 것이라고 전하여라"고 말하였다. 여자들은 속히 무덤에서 나와서 도망쳤다. 그들은 몹시 놀라서 떨었다. 그들은 무서웠기 때문

---

19 「마르코 복음서」 15:40.

에 누구에게도 아무것도 말하지 못하였다.[20]

이 구절에 나타난 마리아 막달레나의 행동을 어떻게 평가해야 할 것인가? 마리아 막달레나의 행동이 부정적이라고 이야기하는 학자도 있다. 이렇게 주장하는 학자들은 「마르코 복음서」가 전반적으로 여성들을 부정적으로 제시하고 있다고 평가한다. 이들의 주장에 의하면 「마르코 복음서」는 초반부에 여성을 등장시키지 않는다. 고작해야 예수의 어머니 마리아가 예수를 찾아갔다가 면박을 당했다는 기사가 나올 뿐이다. 그리고 앞에서 인용한 구절에서 마리아 막달레나는 부활한 예수를 만나지 못했을 뿐만 아니라 천사로부터 그가 부활했다는 소식을 듣고는 겁에 질려서 도망쳤고, 무서워서 천사가 그들에게 시킨 일을 수행하지 못하였다. 따라서 마리아 막달레나는 부활 후 첫 증인이 아니고, 그녀가 예수의 무덤을 처음으로 방문했다는 것은 별 의미를 갖지 못한 사건이다.

그러나 마리아 막달레나가 예수의 무덤을 처음으로 방문했다는 사건의 의미를 이렇게 해석해서는 안 된다. 먼저 「마르코 복음서」는 결코 여성을 부정적으로 보지 않았다. 「마르코 복음서」 7장에 등장하는 시리아 여인은 예수에게 자신의 딸을 치료해 달라고 끈질기게 요구하였다. 예수가 다소 냉정하게 "자녀의 빵을 쪼개어 개들에게 주는 부모는 없다"라고 거절했을 때조차도 그녀는 포기하지 않고 "상 아래 개들도 아이들이 먹던 부스러기를 먹습니다"라고 말하며 이방인인 자신의 딸에게 은총을 주실 것을 간청하였다. 그녀의 이런 애절한 간구는 예수를 감동시켜 결국 예수로 하여금 딸의 병을 고쳐주게 하였다.[21] 이 여인의 일화는 예수의 복음이 유대인에게 한정된 것이 아니라 이방인에게까지 미치게 될 것을 상징한다.

또한 12장에는 헌금에 대한 이야기가 나온다. 예수가 사람들이 헌금하

---

20 「마르코 복음서」 16:1-8.
21 「마르코 복음서」 7:25-29.

는 장면을 쳐다보고 있으니 부자들은 많은 돈을 헌금하였는데 어떤 과부가 겨우 동전 한 냥을 바쳤다. 그렇지만 예수는 부자들은 많은 재산 가운데 극히 일부를 바쳤지만 과부는 그녀의 모든 소유, 즉 생활비 전부를 넣었다는 것을 아시고는 과부를 크게 칭찬하셨다.

이렇게 「마르코 복음서」는 여성에 대해 긍정적인 태도를 견지하고 있다. 따라서 「마르코 복음서」가 여성에 대한 부정적인 태도를 취하고 있기에 「마르코 복음서」 16장 1~8절에 나타난 마리아 막달레나의 행위는 부정적인 것이라고 추론하는 것은 잘못이다. 「마르코 복음서」 16장 1~8절에 나타난 마리아 막달레나의 행위는 그 자체로 매우 의미 있는 것이었다. 마리아 막달레나는 남성 제자들이 모두 도망간 상황에서 죽은 예수에 대해서 예의를 갖추기 위해서 무덤을 찾아갔을 뿐만 아니라, 예수의 무덤이 비어 있었다는 것을 확인하였다. 따라서 그녀는 남성 제자들보다 더 신의 있게 행동하였다.

그렇지만 「마르코 복음서」에 따르면, 마리아 막달레나는 부활현현의 첫 증인은 아니다. 그런데 「마태오 복음서」와 「요한 복음서」는 그녀가 빈 무덤을 확인하는 것에 그치지 않고 부활한 예수를 직접 만났다고 전한다. 「마태오 복음서」의 진술을 먼저 살펴보자.

안식일이 지나고 주간 첫날(일요일) 새벽이 밝아올 무렵, 마리아 막달레나와 다른 마리아가 무덤을 보러 갔다. …… 여자들은 두려워하면서도 크게 기뻐하며 서둘러 무덤을 떠나, 제자들에게 소식을 전하기 위해 달려갔다. 그런데 그들이 길을 가고 있을 때 예수께서 마주 오시면서 그 여자들에게 "평안하냐?" 하고 말씀하셨다. 그들은 다가가 엎드려 예수의 발을 붙잡고 절하였다. 그때에 예수께서 그들에게 말씀하셨다. "두려워하지 마라. 가서 내 형제들에게 갈릴래아로 가라고 전하여라. 그들은 거기서 나를 보게 될 것이다."[22]

「마태오 복음서」의 이 묘사는 두 가지 점에서 「마르코 복음서」와 큰 차이를 보인다. 먼저 「마르코 복음서」는 마리아 막달레나를 비롯한 여자들이 "천사의 말을 듣고 무서워 도망하였고, 아무에게도 말하지 못하였다"라고 기술했던 데 반해서 「마태오 복음서」는 "기뻐하며 제자들에게 알리러 갔다"라고 진술하였다. 또한 「마태오 복음서」는 그녀들이 예수를 만났을 뿐만 아니라 예수로부터 그의 부활을 제자들에게 알리라는 사명을 받았다고 전한다. 마리아 막달레나가 부활한 예수를 만났고, 그로부터 사명을 받았다는 사실은 그녀가 베드로를 비롯한 남성 제자들보다 중요한 인물이었음을 의미한다.[23]

「마태오 복음서」의 마리아 막달레나에 대한 이 진술은 「요한 복음서」에서도 확인된다. 「요한 복음서」에서 마리아 막달레나는 주요 인물로서 14회나 등장하고, 부활현현 장면에서도 다른 복음서에서 보다 더 중요한 역할을 수행한다. 그녀는 부활한 예수를 가장 먼저 만났고, 부활한 예수의 음성을 들었으며, 예수로부터 그의 부활을 제자들에게 알리라는 사명을 받는다.[24] 특히 「요한 복음서」는 부활현현 장면에서 다른 복음서와 달리 여러 여인이 함께 예수의 무덤으로 가서 부활현현을 목격했다고 하지 않고, 오직 마리아 막달레나 한 여인만이 그 모든 일을 수행했다고 적고 있다. 이는 「요한 복음서」가 마리아 막달레나에 대한 「마르코 복음서」의 묘사를 교정하고, 그녀의 역할을 적극적으로 인정하려는 강한 의지를 가지고 있었음을 의미한다.[25]

이렇게 「마태오 복음서」와 「요한 복음서」는 마리아 막달레나가 예수의 부활현현의 첫 증인이라는 사실을 명확하게 인정하고 있다. 「마르코 복

---

22 「마태오 복음서」 28:8-10.
23 Ann Graham Brock, 앞의 책, 2003, p. 3.
24 「요한 복음서」 20:11-18.
25 박영애, 「예수의 제자, 마리아 막달레나」, 서강대학교 석사학위논문, 2001, 75~87쪽.

음서」가 이를 명확하게 서술하지 않고 있다고 해서 이 사실이 거짓이라고 단정해서는 안 된다. 고대 유대 세계에서 여성들의 지위가 낮아서, 유대 여성들은 법정에서 증인으로 인정받지 못하였다. 고대인 다수는 여성이 비이성적인 존재, 감성에 사로잡히기 쉬운 존재라고 생각해서 그들을 남자보다 한 등급 낮은 인간이라고 생각했기 때문이다. 그런데 여성들이 처음으로 부활한 예수를 보았다는 주장은 예수의 부활을 제자들이 꾸며낸 이야기라고 주장하는 사람들에게 좋은 비난거리가 될 수 있었다.[26] 여자인 마리아 막달레나가 예수의 부활현현 첫 증인이 아니라면 그녀가 첫 증인이라고 주장하는 것은 매우 이상한 일이다. 만약 자의적으로 부활현현 증인을 제시하려고 했다면 베드로를 비롯한 남성 제자를 첫 증인으로 삼았을 것이다. 이렇게 생각하면 마리아 막달레나가 예수의 부활을 목격한 첫 증인이라는 이야기를 만들어낼 필요성이 없다. 따라서 「마태오 복음서」와 「요한 복음서」의 진술은 잘못된 것이 아니다.

마리아 막달레나가 부활현현의 첫 증인이었다는 사실은 그녀가 다른 어떤 제자들보다 중요하고 권위가 높은 제자였다는 것을 상징한다.[27] 이

---

26 고든 토마스, 곽라분이 옮김, 『예수를 사랑한 여인: 마리아 막달레나 평전』, 에디터 2004, 26쪽; 장상, 「부활의 첫 증인, 마리아 막달레나」, 『새가정』 357, 1986, 87쪽; 이형의, 「예수를 따른 갈릴리의 여인들: 마리아 막달레나에 대한 고찰을 중심으로」, 『Korea Journal of Theology』 5, 2007, 171쪽. 실제로 2세기 로마의 이방인 지식인이었던 켈수스(Celsus)는 여성이 부활 증인이기에 부활을 믿을 수 없다고 주장하였다(Origenes, *Contra Celsum*, 2:55). 2세기에 일부 기독교 신자들은 여성이 부활현현의 증인이었다는 비난에 대응하기 위해서 마리아 막달레나가 부활현현 증인이 아니라고 주장했다. 이는 2세기에 작성된 「베드로 복음서」의 부활현현 장면에 대한 진술에서 드러난다. 이에 대해서는 Claudia Setzer, "Excellent Women: Female Witness to the Resurrection", *Journal of Biblical Literature* 116, 1997, p. 269를 보라.

27 그러나 영지주의 계열의 문헌에서 마리아 막달레나의 부활현현 이야기는 등장하지 않는다. 이는 영지주의 계열의 문헌 가운데 부활현현을 중요시하는 문헌이 많지 않기 때문이기도 하고, 2세기 이후 영지주의자들이 부활현현을 중요하게 생각하지 않았기 때문이기도 하다. 이에 대해서는 Esther de Boer, 앞의 책, 2004, p. 9를

점에서 그녀는 진정 '사도들의 사도'였다. 마리아 막달레나가 부활한 예수를 최초로 만난 것이 중요한 것은 그것이 원시 기독교에서 사도들의 서열을 매기는 가장 중요한 기준이었기 때문이다.[28] 특히 바울로 계열 교회들이 이 순서를 중요시했는데, 그들은 마리아 막달레나와 여자들이 부활한 예수를 가장 먼저 만났다는 사실을 인정하려고 하지 않았다. 이는 바울로가 예수의 부활현현 목록을 제시하면서 여자 목격자들을 완전히 누락한 사실, 그리고 바울로계 제자들이 쓴 「루카 복음서」가 다른 세 복음서와 달리 예수를 처음으로 만난 사람을 마리아 막달레나가 아니라 엠마오로 가는 두 제자로 묘사하고 있다는 사실에서 여실히 드러난다.[29] 이는 바울로와 바울로계 공동체들이 마리아 막달레나를 비롯한 여성들에게 열등감을 가지고 있었다는 것을 암시한다. 「루카 복음서」의 진술을 살펴보면서 이 문제를 좀 더 고민해 보자.

마리아 막달레나 '낮추기'

「마태오 복음서」와 「요한 복음서」는 마리아 막달레나가 예수의 부활현현 첫 증인임을 인정하였다. 그런데 「루카 복음서」는 이 사실을 부정하였다.[30] 「루카 복음서」가 왜 이 사실을 부정했을까? 「루카 복음서」가 제시하

보라.

28 양재훈, 「마리아 막달레나는 사도인가?」, 『기독교 사상』 564, 2005a, 178~83쪽.

29 서중석, 「바울의 복음과 부활현현 목격자 목록」, 『신약논단』 제21호, 1993, 29~33쪽.

30 「루카 복음서」가 여성의 역할과 지위를 긍정적으로 보고 있는가, 아니면 부정적으로 보고 있는가는 현재 학계의 뜨거운 논쟁거리이다. 「루카 복음서」는 예수 탄생 이야기에서도 「마태오 복음서」와 달리 여성들의 역할을 크게 부각하였으며, 「마르코 복음서」와 「마태오 복음서」가 예수의 수난 장면에 이르러서야 마리아 막달레나를 소개한 데 반해서, 「루카 복음서」는 마리아 막달레나가 예수의 공생애 시절에 '재산을 팔아서 예수와 제자들을 시중들었다'라고 전한다. 이러한 묘사는 「루카 복음서」가 여성에 대해서 긍정적인 태도를 취했다는 것을 암시한다. 이에 대해서는

고 있는 예수의 부활 장면을 먼저 살펴보자.

주간 첫날(일요일) 새벽이 밝아올 무렵, 여자들이 준비한 향료를 가지고 무덤에 갔다. 그들이 돌이 무덤에서 굴려 옮아진 것을 보고 들어가니 주 예수의 시체가 보이지 아니하였다. 여자들이 이 일로 당황하고 있을 때 눈 부시게 빛나는 옷을 입은 두 사람이 그들에게 나타났다. 여자들이 두려워 얼굴을 땅으로 숙이자 두 사람이 그들에게 말하였다. "어찌하여 살아 있는 자를 죽은 자 가운데에서 찾느냐? 그는 여기에 계시지 않는다. 부활하셨 다. 갈릴래아에 계실 때에 너희에게 어떻게 말씀하셨는지를 기억하라. 그는 사람의 아들이 죄인들에게 넘겨져 십자가에 못 박히고 삼일 후에 다시 살 아나야 하리라고 말씀하셨다." 여자들이 예수의 말씀을 떠올렸다. 그리고 그들은 무덤에서 나아가 이 모든 것을 열한 사도와 다른 모든 이에게 알렸 다. 이 여자들은 마리아 막달레나와 요안나와 야고보의 어머니 마리아이 다. 또 그들과 함께한 다른 여자들도 이것을 사도들에게 알렸다.[31]

이 구절에서 「루카 복음서」는 마리아 막달레나가 부활한 예수를 만났 다는 사실, 그리고 예수로부터 어떤 사명을 받았다는 사실을 부정한다. 그녀는 단지 천사를 만나서 예수가 부활한 소리를 들었을 뿐이다. 그리고 이후의 본문에서 베드로가 예수를 처음 만났다고 명확히 말한다.[32]

「루카 복음서」가 이렇게 부활현현의 첫 증인을 수정한 것은 마리아 막 달레나의 권위를 낮추고 베드로의 권위를 높이려는 것이다. 「루카 복음 서」가 마리아 막달레나를 낮추려고 했다는 사실은 다른 진술에서도 확

마커스 보그·존 도미닉 크로산, 김준우 옮김, 『첫 번째 크리스마스』, 한국기독교연 구소 2011, 35쪽을 보라.
31 「루카 복음서」 24:1-10.
32 「루카 복음서」 24:34.

인된다. 먼저, 「루카 복음서」는 마리아 막달레나를 '일곱 귀신이 들렸던 여인'[33]이라고 묘사하고 있다. 「루카 복음서」 저자가 '귀신이 들렸다'라는 부정적인 이미지를 마리아 막달레나에게 덧씌우기 위한 의도로 이런 전승을 만들어냈다. 이에 대해서는 조금 뒤에 다시 살펴볼 것이다. 두 번째, 앞에서 지적했듯이 「루카 복음서」는 마리아 막달레나가 예수의 공생애 기간에 '예수와 제자들'을 시중들었다고 전한다. 그런데 「마태오 복음서」와 「마르코 복음서」는 그 사실을 예수의 수난 장면에서 비로소 언급할 뿐만 아니라 마리아 막달레나가 예수와 제자들을 시중들었다고 말하지 않고 다만 '예수'를 시중들었다고 전한다.[34] 이렇게 시중을 받은 사람들에 '남성 제자'를 포함한 것은 「루카 복음서」가 마리아 막달레나를 남성 제자들에게 종속시키려는 의도가 있었음을 암시한다. 세 번째, 예수가 십자가에 달리는 장면을 묘사할 때 「루카 복음서」는 마리아 막달레나의 이름을 거론하지 않고 "예수의 모든 친지와 갈릴래아에서부터 그를 따르던 여인들"이 멀리서 그 모든 일을 지켜보았다고 전한다.[35] 이에 반해서 「마르코 복음서」와 「마태오 복음서」는 남성 제자들이 모두 도망간 상황에서 마리아 막달레나와 몇 명의 여성이 예수가 십자가에서 죽는 장면을 지켜봤다고 전한다.[36] 이렇게 「루카 복음서」가 예수의 십자가 처형 장면에서 마리아 막달레나의 이름을 숨긴 것은 그녀의 권위를 낮추려는 의도에서 비롯된 것이다. 따라서 「루카 복음서」는 여성을 남성에게 종속시키고 있으며, 특히 마리아 막달레나의 권위를 낮추기 위해서 노력하고 있다.[37]

「루카 복음서」가 이렇게 마리아 막달레나의 위상을 낮춘 것을 더욱 두드러지게 만드는 요소가 있다. 기이하게도 「루카 복음서」는 마리아 막달

---

33 「루카 복음서」 8:2.
34 「마르코 복음서」 14:41; 「마태오 복음서」 27:55.
35 「루카 복음서」 23:49.
36 「마르코 복음서」 15:40; 「마태오 복음서」 27:56.
37 Ann Graham Brock, 앞의 책, 2003, pp. 32~36.

레나를 제외한 다른 여성들을 적극적으로 인정하고 있다. 특히 베타니아의 마리아 막달레나를 예수에게서 가르침을 받는 제자로 부각하였다. 「루카 복음서」에 따르면, 어느 날 예수와 제자들이 그녀의 집을 방문하였다. 언니 마리아는 그들을 대접하기 위해서 음식을 마련하려고 했는데, 마르타는 그것을 거부하고 예수의 가르침을 받겠다고 고집을 피웠다. 그 일로 논쟁이 일어나자 예수는 마르타 편을 들어서 그녀가 여성으로서 잡일을 하지 않고 가르침을 받는 것을 적극적으로 인정하였다.[38] 이 기사는 오직 「루카 복음서」에만 나온다. 고대 세계에서 여성들이 어떤 지적인 가르침을 받는 것은 매우 드물었다. 고대의 철학자나 교사들이 여성을 제자로 삼아서 가르쳤다는 증거는 매우 희박하다. 이런 상황에서 「루카 복음서」가 마르타를 남성 제자들과 함께 가르침을 받는 존재로 인정했다는 것은 「루카 복음서」가 여성도 예수를 비롯한 남성 제자들을 시중드는 존재에 머무는 것이 아니라 지적인 가르침을 직접 받는 존재로 인정했음을 의미한다.[39]

따라서 「루카 복음서」는 일부 학자들의 주장과 달리 반여성주의를 피력하고 있지는 않다. 때문에 「루카 복음서」가 마리아 막달레나를 적극적으로 낮추고 있는 것은 더욱 눈에 띈다. 그렇다면 왜 「루카 복음서」는 마리아 막달레나의 위상을 적극적으로 낮추려고 했던 것일까? 그것은 베드로의 위상을 현격하게 높이려고 하였기 때문이다. 이에 대해서는 베드로를 다루는 장에서 자세히 살펴볼 것이다. 그렇지만 「루카 복음서」가 시작하였던 마리아 막달레나의 낮추기 작업은 이후 지속적으로 이루어졌다. 예루살렘 교회 수립 이후 사도들의 활동을 기록하고 있는 「사도행전」은 이 사실을 명확하게 보여 준다. 앞에서 살펴보았듯이 마리아 막달레나는 사복음서 모두에 등장하고, 예수의 공생애 기간에 중요한 역할을 수행하

---

38 「루카 복음서」 10:38-42.
39 이형의, 앞의 글, 2007, 161~62쪽.

였다. 그런데 「사도행전」은 그녀의 이름조차 거론하지 않았다. 이는 「사도행전」이 그녀를 철저하게 배제하려는 의도를 갖고 있음을 의미한다.[40] 2세기 이후 정통 교회는 이 태도를 계속 이어가면서 마리아 막달레나의 위상을 계속적으로 떨어뜨렸다.

「마리아 막달레나 복음서」 속의 마리아 막달레나

1세기 말 이후 정통 교회가 마리아 막달레나의 권위를 계속 낮추어 가자, 이에 저항하는 무리가 있었다. 그들은 마리아 막달레나를 대변인으로 삼고 여러 문서를 만들었다. 이들 문서 가운데 대표적인 것이 「마리아 막달레나 복음서」(이후 「마리아 복음서」로 칭한다)이다. 마리아 막달레나가 「마리아 복음서」에서 어떻게 묘사되어 있는지 알아보기에 앞서 먼저 이 복음서의 발견 과정과 내용, 그리고 연대에 대해서 살펴보자.

1896년 1월 독일 학자인 카를 라인하르트는 이집트 카이로의 골동품 상인으로부터 콥트어로 쓰여 있고, 보존 상태가 양호한 파피루스 코덱스 하나를 구입하라는 제안을 받았다. 라인하르트가 출처를 묻자 골동품 상인은 한 농부가 벽장 속에서 발견한 것이라고 말했다. 이는 거짓말이다. 벽장 속에서 공기와 계속 접촉했다면 책의 보존 상태가 좋을 수 없기 때문이다. 골동품상의 거짓말로 이 책의 출처는 영원히 미궁 속에 남게 되었다.

라인하르트는 책이 오래되고 가치 있는 것이라고 생각하여 구입하여 독일로 가져갔다. 라인하르트는 그 책을 이집트 박물관에 제공하였고, 박물관 측은 파피루스 베롤리넨시스(Papyrus Berolinensis) 8502로 명명하였다. 이 코덱스에는 「요한의 비밀 가르침」, 「예수 그리스도의 소피아」(Sophia of

---

40 Esther de Boer, 앞의 책, 2004, p. 7.

Jesus Christ), 「베드로 행전」(Act of Peter), 「마리아 복음서」가 포함되어 있었다.

이후 「마리아 복음서」의 편집과 번역은 이집트학 전문가인 카를 슈미트(Carl Schmidt)가 맡았다. 그런데 「마리아 복음서」의 편찬은 처음부터 어려운 과제였다. 파피루스 베롤리넨시스 8502에서 「마리아 복음서」의 보존 상태가 가장 좋지 않았기 때문이다. 「마리아 복음서」의 원본은 19쪽으로 구성되어 있는데, 그 가운데 첫 6쪽과 중간 부분의 4쪽이 유실되어 있었다. 아마도 처음 이 코덱스를 발견한 사람이 의도적으로 「마리아 복음서」의 몇 장을 훼손했던 것 같다. 더욱이 그는 나머지 필사본의 순서를 흩뜨려 놓았다. 슈미트는 이런 난관을 극복해 가면서 1912년에 편집본을 완성하여 라이프치히에 있는 한 출판사에 보냈다. 그런데 인쇄를 마치기 전 갑자기 큰 홍수가 나서 출판본이 망가져 버렸고, 그 후 얼마 지나지 않아 제1차 세계대전이 발발하였다. 제1차 세계대전이 끝나고 슈미트는 다시 복원 작업을 추진하였지만 성과를 거두지 못하고 1938년에 죽었다.

그 후 1941년부터 발터 틸(Walter Till)이 편집을 맡게 되었다. 틸이 작업을 맡기 전 중요한 사건이 발생했는데, 1917년에 그리스어로 쓰인 파피루스 라일랜즈(Papyrus Rylands 463)가 발견된 것이다. 틸은 이 사본을 참고해 가며 「마리아 복음서」 편집 작업을 수행하였고 1943년에 발간 준비를 마쳤다. 그러나 제2차 세계대전으로 여건이 좋지 않아서 발표가 늦어졌다. 전쟁이 끝난 후 발표는 또 지연되었는데, 1945년 나그함마디에서 많은 양의 파피루스 문서가 발견되었다는 소식이 전해진 것이다. 틸은 나그함마디 문헌에 「마리아 복음서」가 있다면 대조한 후에 발표하는 것이 좋다고 판단해서 출간을 미루었다. 틸은 1955년 나그함마디 문헌에 「마리아 복음서」가 없다는 사실을 확인한 후에 이 복음서를 출간하였다. 틸이 「마리아 복음서」를 출간한 후 1983년에 다시 파피루스 필사본이 하나 발견되었는데, 이 필사본은 파피루스 옥시링쿠스(Papyrus Oxyrhynchus)

3525라고 명명되었다.[41]

이렇게 발견된 「마리아 복음서」는 그 제목부터가 파격적이다.[42] 지금까지 여인의 이름으로 된 복음서가 없었기 때문이다.[43] 이 복음서가 발견되기까지 누구도 여인의 이름으로 된 복음서가 있을 것이라고 상상도 하지 못하였다. 고대 문헌 어디에도 그런 복음서에 대한 언급이 없었기 때문이다.[44]

과연 여인이 저자 혹은 주인공이라면 그 내용은 기존의 복음서와 얼마나 다를까? 현재 복원된 「마리아 복음서」는 총 10장으로 구성되어 있다. 문단별로 내용이 뚜렷하게 구별되어 있기 때문에 텍스트를 장 체제로 나누는 것이 어렵지는 않다. 그렇지만 유실된 부분이 많은 문서라는 사실을 고려하여 필사본의 쪽과 행을 제시하는 것이 좋겠다. 이 방식으로 내용을 도표로 정리하면 다음과 같다.

---

41 「마리아 복음서」의 발견과 발간에 대해서는 Karen King, 앞의 책, 2003b, pp. 7~11을 참조하였다.

42 「마리아 복음서」의 제목은 파피루스 베롤리넨시스 8502에 후기로 적혀 있다. 3세기의 필사본인 파피루스 라일랜즈 463에 제목이 붙어 있지 않은 것으로 보아서 제목은 후대에 첨가되었을 가능성이 높다.

43 Bart Ehrman and Zlatko Plese(ed.), *The Other Gospels: Accounts of Jesus from Outside the New Testament*, Oxford University Press 2014, p. 313.

44 M. P. Coogan(ed.), *The Oxford Encyclopedia of the Books of the Bible*, Vol. 2. Oxford University Press 2011, p. 58; L. Schottroff and Marie-Theres Wacker(eds.), *Feminist Biblical Interpretation: A Compendium of Critical Commentary on the Books of the Bible and Related Literature*, William B. Eerdmans Publishing 2012, p. 43. 마저리 맬번(Marjorie Malvern)이나 수전 해스킨스(Susan Haskins)와 같은 몇몇 학자는 이레나에우스가 「마리아 복음서」를 언급했다고 주장하지만, 그 근거가 약하다. 이에 대해서는 Antti Marjanen, *The Woman Jesus Loved: Mary Magdalene in the Nag. Hammadi Library and Related Documents*, Brill 1996, p. 97을 보라. 에피파니우스를 비롯한 3세기 이후의 교부들이 「마리아 복음서」를 언급했다는 주장도 있지만 역시 근거가 약하다.

「마리아 복음서」의 구성

쪽, 행	장	주요 내용
	1	파피루스 베롤리넨시스 8502의 1~6쪽은 유실
7:2~5	2	물질세계의 본질
7:10~8:11	3	'죄'의 본질, 병과 죽음의 원인은 본성(nature)에 반하는 욕구에서 나옴
8:11~9:5	4	구세주의 작별 인사
9:5~24	5	마리아가 다른 제자들을 위로함(P. Oxy. 3525은 이 장 끝부분에서 다음 장 초까지 있다)
10:1~10	6	베드로가 마리아에게 가르침을 청함
10:10~23ff.	7	마리아가 환상과 마음에 대해서 주님께 배운 것을 가르침(P. Ryl. 463은 이 장 말부터 다음 장까지 있다)
	8	파피루스 베롤리넨시스 8502의 11~14쪽은 유실
15:1~17:9	9	영혼이 상승하는 과정에서 여러 에온에게 심문을 받는 과정을 묘사하고 있음
17:10~19:5	10	남성 제자들이 마리아의 가르침과 권위에 대해서 논쟁을 벌임

이 도표를 보면 「마리아 복음서」의 주인공은 마리아 막달레나이다. 그
녀는 예수가 세상을 떠난 후 두려워하는 제자들을 격려하였으며, 예수에
게서 개인적으로 배운 것을 가르쳤다. 그녀의 위상이 너무나 높았기 때문
에 베드로를 비롯한 남성 제자들은 적극적으로 그녀에게 배우기를 청하
였다.[45] 그러나 마리아 막달레나가 가르침을 마치자 베드로와 안드레아가

---

45 Gerard Luttikhuizen, "The Evaluation of the Teaching of Jesus in Christian
Gnostic Revelation Dialogues", *Novum Testamentum* 30, 1988, p. 164; 소기천,
앞의 글, 2014, 27~29쪽은 「마리아 복음서」의 주인공인 마리아가 누구인가에 대
해서 논의하고 있다.

적대감을 드러냈다. 마리아와 이들의 갈등과 대립에 대해서는 뒤에 자세히 다루겠다.

그런데 「마리아 복음서」의 주인공이 마리아 막달레나라는 사실은 중요한 의미를 갖는다. 공관복음서에는 저자가 전혀 부각되지 않는다. 「요한복음서」에 애제자가 부각되기는 하지만 토마스, 베드로, 요한을 비롯한 다른 제자들을 압도하지는 않는다. 특정 인물을 복음서의 주인공으로 내세우는 것은 그의 위상을 높이려는 의도를 강력하게 담고 있다. 이렇게 특정 인물을 부각하는 것은 영지주의 복음서의 전형적인 특징이다.[46]

「마리아 복음서」의 구조 또한 「마리아 복음서」가 영지주의 계열의 문서임을 보여 준다. 도표에서 정리한 「마리아 복음서」의 구조는 「마리아 복음서」가 「야고보의 비밀 가르침」과 「유다 복음서」를 비롯한 영지주의 계열 문서들의 전형적인 특징을 갖고 있음을 보여 준다. 정경으로 채택된 사복음서가 예수의 공생애와 수난을 주로 다루는 반면 영지주의 계열의 문서들은 예수의 공생애에 대해서는 거의 말하지 않거나 매우 짧게 언급하고, 대개 부활한 예수가 나타나 제자들을 만나고 가르침을 전하는 것으로 글을 시작한다. 「마리아 복음서」의 4장이 작별 인사라는 사실은 「마리아 복음서」도 이런 구조를 갖고 있음을 암시한다. 유실된 1~6쪽에는 부활한 예수가 나타나 제자들을 만나고, 그들을 가르치는 장면이 있었을 것이다. 「마리아 복음서」의 한 쪽이 대략 20여 행으로 구성되어 있고, 각 행이 상당히 짧다는 것을 고려하면 유실된 여섯 쪽이 공생애와 수난을 담기는 불가능하다. 따라서 「마리아 복음서」는 예수의 공생애나 수난에 대해서는 거의 관심을 기울이지 않았다. 이는 예수의 공생애와 수난의 의미를 강조하는 정경 복음서와 크게 다른 점이라고 할 수 있다. 따라서 「마리아 복음서」는 영지주의 계열 문서의 특징을 보여 준다.[47]

---

46 Helmut Koester, 앞의 책, 2007b, p. 229.

47 Andreas J. Köstenberger and Michael J. Kruger, 앞의 책, 2010, pp. 167~68;

형식뿐만 아니라 내용에서도 「마리아 복음서」는 영지주의의 관심사를 많이 담고 있다. 도표의 2, 3, 7, 9장은 영지주의자들이 관심을 가지는 문제를 다루고 있다. 2장의 물질세계와 3장의 본성(nature)에 대한 논의가 영지주의 세계관에 근거한 것인지에 대해서는 논란이 있다. 대부분의 학자들은 영지주의 세계관을 보여 주는 것으로 파악하고 있지만, 에스테르 더 부르를 비롯한 몇몇 학자는 영지주의보다는 오히려 스토아 사상의 세계관을 반영한다고 주장한다.[48] 그러나 9장의 내용 가운데 영혼이 상승하는 과정에서 여러 에온에게 심문을 받는 과정은 영지주의의 전형적인 특징을 보여 줌에 틀림없다. 천상계에 여러 에온을 설정하는 것은 원정통 교회의 문헌에서 거의 발견되지 않기 때문이다.[49]

그렇지만 「마리아 복음서」에 2세기 중후반에 만개한 영지주의 신학이 관찰되지는 않는다. 앞의 도표에서 보듯, 「마리아 복음서」에는 2세기 중후반 영지주의 문헌에 나타나는 복잡한 신계에 대한 이야기가 거의 없다. 심지어 이 복음서는 물질세계의 본질에 대해서 이야기하면서 이원론적인 세계관을 펼치기는 하지만, 악한 신인 데미우르고스가 이 세상을 창조했다고 말하지도 않는다. 따라서 「마리아 복음서」에 나타난 영지주의는 2세기 중후반의 전형적인 것이 아니라 초기 형성단계의 것임에 틀림없다.[50]

안연희, 앞의 글, 2015, 74~76쪽.

48 Esther de Boer, "A Stoic Reading of the Gospel of Mary: The Meaning of Matter and 'Nature' in Gospel of Mary 7.1–8.11", in Tuomas Rasimus et al.(ed.), *Stoicism in Early Christianity*, Baker Academic 2010, pp. 199~200.

49 「야고보의 첫째 계시록」에도 '영혼의 상승' 이야기가 나온다. 이레나에우스가 이 이야기를 인용하고 있는데, 그는 '이단 분파'가 이 가르침을 죽음의 침상에 있는 자들에게 암송시킨다고 전하고 있다. 이는 '영혼의 상승' 이야기가 영지주의의 전형적인 특징 가운데 하나였음을 보여 준다. 이에 대해서는 M. C. G. Haxby, The First Apocalypse of James: Martyrdom and Sexual Difference, Cambridge: Harvard University Doctor Thesis, 2013, pp. 47~48을 보라.

50 「마리아 복음서」에 나타난 마리아 상이 전형적인 영지주의 문헌에 나타난 여성상과 다르다는 것에 대해서는 박인희, 「마리아 복음서의 여성상에 대한 연구」, 『여성

「마리아 복음서」의 이런 신학은 이 복음서의 작성 연대가 2세기 중엽 이전일 가능성을 암시한다.

「마리아 복음서」의 연대를 좀 더 살펴보자. 「마리아 복음서」의 작성 연대의 하한선은 2세기 말이 확실하다. 그리스어 「마리아 복음서」 사본의 연대가 3세기 초이기 때문이다. 파피루스 전문가들은 파피루스 옥시링쿠스 3525와 파피루스 라일랜즈 463의 작성 연대를 각각 3세기와 3세기 초반이나 혹은 그 이전으로 제시하고 있는데, 이에 대해서 거의 모든 학자가 동의하고 있다.[51] 이렇게 3세기 초반에 여러 필사본이 유통되고 있었다는 사실은 「마리아 복음서」의 하한선이 2세기 말임을 의미한다.

그렇지만 「마리아 복음서」의 작성 연대의 상한선은 확실하지 않다. 하나의 지표가 될 수 있는 것은 「마리아 복음서」가 사복음서에 의존하고 있는가이다. 「마리아 복음서」에 존재하는 사복음서와 유사한 구절을 도표로 정리하면 다음과 같다.

「마리아 복음서」에 있는 사복음서 유사 구절

「마리아 복음서」	유사 구절들	유사도	비고
7:8~9, 8:10~11 들을 수 있는 두 귀를 가진 자는 들어라.	「마태오 복음서」 11:15, 「마르코 복음서」 4:9, 「루카 복음서」 8:8	보통	영지주의 문헌에 흔히 나오는 금언임
8:14 평화가 너희와 함께하기를 빈다.	「루카 복음서」 24:36, 「요한 복음서」 20:19	높음	부활 후 제자들에게 나타나 하신 말씀

신학논집』 9, 2013, 19~21쪽을 보라.

51 Ulla Tervahauta, *A Story of the Soul's Journey in the Nag Hammadi Library: A Study of Authentikos Logos,* Vandenhoeck and Ruprecht 2015, p. 196. 맬번이나 해스킨스와 같은 몇몇 학자는 이레나에우스가 「마리아 복음서」를 알고 있었다고 주장하지만, 그 근거가 박약하다.

「마리아 복음서」	유사 구절들	유사도	비고
8:14 너희는 나의 평화를 받아들여라.	「요한 복음서」 14:27	낮음	
8:15~6 너희는 미혹되지 않도록 주의하여라.	「마르코 복음서」 13:5, 「마태오 복음서」 24:5	높음	「마르코 복음서」 13:5와 더 유사함
8:17 여기 있다, 저기 있다고 말하는 사람들에게.	「루카 복음서」 17:23, 「마태오 복음서」 24:23, 「마르코 복음서」 13:21	높음	
8:18~9 사람의 아들이 너희 안에 있기 때문이다.	「루카 복음서」 17:21	보통	너의 안에 있는 대상이 「루카 복음서」 17장 21절은 '하느님 나라'로 되어 있음
8:19~20 그를 추구하여라, 찾는 자는 발견할 것이다.	「마태오 복음서」 7:7, 「루카 복음서」 11:9	보통	
8:21~22 가서, 나라에 대한 좋은 소식을 전하여라.	「마르코 복음서」 16:15, 「마태오 복음서」 4:23/ 9:35	약함	가서 전하여라는 「마르코 복음서」 16장 15절과 가까우나, 전하는 대상이 하느님 나라라는 것은 「마태오 복음서」에도 나옴
9:7~10 우리가 어떻게 세상의 다른 곳으로 가서 사람의 아들의 나라에 대한 좋은 소식을 전할 수 있겠습니까?	「마태오 복음서」 24:15	높음	

위 도표에서 보듯 「마리아 복음서」에서 사복음서와 유사한 구절은 특정 장에 집중되어 있다. 이 때문에 「마리아 복음서」 초기 연구자인 R. 윌슨(R. Wilson)은 「마리아 복음서」는 원래 두 개 이상의 문서였다가 나중에 하나로 편집되었다고 주장하였다.[52] 「마리아 복음서」가 내용의 일관

성을 갖추고 있다고 주장하면서 두 문서 혼합을 부정하는 학자도 있지만,[53] 초기 기독교의 거의 모든 복음서는 여러 문서의 혼합물이다. 「마태오 복음서」나 「루카 복음서」가 Q문서와 「마르코 복음서」를 비롯한 여러 문서의 혼합물이듯이, 이들도 여러 문서의 혼합물일 가능성이 높다. 따라서 「마리아 복음서」에서 사복음서와 병행 구절이 집중되어 있는 8장 14~22절이 원래는 별도의 문서였을 가능성을 배제할 수는 없다.

도표에서 제시한 구절 가운데 「마리아 복음서」 8장 17절은 특히 중요하다. 이 구절의 병행구인 「마태오 복음서」 24장 23절, 「마르코 복음서」 13장 21절은 나타난 존재를 '그리스도'로 명시한 반면, 「루카 복음서」 17장 23절은 명시하지 않고 있다. 따라서 「마리아 복음서」 8장 17절은 「루카 복음서」 17장 23절과 유사하다. 또한 「마리아 복음서」 8장 18~19절의 병행구는 「루카 복음서」에만 존재한다. 따라서 「마리아 복음서」는 「루카 복음서」를 알고 있었을 가능성이 높다. 그리고 「마리아 복음서」 9장 7~10절의 병행구가 「마태오 복음서」 24장 15절이라는 사실도 중요하다. 두 병행구의 유사도가 높을 뿐만 아니라, 「마태오 복음서」의 이 구절이 「마르코 복음서」를 편집한 것이기 때문이다. 이는 「마리아 복음서」가 「마태오 복음서」를 참조했을 가능성이 높음을 의미한다.[54] 따라서 「마리아 복음서」의 최종 편집자는 「마태오 복음서」와 「루카 복음서」 완성본을 알고 있었음에 틀림없다.[55]

---

52 R. Wilson, "The New Testament in the Gnostic Gospel of Mary", *New Testament Studies* 3, 1957, p. 237.

53 Esther de Boer, *The Gospel of Mary: Listening to the Beloved Disciple*, Bloomsbury Academic 2005, p. 15는 「마리아 복음서」의 혼합설을 여러 가지로 소개하고, 「마리아 복음서」가 내용의 일관성을 갖추고 있다고 주장하면서 혼합설을 부정하였다.

54 Christopher Tuckett, "Synoptic Tradition in Some Nag Hammadi and Related Texts", *Vigiliae Christianae* 36, 1982, pp. 180~82.

55 Antti Marjanen, 앞의 책, 1996, p. 98; Christopher Tuckett, *The Gospel of*

「마리아 복음서」가 「마태오 복음서」와 「루카 복음서」의 완성본을 알고 있었다면, 이 문서의 연대 상한선은 「루카 복음서」가 쓰인 80년대라고 할 수 있다. 그렇다면 「마리아 복음서」는 80년대와 2세기 말 사이에 쓰인 문서이다. 120년의 기간 가운데 특정 시점을 확정하는 것은 어려운 과제이다. 몇몇 학자는 1세기 말을 제시하기도 하지만,[56] 대다수의 학자는 2세기 언젠가에 쓰였다는 의견을 제시하고 있다. 킹과 더 부르 등은 「마리아 복음서」의 핵심 문제가 교회 내에서 여성의 지위라고 주장하면서 이 논쟁은 2세기 초의 상황을 반영하기에 「마리아 복음서」가 2세기 초에 작성되었다고 주장한다.[57] 안티 마르얀넨(Antti Marjanen)과 안 파스키에르(Anne Pasquier) 등은 문서 본문에 초기 영지주의의 여러 특징이 나타나고 중기 플라톤 사상이 발견된다는 사실 등을 제시하면서 2세기 중반으로 파악한다.[58]

두 견해 중 어느 것이 옳은지를 판단하기는 어렵다. 그렇지만 「마리아 복음서」의 최종 편집 시기가 2세기 중반이라고 해도 그 모든 내용이 2세기 중반에 서술된 것은 아니다. 사복음서가 그렇듯이 「마리아 복음서」를 최종 편집한 공동체는 그 이전의 여러 전승을 기록한 단편을 갖고 있었

Mary, Oxford: Oxford University Press 2007, p. 74.

56 E. Lührmann, "Die Griechischen Fragmente des Mariaevangeliums P. Oxy. 3525 und P. Ryl. 463", *Novum Testamentum* 30, 1988, p. 322; Esther de Boer, 앞의 책, 2005, p. 14는 「마리아 복음서」에 제시된 '사람의 아들'의 이미지가 바울로 서간에 나오는 것과 매우 유사하다고 지적하고, 이에 근거해서 「마리아 복음서」가 1세기 작품일 가능성도 있다고 주장하였다. 그녀의 주장대로 「마리아 복음서」와 바울로 서간 모두 '사람의 아들'을 제자들 사이에 있으며, 제자들을 진정한 인간(True Human)으로 만들고, 제자들은 완벽한 인간으로 옷 입게 만드는 존재로 제시하고 있다.

57 Karen King, "The Gospel of Mary Magdalene", in Schüssler Fiorenza, *Searching the Scriptures 2*, Crossroad Publishing 1995, p. 628.

58 A. Pasquier, *L'Évangile selon Marie*, Presses de l'Université Laval 1983, pp. 3~4.

고, 또한 「루카 복음서」를 비롯한 다른 복음서들을 갖고 있었다. 이런 점들을 종합하여 「마리아 복음서」를 서술하였기 때문에 「마리아 복음서」의 몇몇 내용은 1세기 중반까지 거슬러 올라간다. 이렇게 시대가 빠른 기사로는 예수가 승천하자 제자들이 나눈 다음 대화를 들 수 있다.

그들은 슬픔에 빠져 크게 울면서 말하였다. "우리가 어떻게 이방인들에게 가서 사람의 아들의 나라 복음을 전파하겠습니까? 그들이 그를 살려두지 않았는데, 어찌 우리를 살려주겠는가?"[59]

이 구절이 예수 시절에까지 거슬러 올라갈 수 있는 이유는 두 가지이다. 먼저 이 구절에는 '사람의 아들'이라는 단어가 등장한다. 기독교 신자들은 1세기 말 이후 '사람의 아들'이라는 용어를 잘 쓰지 않았다. 그 용어에 묵시종말론적 색채가 매우 강했기 때문이다.[60] 두 번째, 이 구절에서 제자들은 "그들이 예수를 죽였으며, 자신들조차도 안전하지 않다"라고 이야기한다. 이런 대화는 예수가 죽은 직후 제자들 사이에 실제로 이루어졌을 가능성이 높다. 예수가 정치범으로 십자가에서 죽었기 때문에, 예수가 죽은 후 상당 기간 제자들도 안전을 걱정해야 했기 때문이다.[61] 그렇지만 약간의 시간이 흐른 후 로마 정부가 제자들을 탄압하지 않을 것으로

---

59 「마리아 복음서」 9:7~12. 「마리아 복음서」 번역은 송혜경, 앞의 책, 2014b와 Karen King, 앞의 책, 2003b를 참조하였다.

60 그러나 「필리포스 복음서」, 「야고보의 비밀 가르침」, 「요한의 비밀 가르침」을 비롯한 나그함마디 문헌의 여러 문서에서 '사람의 아들'이라는 칭호가 사용되었다. 이는 나그함마디 문헌이 묵시문학의 성격이 강하기 때문인 것 같다. 나그함마디 문헌에서 예수가 어떻게 불렸는가에 대해서는 김형진, 「나그함마디 문서(The nag hammadi library)의 예수 이해: 영지주의적 이해」, 감리교신학대학교 석사학위논문, 2006을 보라.

61 S. G. F. Brandon, *Jesus and the Zealots: A Study of the Political Factor in Primitive Christianity*, Charles Scribner's Sons 1967.

밝혀졌다. 상황을 확인한 후 예수의 제자들은 예루살렘 교회를 수립하였다. 따라서 이 대화는 예수 처형 직후에 이루어진 것으로 파악된다. 더욱이 1세기 후반 이후 기독교 신자들은 예수가 정치범으로 죽었다는 사실을 언급하는 것을 금기시하였기 때문에 2세기에 이런 대화를 만들어내지는 않았을 것이다.

따라서 「마리아 복음서」가 2세기 중반에 최종 편집되었다고 해도 본문의 상당 부분은 1세기의 상황을 반영한 것이라고 이야기할 수 있다. 「마리아 복음서」의 연대에 대한 다양한 의견이 제시되는 것은 결국 「마리아 복음서」가 시대가 다른 여러 문서의 혼합물이기 때문일 것이다. 「마리아 복음서」의 핵심 주제인 마리아와 남성 제자들의 대립을 담고 있는 구절은 어느 시점의 상황을 반영하고 있는 것일까? 이제 이 문제를 살펴보자.

마리아 막달레나와 남성 제자들의 대립

현재 복원된 「마리아 복음서」에서 남성 제자들은 예수의 가르침을 제대로 이해하지 못했기 때문에 마리아 막달레나에게 가르침을 청하고, 마리아 막달레나가 그들의 요청에 따라서 가르쳐주었다. 그런데 가르침을 요청하는 남성 제자와 마리아 막달레나의 위상은 확연하게 다르다. 베드로가 가르침을 요청하는 장면을 살펴보자.

> 베드로가 말하였다. "자매여 주님께서 다른 어떤 여자보다 당신을 사랑했다는 것을 우리는 알고 있습니다. 우리에게는 알려져 있지 않고 우리는 들은 적도 없지만, 그대가 기억하는 주님의 말씀을 들려주시오!" 마리아가 대답하였다. "당신들에게는 감추어진 것을 가르쳐드리겠습니다."[62]

---

62 「마리아 복음서」 10:1-9(송혜경, 앞의 책, 2014b, 329쪽).

이 구절은 두 가지 사실을 보여 준다. 하나는 예수가 마리아 막달레나를 다른 어떤 여자보다 사랑했다는 것이다. 그런데 베드로의 이 말에는 생각해 보아야 할 점이 있다. 「마리아 복음서」 말미에서 레위는 예수가 마리아 막달레나를 여성 가운데 가장 사랑한 것이 아니라 모든 제자 가운데 가장 사랑했다고 말하였다. 따라서 베드로의 이 진술은 자신이 마리아 막달레나의 권위를 온전히 인정하지 않는다는 의미를 담고 있다. 두 번째는 예수가 남성 제자들을 배제하고 마리아 막달레나에게 중요한 가르침을 주었고, 제자들도 그 사실을 알고 있었다는 것이다. 남성 제자의 대변자인 베드로는 마리아 막달레나가 알고 있는 가르침이 너무나 중요하다고 생각해서 그 가르침에 대해서 알려달라고 요청한다. 따라서 이 구절에서 남성 제자들은 마리아의 권위에 의존하는 하급자들이다.

그런데 마리아가 가르침을 마치자 제자들 사이에서 분란이 일어났다. 「마리아 복음서」는 이 대목을 이렇게 전한다.

> 안드레아가 형제들에게 말하였다. "그녀가 한 말에 대해 여러분이 하고 싶은 말을 해보십시오. 주님께서 이런 말씀들을 하셨다니 도저히 믿을 수 없습니다. 그녀가 말한 것은 우리가 알고 있는 주님의 가르침과 너무 다릅니다." 그러자 베드로가 대답하여 말하였다. "주님께서 한 여성에게 그것도 우리가 모두 듣지 못하도록 비밀리에 이런 말을 했을까요? 정말로 우리가 (그녀에게) 가서 모두 그녀의 말을 들어야 한단 말이오? 정녕 주님께서 우리보다 그녀를 더 아끼셨다는 말이오." …… 레위가 베드로에게 말하였다. "베드로여 당신은 언제나 그랬듯이 화를 잘 내는 당신의 본성에 굴복하고 마는군요. 지금 당신은 그녀가 당신의 적이라도 되는 것처럼 저 여인과 다투고 있구려. 만약 주께서 그녀를 합당하게 만드셨다면, 그대가 누구라고 그녀를 물리친다는 말이오. 주님은 그녀를 완벽하게 알고 있었고, 그래서 우리들보다 더 그녀를 사랑하였습니다."[63]

이 구절은 제자 가운데 안드레아와 그의 형제인 베드로가 마리아 막달레나의 가르침에 적극적으로 반대했음을 보여 준다.[64] 특히 베드로가 적극적으로 반대했는데, 그가 마리아 막달레나에 반대했던 이유는 두 가지였다. 하나는 마리아 막달레나가 여성이라는 사실이고, 다른 하나는 '비밀리'에 가르침을 받았다는 것이다. 이 구절에 나타난 베드로와 마리아 막달레나의 대립의 실체를 무엇으로 보아야 할 것인가?

세 가지로 생각해 볼 수 있다. 첫째는 이 구절의 대화가 역사적으로 실재했다는 것이고, 둘째는 마리아 막달레나를 직접 계승하는 집단과 베드로를 계승하는 집단 사이의 대립을 상징한다는 것이고, 셋째는 2세기에 진행된 영지주의와 원정통 교회의 대립을 상징한다는 것이다. 첫 번째 가능성을 지지하는 학자들은 거의 없다. 예수가 부활한 직후에 분파 대립이, 그것도 교회 내에서 남녀평등의 문제를 두고 이렇게 격렬하게 진행되었다고 보기는 힘들기 때문이다. 더욱이 예수 부활 직후에는 제자단뿐만 아니라 예수의 가족도 교회의 주요 구성원이었다. 이 대화에서 가족이 한 명도 등장하지 않은 것은 가족이 주요 구성원에서 제외된 이후의 상황이라고 파악된다.

두 번째 가능성을 탐색해 보자. 이 주장이 성립되려면 먼저 마리아 막달레나가 수립했거나 그녀의 대의를 따르는 집단이 존재해야 한다. 1세기 후반 이후 마리아 막달레나에게 직접 영향을 받은 신자 집단이 존재하였을까? 예수 사후 예루살렘 교회가 수립되었을 당시 마리아 막달레나의 역할에 대해 보여 주는 자료는 없다. 「사도행전」을 비롯한 정통 교회의 자

---

63 「마리아 복음서」 17:10, 18:15(송혜경, 앞의 책, 2014b, 334쪽).

64 대부분의 학자들은 이렇게 생각하고 있지만 Christopher Tuckett, 앞의 책, 2007, pp. 187~90은 마리아가 여성이기에 베드로가 반대한 것이 아니라 마리아가 예수에게 계시를 받은 자이기에 반대했다고 주장하였다. 투케트는 여성인 마리아가 이 대립에서 적극적인 역할을 하지 못하고 레위가 최종적인 결론을 내는 것에 주목하고 있다.

료 어디에도 그녀가 등장하지 않기 때문이다. 그렇지만 예수가 공생애를 펼쳤을 때 그녀는 여성 제자단의 대표였고, 또한 예수의 수난 과정을 지켜보았으며, 예수의 부활 장면도 목격하였다. 따라서 그녀는 예수 사후 활발하게 전개된 기독교의 탄생 과정에서 비중 있는 역할을 수행했음에 틀림없다.[65]

그녀는 아마 예루살렘 교회의 창립에 참여했다가 다른 남성 사도들이 그랬듯이 팔레스타인 밖으로 나아가 선교를 수행했을 것이다. 그녀가 어느 지역으로 진출하였는지는 알 수 없다. 후대의 전승에 의하면, 그녀는 프랑스에 도달하여 상당 기간 활동하였다.[66] 사도 바울로가 에스파냐에 가려고 했다는 것을 생각해 보면 그녀가 로마[67]나 프랑스의 마르세유에서 활동했다는 전승을 허구라고 단정할 수는 없다. 그녀가 거느린 신자 집단의 규모는 상당히 컸을 것이다. 「루카 복음서」에서 이 사실을 추론해 볼 수 있다.

1세기 중후반 초기 기독교 내에는 여러 분파가 있었고, 그 분파들은 교리를 두고 주도권 경쟁을 벌이곤 하였다. 이 과정에서 기독교 신자들은 다른 분파들이 예수의 후계자로 숭앙하는 인물을 비판하곤 했다. 예를 들어 「마르코 복음서」에는 베드로가 사탄이라고 비난받는 장면이 나오며, 바울로 서간에서는 바울로가 '거짓말쟁이'라고 불리는 이야기가 나온다. 「마르코 복음서」 16장 9절과 「루카 복음서」 8장 2절에는 마리아 막달레나를 '일곱 귀신이 들렸던 여인'으로 소개하고 있다. 얼핏 보면 두 복음서

---

65 박인희, 앞의 글, 2013은 「마리아 복음서」에 나타난 마리아 상이 역사적 사실을 반영하였을 가능성을 탐구하였다.

66 Michelle Erhardt and Amy Morris(ed.), *Mary Magdalene, Iconographic Studies from the Middle Ages to the Baroque*, Brill 2012, p. 370.

67 원래는 그리스어로 작성되었지만, 7세기 그루지아어 번역본만으로 전하는 「성 처녀의 삶」에 따르면, 마리아 막달레나는 로마에서 활동하다 순교하였다. 카타콤에 그녀가 활동했다는 그림이 있다는 것이 이 전승의 역사성을 뒷받침한다. 이에 대해서는 S. Shoemaker, 앞의 글, 2005, p. 447을 보라.

가 마리아 막달레나를 귀신 들린 여인으로 소개하는 것 같지만, 이 별명은 오로지 「루카 복음서」에만 나온다고 보아야 한다. 사본학적인 증거에 따르면 「마르코 복음서」는 16장 8절로 끝나기에 16장 9절은 후대에 덧붙여진 것이기 때문이다.

그런데 「루카 복음서」는 적극적으로 마리아 막달레나의 권위를 낮추기 위해서 노력하고 있다. 예를 들어 「루카 복음서」는 「마태오 복음서」와 달리 마리아 막달레나를 부활현현의 첫 증인으로 제시하지 않았다. 따라서 「루카 복음서」가 그녀에게 '귀신 들렸던 여인'이라는 별명을 부여한 것은 그녀를 낮추려는 노력의 일환으로 볼 수 있다. 여기서 '귀신 들렸다'라는 표현의 의미를 깊이 살펴볼 필요가 있다. 귀신 들렸다는 것은 문자 그대로 사악한 영적 존재에게 사로잡혔다는 의미일 수 있다. 그렇지만 1세기 유대인들은 자신과 생각이 다르거나 이단에 빠진 사람을 귀신 들렸다고 말하곤 하였다. 예를 들어 세례 요한이 등장하여 유대인 기득권 세력을 비판하고 세상의 종말이 임박했다고 외치자 유대인들은 그가 귀신 들렸다고 비판하였다.[68] 또한 유대인은 예수가 예루살렘 성전에서 가르침을 펼치자, 예수를 '귀신 들린 사람'이라고 비난하였다.[69] 따라서 「루카 복음서」가 마리아 막달레나를 '일곱 귀신 들린 여자'라고 부른 것은 그녀가 상당한 규모의 신자들을 거느리고 독자적인 가르침을 펼치자 그녀를 폄하하기 위해서 의도적으로 만들어낸 말일 수 있다.[70] 이런 추론이 맞다면 1세기 후반 이후 마리아 막달레나가 활발한 활동을 펼쳤고, 그의 가르침을 받은 신자 집단이 존재하였을 가능성이 있다.

그러나 이런 추론을 뒷받침할 수 있는 추가적인 증거는 없다. 너무나 박약한 증거만으로 이 추론이 맞다고 결론 내리기는 힘들다. 더욱이 두 번

---

68 「루카 복음서」 7:33.
69 「요한 복음서」 7:20.
70 Robert Price, "Mary Magdalene: Gnostic Apostle?", *Grail* 6, 1990.

째 주장이 성립되려면 마리아 막달레나를 추종하는 집단이 영지주의를 수용해야 한다. 앞에서 살펴보았듯이 「마리아 복음서」에서 영지주의 세계관이 일부 관찰되기 때문이다. 이 사실 또한 확인할 방법이 없다. 따라서 두 번째 주장을 받아들이기보다는 다른 가능성을 탐색해 보아야 한다. 이제 절을 달리해서 세 번째 주장을 살펴보자.

영지주의와 원정통 교회의 대립

「마리아 복음서」에서 마리아 막달레나와 베드로가 대립하였던 이유는 두 가지였다. 하나는 예수가 여성에게 가르침을 주었다는 것이고, 다른 하나는 비밀리에 가르침을 주었다는 것이다. 두 가지 주제를 중심으로 1세기 후반 이후 원정통 교회와 영지주의 교회의 대립을 간략하게 살펴보자.[71] 2세기 말의 교부인 이레나에우스는 이 문제에 대해서 다음과 같이 말하였다.

> 만약 사도들이 비밀 신비를 가지고 있고, 그것들을 다른 사람들을 배제한 채 '완벽한 자들'에게만 사적으로 가르칠, 감추어진 신비를 알고 있었다면, 사도들은 그들이 교회를 위탁한 사람들에게 특별히 그 신비를 가르쳤을 것이다. 사도들은 교회를 위탁받은 사람들이 모든 일에 완벽해지고 흠 없어지기를 간절히 바랐을 것이기 때문이다.[72]

이 구절에서 '완벽한 자'는 영지주의 지도자들을, 교회를 위탁받은 사람들은 원정통 교회의 지도자들을 의미한다. 영지주의자들은 예수가 토마스, 유다, 바울로, 마리아 막달레나 등 소수의 제자들에게 비밀스러운 가

---

71 Karen King, 앞의 책, 2003b, pp. 57~58.
72 Irenaeus, *Adversus Haereses*, 3, 3, 1.

르침을 주었고, 그들 집단의 지도자인 '완벽한 자'가 그 가르침을 개인적으로 전수받았다고 주장하였다. 이레나에우스를 비롯한 원정통 교회는 영지주의자들의 이런 주장에 반대하면서, 만약 사도들이 예수에게 특별한 가르침을 받았다면 그것을 비밀리 전수하는 것이 아니라 모든 교회의 지도자에게 가르쳤을 것이라고 주장하였다. 이레나에우스의 주장은 「마리아 복음서」에 나타난 베드로의 태도와 같은 취지를 갖고 있다.

이제 '성'의 문제를 살펴보자. '성'의 문제에 대한 대립은 '비밀스러운 계시'에 대한 대립보다 먼저 시작되었다. 이 문제를 이해하기 위해서는 먼저 이 문제에 대한 예수와 바울로의 견해를 살펴보아야 한다. 예수와 바울로는 고대 로마인은 생각하기 어려울 정도로 급진적으로 여성에게 우호적인 태도를 견지하였다.[73] 따라서 초기 기독교 교회에서 여성은 교회의 최고 지도자, 교사, 예언자로서 매우 적극적으로 활동하였다. 그런데 1세기 말이 되면 원정통 교회는 이런 상황에 대해서 적극적으로 문제를 제기하면서 교회 내에서 여성의 활동을 제한하고, 지위를 낮추기 위해서 노력하기 시작하였다.[74] 1세기 말에 쓰인 「티모테오에게 보낸 첫째 서간」의 한 구절, 즉 "나는 여자가 남을 가르치거나 남자를 지배하는 것을 허락하지 않습니다. 여자는 조용해야 합니다"[75]라는 태도를 대변한다.

2세기에도 원정통 교회의 지도자들은 여성을 억압하려는 태도를 지속적으로 강화하였다. 이 사실은 100년경 로마 교회의 지도자가 쓴 「클레멘스 제1서신」에서 확인된다. 클레멘스는 로마의 가정 윤리를 기독교에 도

---

73 수잔네 하이네, 정미현 옮김, 『초기 기독교 세계의 여성들』, 이화여자대학교 출판부 1998, 91~96쪽; 장상, 「성서신학에서 본 여성신학」, 『한국기독교신학논총』 제3권, 1988; John Dominic Crossan and Jonathan Reed, *In Search of Paul*, HarperOne 2005, p. xiii.

74 Marcus J. Borg and John Dominic Crossan, *The First Paul: Reclaiming the Radical Visionary Behind the Church's Conservativ*e, HarperOne 2009, pp. 29~31.

75 「티모테오에게 보낸 첫째 서간」 2:12.

입하려고 시도하였다. 그는 가부장의 권한을 절대적으로 강조하면서 여성은 가부장의 지도를 받아서 "남편에게 의무 관념에서 우러나오는 애정을 가지고 충실히 복종해야 한다"라고 주장하였다.[76] 클레멘스 이후 거의 모든 교부가 이런 태도를 견지했다. 2세기 말 3세기 초에 활동하였던 테르툴리아누스의 다음 증언은 이 사실을 잘 보여 준다.

> 영지주의자들의 부인들은 얼마나 뻔뻔스러운가? 그 여자들은 감히 가르치고 토론에 참여하며 귀신을 쫓고, 병을 고치는 일을 감행한다. 그리고 아마도 세례를 주기까지 하는 것 같다.[77]

테르툴리아누스의 이 증언은 2세기 교회 내에서 남녀평등을 지향하는 집단이 강력하게 존재하였으며, 원정통 교회 지도자들이 그들에 맞서기 위해서 노력하고 있었다는 것을 여실히 보여 준다.[78]

이렇게 「마리아 복음서」에 나타난 베드로와 마리아 막달레나의 대립과 2세기 영지주의와 원정통 교회의 대립은 그 두 가지 이유가 같다. 그렇다면 「마리아 복음서」에 나타난 대립은 2세기에 진행된 영지주의와 원정통 교회의 대립을 상징한다고 볼 수 있다.[79] 2~3세기 여러 영지주의 문헌에 이 대립이 투영되어 있다는 사실이 이 추론을 뒷받침한다. 이 추론의 가능성에 대해서 좀 더 살펴보자.

---

76 James Jeffers, *Conflict at Rome: Social Order and Hierarchy in Early Christianity*, Philadelphia: Fortress Press 2007, pp. 122~23.
77 Tertullianus, *De praescriptione haereticorum*, 41, 5.
78 유태엽, 앞의 글, 2014, 115~17쪽.
79 Elaine Pagels, 앞의 책, 1979, pp. 64~65; Christopher Tuckett, 앞의 책, 2007은 콥트어 필사본과 그리스어 필사본을 비교하여 해설하고 있다. 그런데 콥트어 필사본은 마지막 부분에서 레위가 베드로를 꾸짖은 후, 베드로가 그의 비난을 수용한 것처럼 묘사하고 있다. 이는 콥트어 필사본이 제자들의 일치를 추구하기 위해서 본문을 변개한 결과인 것 같다.

2세기 영지주의는 교회 내에서 남녀평등을 강력하게 추구하였다. 그들은 남녀평등의 이념을 선전하기를 열망하였고, 그 역할을 남성 제자가 수행하기에는 한계가 있었다. 따라서 그들에게는 권위가 매우 높은 여성이 필요했는데, 마리아 막달레나가 가장 적합하였다. 원정통 교회들이 중요시하는 사복음서 내에서 마리아 막달레나의 위상이 확고하게 높았기 때문이다. 그녀는 예수의 공생애 기간에는 여성 제자들의 대표로 활동하였고, 예수가 부활한 후에는 부활현현의 첫 목격자로서 자리매김하고 있었다. 따라서 원정통 교회의 대표자인 베드로에 맞설 수 있고, 어떤 측면에서는 그보다 더 높은 위상을 가지고 있었다.

이렇게 마리아 막달레나를 여성의 목소리를 대변하는 인물로 선택한 영지주의자들은 그들이 작성한 여러 문서에 남녀평등의 문제를 제기하였다. 「토마스 복음서」는 이런 문서로 가장 먼저 살펴보아야 한다. 영지주의 계열의 문서 가운데 비교적 일찍 작성되었으며 영향력이 컸기 때문이다. 「토마스 복음서」에서 마리아 막달레나는 두 차례 등장한다. 사복음서에 익숙한 사람들은 마리아 막달레나가 두 차례 등장하는 것은 그녀의 비중이 낮기 때문이라고 생각할 수 있다. 그렇지만 사복음서와 달리 「토마스 복음서」에서는 남성 제자들도 등장하는 빈도수가 매우 낮다. 수제자인 베드로가 두 차례 등장하고, 사도 요한과 야고보는 등장하지 않는다. 이는 「토마스 복음서」가 어록 복음서이기 때문이다. 따라서 마리아 막달레나가 두 차례 등장한다는 것은 그녀의 비중이 낮다는 증거가 아니라 오히려 높다는 증거이다. 그녀의 첫 번째 등장은 로기온 21에서 이루어진다. 마리아가 "당신의 제자들은 누구와 같습니까?"라고 묻자, 예수는 "그들은 자기 소유가 아닌 밭에 자리 잡고 사는 어린이들과 같다"라고 대답한다. 예수의 대답에서 '밭'은 이 세상을 의미하고, 어린이는 이 세상에 속하지 않은 사람이라고 해석할 수 있다.[80] 아무튼 이 대화는 마리아 막달레나가 남성 제자들을 배제한 채 예수와 단독으로 대화를 나누는 친밀한 사이라는 사실을 확인해 준다. 이는 「마리아 복음서」에서 예수가 자주 남성 제자들을 배제한 채 그녀에게 가르침을 주었다는 사실과 맥을 같이한다. 따라서 이 기사는 「토마스 복음서」가 작성된 2세기 중반 이전에 마리아 막달레나가 다른 어떤 제자보다 예수와 친밀했다는 사실이 널리 알려져 있었다는 것을 의미한다. 두 번째로 마리아 막달레나가 등장하는 것은 다음 구절이다.

시몬 베드로가 그들에게 말하였다. "여자들은 생명에 합당하지 않으니 마리아를 우리한테서 내보냅시다." 예수께서 말씀하셨다. "자, 내가 몸소 그녀를 인도하여 그녀를 남자로 만들겠다. 그리하면 그녀는 남자인 너희와 비슷한 살아 있는 영이 될 것이다. 자신을 남자로 만드는 여자는 모두 하늘나라에 들어갈 것이기 때문이다.[81]

이 구절에는 기이한 요소가 두 가지 있다. 먼저 이 구절에서 베드로는 마리아 막달레나를 비판하면서 "마리아가 생명에 합당하지 않으니"라고 말하지 않고, "여자들은 생명에 합당하지 않으니"라고 말하였다. 이는 베드로로 대변되는 남성 제자들이 여성 제자들에 대한 강한 대립 의식을 갖고 있었음을 보여 준다.[82] 둘째, 베드로는 '마리아를 쫓아내 달라고' 예수에게 요청하지 않았다. 그는 예수를 향해서 무엇을 요청하지 않고, 동료 제자들에게 함께 힘을 합치자고 이야기하였다. 이는 교회 내에서 여성의 평등을 강력하게 주장하는 집단이 있었고, 남성 제자들이 여성 제자들의 주장에 맞서 대응하고 있었음을 보여 준다.

이 대립을 보고 예수는 베드로의 편을 들어주지 않았다. 예수는 베드

---

80 R. Thompson, *Decoding the Gospel of Thomas*, Xlibris 2010, p. 50.

81 「토마스 복음서」 114(송혜경, 앞의 책, 2009, 353쪽).

82 송혜경, 「신약외경에 나타난 마리아 막달레나」, 『가톨릭 신학과 사상』 70, 2012, 63쪽.

로의 남성 편협주의, 남성 우월주의에 단호히 반대하고 마리아 막달레나가 생명에 합당한 존재라고 선언한다. 예수의 이런 태도는 원래 예수가 여성들에게 취했던 태도를 반영한 것이며, 또한 2세기 영지주의자들이 예수의 권위를 빌려서 자신들의 대의를 정당화하기 위한 것이라고 볼 수도 있다. 그런데 예수가 마리아를 구원에 합당한 존재로 만들어주겠다는 방법이 조금 이상하게 보일 수 있다. 예수가 마리아 막달레나라는 멀쩡한 여성을 남성으로 만들겠다고 말했기 때문이다. 그렇지만 이 구절을 원문으로 보면 그렇게 이상하지 않다. 이 구절의 그리스어 원문은 안드로포스이기에 인간이라고 번역해야 한다.[83] 안드로포스는 남녀를 초월한 원형적인 인간을 말한다.[84] 「토마스 복음서」의 다음 구절은 이에 대해서 중요한 시사를 한다.

> 너희가 부끄럼 없이 옷을 다 벗고 너희 옷을 집어 어린아이들처럼 너희 발아래 내려놓고 짓밟을 때, 그때야 너희는 살아 계시는 분의 아들을 볼 것이고 두려움이 없을 것이다.[85]

여기에서 모든 사람이 옷을 입지 않은 상태는 인간이 성적 차이를 느

---

83 장 이브 를루, 앞의 책, 2006, 136쪽. 그러나 대다수의 학자들은 이 구절의 남성을 그대로 남성으로 보고 그 의미를 해석하고자 노력하고 있다. 여기에는 세 가지 의견이 있는데 첫 번째는 여성이 금욕적 실천을 위하여 남성성을 취하는 것으로 이해하고, 두 번째는 구원을 받기 위해서는 여성, 남성, 살아 있는 영의 단계를 거쳐야 하기 때문에 여성이 태초의 원형적인 인간인 남성이 되어야 한다고 파악하며, 세 번째는 남성과 여성을 비유로 해석하여 여성이 남자가 되는 것은 도덕적으로 혹은 영적으로 높은 단계에 이르는 것을 의미한다고 파악한다. 이에 대해서는 유병우, 「도마 복음 말씀 114에 대한 연구: "자신을 남성으로 만든다"는 표현의 의미를 중심으로」, 『한영논총』 17, 2013, 38~42쪽을 보라.

84 나요섭, 「도마 복음서에 나타난 (반)아담 기독론」, 『신학과 목회』 15, 2001, 93~95쪽; 채승희, 「영지주의와 여성」, 『신학과 목회』 44, 2015, 66~69쪽.

85 「토마스 복음서」 37(송혜경, 앞의 책, 2009, 325쪽).

끼지 않은 원형적인 상태에 있던 시기를 의미한다.[86] 마리아 막달레나를 '남자'로 만들어주겠다고 할 때 남자는, 인간 남자를 의미하기보다는 '완전한 인간'을 의미하기에 예수가 마리아를 '남자'로 만들겠다는 것은 기이한 이야기가 아니다.[87]

「토마스 복음서」 다음으로 남녀 대립의 문제를 다루고 있는 복음서는 「필리포스 복음서」이다. 「필리포스 복음서」는 소설 『다빈치 코드』의 모티프를 제공한 문서로 유명하고, 어록 복음서와 비슷한 구조를 갖고 있다. 주로 예수의 말씀, 비유, 권고 등을 전하는 형태로 되어 있지만, 「토마스 복음서」가 순수한 어록 모음집인 데 반해서, 중간 중간 예수의 행적과 문답이 들어가 있다. 이 복음서는 사복음서를 인용하고 있으며, 2세기 중후반의 영지주의에 속하는 발렌티누스파의 신학이 두드러지게 나타난다. 따라서 이 문서는 2세기 중반 이후 언젠가, 아마도 3세기 초에 쓰인 것으로 파악된다.[88]

이 복음서에서 마리아 막달레나는 두 차례 등장한다. 「토마스 복음서」에서처럼 두 차례 등장하는 것이 그녀를 낮추는 것은 전혀 아니다. 베드로는 한 번도 등장하지 않고, 주인공인 필리포스 사도도 한 차례만 등장

---

86 April DeConick and Jarl Fossum, "Stripped before God: A New Interpretation of Logion 37 in the Gospel of Thomas", *Vigiliae Christianae* 45-2, 1991, pp. 124~25. 「토마스 복음서」 46은 "아기가 되는 사람이 요한보다 더 커질 것이다"라고 말하고 있다. 이때의 아기는 성을 알기 이전의 아담을 의미한다. 이 구절 또한 인간이 최초의 원형적인 상태로 돌아가야 구원을 받을 수 있다는 것을 의미한다. 이에 대해서는 B. Lincoln, 앞의 글, 1977, pp. 74~75를 보라.

87 영지주의 세계관에 따르면, 모든 인간은 소피아나 그에 준하는 여성신이 만들었다. 따라서 모든 인간에게는 '여성성'이 내포되어 있다. 인간이 구원을 받기 위해서는 이 '여성성'을 극복하고 최고신과 합일해야 한다. 몇몇 영지주의 문헌은 이 최고신을 '남성'으로 표현하고, 인간이 구원을 받는 것을 남성이 된다고 인식하였다. 따라서 본문에서 '남자로 만든다'라는 이야기는 마리아가 여성이기에 남성으로 만든다는 것이 아니라, 구원에 합당한 존재로 만든다는 의미를 갖고 있다고 해석할 수도 있다. 이에 대해서는 M. C. G. Haxby, 앞의 글, 2013, pp. 107~23을 보라.

88 R. G. Grant, 앞의 글, 1960, p. 506.

하기 때문이다. 마리아 막달레나가 첫 번째 등장하는 장면을 살펴보자.

> 주님께서 늘 같이 걷던 세 사람이 있었다. 그의 어머니 마리아, 그의 누
> 이, 그리고 막달레나였다. 막달레나는 그의 동반자라고 불렸다. 그의 누이,
> 어머니, 동반자의 이름이 모두 마리아였다.[89]

이 구절에서 예수의 어머니 마리아가 첫 번째로 등장하는 것이 특이하
다. 1~2세기 초기 기독교의 문헌에서 예수의 어머니 마리아는 중요한 역
할을 하는 인물로 등장하지 않는다. 그녀를 숭앙하는 일은 2세기 중반에
시작되었다. 150년경에 쓰인 「야고보 원복음서」에 그녀는 동정녀로서 아
이를 출산하였고, 출산한 후에도 동정을 유지한 것으로 나온다.[90] 이후 예
수의 어머니 마리아의 위상은 갈수록 높아져 4~5세기가 되면 모든 기독
교 여성 가운데 독보적인 위상을 갖게 된다. 그녀는 '하느님을 낳은 자'라
고 불렸으며, 지상의 인간과 천상의 하느님을 중개하는 최고의 존재로 자
리 잡는다.[91] 「필리포스 복음서」가 그녀를 마리아 막달레나보다 먼저 소개
한 것은 그녀의 위상이 마리아 막달레나보다 높아졌음을 의미한다. 그렇
지만 이렇게 추론하지 않을 수도 있다. 「필리포스 복음서」는 마리아 막달
레나를 예수의 배우자로 제시하고 있다. 그렇다면 예수의 어머니 마리아
와 마리아 막달레나는 시어머니와 며느리 관계가 되고, 이 경우 시어머니
의 이름을 먼저 소개하는 것이 자연스럽다.

「필리포스 복음서」에서 마리아 막달레나가 두 번째로 나오는 장면을 살
펴보자.

---

89 「필리포스 복음서」 59(Marvin Meyer(ed.), 앞의 책, 2007, p. 167).

90 「야고보 원복음서」 19-20.

91 최혜영, 「마리아 숭배의 기원: 황제 숭배 및 여성성을 중심으로」, 『서양고대사연구』
    22, 2008, 137~38쪽은 마리아 숭배가 급격하게 확산되었음을 지적하고 있다.

주님께서는 동반자인 마리아 막달레나를 다른 모든 제자보다 사랑하셨다. 그는 그녀의 입에 종종 키스를 하였다. 다른 제자들이 "왜 당신은 그녀를 우리 모두보다 더 사랑하십니까?"라고 물었다. 주님께서 대답하여 말씀하셨다. "왜 내가 너희를 그녀보다 사랑하지 않느냐고? 눈먼 이와 볼 수 있는 이가 어둠 속에 있다면 그들은 서로 다르지 않다. 빛이 오면 그때는 정상인 사람이 빛을 볼 것이고 눈먼 사람은 어둠 속에서 머물 것이다."[92]

이 구절에서 가장 먼저 눈에 띄는 것은 예수가 마리아 막달레나에게 종종 키스했다는 것이다. 이 키스를 육체적인 것으로 해석하고 두 사람이 부부라는 것을 입증하는 증거로 보는 것은 잘못이다. 초기 기독교 시대에는 '거룩한 키스'라는 의례가 있었다. 이는 남녀를 불문하고 신자들이 서로 입맞춤으로 인사를 나누는 것으로 예배의 일환이었다. 바울로 시대에 이미 거룩한 키스의 의례가 행해졌으며,[93] 2~3세기에는 이 키스가 에로틱한 것으로 잘못 해석되기도 하였다. 영지주의 계열의 신자들도 이 의식을 행하곤 했는데, 이는 「마리아 복음서」에서 확인된다. 「마리아 복음서」의 그리스어 필사본인 파피루스 옥시링쿠스 3525 5: 2에는 "마리아가 제자들 모두에게 부드럽게 키스했다"라는 구절이 있다. 「필리포스 복음서」는 이 거룩한 키스의 기원에 대해서 설명하고 있다. 이 복음서는 "완벽한 사람은 키스를 통해서 임신하였고, 출산하였다. 따라서 우리는 서로 키스를 주고받곤 한다"라는 구절이 실려 있다.[94] 이 구절에서 첫 번째 키스는 두 존재가 영적인 성 결합을 통해서 후손을 낳았다는 것을 의미하고, 두 번째 키스는 첫 번째 키스를 의례로서 기념하는 것을 의미한다.

따라서 예수와 마리아 막달레나가 주고받은 키스를 반드시 육체적인

---

92 「필리포스 복음서」 63-64(Marvin Meyer(ed.), 앞의 책, 2007, p. 171).
93 「코린토 신자들에게 보낸 첫째 서간」 16:20.
94 「필리포스 복음서」 59(Marvin Meyer(ed.), 앞의 책, 2007, p. 167).

의미로 해석하는 것은 적절하지 않다. 그러나 마리아 막달레나가 예수의 '동반자'로 소개되었음을 고려한다면 두 사람이 주고받은 키스는 '첫 번째' 키스에 해당하고 두 사람의 영적인 결합을 상징하는 것일 수 있다. 이 경우 두 사람의 관계는 비록 영적인 측면이라고 해도 부부로 해석할 수도 있다.[95] 이렇게 마리아 막달레나는 영적인 측면에서 예수의 동반자로 여겨질 정도로 높은 수준에 도달해 있었고, 그 때문에 예수는 다른 남성 제자들보다 그녀를 더욱 사랑하였다.[96] 「필리포스 복음서」가 마리아 막달레나를 예수의 영적인 배우자로 제시한 것은 남성 제자들이 교회 내에서 여성 신자들의 권위를 낮추려고 계속 시도하자, 여성들이 남성보다 더 예수와 가깝고 예수의 가르침을 계승하고 있다는 논리를 전개하기 위한 전략의 일환이라고 볼 수 있다.

이렇게 「토마스 복음서」, 「마리아 복음서」, 「필리포스 복음서」에는 마리아 막달레나와 남성 제자들의 대립이 나타난다. 그런데 세 복음서 모두에서 그들의 대립은 마리아 막달레나 개인과 남성 제자들의 대립이 아니라, 여성 제자와 남성 제자의 대립을 의미하는 것으로 해석할 수 있다. 따라서 「마리아 복음서」에 나타난 마리아 막달레나와 베드로의 대립은 2세기에 이루어진 영지주의와 원정통 교회의 대립을 상징하는 것으로 파악하는 것이 옳을 것이다.

이 대립은 매우 격렬하게 진행되었고, 영지주의자들의 대의를 지지하는 무리가 상당히 많았다. 「마리아 복음서」가 널리 유통되었다는 사실이 이를 입증한다. 앞에서 언급했듯이, 「마리아 복음서」의 필사본은 파피루스 베롤리넨시스 8502, 파피루스 라일랜즈 463, 파피루스 옥시링쿠스

---

95 Benjamin W. Farley, *Jesus as Man, Myth, and Metaphor*, Wipf and Stock 2007, p. 80 ; 송혜경, 앞의 글, 2012, 63쪽은 예수와 마리아가 부부였을 가능성에 반대하고 있다. 그러나 송혜경도 두 사람이 부부에 버금가는 친밀한 존재였음을 인정하고 있다.

96 Paul Foster, *The Non-Canonical Gospels,* Bloomsbury 2008, p. 73.

3525가 있다. 「루카 복음서」의 파피루스 필사본이 6개, 「마르코 복음서」의 파피루스 필사본이 1개밖에 없다는 점을 고려하면 이는 결코 적은 숫자가 아니다.[97] 더욱이 파피루스 사본들을 연구해 보면 그 내용에 상당한 편차가 있다. 이는 세 개의 파피루스가 각각 다른 원본을 가지고 있었다는 것을 의미한다. 「마리아 복음서」가 널리 유통되지 않았다면 이렇게 판본이 다른 여러 파피루스가 발견되지 않았을 것이다.[98] 따라서 「마리아 복음서」를 생산했던 집단은 규모가 컸을 것이며 상당히 많은 기독교 신자들의 지지를 받고 있었다고 말할 수 있다.

2~3세기 마리아 막달레나의 위상을 보여 주는 기타 자료들

2~3세기 마리아 막달레나를 대변인으로 내세워 영지주의 세계관을 선전했던 집단들이 작성한 문서가 몇 가지 더 있다. 「구세주의 대화」는 제목에서도 나타나듯이 예수가 제자들과 나눈 대화 형태를 취하고 있지만, 실제로 전반부는 예수의 독백으로 이루어져 있다. 「요한 복음서」와 「토마스 복음서」를 인용하고 있지만, 영지주의의 전형적인 세계관이 관찰되지 않는다.[99] 대화 부분에서 제자 가운데 마태오, 유다, 마리아만 이름이 나온다. 여기서 유다는 토마스로, 마리아는 마리아 막달레나로 추정된다. 세 제자 가운데 유다가 20회로 가장 많이 등장하고, 마리아 막달레나와 마태오는 각각 14회씩 등장한다. 등장 횟수로만 보면 유다가 가장 중요한 제자인 것 같지만, 대화에서 마리아가 다른 두 제자보다 더 중요한 역할을 수행한다. 주요 주제에서 그녀가 가장 먼저 주도적으로 대화를 이끌어내

---

97 J. Chapa, 앞의 글, 2010, p. 348.
98 Christopher Tuckett, 앞의 책, 2007, p. 10.
99 Marvin Meyer(ed.), 앞의 책, 2007, p. 167.

곤 하기 때문이다.[100] 또한 그녀는 "모든 것을 (완전히) 이해한 여인", "모든 것을 있는 그대로 알고 싶어" 하는 사람으로 제시되고 있다.[101] 이는 그녀가 다른 제자들보다 더 우월하다는 것을 의미한다. 따라서 그녀는 「구세주의 대화」에서 예수의 최고 제자로 제시되고 있다고 볼 수 있다.

「예수 그리스도의 소피아」는 남성 제자 12명과 여성 제자 7명이 갈릴래아에 있는 산에서 부활한 예수를 만나서 예수의 가르침을 받는 형식으로 구성되어 있다. 파피루스 베롤리넨시스 8502에 다른 버전의 필사본이 포함되어 있는 것으로 보아 3~4세기에 상당히 인기가 있었던 문서로 판단된다. 원정통 교회와 영지주의 계열 교회의 대립이 보이지 않고, 영지주의 신학도 만개된 형태로 보이지 않기에 2세기 중후반에 쓰인 것으로 파악된다.[102] 마리아는 2회에 걸쳐 질문을 하였는데, 이는 토마스와 마태오와 함께 가장 많은 숫자이다. 베드로를 비롯한 사도 계열의 제자들은 등장하지 않는다. 이 두 문서는 마리아 막달레나가 남성 제자들과 동등하게 가르침을 받는 존재였음을 보여 주고 있다.[103]

「피스티스 소피아」는 18세기에 발견된 영지주의 계열의 문서인데, 예수가 제자들에게 일련의 계시를 주는 내용을 담고 있다.[104] 제자들 가운데 마리아 막달레나가 단연 돋보인다. 베드로, 안드레아, 필리포스, 마태오를 비롯한 여러 제자가 등장하지만 마리아가 가장 많은 질문을 하면서 예수와의 대화를 이끌어간다. 요한, 베드로, 안드레아, 필리포스, 토마스를 비롯한 남성 제자들은 모두 합해서 34회 대화에 참가하지만, 마리아 막달

---

100 Antti Marjanen, 앞의 책, 1996, p. 76.
101 「구세주의 대화」 139; 141.
102 Antti Marjanen, 앞의 책, 1996, p. 59.
103 Antti Marjanen, 같은 책, 1996, pp. 216~25.
104 G. R. S. Mead, *Pistis Sophia,* Wilder Publications 2009는 「피스티스 소피아」의 작성 연대에 대해서 2세기 중반설과 3세기 전반기설, 3세기 후반기설이 대립하고 있다고 설명하고 있다.

레나는 72회나 대화에 참여한다.[105] 또한 예수는 "사랑하는 마리아야, 나는 너에게 높은 곳에 관한 비밀을 완벽하게 알려 줄 것이다. 너에게 마음을 터놓고 이야기할 것이다. 너의 마음이 하늘의 나라를 추구함에 있어서 너희 남자 형제들보다 뛰어나기 때문이다"라고 말하였다.[106]

이 문서는 마리아 막달레나의 위상을 파악하는 데 매우 중요한 의미를 갖는다. 주도적인 견해대로 이 문서가 3세기 후반에 쓰였다면, 이 문서는 마리아 막달레나를 추종하면서 남녀평등을 지향하는 영지주의 세력이 3세기에도 활발하게 활동하고 있었다는 것을 보여 준다.[107]

이상에서 살펴본 영지주의 계열의 문서들에서 마리아 막달레나는 여러 특징을 보인다. 그녀는 예수의 제자들 가운데서 뛰어난 존재였으며, 예수와 매우 긴밀한 관계를 맺고 있었고, 환상을 보는 사람이었으며, 또 대담하게 예수에게 질문하였다.[108] 그런데 이 모든 특징 가운데에서 가장 중요한 것은 '사도 가운데 사도'로서 사도들을 지휘하고 가르쳤다는 것이다. 예를 들어 「마리아 복음서」에 마리아 막달레나는 예수로부터 단독으로

---

105 Richard Bauckham, 앞의 글, 1991, p. 261.

106 G. R. S. Mead, 앞의 책, 2009, p. 17.

107 영지주의자들은 남녀평등뿐만 아니라 성직자와 평신자의 평등도 추구하였다. 그들은 모든 신자의 평등을 주장하면서 교회 지도자인 사제들이 평신자보다 높은 위엄과 권위를 가지고 교회를 주도하는 것에 반대하였다. 따라서 이들은 성직자를 뽑아 미사를 집전하도록 하는 것이 아니라 매 모임에서 제비뽑기를 통해서 주교나 사제의 역할을 할 사람을 뽑았다(Elaine Pagels, 앞의 책, 1979, pp. 41~42). 한편 2세기 후반에는 몬타누스파가 있었다. 이 파는 영지주의로 분류되지는 않지만 3세기 초 이후 이단으로 규정되었는데, 그 주요 이유는 남녀평등을 추구한다는 것이었다. 1~2세기 정통 교회가 남녀평등을 경계하였으며, 이 때문에 몬타누스파를 이단으로 규정했다는 것에 대해서는 Claudia Setzer, 앞의 글, 1997, pp. 271~72를 보라.

108 Jane Schaberg, 앞의 책, 2004, pp. 129ff.는 영지주의 문서에서 마리아 막달레나가 어떤 특징을 보이는지를 자세히 소개하였다. 영지주의자 가운데 일부가 마리아 막달레나를 그들의 대변인으로 삼았다는 것은 그들이 여성에 대해서 우호적인 태도를 취하고 있었다는 것을 보여 준다. 이에 대해서는 Elaine Pagels, 앞의 책, 2003, p. 116을 보라.

배우고, 그 가르침을 제자들에게 전하곤 하였다.[109] 2~3세기 영지주의 문서에 나오는 마리아 막달레나의 모습을 어떻게 보아야 할 것인가? 그것은 2~3세기 영지주의 공동체들의 상황을 반영하고 있는 것이라고 보아야 한다.

지금까지 살펴본 마리아 막달레나에 대한 논의를 정리해 보자. 그녀는 예수가 공생애를 펼칠 때 예수의 주요 제자였다. 특히 그녀는 부와 지식을 갖추고 있었고, 예수의 제자단을 부양하는 역할을 하였다. 예수가 죽은 후에 어떤 역할을 했는지에 대해서는 자료마다 다른 모습이 관찰된다. 「마태오 복음서」와 「요한 복음서」는 그녀를 예수 부활현현의 첫 증인으로 묘사함으로써 예수 사후 그녀의 권위가 매우 높았다는 것을 인정하였다.

2세기에 본격적으로 생산된 영지주의 문서들은 마리아 막달레나가 예수의 수제자로서 예수로부터 가르침을 받았고, 베드로를 비롯한 12제자는 그녀를 통해서 간접적으로 가르침을 받는 존재로 묘사하고 있다. 영지주의 계열의 이런 문서가 전하는 상은 1세기 후반 마리아 막달레나가 수행한 역할을 실제로 반영하고 있으며, 동시에 2~3세기에 그녀를 추종했던 집단들이 만들어낸 이념을 반영하고 있다.

그러나 바울로와 베드로를 계승한 집단이 만든 문서인 「루카 복음서」와 「사도행전」, 그리고 바울로 서간은 그녀가 부활현현의 첫 증인이라는 것을 부정하였다. 이는 바울로와 베드로를 계승한 집단이 주로 베드로의 권위를 높이고자 시도하였기 때문이다. 이후 베드로와 바울로를 계승한 정통 교회는 이 작업을 지속적으로 진행하였고, 마리아 막달레나는 죄인이나 창녀로 변질되었다. 그 결과 그녀가 사도들의 사도였다는 사실을 기억하는 사람들은 점차 사라졌는데, 이는 무엇보다 그녀의 이름으로 된 복

---

109 「마리아 복음서」뿐만 아니라 「예수 그리스도의 소피아」에서도 마리아 막달레나는 예수에게 우주의 본질과 제자들의 정체를 물어본다. 이에 대해서는 하혜승, 「영지주의 문헌에 나타난 마리아 막달레나상에 관한 연구」, 목원대 석사학위논문, 2010, 41쪽을 보라.

음서, 즉 「마리아 복음서」가 5세기 이후 더 이상 필사되지 않았다는 사실에서 확인된다.[110]

이제 원정통 교회가 그들의 정통성을 강화하기 위해서 예수의 후계자로 설정했던 인물들, 즉 바울로와 베드로의 업적과 그들을 계승하려는 노력을 차례로 살펴보자.

---

110 안연희, 앞의 글, 2015, 259쪽. 마리아 막달레나에 대한 서술은 정기문, 「1~2세기 마리아 막달레나의 위상 변화 고찰」, 『역사학보』 221, 2014a; 정기문, 「'두 마리아'에 대한 묘사를 통해 본 복음서들의 여성관」, 『서양고대사연구』 37, 2014b; 정기문, 「마리아 막달레나 복음서와 남녀평등의 문제」, 『서양사연구』 53, 2018a를 수정·보완한 것이다.

제6장

바울로:
원시 기독교의 개혁자

바울로의 회심

예수는 "나중 된 자가 먼저 되고 먼저 된 자가 나중 된다"라고 말하였는데 원시 기독교 발전에서 가장 '먼저 된 자'가 주의 형제 야고보라면 가장 '나중 된 자'는 바울로이다. 그는 킬리키아의 타르소스 출신으로 청소년기에 예루살렘에 와서 바리사이파 문하에서 공부하였다.[1] 그의 스승은 바리사이파의 지도자로 기독교에 대해서 우호적인 태도를 취했던 가말리엘이었다. 특히 그는 로마 시민권자였는데 이는 당시로서는 매우 귀한 것이었다.[2] 어떤 사람들은 그의 아버지가 타르소스에 노예로 끌려가 로마

---

1 이는 「사도행전」의 진술을 따른 것이다. 그러나 에드 패리시 샌더스(Ed Parish Sanders)는 바울로가 히브리어 성경을 사용하지 않았고, 팔레스타인 바리사이파의 성경 해석도 채택하지 않았다고 지적하면서, 그가 어린 시절에 예루살렘에 와서 가말리엘에게 배웠다는 사실에 의문을 제기하였다. 샌더스의 견해에 대해서는 John Caputo and Linda Alcoff(ed), *St. Paul among the Philosophers*, Indiana University Press 2009, p. 77을 보라.
2 바울로가 로마 시민권을 가지고 있었다는 것에 대해 회의하는 학자들도 많다. 그들은 특히 바울로가 그의 서간에서 본인이 로마 시민권자임에 대해서 어떤 암시도 하지 않았음을 지적한다. 유상현, 『바울로의 제2차 선교여행』, 대한기독교서회 2008,

시민의 집에서 일하다가 해방되면서 로마 시민권을 얻었고, 그 때문에 바울로도 로마 시민권을 얻었다고 주장한다. 그러나 이는 위대한 영웅의 일생을 이야기할 때 흔히 벌어지는 오류라고 생각된다. 즉 어떤 영웅이 대단히 천하게 혹은 대단히 가난하게 태어났고, 불우한 어린 시절을 극복하고 영웅이 되었다는 이야기를 만들어내는 '공식'에 맞춰진 것이라고 생각된다.

당시 유대인으로서 로마 시민권을 가지고 있었다는 것은 유대 명문가의 후손이라는 것을 의미한다.[3] 바울로는 스토아 철학에 정통했으며, 변론과 글쓰기에 능했는데 이는 그가 당대 최고의 교육을 받았기 때문에 가능했을 것이다. 사실 바울로 자신은 자신의 출생과 혈통에 대해서 대단히 강한 자부심이 있었다. 청소년 시절부터 바리사이파의 교육을 받은 바울로는 당대 최고의 랍비가 될 수 있는 자질과 학문을 갖추었는데, 그가 청년이었을 때 예루살렘 교회가 탄생하였다. 바울로는 예루살렘 교회 신자 가운데 일부가 율법과 성전의 문제에 대해서 '신성모독'을 범하였다고 판단하고 그들을 탄압하는 데 앞장섰다.

일부 기독교 신자들이 박해를 피해 도망가자, 바울로는 그들을 추격하여 다마스쿠스로 갔다. 그런데 이 추격 과정에서 바울로는 일생을 바꾸는 기이한 경험을 하게 된다. 예수의 환영이 나타나 "사울아, 사울아 네가 어찌하여 나를 박해하느냐"라고 바울로를 책망했던 것이다. 여기서 사울은 바울로의 또 다른 이름이다. 사울이 이때 예수의 환영을 보고, 새로운 존재로 변화하기 위해서 이름을 바울로로 바꾸었다고 주장하는 연구자도 있지만 이는 잘못이다. 바울로는 디아스포라 유대인이었기 때문에 어릴

161~63쪽은 바울로 서간은 자기를 소개하는 글이 아니라 특정한 상황에서 쓰인 글이기에 바울로가 유대인들이 로마 시민권자에 대해서 부정적인 생각을 가질 것을 염려해서 자신이 시민권자임을 밝히지 않았을 것이라고 주장하고 있다.
3 아이젠만은 그가 헤롯 왕가의 일족, 즉 왕족이라고 주장했는데 고려할 만한 주장이라고 생각된다.

때부터 두 가지 이름으로 불렸다.[4]

전통적으로 학자들은 바울로의 다마스쿠스 사건을 '개종'의 전형적인 사례로, 즉 형식적이고 저급한 유대교를 버리고 보편적이고 우월한 기독교를 창시하게 된 계기로 파악하였다.[5] 그런데 근래 여러 학자들이 바울로의 다마스쿠스 사건을 '단절'이 아니라 '연속'의 관점에서 파악하려고 시도하고 있다. 이들의 주장에 따르면 바울로의 다마스쿠스 사건을 개종이라고 파악하는 것은 근본적으로 잘못이다. 당시 원시 기독교는 유대교의 한 분파였지 별도의 종교가 아니었으며, 바울로가 다마스쿠스 사건 이후에도 이전의 정체성을 버리지 않았으며 생의 말년까지 스스로가 바리사이파 신자라는 인식을 갖고 있었기 때문이다.[6] 이들은 바울로의 다마스쿠스 사건을 '소명'이나 '회심'으로 파악하려고 한다.

'소명'은 누군가가 하느님으로부터 부름을 받고 임무를 부여받는 것을 의미한다. 구약 시대에도 하느님은 여러 예언자를 불러서 그들에게 특별한 의무를 부과하였다. 예를 들어 하느님은 성전에서 기도하고 있던 이사야를 불러서 이스라엘 백성에게 가서 그들이 부패하였음으로 큰 환난을 겪을 것이라고 예언하게 하였다. 바울로의 '다마스쿠스 사건'도 이와 유사하다. 성전에서 기도하던 이사야는 하느님의 환상을 보았고, 다마스쿠스로 가던 바울로는 예수의 환영을 보았다. 이사야는 하느님으로부터 이스

---

4 Krister Stendahl, *Paul Among Jews and Gentiles and Other Essays*, Fortress 1976, p. 11; 조갑진, 「바울의 다메섹 사건에 관한 연구」, 『신약논단』 22, 2015, 145쪽.

5 바울로의 개종을 주장하는 학자들은 「갈라티아 신자들에게 보낸 서간」 1장 13절, 즉 "내가 예전에 유대교에 있을 적에 나의 행실이 어떠하였는지 여러분은 이미 들었습니다"를 근거로 제시한다. 그러나 이때 '유대교'는 현대적 개념이 아니다. 당시 기독교는 아직 '유대교'에서 분리되지 않았기 때문에 유대교와 기독교를 대립적인 용어로 사용할 수 없다. 따라서 여기서 '유대교'는 단지 이방인과 유대인을 대비하는 관점에서만 사용되었다. 이에 대해서는 서동수, 「바울의 회심으로 비춰 본 원시 기독교의 정체성」, 『宗教研究』 25, 2001, 116쪽을 보라.

6 L. Michael White, 앞의 책, 2004, pp. 156~57.

라엘 백성의 부패함을 꾸짖고, 그들을 징계할 것이라는 하느님의 뜻을 전하라는 소명을 받았다. 바울로는 예수로부터 더 이상 기독교도를 박해하지 말고, 아나니아를 찾아가 임무를 부여받으라는 명령을 받았다. 결국 바울로는 이사야가 그랬듯이 예전과 똑같은 하느님을 섬겼고, 하느님을 섬기는 데 있어서 새롭고 특별한 소명을 받았을 뿐이다. 바울로 자신의 진술도 이 견해를 뒷받침하는데, 그는 다마스쿠스 사건을 이야기하면서 "하느님께서 나를 모태로부터 따로 세우시고 은혜로 불러주셨다"라고 말했다.[7] 이런 관점에 선다면 바울로는 '다마스쿠스 사건'을 통해서 이전의 자신을 근본적으로 버리고 새로운 존재가 되었다기보다는 이전의 상태를 유지한 채 하느님으로부터 특별한 임무를 부여받았을 뿐이다.[8]

'회심'은 회개와 같은 뜻으로 방탕한 혹은 잘못된 생활을 하다가 어떤 계기를 통해서 마음을 돌려 정결한 혹은 올바른 생활을 하기로 결심했다는 것을 의미한다. 회심한 자는 이전에 추구했던 삶의 방향을 완전히 바꾸어 새로운 삶을 살게 되지만, 자신이 예전의 모든 신앙과 가치관을 버리고 새로운 종교를 신봉하게 되었다고 생각하지는 않는다. 바울로는 자신이 과거를 완전히 버리고 새로운 신앙을 만들어야 한다고 생각하지 않았다. 그는 스스로 유대교를 완성한다고 생각하였으며, 하느님이 모든 유대인을 구원해 줄 것이라고 믿었다. 따라서 바울로의 경험은 '회심'이라고 볼 수도 있다.

그러나 본문에서 살펴본 바와 같이 바울로는 유대교의 주요 교리를 인정하지 않았고, 새롭게 해석하려고 시도하였다.[9] 본인은 인식하지 못했지만 그의 주변 사람들은 그의 생각이 너무나 혁신적이어서 유대교의 경계

---

7 「갈라티아 신자들에게 보낸 서간」 1:15.
8 Charles Hedrick, "Paul's Conversion/Call:A Comparative Analysis of the Three Reports in Acts", *Journal of Biblical Literature* 100-3, 1981, pp. 415~16.
9 Alan F. Segal, 앞의 책, 1990, pp. 205, 263.

를 넘어선 것이라고 생각하였다. 결국 바울로는 자신도 모르는 사이에 과거를 버리고 새로운 미래를 지향했던 것이다. 따라서 바울로가 겪은 '다마스쿠스 사건'은 '개종'이라고 볼 수도 있다. 이렇게 바울로의 경험은 시각에 따라서 다양한 평가가 가능하다. 바울로의 경험은 초기에는 회심이었지만 점차 '개종'으로 변화해 간 것이라고 볼 수 있다.

이렇게 '회심'한 바울로는 당시 신앙 중심지였던 예루살렘으로 가지 않고 다마스쿠스와 아라비아에서 3년을 보냈다. 이 기간에 바울로는 그곳에 있던 교회들로부터 초심자로서 기독교의 교리를 배우고, 자신이 다마스쿠스에서 받은 계시의 의미를 궁리했다.[10] 그런데 3년의 "수련 기간을 보낸 후에 바울로는 베드로를 만나기 위해서 예루살렘에 가서 15일을 그와 함께 지냈다."[11] 현대 신학계에도 일반적으로 베드로를 낮추고 바울로를 높이려는 경향이 너무나 강하기 때문에 이 '15일'의 의미를 축소하는 경향이 있다. 많은 신학자들이 바울로가 사도들과 교제하기 위해서 예루살렘으로 갔고, 베드로로부터 예수의 행적에 대해서 들었을 것이라고 주장하고 있다.[12]

물론 당연히 바울로는 예수의 지상 활동에 대해서 들었을 것이다. 그러나 이미 개종하고 3년이 지난 상황에서 예수의 행적과 같은 기초적인 사실을 물어보기 위해서 예루살렘에 갔다는 것은 상식에 맞지 않다. 더욱이 이때 바울로가 베드로로부터 예수의 지상 활동에 대해서 자세한 이야기를 들었다면 예수에 대해서 자주 언급하곤 했을 것이다. 그러나 바울로는 예수의 지상 활동에 대해서는 거의 언급하지 않았다. 바울로는 오직 예수의 죽음에 대해서만, 그것도 역사적 사실이 아니라 그의 죽음이 갖

10 Alan F. Segal, 같은 책, 1990, p. 26.

11 「갈라티아 신자들에게 보낸 서간」 1:18.

12 김철해, 「사도 바울과 사도 베드로가 서로에게 미친 영향」, 『신약연구』 6-1, 2007, 157~61쪽.

는 신학적 의미에 대해서만 이야기하였다. 물론 바울로가 예수의 지상 활동에 대해서 몰랐다는 것은 말이 되지 않는다. 예수와 바울로는 거의 동시대 사람이기 때문이다. 바울로가 예수의 지상 활동을 거의 언급하지 않은 것은 그의 신학에 그것이 별로 중요하지 않았기 때문이다. 그에게 중요한 것은 예수가 십자가에서 메시아로서 죽었고, 그로 말미암아 인류가 죄를 용서받을 길을 찾게 되었다는 것이었다. 따라서 바울로가 15일이나 머물면서 예수의 지상 활동만을 들었다고 생각하는 것은 잘못이다.

바울로가 이때 베드로를 찾아간 것은 기독교를 3년간 공부한 후에 갖게 된 생각이나 앞으로의 신앙생활의 진로에 대해서 예수의 수제자로 알려져 있었고, 당시 원시 기독교의 핵심 지도자였던 베드로에게 질문해 보아야겠다는 강한 탐구심이 일었기 때문이었다.[13] 그리고 상의와 토론이 15일이나 계속되었다는 것은 신앙의 핵심적인 문제들이 깊이 있게 논의되었다는 것을 의미한다. 바울로는 후에 그가 본격적으로 펼치게 될 신학의 핵심적인 골격을 이 토론에서 형성하였을 것이다.[14]

토론이 끝난 후 베드로와 바울로는 서로의 사람됨과 역량을 충분히 알아보았으며, 신앙의 동지로서 서로 협력할 것을 다짐하였다. 이렇게 두 사람이 서로 협력을 다짐했다는 것은 원시 기독교의 발전을 새롭게 이해하는 데 대단히 중요하다. 근대 신학의 창시자 가운데 한 명인 페르디난트

---

13 John Painter, "James and Peter: Models of Leadership and Mission", *The Missions of James, Peter, and Paul*, Bruce Chilton and Craig Evans(ed.), Brill 2005, p. 167. 바울로는 베드로를 만나기 이전에 이방인 선교와 율법의 문제에 대해서 혁신적 사고를 갖게 되었고, 그것을 베드로와 상의했으며 베드로로부터 완전한 동의를 이끌어냈을 것이다. 바울로가 예루살렘을 방문하여 베드로를 만난 사건의 의미에 대한 다양한 견해에 대해서는 N. Taylor, 앞의 책, 1992, pp. 71~83을 보라.

14 Richard Bauckham, "James and Peter, and the Gentiles", *The Missions of James, Peter, and Paul*, Bruce Chilton and Craig Evans(ed.), Brill 2005, pp. 132~34.

크리스티안 바우어(Ferdinand Christian Baur)는 예수가 유대교의 형식주의, 율법주의, 민족주의를 완전히 철폐하고 사랑과 사해평등의 이념하에 완전히 새로운 종교를 세웠지만, 주의 형제 야고보와 예수의 수제자 베드로가 그의 가르침을 잊어버리고 유대교의 율법과 관습에 얽매어 기독교의 발전을 저해하고 있었는데, 바울로가 다시 예수의 가르침을 부활시켜 사랑과 보편주의에 입각한 새로운 종교의 창설을 역설하자 베드로를 중심으로 한 예루살렘 교회가 바울로를 억압하였다고 주장했다.[15]

이후 100년 이상 신학 연구가 진행되면서 바우어의 상이 너무나 도식적인 것임이 밝혀졌고, 이제 많은 학자들이 베드로가 사실은 상당히 개방적이었고, 그가 포용적인 태도를 취한 덕분에 이른바 헬라파[16]가 살아남을 수 있었을 것이라고 생각하고 있다.[17] 그러나 여전히 대부분의 신학자들이 바울로를 매우 독창적이고, 혁명적인 사상가이자 실질적인 기독교의 창시자라고 보고 있다. 기독교에 대한 연구 가운데 바울로에 대한 연구가 가장 많다는 것이 이를 입증한다. 그러나 '15일'의 토론 이후에 베드로와 바울로가 서로 충분한 교감을 나누었고, 베드로가 바울로를 적극적으로 지지했다면 이야기는 달라질 것이다. 지금까지 바울로에게 돌려졌던 것 가운데 상당수가 사실은 베드로에게서 기원했을 것이다. 이에 대해서는 베드로의 선교활동을 다루는 부분에서 자세히 논의할 것이다.

---

15 Jeffrey J. Bütz, 앞의 책, 2005, pp. 154~61. 바우어의 견해는 17~18세기 영국 학자인 하몬드와 모르간의 견해를 발전시킨 것이다. 이에 대해서는 Matti Myllykoski, 앞의 글, 2006, p. 74를 보라.

16 예루살렘 교회의 구성 및 히브리파와 헬라파의 대립에 대해서는 백운철, 「초대교회의 다양성과 통일성: 삼천년기 한국교회를 위한 신약성서적 전망」, 『사목연구』 7-1, 1999를 참조할 수 있다.

17 Martin Hengel, John Bowden(tr.), *Acts and the History of Earliest Christianity*, Wipf and Stock Publishers 1979, pp. 92~93.

바울로의 사도직

원래 사도는 예수가 친히 불러서 가르쳤고, 권위를 주면서 임무를 맡긴 사람을 의미한다. 그 칭호를 엄밀하게 사용하고자 하는 자들은 예수의 12제자만을 그렇게 불렀고, 어떤 사람들은 때때로 그 의미를 확대하여 12제자를 제외한 주요 제자를 가리키는 데 사용하기도 했다. 바울로파의 저술이라고 알려진 「사도행전」도 두 차례에 걸쳐서 바울로를 사도라고 부르기는 했지만 12제자만을 사도로 인정하려는 경향을 보였다.[18] 따라서 이런 기준에 따른다면 바울로는 사도라 불릴 수 없었는데, 바울로의 이력이 설명해 주듯이 그가 살아 있는 예수를 본 적이 없었기 때문이다. 이는 바울로가 스스로 인정하는 것인데 그는 "나는 사도들 중에서 가장 보잘 것없는 사람이요, 하느님의 교회까지 박해한 사람이니 실상 사도라고 불릴 자격도 없습니다"[19]라고 말하였다.

이렇게 사도의 자격을 제대로 갖추지 못한 바울로가 살던 세계는 어디까지나 신분제 사회였다. 신분제도는 '경멸의 폭포'라고 불리기도 하는데 그것은 물이 폭포 위에서 아래로 흐르듯 끊임없이 경멸이 높은 신분에서 낮은 신분으로 흘러내리기 때문이다. 그렇게 사람들은 한 번 정해진 신분이나 지위를 철저히 고수하였으며, 확고한 위계서열에 근거해서 사회를 운영하였다. 그래서 성경에도 여러 사람이 등장할 때면 그들은 거의 항상 서열 순으로 기록된다. 그런 세계에서 다른 사람들은 인정해 주지 않는데 자신이 스스로 사도라고 주장하는 것은 어찌 보면 참으로 당돌한 것이다.

그럼에도 불구하고 바울로는 스스로 자신이 사도라고 거듭해서 주장했다. 그는 자신의 사도직에 대해서 이렇게 말하였다.

---

18 Joseph Tyson, *Marcion and Luke-Acts: A Defining Struggle*, University of
　　South Carolina Press 2006, p. 70.
19 「코린토 신자들에게 보낸 첫째 서간」 15:9.

내가 사도가 아닙니까? 내가 우리 주 예수를 뵙지 못했습니까? 여러분은 바로 내가 주님을 위해서 일하여 얻은 열매가 아닙니까? 비록 내가 다른 사람들에게는 사도가 아닐지라도 여러분에게는 확실히 사도입니다. 여러분이야말로 내가 사도라는 것을 증명해 주는 확실한 증표입니다.[20]

이 구절에서 우리는 바울로가 스스로 자신을 사도라고 부르고 있지만, 많은 사람들이 그의 주장이 잘못되었고 그가 사도라고 주장하는 것은 얼토당토않은 엉터리 소리라고 생각했음을 알 수 있다. 그들은 사도라면 예수를 직접 뵙고, 그로부터 사명을 받아야 하는데 바울로는 그러지 않았다고 주장하였다. 그들은 바울로를 '거짓말쟁이'라고 비난하면서 그는 사도가 아니고, 그의 가르침은 모두 '헛것'이라고 주장하였다.

바울로는 이에 대해서 자신은 비록 살아 있는 예수를 만나지는 않았지만 부활한 예수를 만났고, 그로부터 이방인에게 복음을 전하라는 사역을 받았다고 주장하였다.[21] 그러나 이미 죽어버려서 영혼이 되어버린 예수를 모든 사람이 보는 앞에서 공개적으로 만날 수는 없는 법이다. 바울로는 황홀경에 빠져서 예수의 환영을 보곤 했는데 그것을 사람들 앞에서 입증할 수는 없었다. 단지 자신이 그런 환상을 보았다고 말할 수밖에 없었기에 그를 믿지 않는 사람들은 당연히 그가 거짓말한다고 비판하곤 했다. 바울로는 이에 대해서 일종의 콤플렉스가 있었는데, 그 자신이 자주 "나는 거짓말하지 않는다"[22]라고 말했던 것이 이 사실을 뒷받침한다. 이렇게 바울로는 생전에 이미 여러 사람들로부터 강한 비판과 미움을 받던 인물이었다. 그가 왜 그렇게 미움의 대상, 척결의 대상이 되었는지 그의 활동

---

20 「코린토 신자들에게 보낸 첫째 서간」 9:1-2.
21 문영주, 「바울과 베드로, 갈 2:8을 중심으로」, 『광신논단』 5-1, 1993은 바울로가 자신의 사도권을 주장하기 위해서 베드로를 유대인을 위한 사도로, 자신을 이방인을 위한 사도로 제시하고 있다고 주장하고 있다.
22 「로마 신자들에게 보낸 서간」 9:1; 「코린토 신자들에게 보낸 첫째 서간」 11:31.

과 업적을 살펴보면서 이야기해 보자.

바울로의 제1차 선교여행

사도 바울로는 선교자로 유명하다. 그는 '이방인 담당 사도'를 자칭하며 세 차례 선교여행을 펼치면서 이방인에게 복음을 전파하였다. 제1차 선교여행이 언제 시작되었는지에 대해서는 통일된 의견이 없다.

바울로의 활동 연대를 파악하는 데 있어서 중요한 기준점으로 이용되는 것은 그가 코린토에서 선교활동을 펼칠 때 그 지방의 총독이었던 갈리오에게 재판을 받았다는 사실이다. 「사도행전」은 "갈리오가 아카이아 지방의 총독으로 있을 때에 유대인들이 일제히 바울로를 적대하여 재판정으로 끌고 갔다"라고 기록하고 있다.[23]

갈리오는 유명한 스토아 철학자 세네카(Seneca)의 형인데 아카이아 지방의 총독이었다. 20세기 초에 그의 이름이 새겨진 비문이 발견되어 그가 실재했던 인물이며, 그의 재임 시기가 밝혀졌다.[24] 그는 51년 7월에 프로콘술로서 아카이아 총독으로 취임하여 짧은 기간 재임하다가 아마도 다음 해에 병이 걸려 임지를 떠났다.[25]

바울로는 제2차 선교여행 동안에 이 사람에게 재판을 받게 된다. 바울로가 갈리오에게 51년 가을에 재판을 받았다고 가정하면 그는 대략 49년 후반이나 50년 초에 제2차 선교여행을 시작하였다. 곧 살펴볼 안티오키

---

23 「사도행전」 18:12.

24 유상현, 앞의 책, 2008, 338~40쪽.

25 F. F. Bruce, *The Acts of the Apostles: The Greek Text with Introduction and Commentary*, Tyndale 1952, p. 394. 이 비문의 내용에 대해서는 안혜진, 「바울과 로마 교회의 정황에서 본 로마서 저술 목적」, 서울장신대학교 석사학위논문, 2010을 보라. 송순열, 「원시 기독교와 사도행전의 역사적 가치: 전경연 박사의 『원시 기독교와 바울』의 재평가」, 『신학연구』 47, 2005, 85쪽은 갈리오의 재임 기간을 52년 1월에서 53년 1월 사이로 제시하고 있다.

아 사건은 49년경에 있었으며, 사도회의는 안티오키아 사건 직전에 있었다. 그렇다면 제1차 선교여행은 언제 이루어졌을까? 「사도행전」은 제1차 선교여행을 설명한 후에 다른 어떤 사건도 개입시키지 않고, 바로 사도회의에 대해서 설명한다. 이는 두 사건이 시간적으로 가까웠을 가능성을 암시한다. 그렇다면 제1차 선교여행은 46~47년 사이에 이루어졌을 것이다.[26] 제1차 선교여행의 여정은 시리아 안티오키아-셀레우키아-살라미스-파포스-페르케-피시디아, 안티오키아-이코니온-리스트라-데르베-리스트라-이코니온-피시디아, 안티오키아-페르게-아탈리아-셀류키아-시리아 안티오키아였다.[27]

제1차 선교여행에서 가장 먼저 눈에 띄는 것은 시작 시점이다. 바울로는 33년경에 개종하였고, 36년경부터 안티오키아 교회에서 시무하였다. 따라서 바울로의 제1차 선교여행은 그가 회심한 이후에 상당이 긴 시간이 흐른 뒤에 이루어졌다. 이렇게 많은 시간이 흘렀던 것은 그가 회심한 이후 예루살렘 교회와 안티오키아 교회로부터 인정받는 과정이 상당히 어려웠기 때문이다. 바울로는 이후에도 예루살렘은 물론 디아스포라 지역에서도 교회의 박해자라는 오명을 안고 있었기 때문에 기독교 신자들로부터 많은 의심을 받았다.[28]

바울로는 여러 해 안티오키아 교회를 위해서 봉사하면서 이런 의심을 견뎌냈고, 46년경이 되면 바르나바(Barnabas)와 함께 선교사로 파견될 정도로 신임을 얻었다.[29] 그러나 아직 그의 지위는 바르나바보다 낮았고, 선

---

26 그러나 「사도행전」이 구체적으로 제1차 선교여행이 이루어진 시간에 대한 설명을 전혀 하지 않고 있기 때문에 제1차 선교여행이 언제 이루어졌는지는 확실하지 않다. 46~48년 사이에 시작되었다고 추론할 수 있을 뿐이다. 이에 대한 여러 의견에 대해서는 Rainer Riesner, D. Stott(tr.), *Paul's Early Period: Chronology, Mission Strategy, Theology*, William B. Eerdmans Publishing 1998, pp. 1~7을 보라.

27 김성, 「사도 바울의 선교여정 연구」, 『서양고대사연구』 21, 2007, 121쪽.

28 「사도행전」 9:26.

29 제1차 선교여행은 예루살렘 교회의 승인을 받았을 것이다. 이에 대해서는 고경태,

교여행도 그의 주도로 이루어지지 않았다. 「사도행전」은 선교여행을 시작할 때 '바르나바와 사울'이 출발하였다고 묘사하고 있다. 바르나바는 원래 안티오키아 교회의 최고 지도자였고, 바울로는 그가 초청한 인물이었다. 따라서 바르나바의 위계서열이 바울로보다 높았다.

그렇지만 선교여행을 출발한 지 얼마 되지 않아서 두 사람의 위계서열이 역전된다. 그 계기는 파포스에서 바울로가 영적인 능력을 발휘하여 엘리마스라는 마술사를 이긴 것이다. 파포스는 키프로스 섬의 항구 도시였는데, 그곳의 총독은 세르기우스 파울루스(Sergius Paulus)였다. 1887년 로마에서 발견된 비석에 그의 이름이 새겨져 있어서 그가 실재 인물이었다는 사실이 확인되었다. 그는 바르나바와 바울로가 신기한 이야기를 하고 다니자, 그들의 주장을 듣기를 원하였다. 그러자 엘리마스가 그것을 방해하려고 하였다. 바울로가 영적인 힘으로 그의 눈을 멀게 하였고, 그 광경을 목도한 세르기우스 파울루스는 그리스도교 신자가 되었다.

그런데 로마의 고위 관리가 왜 바울로의 설교를 듣기를 원했을까? 「사도행전」은 그가 '매우 영리한 사람'이어서 바울로의 설교를 듣기 원했다고 전한다. 로마의 귀족으로 다신교 문화 속에서 자라난 그가 단지 영리하기 때문에 바울로의 설교를 듣기 원했고, 기독교로 개종했다는 이야기는 너무 개연성이 낮다. 오히려 그가 이전부터 바울로와 친분이 있었을 가능성이 높다. 「사도행전」에 따르면, 바울로는 마지막으로 예루살렘을 방문하였을 당시 유대를 관할하던 총독 펠릭스 앞에서도 설교하였다. 이렇게 바울로가 로마의 고위 인사 앞에서 이야기할 수 있었던 것은 그가 지위 높은 사람이었기 때문에 가능했을 것이다.

이 사건 이후 「사도행전」은 선교여행단이 펼친 여러 활동을 소개하면서 '바울로와 그 일행'이라고 하거나, '바울로와 바르나바'라고 하였다. 이는

「사도 바울에 대한 J. G. Machen과 김세윤의 이해 연구」, 『개혁논총』 26, 2013, 221쪽을 보라.

바울로의 권위가 바르나바보다 더 높아졌음을 의미한다. 위계서열의 변화로 인해서 어떤 갈등이 있었을 가능성이 있다. 바르나바의 친척이었던 요한이 처음에 선교여행에 동행하였지만 페르게에서 여행을 중단하고 돌아갔는데, 이는 선교여행단에 어떤 갈등이 있었음을 암시한다. 바르나바와 바울로의 갈등은 이후에도 지속되는데 이후 발생한 '안티오키아 사건'에서 바르나바는 바울로를 '배반'하고 베드로 편에 가담하였고, 또한 제2차 선교여행을 갈 때도 출발할 때부터 심하게 다투어서 갈라섰다. 이후 두 사람이 화해했다는 것을 암시하는 자료는 보이지 않는다.

바울로가 이렇게 권위 역전을 이룩할 수 있었던 데에는 두 가지 요인이 작용하였다. 먼저 그는 영적인 능력이 뛰어났다. 이에 대해서는 조금 뒤에 더 자세히 살펴보겠다. 두 번째 바울로는 학식이 뛰어난 사람이었다. 바울로와 바르나바는 선교여행을 하면서 여러 곳에서 설교를 하게 되는데, 설교를 주도한 사람은 바울로였다. 예를 들어 바울로는 피시디아 안티오키아의 회당에서 긴 설교를 통해서 많은 사람들을 감동시켰다. 바울로가 설교에서 많은 사람을 감동시킬 수 있었던 것은 말솜씨가 뛰어났기 때문은 아니었다. 바울로는 자신을 평가하면서 "나는 비록 말은 서툴러도 지식은 그렇지 않습니다"[30]라고 말하였다. 그의 말대로 그의 지식은 매우 뛰어났는데, 그는 설교할 때면 구약성경을 폭넓게 인용하였고, 그리스의 철학과 수사학도 폭넓게 이용하였다. 후에 바울로가 기독교 제2의 창시자라는 명성을 얻게 된 것도 바로 이 학식 때문이다.

베드로와의 대결

제1차 선교여행을 마치고 돌아온 바울로는 안티오키아 교회의 핵심 지

---

[30] 「코린토 신자들에게 보낸 둘째 서간」 11:6.

도자로 부각되었다. 그런데 그와 바르나바가 귀환하고 얼마 있지 않아서 사도회의가 열렸고, 사도회의가 끝난 후 얼마 되지 않아서 '안티오키아 사건'이 발생하였다. 회심에서 예루살렘 방문까지 바울로의 행적에 대해서는 이미 나의 전작(『그리스도교의 탄생』, 도서출판 길 2016)에서 자세하게 다루었다. 이 책에서는 그 내용을 간략하게 정리하겠다.

50년경 최초의 이방인 교회였던 안티오키아 교회에서[31] 바울로가 베드로에게 크게 고함을 치며 공개적으로 베드로를 비난하는 사건이 발생했다. 예수의 수제자였던 베드로와 초대교회의 기둥이라고 여겨지는 바울로가 공개적으로 고함을 치며 싸웠다는 사실은 언뜻 이해하기 힘들다. 두 사도는 과연 왜 싸웠던 것일까?

49년경 예루살렘 교회에서 열린 사도회의는 주의 형제 야고보의 주장, 즉 '하느님께로 오는 이방인에게 무거운 짐을 지게 하는 것은 옳지 않습니다. 그러나 우상에게 바쳐진 음식을 먹지 말고 음란한 행동을 하지 말고, 목 졸라 죽인 짐승의 고기와 피를 먹어서는 안 됩니다'를 의결하고 끝났다.[32] 예루살렘 사도회의가 끝난 후 바르나바와 바울로가 안티오키아 교회로 돌아갔고, 얼마 후에 베드로가 그곳을 방문하였다. 하루는 그들이 신자들과 함께 공동 식사를 하고 있었다. 공동 식사란 유대인 출신 신자와 이방인 출신 신자가 함께 식사하는 것을 말한다.

그런데 한참 식사를 하고 있을 때 '주의 형제 야고보가 보낸 사람들'이

---

31 이 안티오키아는 알렉산드로스의 후계자였던 셀레오코스 왕조의 수도였고, 로마제국 치하에서는 시리아 속주의 주도였다. 이 도시는 기원전 300년경에 셀레오코스 니카토르에 의해서 건설되었는데 그는 그의 아버지 안티오쿠스의 이름을 따서 도시 이름을 지었다. 그런데 성경에는 안티오키아라는 지명이 또 나온다. 그곳은 피시디아 지역에 있던 안티오키아이다. 이 도시 역시 니카토르가 건설하고 그의 아버지 이름을 따서 명명하였다. 고대인들은 여러 도시를 같은 이름으로 부르곤 했다. 예를 들어 알렉산드로스는 동방 지역을 정복하고 80개가 넘는 도시를 새로 건설하고 그 도시들을 모두 알렉산드리아라고 불렀다.

32 「사도행전」 15:1-21.

오고 있다는 소식이 들려왔다. 그러자 베드로는 서둘러 식사를 중단하고 흩어지자고 말하였고, 바르나바를 비롯한 안티오키아 교회의 거의 모든 신자가 베드로의 말에 동의하였다. 이 모습을 보고 바울로가 베드로에게 "당신은 위선자입니다"라고 고함을 치며 비판하였다.[33]

이때 베드로는 왜 자신이 공동 식사에 참가하고 있다는 사실을 숨기려 했을까? 베드로를 비롯한 유대인 출신 신자들이 공동 식사를 하면서 율법을 준수하지 않았던 것 같다. 바울로는 베드로가 이방인 출신 신자들과 함께 식사하고 있다는 것을 묘사하면서 그리스어의 '미완료 시제'를 사용하였다. 그것은 베드로가 안티오키아 교회에서 이방인 신자들과 식사하는 것이 일회적인 것이 아니라 반복적이고 일상적인 사건이었음을 의미한다.

그런데 이 식사는 유대인의 음식 규례를 무시한 것이었다. 이 사실은 베드로에 대한 바울로의 다음 질책에 의해서 명확히 확인된다.

> 당신은 유대인이면서 유대인으로 살지 않고 이민족처럼 살면서, 어떻게 이민족들에게 유대인처럼 살라고 강요할 수 있습니까?[34]

이 구절에서 바울로는 베드로가 이방인처럼 살았다고 명시하였다.[35] '이방인처럼 살았다'라는 표현은 베드로가 유대의 율법을 지키지 않았다는 것을 의미한다.[36] 베드로를 비롯한 안티오키아 교회의 신자들은 자신들이

---

33 바울로가 베드로에 대해서 일종의 경쟁심을 가지고 있었기에 이때 공격의 강도가 거세었을 수도 있다. 바울로가 베드로에 대해서 경쟁의식을 가지고 있었다는 것은 그가 베드로를 케파라고 부르며 은근히 낮추어 본 데서 알 수 있다. 이에 대해서는 김철해, 같은 글, 2007, 160쪽 참조.

34 「갈라티아 신자들에게 보낸 서간」 2:14.

35 Martin Hengel, John Bowden(tr.), 앞의 책, 1979, p. 97; M. Zetterholm, 앞의 책, 2009, pp. 24~25.

36 베드로가 사도회의 이전부터 율법을 지키지 않았을 가능성을 암시하는 추가적인

율법을 지키지 않은 공동 식사를 하고 있다는 사실을 예루살렘 교회의 지도자들에게 보여 주고 싶지 않았다.[37] 따라서 바르나바를 비롯한 대다수의 신자들이 베드로의 주장을 받아들여 황급히 식사 자리를 떠났다.

바울로는 큰 소리로 베드로를 비난하면서 공동 식사를 계속해야 한다고 주장했지만, 거의 모든 신자가 베드로 편에 가담하였다. 그리하여 동료 신자들에게 버림받은 바울로는 안티오키아에서 설 자리를 잃고, 패배자의 신세로 안티오키아 교회를 떠났다. 이것이 원시 기독교의 발전에서 가장 중요한 의미를 갖고 있는 안티오키아 사건의 전모이다.[38]

제2～3차 선교여행

베드로에게 패배하여 안티오키아 교회를 떠난 바울로는 새로운 신자들을 얻기 위해서 선교여행을 시작하였다. 이것이 그의 제2차 선교여행이다. 그의 제2차 선교여행은 그 자체로 혁신적이었다. 제1차 선교여행에서 그는 바르나바의 지휘를 받았지만, 이제 완전한 자율권을 행사할 수 있었다. 그는 원시 기독교의 중심지인 예루살렘 교회, 그의 모교회였던 안티오키아 교회를 비롯한 모든 사람의 통제에서 벗어나 소신대로 전도하면서 개

자료가 있다. 「사도행전」 10장 6절은 베드로가 코르넬리우스에게 선교할 때 무두장이 시몬의 집에 머물고 있었다고 전한다. 그런데 무두장이는 돼지의 가죽을 다듬곤 했기 때문에 유대인은 무두장이와 가급적 교류하지 않으려고 하였다. 베드로가 이런 금기를 지키지 않았다는 것은 그가 유대의 율법에 대해서 유연한 태도를 가지고 있었음을 의미한다. 이에 대해서는 C. F. Nesbitt, "What Did Become of Peter", *Journal of Bible and Religion* 27-1, 1950, p. 11을 보라.

37 원시 기독교의 역사에서 음식은 아주 복잡한 문제이다. 「마태오 복음서」에서 예수가 "입으로 들어가는 것이 아니라 나오는 것이 더럽다"(15:11)라고 말했는데, 이를 직설적으로 해석하면 음식 규례를 깨뜨렸다는 이야기이다. 그러나 예수가 유대인의 율법을 어기라고 가르친 적이 없기 때문에 이 말은 후대에 덧붙여졌을 가능성이 높다.

38 정기문, 앞의 책, 2016, 245~47쪽.

종자들을 그의 원칙에 따라서 지도할 수 있게 되었다.

바울의 제2차 선교여행은 49년에서 52년 사이에 이루어졌으며 그 여정은 트로아스-네아폴리스-필리피-테살로니카-베레아-아테네-코린토-켄크레아-에페소-카이사리아-예루살렘-안티오키아였다. 제3차 선교여행은 53년에서 56년 사이에 이루어졌으며 주요 경로는 에페소-마케도니아-그리스-트로아스-카이사리아-예루살렘이었다. 제3차 선교여행의 핵심 지역은 아시아 속주의 에페소였다. 바울로는 이곳에 27개월이나 머물면서 큰 교회를 수립하였고,[39] 후대에 그를 불멸의 위인으로 만들어줄 서간들을 집필하였다.[40] 바울로의 에페소 활동에서 가장 먼저 살펴보아야 할 것은 그의 활동이 다신교도의 강한 반발을 일으켰다는 것이다.

「사도행전」에 따르면, 바울로는 제1차 선교여행에서 그랬듯이 어떤 곳에 도착하면 거의 항상 먼저 유대인의 회당을 찾았고, 그곳에서 복음을 전파하다가 유대인의 반발을 사서 쫓겨나곤 하였다. 스스로를 '이방인을 위한 사도'라고 불렀던 바울로가 이방인을 주요 선교 대상으로 삼지 않고, 오히려 선교의 우선 대상을 유대인에게 두었으며, 유대인이 복음을 받아들이지 않을 때 비로소 이방인에게 복음을 전파했다는 것은 다소 기이하다.[41] 「사도행전」은 오직 2회, 즉 제1차 선교여행 때 리스트라에서, 그리고 제2차 선교여행 때 아테네의 아레오파고스 언덕에서 바울로가 이방인에게 직접 설교했다고 전하고 있다.[42]

「사도행전」의 이 진술이 역사적 사실일 가능성이 있음을 뒷받침하는 자료가 있다. 먼저 바울로는 「로마 신자들에게 보낸 서간」에서 올리브 나

---

39 바울로가 에페소에 머문 기간은 52년 가을에서 55년 봄까지이다.

40 「로마 신자들에게 보낸 서간」과 「테살로니카 신자들에게 보낸 첫째 서간」을 제외한 모든 진정 서간이 에페소에서 집필되었다.

41 「로마 신자들에게 보낸 서간」 1:16.

42 A. T. Kraabel, "Greeks, Jews and Lutherans in the Middle Half of Acts", *The Harvard Theological review* 79-1, 1986, p. 156.

무의 비유로 유대인과 이방인의 관계를 설명하였다. 이 비유에 따르면, "올리브 나무가 한 그루 있는데 그 가지 몇 개가 잘리고 그 자리에 야생 올리브 나무 가지를 접붙였다."[43] 여기서 잘려 나간 가지는 복음을 받아들이지 않은 유대인이고, 원래 야생 올리브 나무에 붙어 있다가 올리브 나무로 새로 접붙여진 가지들은 이방인으로 기독교 신자가 된 사람들을 상징한다. 하느님은 잘려 나간 가지들이 복음을 받아들인다면 언제든지 다시 받아주실 것이며, 새로 접붙여진 가지들도 복음을 경시한다면 언제든지 다시 자를 것이다. 이렇듯 원래 유대인이었던 바울로는 유대인을 사랑했으며, 유대인에게 먼저 복음을 전해야 한다는 책임 의식을 느꼈고 또한 복음을 받아들이지 않은 유대인도 언젠가는 받아들일 것이라는 희망을 버리지 않았다.

선교의 현실적인 어려움도 바울로가 먼저 회당에서 선교했을 가능성이 높음을 뒷받침한다. 바울로가 선교의 주요 대상으로 삼았던 것은 이른바 '하느님을 경외하는 자들'이었다. 로마제국 초기 유대인의 회당에는 '하느님을 경외하는 자들'이 있었다. 1976년 소아시아의 아프로디시아스라는 도시에서 발견된 비문에 따르면, 그들은 회당 구성원의 43퍼센트를 차지하고 있었다.[44] 이들은 이교도이지만 유대교의 교리에 호감을 느끼고 있었기에 '순수 이교도'보다 접근하기 쉬웠다. 예를 들어 바울로가 코린토에서 선교할 때 티티우스 유스투스라는 사람의 집을 교회로 삼았는데, 그는 하느님을 공경하는 이방인으로서 바로 회당 옆에 살고 있었다.[45] 따라서

---

43 「로마 신자들에게 보낸 서간」 11:17.

44 Marianne Palmer Bonz, "The Jewish Donor Inscriptions from Aphrodisias: Are They Both Third-Century, and Who Are the Theosebeis", *Harvard Studies in Classical Philology* 96, 1994에 따르면 로마 제정기에 '하느님을 경외하는 자'는 반드시 이방인으로서 유대교에 우호적인 사람을 가리키는 단어가 아니었다. 로마 제정기에 작성된 여러 문헌에 이 단어는 여전히 경건한 유대인을 가리키는 단어로 사용되었고, 2세기 중반 이후에 기독교 신자들은 자신들을 이 단어로 부르기도 하였다.

바울로가 하느님을 경외하는 자를 만나려면 먼저 회당에 가야 했다.

그러나 바울로가 선교여행에서 반드시 먼저 회당에 갔다는 「사도행전」의 진술은 맞지 않을 수도 있다. 바울로 서간이 사뭇 다른 모습을 보여 주기 때문이다. 바울로 서간에서 바울로는 늘 자신을 이방인을 위한 사도라고 불렀으며, 사도회의에서 주의 형제 야고보와 베드로가 자신에게 이방인 선교를 위탁하였다고 전한다. 또한 바울로는 로마인에게 보낸 서간에서 "비록 지금까지 좌절되기는 하였지만 저는 로마 교회에 가기 위해서 여러 번 작정하였습니다. 다른 민족들에게서처럼 여러분에게서도 어떤 성과를 거두기 위해서였습니다"[46]라고 말하였다. 이 구절에서 '다른 민족들'은 이방인을 의미한다. 따라서 바울로는 자신의 주요 선교 대상을 이방인으로 삼았음에 틀림없다.

그렇다면 바울로가 제2~3차 선교여행을 하면서 어느 곳에 가든 회당에 먼저 갔다는 「사도행전」의 진술은 편향된 것이라고 할 수 있다.[47] 「사도행전」이 이렇게 편향된 진술을 하고 있는 이유에 대해서는 여러 견해가 제시되고 있는데, 「사도행전」의 저자가 이스라엘이 회복되고 그 이후에 비로소 이방인 선교가 이루어져야 한다는 신학을 가지고 있었다는 해명이 가장 유력하다.[48] 바울로가 유대인에게 심한 박해를 받았다는 것을 강조하려고 했다는 주장도 있다. 이 주장에 따르면 「사도행전」은 13장 이후 바울로를 주인공으로 제시하고 있는데, 여기서 유대인은 전체적으로 기독교에 적대적이고 로마 정부에 대해서 반항적인 존재로 묘사되어 있다. 특

---

45 「사도행전」 18:4-7.
46 「로마 신자들에게 보낸 서간」 1:13.
47 Martin Dibelius, 앞의 책, 2004, p. 57.
48 Jacob Jervell, *Luke and the People of God: A New Look at Luke-Acts*, Augsburg Pub. House 1972에 모아졌다. 야콥 예르벨의 연구로는 Jacob Jervell, 앞의 책, 1984; Jacob Jervell, *The Theology of the Acts of the Apostles*, Cambridge University Press 1996이 있다.

히 '유대인들'(oi ioudaioi)을 주어로 하는 구절이 12개 등장하는데 이 구절들에서 유대인은 기독교와 바울로에 대해서 매우 적대적인 태도를 취하고 있다. 따라서 「사도행전」 후반부에는 강한 반유대주의가 내포되어 있다. 이는 「사도행전」의 저자가 기독교 신자는 유대인에게 최대한 우호적인 태도를 취하였지만, 유대인이 그리스도의 정체를 몰라보고 예수와 그를 믿는 선량한 기독교 신자들을 박해했다고 주장했음을 의미한다.[49]

이렇듯 「사도행전」의 바울로 선교활동에 대한 묘사는 역사적 사실을 충실하게 반영하고 있지 않다. 그러나 바울로가 하느님을 경외하는 자를 주요 선교 대상으로 삼았기 때문에 디아스포라 유대인은 바울로가 그들의 추종자를 빼앗아간다고 생각하였고, 그 때문에 바울로의 선교에 강하게 반발하지 않을 수 없었다. 바울로는 유대인이 반발하면 회당과 관계를 끊고 독립적인 교회를 세우곤 하였다.

회당으로부터의 독립이 기록으로 남아 있는 최초의 교회는 코린토 교회이다.[50] 「사도행전」은 코린토 교회의 창설에 대해서 다음과 같이 전한다.

> 바울로는 안식일마다 회당에서 토론하며 유대인과 그리스인들을 설득하려고 애썼다. 실라스와 티모테오가 마케도니아에서 내려온 뒤로 바울로는 유대인들에게 예수께서 메시아시라고 증언하면서 말씀 전파에만 전념하였다. 그러나 그들이 반대하며 모독하는 말을 퍼붓자 바울로는 옷을 털면서 "여러분의 멸망은 여러분의 책임입니다. 나에게는 잘못이 없습니다. 이제부터 나는 이방인에게로 갑니다" 하고 그들에게 말하였다. 그리고 그 자리를

49 Dixon Slingerland, "'The Jews' in the Pauline Portion of Acts", *Journal of the American Academy of Religion* 54-2, 1986, pp. 312~19.

50 Edward Adams et al.(ed.), *Christianity at Corinth*, Westminster John Knox Press 2004, pp. 10~11; J. James Dunn(ed.), *The Cambridge Companion to St. Paul*, Cambridge University Press 2003, p. 74; 이연수, 「사도행전과 바울로 서간에 나타난 가정 교회 연구」, 가톨릭대학교 박사학위논문, 2011, 134쪽.

떠나 티티우스 유스투스라는 사람의 집으로 갔는데, 그는 하느님을 섬기는 이였다.[51]

이 구절에서 바울로가 티티우스 유스투스의 집으로 갔다는 것은 그의 집에 모이는 모임을 결성하였다는 것을 의미한다. 이 모임이 바로 교회이다. 바울로는 코린토뿐만 아니라 에페소에서 코린토에 이르기까지 에게해 일대에 그의 교회를 10여 개 세웠는데, 그 교회들은 바울로의 신학에 따라서 운영되었다.[52] 그 교회들은 바울로의 가르침에 따라 유대교의 율법과 할례에서 벗어나 운영되었으며, 이방인 출신 신자와 유대인 출신 신자 사이에, 심지어 종이나 자유인이나 남자나 여자나, 아무런 차별이 없다고 생각해 신자들 사이의 모든 차별을 제거해 버렸다.[53] 이렇게 세워진 바울로파 교회는 진정 새로운 창조물이었다. 그것은 고대의 누구도 실험조차 해본 적이 없는 위대한 탄생으로 역사의 거대한 변화를 가져올 것이었다.

바울로가 10여 개의 교회를 세우고 의미 있는 세력을 구축하자, 다신교도들과의 대립이 발생하였다. 바울로 이전에도 유대교도와 다신교도의 대립과 충돌이 있었다. 그러나 그것은 매우 한정된 시기에 그리고 특정 지역에서만 벌어졌다. 여기에는 여러 요인이 작용했는데 무엇보다 로마 제국의 정책이 중요하게 작용하였다. 로마는 정복지의 종교와 관습을 존중하는 정책을 펼쳤고, 유대인이 로마의 지배를 받아들이기만 하면 유대의 종교에 대해서 간섭하지 않으려고 하였다. 예를 들어 율리우스 카이사

---

51 「사도행전」 18:4-7.
52 에티엔느 트로크메, 앞의 책, 2003, 123쪽.
53 「갈라티아 신자들에게 보낸 서간」 3:28. 바울로의 평등사상은 유대교 내에서 나올 수 있는 것이었다. 바울로의 스승이었던 가말리엘의 사상과 그 이후 유대교의 평등사상에 대해서는 Philip Barton Payne, *Man and Woman, One in Christ: An Exegetical and Theological Study of Paul's Letters,* Grand Rapids: Zondervan 2009, p. 37을 보라.

르(Julius Caesar)와 아우구스투스(Augustus)는 유대인의 안식일을 존중해 주었고, 또한 그들에게 병역을 면제해 주었다. 유대의 지도자들도 로마와 협력하는 것이 중요하다고 생각하여 최대한 로마의 정책을 받아들이려고 노력하였다. 양자의 이런 '협력' 때문에 로마는 유대교를 합법적인 종교로 인정했고, 유대인의 종교생활을 방해하는 행위를 금하였다. 따라서 유대인이 로마 정부로부터 종교적인 이유로 박해받는 일은 거의 일어나지 않았다.[54]

두 번째로 유대인은 그들만의 별도의 공동체를 구성하여 '격리' 생활을 하였다. 그것은 유대교의 복잡한 정결례를 지키기 위해서 불가피한 일이었다. 물론 유대인의 활동을 제약하는 법이나 관습이 없었기에 유대인은 로마제국 전역을 누비고 다녔다. 그렇지만 그들이 스스로 만든 그들만의 거주지에 살았기 때문에 유대인이 로마인과 같이 잠을 자거나 식사를 하는 일은 드물었다. 따라서 일상적인 문제로 유대인과 다신교도의 충돌이 발생하는 경우는 드물었다. 더군다나 유대인은 다신교도를 자극하지 않기 위해서 적극적인 선교활동을 펼치지 않았다.

따라서 에페소의 다신교도들에게 바울로와 같은 기독교 신자들은 유대인이면서도 격리 생활을 하지 않고 자유롭게 이방인과 어울린다는 점에서 '새로운 존재'였다. 바울로는 에페소에 도착한 후 유대인 회당에 가서 복음을 전했지만 그곳의 유대인들이 그를 박해하자 '그들과 손을 끊고 신도들을 데리고 나가 티란노스 학원을' 세웠다.[55] 바울로는 이곳에 27개월이나 머물렀다. 이렇게 긴 기간 바울로가 에페소에 머문 것은 그곳이 워낙 대도시이기도 하지만 선교의 효과가 컸기 때문일 것이다. 그렇게 바울로를 받아들인 사람 가운데는 하느님을 경외하는 자가 아니라 '순수' 이방인도 많았다. 많은 이방인이 기독교에 관심을 보이자 에페소의 유명한

---

54 정기문, 「로마제국 초기 디아스포라 유대인의 팽창원인」, 『전북사학』 48, 2016.
55 「사도행전」 19:9.

신전인 아르테미스 신전 예배가 위태로워졌고, 그 때문에 신전 시설이나 종교 의례에 물품들을 공급하고 먹고사는 사람들이 생계에 위협을 받을 지경이 되었다.

이렇게 바울로가 다신교 신앙을 위협하자 다신교도들은 바울로를 박해하였다. 그들은 바울로가 '로마인으로서는 받아들일 수 없는 풍속'을 전파하고, 로마의 전통적인 신들을 비판한다면서 바울로를 박해하였다. 다신교도들의 위협은 강력하면서도 지속적으로 이루어졌다. 바울로는 자신이 선교여행을 하면서 "여러 차례 감옥에 갇혔고, 매는 수도 없이 맞았으며, 죽을 뻔한 일도 여러 번 있었다"라고 말했다.[56] 바울로가 겪은 이런 고난의 대부분은 다신교도들의 반발 때문이었을 것이다.

바울로는 다신교도들의 이런 위협 속에서도 그의 신앙을 지키고, 이방인과 유대인의 차별을 철폐하는 새로운 신학을 정립해 나갔다. 2세기가 되면 기독교 신자 가운데 이방인 출신 신자가 다수가 될 터인데 1세기에 그런 상황을 예비하고, 거기에 합당한 비전을 제시한 사람은 오로지 바울로뿐이었다. 바울로가 정립한 신학의 핵심은 무엇이었을까.

바울로 신학의 핵심

흔히 바울로 신학을 한마디로 요약하라면 '이신칭의'를 제시한다. 마르틴 루터 이래 20세기 중반까지 거의 모든 신학자가 이렇게 생각해 왔다. '이신칭의'는 '믿음으로 의롭다고 칭함을 받는다'라는 뜻인데, 루터는 「로마 신자들에게 보낸 서간」 특히 1장 17절 "의인은 믿음으로 산다"를 읽고 그 의미를 적극적으로 해석하여, 인간은 행위와 상관없이 오직 믿음으로만 구원을 받을 수 있다고 주장하였다.[57] 그러나 이는 어디까지나 루터의

---

56 「코린토 신자들에게 보낸 둘째 서간」 11:23.
57 루터 역시 열렬한 아우구스티누스 지지자였다. 이에 대해서는 알리스터 맥그래스,

해석일 뿐이다. 바울로가 「로마 신자들에게 보낸 서간」을 쓴 이래 수많은 사람이 이 구절을 읽었지만 4세기 말에 활동하였던 아우구스티누스 이전에 루터처럼 해석한 사람은 아무도 없었고, 아우구스티누스의 해석도 중세에는 주도적인 견해가 아니었다.

따라서 바울로 신학의 핵심이 '이신칭의'라는 것은 마르틴 루터 이후 개신교 계열 학자들의 주장일 뿐이라고 볼 수 있다.[58] 그렇다면 바울로 신학의 핵심은 무엇인가? 바울로의 율법에 대한 태도를 살펴보면서 이야기를 진행해 보자.

바울로는 율법에 대해서 모호하고 이중적인 태도를 취하였다. 한편으로 그는 그리스도가 모든 믿는 자에게 의를 이루기 위하여 율법의 마침이 되었기에(「로마 신자들에게 보낸 서간」 10:4), 율법을 지키는 것은 저주하에 있는 것이다(「갈라티아 신자들에게 보낸 서간」 3:10)라고 말하고 있고, 다른 한편으로 율법이 거룩하고, 정의롭고, 선한 것(「로마 신자들에게 보낸 서간」 7:12, 8:2)이기에 믿음으로 말미암아 율법을 굳게 세워야 한다(「로마 신자들에게 보낸 서간」 3:31)라고 말하고 있다. 바울로 서간에 보이는 이런 모순을 해결할 수 있는 새로운 견해들이 1960년대에 개진되었다.

1960년대 발표한 여러 논문과 책에서 크리스터 스텐달(Krister Stendahl)은 이신칭의가 바울로 신학의 핵심이 아니며 바울로는 유대인의 형식적 율법주의를 공격하지 않았다고 주장하였다. 그에 따르면 바울로 신학의 핵심은 유대인과 이방인 사이의 차별을 철폐하려는 것이고, 이신칭의는 이방인에게 율법을 강제해서는 안 된다는 것을 역설하기 위해서 바울로가 사용한 논리일 뿐이다.[59] 다시 말해서 바울로가 율법의 문제를

박규태 옮김, 『기독교, 그 위험한 사상의 역사』, 국제제자훈련원 2009, 75쪽을 보라.

58 쿰란 문서의 연구로 쿰란파가 이미 이신칭의를 주장했으며, 바울로가 그들의 영향을 받았을 가능성이 제기되고 있다. 이에 대해서는 마빈 패트, 유태엽 옮김, 『사해 사본과 신약성서』, 감리교신학대학교 출판부 2008, 219~22쪽을 보라.

59 Krister Stendahl, 앞의 책, 1976. 스텐달은 원래 스웨덴 학자로 스웨덴어로

제기하는 것은 이방인과의 관계가 문제될 때였다. 스텐달의 연구는 루터 이래 신학자들이 견지해 온 기본 틀에 근본적인 문제를 제기한 것이었다.[60]

스텐달과 비슷한 시기에 야콥 예르빌(Jacob Jervell)이 원시 기독교의 율법에 대한 태도에 대해서 중요한 연구를 발표하였다. 그에 따르면 「사도행전」에 유대인의 대량 개종이 거듭 보고되고 있는데, 이는 원시 기독교 신자들이 이스라엘의 회복을 꿈꾸었기 때문이다. 흔히 유대인이 복음을 거부하였기 때문에 이방인이 복음을 수용하여 새로운 이스라엘이 되었다고 주장하지만 이는 근본적으로 잘못이다. 원시 기독교가 회복하려고 꿈꾸었던 이스라엘은 유대인으로 구성된 것이고, 이방인은 이렇게 회복된 이스라엘과 교제함으로써 구원을 받을 수 있다. 원시 기독교 신자들은 이스라엘의 회복을 꿈꾸었기 때문에 율법이나 할례와 같은 유대적 가치에 대해서 전혀 문제를 제기하지 않았다. 이방인이 기독교에 동참하면서 비로소 율법의 문제가 제기되었다. 이후 율법의 문제는 1세기 후반 내내 중요한 논쟁거리였다.[61]

1970년대 중반까지 스텐달과 예르빌의 혁신적인 연구는 제대로 수용되지 않았다. 에른스트 케제만(Ernst Käsemann), 보른캄을 비롯한 불트만의 제자들은 여전히 '이신칭의'를 바울로 신학의 핵심이라고 주장하였다. 1970년대 중반 에드 패리시 샌더스가 다시 한 번 기존의 바울로 이해에 근본적인 문제를 제기한 새로운 연구를 발표하였다. 샌더스는 바울로 시기 유대교는 형식적 율법주의에 근거한 종교가 아니라 언약적 계약에 근거한 종교라고 주장하였다. 이에 따르면 바울로 시절 유대교는 하느님의 은총을 받은 모든 사람을 구원의 대상으로 여겼지, 율법을 얼마나 잘 지

1960년 바울로 신학을 재조명하는 논문을 발표하였다.

60 M. Zetterholm, 앞의 책, 2009, pp. 77~78.

61 Jacob Jervell, 앞의 책, 1972, pp. 41~53 ; Jacob Jervell, 앞의 책, 1966, pp. 22~25.

켰는지를 세밀하게 따지지 않았다. 따라서 스텐달과 샌더스에 따르면, 바울로 시대에 유대교는 율법을 얼마나 잘 지키는가를 구원의 기준으로 삼지 않았기에, 바울로가 이신칭의를 통해서 유대교의 형식적 율법주의를 공격하고 행위와 상관없는 믿음을 구원의 기준으로 제시했다는 통설은 오류이다.[62]

이후 제임스 던(James Dunn)은 샌더스를 비판적으로 계승하는 연구를 발전시켰다. 던에 따르면, 바울로는 하느님은 이방인에게도 구원을 베푸는 것을 가장 중요한 원칙으로 삼고 있기에 이방인에게 율법 준수를 강요하면서 유대인과 이방인을 나누는 것은 잘못이라고 생각하였다. 바울로는 율법 자체를 완전히 부정한 것이 아니라 그것을 유대인과 이방인을 나누는 기준으로 삼으려는 태도를 비판하였다. 따라서 바울로가 율법에 대해서 긍정적으로 이야기하고 있는 대목은 그것이 유대인과 이방인을 나누는 기준으로 사용되지 않을 때이고, 바울로가 율법에 대해서 부정적으로 이야기하고 있는 대목들은 유대인이 그것을 가지고 이방인을 배척하려고 할 때이다.[63]

결국 바울로 서간에 모순으로 보이는 진술은 사실은 모순이 아니다. 바울로에 따르면, 믿음의 조상 아브라함 때에는 율법이 없었는데, 모세 때에 이르러 하느님이 이스라엘 백성에게 율법을 주었다. 이 율법은 인간이 연

---

62 Ed Parish Sanders, *Paul and Palestinian Judaism*, Fortress Press 1977. 샌더스 이전에 예수와 바울로에 대한 다수 기독교 신학자들의 이해에 반대한 사람들이 없었던 것은 아니다. 예를 들어 1914년에 이미 유대인 학자 클로드 몽테피오레(Claude Montefiore)는 기독교 신학자들이 랍비 유대교를 제대로 알지 못한다고 비판하였다. 그는 랍비 유대교의 하느님은 사랑과 자비의 하느님이고, 유대인과 하느님의 관계는 아버지와 자식의 관계와 같으며, 토라는 유대인에게 주어진 특권이라고 주장하였다. 그는 바울로가 랍비 유대교에 친숙했다는 주장에 반대하면서 다른 형태의 유대교를 공부했을 것이라고 주장하였다. 이에 대해서는 M. Zetterholm, 앞의 책, 2009, pp. 90~92를 보라.

63 A. Andrew Das, 앞의 책, 2003, pp. 3~11; 제임스 던, 박문재 옮김, 『바울 신학』, 크리스천다이제스트 2003, 211~37쪽.

약하여 계속하여 죄를 범하는 것을 막기 위하여 내려주신 일종의 '초등교사'와 같은 것이다. 초등학생이 사리분별을 제대로 하지 못하여 어떤 것을 해야 하고 어떤 것을 하지 말아야 할지 제대로 모를 때 초등교사는 생활의 하나하나를 자세하게 지도하여 준다. 이런 초등교사가 부정적인 존재가 아니기에 율법은 결코 나쁜 것은 아니다. 따라서 율법을 지키는 것이 잘못된 것은 아니다.[64]

그러나 종말의 때 메시아가 오면 이전에 존재하던 모든 혼돈과 무지가 사라지고 완벽한 새로운 세계가 열리기 때문에 더 이상 율법을 통해서 사람들을 규제할 필요가 없다.[65] 결국 이제 율법이 효용을 다해 가고 있기 때문에 이방인에게 율법을 강제해서는 안 되며, 유대인이 율법을 지키는 것은 비난할 일은 아니지만 이제 유대인과 이방인 사이에 아무런 차별이 없어야 한다는 것이 제1원칙이기에 유대인이라고 할지라도 이방인 형제를 얻기 위해서는 율법을 지키지 않아도 된다. 바울로는 이렇게 율법을 새롭게 해석함으로써 유대인과 그리스인(이방인) 사이의 차별을 철폐하려고 하였다.

바울로 신학의 핵심은 바로 이 차별 없는 세상을 만드는 것이었다. 이는 그 무엇보다 "유대인이나 그리스인이나 종이나 자유인이나 남자나 여자나 아무런 차별이 없습니다. 그리스도 예수 안에서 여러분은 모두 한 몸을 이루었기 때문입니다"[66]라는 그의 말에 단적으로 나타나 있다. 바울로는 유대인이나 그리스인(모든 이방인을 상징한다) 사이의 차별을 철폐하기

---

64 바울로의 이런 태도는 「로마 신자들에게 보낸 서간」과 「코린토 신자들에게 보낸 첫째 서간」에 나타나는 '강한 자'와 '약한 자'에 대한 묘사에서 명확하게 보인다. 바울로는 율법에 따라서 음식 정결례를 지키려는 유대인 출신 신자들을 결코 질책하지 않았다. 오히려 바울로는 그들의 신학적 태도를 옹호해 주려고 하였다. 이에 대해서는 김현정, 「강한 자와 약한 자 주제에 나타나는 바울 사상의 특징: 고전 8:1-11:1과 롬 14:1-15:13」, 이화여자대학교 석사학위논문, 1991, 61~62쪽을 보라.

65 Krister Stendahl, 앞의 책, 1976, pp. 17~18, 84.

66 「갈라티아 신자들에게 보낸 서간」 3:28.

위해서 이방인에게 율법을 강제해서는 안 되며, 필요에 따라서 유대인도 율법을 지키지 않아도 된다고 주장했던 것이다.

이렇게 바울로는 율법을 초월하는 '평등 공동체를 구현'하려고 하였다. 그가 세운 교회는 이전의 어디에도 없던 혁신적인 것이었으며, 1세기 말 이후 기독교가 지향해야 할 선구적인 모델이 되었다. 바로 이 점에서 바울로는 혁신적인 인물이었다. 이 때문에 바울로는 예루살렘 교회는 물론 많은 이방인으로부터도 핍박과 박해를 받았다. 이제 바울로가 예루살렘 교회의 보수파인 할례당으로부터 얼마나 강력한 박해를 받았는지를 살펴보자.

바울로파 교회들의 와해

54년 봄 바울로가 세운 갈라티아, 필리피, 테살로니카, 코린토, 에페소 교회 등은 바울로의 지도 아래 나날이 성장하고 있었다. 그런데 갑자기 코린토 교회에 강력한 적들이 나타나 코린토 교회의 신자들을 현혹하였다.[67] 바울로는 그들에 대해서 이렇게 말했다.

> 사실 어떤 사람이 와서 우리가 선포한 예수와 다른 예수를 선포하는데도, 여러분이 받은 적이 없는 다른 영을 받게 하는데도 …… 여러분이 잘도 참아주니 말입니다. 나는 결코 그 특출하다는 사도들보다 떨어진다고 생각하지 않습니다.[68]

바울로는 이 구절에서 적들을 '특출한 사도'라고 불렀다. 이 특출한 사도들은 강력한 권위를 가진 교회에서 공식적인 추천서를 가지고 코린토

---

67 도널드 거스리, 김병국·정광욱 옮김, 『신약서론』, 크리스천다이제스트 1996, 397쪽.
68 「코린토 신자들에게 보낸 둘째 서간」 11:4-5.

교회에 왔다. 누가 이들에게 추천장을 써주었을까? 그들이 자기들이 받은 추천장을 바울로는 가지고 있지 않다고 주장했다는 사실 그리고 그들이 코린토 교회를 공격하고 있을 때 또 다른 무리들이 갈라티아 교회[69]와 필리피 교회를 공격했다는 사실을 고려해 보면, 추천서의 작성자는 매우 권위가 높은 사람이었다. 당시에 그런 높은 권위는 예루살렘 교회의 수장인 주의 형제 야고보밖에 없었다. 그는 예루살렘 교회가 이방인 선교를 시작한 이래 줄곧 선교사들에게 추천장을 써보내곤 했다.[70]

갈라티아 교회와 코린토 교회가 너무나 쉽게 그들을 진정한 사도, 진정한 복음을 전하는 자들로 받아들이고 바울로의 복음을 포기했다는 사실 또한 예루살렘 교회가 그들을 보냈다는 추론을 뒷받침한다. 갈라티아 교회와 코린토 교회 둘 다 바울로가 깜짝 놀랄 정도로 너무나 신속하게 바울로를 버리고 적들에게 투항해 버렸다.[71] 갈라티아 교회, 코린토 교회 이외의 바울로파 교회들에서는 상황이 어떠했는지 확실하지 않다. 아마 다른 교회들에도 '할례당'의 공격이 있었을 것이다. 바울로는 동분서주하며 '할례당'의 공격을 막아내기 위해서 고군분투하였지만 상황이 계속 악화되자 예루살렘 방문을 결심했다.[72]

바울로는 예루살렘에 대해서 이중적인 태도를 취하였다. 전통적으로 유대인에게 예루살렘은 하느님이 임재하시는 성전이 있는 곳, 세상에서 가장 거룩한 곳이었다. 그곳은 또한 다윗(David)이 세운 거룩한 시온성이 있는 곳으로 유대 영광의 상징이었다. 그들에게 세상의 모든 역사는 그곳을 중심으로 진행되었다. 바울로도 이런 생각을 가지고 있었고 때문에 예루살렘에서 공부하였다. 또한 그는 기독교 신자가 된 이후에도 예루살렘

---

69 「갈라티아 신자들에게 보낸 서간」 6:13.
70 Clemens, *Recognitions*, 4, 34. "주의 형제 야고보, 그리고 그의 후계자의 추천장을 가지고 오지 않은 자는 결코 선생이 아니니 각별히 조심하라."
71 「갈라티아 신자들에게 보낸 서간」 1:6; 「코린토 신자들에게 보낸 둘째 서간」 11:4.
72 정기문, 앞의 책, 2016, 298~312쪽.

교회의 권위를 인정했고, 기독교 신앙이 예루살렘 교회에서 기원했다고 가르쳤다.

그러나 다른 한편 바울로는 가급적 예루살렘을 멀리하려는 경향을 보였다. 그는 개종 후에 3년간이나 예루살렘에 가지 않고 아라비아와 다마스쿠스에서 독자적으로 활동하였다. 그리고 베드로를 만나기 위해서 3년 만에 예루살렘을 방문하여 그곳에서 보름을 머물렀다. 그 후 그는 14년이나 예루살렘을 방문하지 않았다. 14년 만에 예루살렘을 방문한 것도 사도회의에 참가하기 위한 불가피한 행동이었다.[73] 신앙의 중심지인 예루살렘 교회가 건재한 상황에서 이렇게 오랜 기간 예루살렘을 방문하지 않은 것은 의도적인 행위로 보인다. 그가 자신이 계시를 통해서 직접 그리스도로부터 복음을 받았지, 예루살렘 교회로부터 받지 않았음을 수차례 강조했던 사실도 이를 뒷받침한다.

이렇게 예루살렘 교회를 가급적 멀리했던 바울로가 56년경 예루살렘을 방문하기로 결심했는데, 그것은 매우 위험한 모험이었다. 그곳에는 바울로파 교회를 접수하려고 사람을 파견하였던 '할례당'이 강력한 세력을 구축하고 있었다. 바울로는 예루살렘으로 가기 직전에 쓴 「로마 신자들에게 보낸 서간」에서 이렇게 말하였다.

> 내가 유대에 있는 순종하지 않는 사람들로부터 화를 입지 않도록, 그리고 그곳 성도들을 제가 섬김이 받아들여 지도록 기도하여 주십시오.[74]

---

73 그러나 14년 만에 이루어진 두 번째 방문이 「사도행전」 11장 29~30절에 기록된 것일 수도 있다. 이때 바울로는 바르나바를 수행하여 기근으로 힘들어하는 예루살렘 교회를 위한 구제금을 전달하였다.

74 「로마 신자들에게 보낸 서간」 15:31. 한글 번역본 성경들은 '순종하지 않은 자'(apeithountes)를 '믿지 않는 자'라고 번역하고 있다. 그러나 이는 원어의 의미와 다르다. 게리 윌스, 김창락 옮김, 『바울은 그렇게 가르치지 않았다』, 돋을새김 2007b, 125쪽은 나와 같은 생각을 보여 주고 있다.

여기서 바울로는 '할례당'을 '순종하지 않는 사람들'이라고 말했는데 그들은 누구에게 순종하지 않았던 것일까? 예수나 하느님 혹은 믿음에 순종하지 않았다고 생각할 수도 있지만 현실적으로는 예루살렘 교회의 수장이었던 주의 형제 야고보에게 순종하지 않았다고 생각하는 것이 합리적일 것이다. 그렇다면 바울로는 주의 형제 야고보는 자기편인데, '할례당'이 그의 말을 듣지 않고 있다고 판단했을 것이다.

따라서 바울로는 예루살렘을 방문하여 어떻게든 주의 형제 야고보를 설득하여 할례당을 막아보고자 시도했던 것 같다. 작은 희망을 안고 예루살렘에 도착한 바울로는 유일하게 믿을 수 있는 사람이라고 생각했던 주의 형제 야고보를 만났다. 그러나 앞에서 살펴보았듯이, 주의 형제 야고보는 그를 적극적으로 돕지 않았다. 바울로가 야고보의 제안을 받아들여 예루살렘 성전으로 가서 7일 동안 정결의식을 치렀음에도 불구하고, 바울로는 죽음의 위협을 당하였다. 죽음의 순간에 바울로에게 도움의 손길을 내민 사람은 로마의 파견대장이었다. 그는 급히 군대를 끌고 와서 바울로를 구하였다. 그런데 로마 파견대장이 바울로를 보호하고 있다는 것이 명확하게 드러났음에도 불구하고 할례당은 포기하지 않았다. 그들은 바울로를 죽이기 전에는 먹지도 마시지도 않겠다고 맹세하였다. 파견대장은 할례당이 바울로를 죽이려 한다는 사실을 알고 카이사리아에 있는 총독에게 바울로를 보내기로 결정했다.[75]

이렇게 바울로의 마지막 예루살렘 방문은 끝났다. 목숨을 걸고 예루살렘을 방문했던 바울로는 죽을 고비를 넘기며 살아남기는 했지만 원래 품었던 희망을 이루지는 못했다. 할례당의 예봉을 꺾는 데 실패했고, 예루살렘에서 소요를 일으킨 죄목으로 로마로 끌려가게 되었다.

바울로는 58년 혹은 59년에 로마에 도착했는데, 그 이후에 그의 행적

---

75 정기문, 앞의 책, 2016, 316~26쪽.

을 복원하는 것은 불가능하다. 베드로의 제자로 로마의 3대 주교가 된 클레멘스는 바울로가 로마에서 풀려난 후에 에스파냐에까지 복음을 전했고, 다시 로마로 돌아와 활동하다가 네로 황제 치하에서 순교했다고 전한다. 그가 정말 순교했다면 그 영광스러운 역사를 「사도행전」의 저자는 잘 알고 있었을 터인데, 왜 희미한 암시조차 하지 않았을까? 로마에 잡혀간 바울로가 그 후에 어떻게 되었는지는 풀리지 않는 수수께끼로 남아 있다.

바울로파의 생존자들

바울로가 사라진 후 바울로파 교회들은 어떻게 되었을까? 바울로가 역사의 무대로 사라지자 그가 세웠던 교회들도 급격히 위축되었다. 바울로가 사라진 60년경에 유대인의 민족주의는 절정을 향해 질주하고 있었다. 로마인에 대한 반감이 널리 퍼졌고, 적극적인 무력투쟁을 주장하는 과격파가 득세해 간 반면, 로마와 타협할 것을 주장하는 세력은 힘을 잃어갔다. 이런 정서와 움직임은 66년 마침내 로마에 대한 대반란으로 귀결되었다. 이런 상황에서 아브라함의 후손이라고 주장하며 구약성경을 인정했기에 유대교의 일파로 보일 수도 있지만 율법과 할례를 부정했고 예루살렘 교회와 디아스포라 지역의 회당으로부터 독립했기에 새로운 종교로 보이기도 했던 바울로파는 사방을 경계하면서 목소리를 낮출 수밖에 없었다.

더욱이 바울로가 사라진 것을 계기로 예루살렘 교회와 유대인들의 공격은 더욱 거세졌다. 그 결과 바울로파의 세력은 더욱 위축되었다. 먼저 에페소에서 바울로파 교회는 거의 사라져버렸다. 바울로의 이름을 빌려 쓴 「티모테오에게 보낸 둘째 서간」의 한 구절, 즉 "그대도 알다시피 피켈로스와 헤르모게네스(Hermogenes)를 비롯해서 아시아 사람들이 다 나에게서 떠나가 버렸습니다"[76]라는 아시아 일대 바울로파 신자들이 바울로가 죽은 후 거의 사라져버렸음을 암시한다. 에페소에서 이 사실은 특히 명확한데, 1~2세기 초기 그리스도교의 전승 대부분은 에페소를 바울로가 아니라 사도 요한과 연계시키고 있다.[77] 또한 고고학 증거도 이 사실을 뒷받침한다. 에페소에 바울로와 관련해서 남아 있는 유물은 거의 없는 반면에 사도 요한과 관련된 건축물과 유적은 아주 많이 남아 있다.[78] 에페소에 있는 코레소스(Koressos) 산의 예배당에 그려진 낙서가 유일하게 사도 바울로가 에페소에서 활동했다는 것을 입증해 줄 뿐이다.[79]

바울로가 살아 있었을 때 이미 갈라티아 교회가 무너졌기 때문에 에페소 교회가 넘어가 버렸다면 아시아에는 살아남은 바울로파 교회가 없었다고 말할 수 있다. 그러나 아시아에 바울로를 추종하는 신자들이 완전히 사라졌다고 단정해서는 안 된다. 1세기 각 교회는 여러 개의 가정 교회로 구성되어 있었다. 바울로파 신자들이 안티오키아 교회와 에페소 교회 등의 주도권을 상실했다고 해도, 그 교회들에 소속되어 있던 가정 교회 가운데 일부는 바울로의 가르침을 간직하고 있었음에 틀림없다.

이는 안티오키아 교회의 3대 주교였던 이그나티우스가 쓴 글에서 확인된다. 그는 죄수로서 로마로 끌려가면서 여러 교회에 편지를 썼는데, 그 편지들에서 바울로를 사도, 거룩한 순교자로 불렀다. 그가 12사도를 비롯한 초대교회의 주요 인물 가운데 오직 베드로와 바울로만을 언급하였다는 사실은 두 사람을 특별히 중요하게 여겼음을 의미한다. 그리고 다른 사람들이 사도로 인정하지 않았던 바울로를 사도로 불렀다는 것은 그가 바울로 계승 의식을 갖고 있음을 널리 천명한 것이라고 볼 수 있다.[80]

---

76 「티모테오에게 보낸 둘째 서간」 1:15.

77 F. F. Bruce, 앞의 책, 1994[1979], pp. 121~22.

78 Edwin Yamauchi, 앞의 책, 1980, p. 111.

79 Ernst Käsemann, *New Testament Questions of Today*, SCM Press Ltd. 1969, pp. 238~39. 전승에 따르면, 요한은 예수의 어머니 마리아를 모시고 에페소로 갔다. 그 때문인지 마리아와 관련된 유적도 많이 있다. 임상규, 「소아시아 초기 기독교 건축의 평면에 관한 연구」, 『대한건축학회연합논문집』 10-4, 2008, 28쪽을 보라.

80 C. Smith, "Ministry, Martyrdom and Other Mysteries: Pauline Influence on Ignatius of Antioch", Michael Bird and Joseph Dodson(ed.), *Paul and the*

신학적인 면에서도 이그나티우스는 바울로를 계승했음에 틀림없다. 이 그나티우스가 바울로 신학을 계승하지 않았다고 주장하는 사람들이 있다. 예를 들어 빌헬름 슈네멜허(Wilhelm Schneemelcher)는 "진실로 이그나티우스의 신학은 바울로의 신학과 거의 아무런 관련이 없다"[81]라고 말하였다. 슈네멜허가 이런 주장을 펼쳤던 것은 두 가지 이유 때문이었다. 먼저 그는 이그나티우스가 바울로의 글들을 거의 인용하지 않았고, 오히려 주로 「마태오 복음서」를 이용하여 논거를 펼쳤다고 생각하였다.[82] 그러나 이그나티우스가 바울로의 편지를 이용하지 않았다고 생각하는 것은 과도한 것이다. 현재 학자들은 이그나티우스가 「코린토 신자들에게 보낸 첫째 서간」, 「에페소 신자들에게 보낸 서간」, 「티모테오에게 보낸 첫째 서간」, 「티모테오에게 보낸 둘째 서간」을 알고 있었다고 생각하고 있으며,[83] 「로마 신자들에게 보낸 서간」과 「코린토 신자들에게 보낸 첫째 서간」도 알고 있었을 가능성이 있다고 주장하고 있다.[84]

둘째, 오랫동안 신학자들은 바울로 신학의 핵심을 이신칭의로 파악해 왔다. 그들은 이그나티우스를 연구할 때 그의 편지에서 이신칭의가 발견되지 않는다는 점을 내세우면서 이그나티우스가 바울로 신학을 계승하지 않았다고 파악했다. 그러나 앞에서 살펴보았듯이, 바울로 신학의 핵심을 '이신칭의'로 파악하는 것은 마르틴 루터 이후 개신교 계열의 학자들의 편견에서 기인하였다.[85] 바울로의 이신칭의는 유대인과 이방인의 관계 설

Second Century, Bloomsbury 2011, pp. 37~39.

81 James Dunn(ed.), 앞의 책, 2003, p. 227에서 재인용.

82 Stanley Porter, *The Pauline Canon*, Brill 2004, p. 131.

83 Andrew Gregory and Christopher Tuckett, *The Reception of New Testament in the Apostolic Fathers*, Oxford University Press 2005, pp. 159~86. 물론 「티모테오에게 보낸 첫째 서간」과 「티모테오에게 보낸 둘째 서간」은 바울로의 진정 서간이 아니다.

84 Raymond E. Brown and John Meier, *Antioch and Rome*, Paulist Press 1983, p. 24.

정을 어떻게 할 것인가에 대한 고민 속에서 나온 주장이다. 이렇게 생각한 다면 이그나티우스는 바울로 신학의 핵심을 계승했음에 틀림없다. 이그나티우스는 유대교의 틀에 머물려고 하는 신자들을 거듭해서 비판하면서 기독교는 이제 유대교에서 완전히 벗어나서 새로운 신앙생활을 해야 한다고 주장했기 때문이다.

물론 유대교와의 완전한 단절은 바울로가 주장했던 것은 아니다. 그렇지만 바울로가 유대교와 관계에서 그의 시대에 가장 진보적인 견해를 피력했다면, 이그나티우스는 그의 시대에 가장 진보적인 견해를 피력하였다. 이그나티우스 시절에 여전히 상당수의 기독교 신자들은 유대교의 틀을 벗어나지 않으려고 했고, 유대교에 근거해서 기독교 신앙을 정립하려고 시도하였다. 이는 그가 「마그네시아 교회의 신자들에게 보낸 서간」의 다음 구절에서 잘 나타난다.

> 잘못된 의견들, 낡은 이야기에 현혹되어서는 안 됩니다. 그런 것들은 아무런 쓸모가 없습니다. 우리가 지금까지 유대교에 따라서 살았다면, 우리는 하느님의 은혜로운 은총을 받지 못했습니다.[86]

이 구절에서 이그나티우스는 신자들에게 유대교의 가르침과 관습을 완전히 버려야만 하느님의 은총을 받을 수 있다고 주장하고 있다. 이는 그가 유대교의 율법이나 가르침을 잘못된 교리, 헛된 옛날 이야기로 규정하고 있음을 의미한다. 이그나티우스는 또한 필라델피아 교회의 신자들에게 쓴 서간에서 다음과 같이 말하였다.

---

85 쿰란파가 이미 이신칭의를 주장하고 있었으며, 바울로가 그들의 영향을 받았을 가능성에 대해서는 마빈 패트, 앞의 책, 2008, 219~22쪽을 보라.

86 Ignatius, *Epistle to the Magnesians*, 8, 1.

저는 어떤 신자가 "나는 (예수의) 복음이라고 해도 오래된 기록(구약성경)에서 발견되지 않으면 믿지 않는다"라고 말하는 것을 들었습니다. ……그러나 저에게 문서고는 예수 그리스도입니다. 조금도 더러움이 없는 문서고는 그의 십자가, 죽음, 부활, 그리고 그를 통한 믿음입니다. 이들 가운데에서 저는 당신들의 기도를 통해서 의로워지기를 원합니다. 사제들은 훌륭하지만, 그러나 최고 대사제는 훨씬 더 훌륭하십니다.[87]

이 구절에 따르면 필라델피아 교회에는 예수의 가르침이라고 해도 그것이 구약에 근거하지 않으면 믿을 수 없다고 주장하는 사람이 있었다. 이는 그가 구약을 권위의 최고 원천이라고 믿었고, 기독교는 유대교의 틀내에 머물러야 한다고 생각했기 때문이다. 이에 대해서 이그나티우스는 구약은 신성한 문서이기는 하지만 이제 권위의 진정한 원천은 예수라고 말하고 있다. 이 구절에서 사제는 구약성경을 의미하고 대사제는 예수 그리스도를 의미한다.[88]

이렇듯 이그나티우스는 유대교로부터의 완전한 단절을 추구하였다. 이그나티우스의 이 태도는 바울로의 신학, 특히 바울로 후계자들의 신학과 일치한다. 뒤에서 살펴볼 것처럼 바울로 후계자들은 80~90년대에 「루카복음서」와 「사도행전」을 저술하였는데, 「사도행전」은 13장 이후 유대인은 저주받은 종족이고, 복음이 유대인에게서 이방인에게 넘어갔음을 거듭해서 이야기하였다. 특히 바울로는 "당신들이 멸망을 당해도 그것은 당신들이 책임을 져야 할 일이며 나에게는 아무 잘못이 없소. 이제부터 나는 이방인에게로 가겠소"[89]라고 말하면서 유대인에게 저주를 퍼부었다. 이는

---

87 Ignatius, *Epistle to the Philadelphians*, 8. 2-9. 1.

88 Bruce Metzger, *The Canon of the New Testament: Its Origin, Development, and Significance*, Clarendon Press 1987, p. 48.

89 「사도행전」 18:6.

「사도행전」 후반부가 유대인에 대한 선교가 이제 불가능하고, 유대인을 저주받은 종족으로 인식하고 있음을 보여 준다. 따라서 바울로를 계승하면서 유대인과 단절을 추구했다는 점에서 바울로의 후계자들은 이그나티우스와 같은 신학을 추구하고 있었다.[90]

이그나티우스가 바울로 신학을 계승하였다면 안티오키아 교회에 바울로를 계승하는 집단이 존재했음이 틀림없다. 49년경 안티오키아에서 바울로가 베드로와 대립하여 패배한 후 안티오키아 교회의 주류는 베드로의 가르침을 계승하였지만, 안티오키아 교회의 신자 일부는 계속 바울로의 가르침을 보존하였다. 그들은 70년 이후 할례당이 사라지고 이방인 출신 신자들이 교회 내에서 점차 늘어나자 세력을 회복하였고, 이그타니우스는 바로 그들의 목소리를 대변하였다.

심지어 앞에서 바울로의 흔적이 거의 사라져버렸다고 했던 에페소 교회에도 바울로파 신자들이 존재했음에 틀림없다. 이는 이그나티우스의 다음 말에서 확인된다.

> 에페소 교회 신자들이여 당신들은 거룩하시고 순교자이시며 합당하게도 가장 축복받으신 바울로로 인해 복음의 신비에 입문하였습니다. 내가 하느님께 갈 때 나는 그의 발밑에 있을 것입니다. 바울로는 그의 모든 서간에서 예수 그리스도의 이름으로 당신들을 언급했습니다.[91]

이 구절에서 이그나티우스는 바울로가 에페소 교회를 세웠고, 그들을 특별히 사랑했음을 상기시키고 있다. 이는 에페소 교회에 바울로를 기억하고 있는 신자들이 존재하고 있을 가능성을 암시한다. 그러나 2세기 이

---

90 Paul Donahue, "Jewish Christianity in the Letters of Ignatius of Antioch", *Vigiliae Christianae* 32-2, 1978.
91 Ignatius, *Epistle to the Ephesians*, 12.

후 에페소 교회가 요한의 신학을 중심으로 로마 교회와 대립하였다는 것을 고려하건대, 2세기에도 에페소 교회 내에 바울로파의 세력은 미미했을 것이다.

바울로파의 교회들의 또 다른 중심지였던 그리스에서 상황은 좀 더 나았던 것 같다. 그리스 내 바울로파 교회 가운데 가장 세력이 컸던 코린토 교회가 적들의 손에 넘어갔을 가능성이 높다는 사실은 앞에서 살펴보았다. 그렇지만 코린토 교회가 완전히 무너진 것은 아니었다. 코린토 교회 내부에는 바울로에게 헌신적으로 충성하는 신자들이 있었다. 그들은 「코린토 신자들에게 보낸 첫째 서간」에 나오는 네 파벌 가운데 '바울로에게 소속된 자들'이었을 것이다. 그들은 할례당의 공격이 계속될 때에도 바울로를 배신하지 않았고, 바울로의 서간을 간직하며 신앙을 유지하고 있었다. 뒤에서 다시 살펴볼 것처럼 로마의 3대 주교였던 클레멘스가 96년경 코린토 교회에 쓴 편지에서 이 사실이 확인된다.

필리피 교회는 할례당의 공격을 이겨내고 바울로파의 신앙을 지켰을 가능성이 높다.[92] 필리피 교회는 바울로가 유럽 땅에 세운 최초의 교회로 다른 어떤 교회보다 바울로에게 더 큰 믿음을 보여 주었다. 그들은 바울로가 "갇혀 있을 때나 복음을 수호하고 확증할 때에 바울로와 함께 은총을 나누어 받으며 고생을 같이 해온 사람들로서 항상 바울로의 마음속에 자리 잡고 있었다"[93] 또한 필리피 교회의 신도들은 바울로가 선교활동을 할 수 있도록 재정적으로 지원을 아끼지 않았다. 바울로는 특별히 자신에게 애정과 감사를 아끼지 않은 필리피 교회를 사랑하였다.[94]

비록 시대적으로 상당히 늦기는 하지만 필리피 교회가 바울로의 가르침을 지켜냈다는 것을 입증하는 자료가 있다. 110년경 이그나티우스가

---

92 Helmut Koester, 앞의 책, 2007b, p. 74.
93 「필리피 신자들에게 보낸 서간」 1:7.
94 「필리피 신자들에게 보낸 서간」 4:16,

288 ● 예수의 후계자들

순교한 후 필리피 교회는 스미르나의 주교인 폴리카르포스(Polycarpos)가 이그나티우스의 서간 모음집을 갖고 있다는 것을 알고, 그에게 편지를 써서 사본들을 보내 달라고 요청한다. 폴리카르포스는 이그타니우스 편지의 사본들을 보내 주면서 특별히 당부하는 글을 썼는데, 그 글에 다음 구절이 담겨 있다.

> 나 혹은 나와 같은 어떤 사람도 축복받고 영광스러운 바울로의 지혜를 따라갈 수 없습니다. 바울로가 당신들의 교회에 있을 때는 당신들의 선배 신자들에게 진리에 관해서 정확하고 신뢰할 수 있게 가르쳤습니다. 그가 당신들 교회를 떠나 있을 때는 편지들을 썼는데, 당신들이 그것들을 정확하게 연구한다면 당신들에게 주어진 신앙 속에서 당신들을 더욱 굳건하게 세울 수 있을 것입니다.[95]

이 글은 두 가지 측면에서 필리피 교회가 바울로 신앙을 계승했다는 것을 뒷받침한다. 먼저 폴리카르포스는 바울로를 '축복받고 영광스러운' 인물이라고 말하였고, 그가 진리를 정확하게 가르쳤다고 지적하였다. 폴리카르포스가 이렇게 바울로의 권위를 높게 인정하고 있는 것은 필리피 교회 신자들이 그의 태도에 동감하고 있었기 때문일 것이다. 두 번째, 폴리카르포스는 필리피 교회 신자들이 바울로 서간들을 간직하고 있다고 말하였다.[96] 이는 필리피 교회 신자들이 바울로 서간들을 간직하고 여러 가지 용도로 사용하고 있는 것이 널리 알려져 있었다는 것을 의미한다. 이렇듯 2세기 전반기 필리피 교회 신자들이 바울로의 권위를 높이 인정하

95 Polycarpos, *Epistle to the Philadelphians*, 3. 2.
96 M. Holmes, "Paul and Polycarp", Michael Bird and Joseph Dodson(ed.), *Paul and the Second Century*, Bloomsbury 2011, p. 40; Raymond E. Brown and John Meier, 앞의 책, 1983, pp. 58~59.

고, 그의 편지를 소중히 여기고 있었던 것은 당연히 바울로 사후에 필리피 교회가 바울로의 가르침에 따라서 신앙을 지키고 있었기 때문일 것이다.

바울로가 세운 또 다른 교회인 테살로니카 교회의 상황을 파악하는 것은 힘들다. 1세기 후반에 테살로니카 교회를 언급한 자료는 하나도 없으며[97] 이그나티우스의 서간이나 클레멘스의 서간에서도 그들의 존재는 관찰되지 않는다. 테살로니카 교회의 규모가 너무나 작았기 때문에 사람들의 주목을 받지 못했던 것일까? 그럴 수도 있을 것이다. 바울로가 선교여행을 갔을 때 테살로니카 교회에 머문 기간은 짧았기에 교회의 규모도 작았다. 학자들은 테살로니카 교회의 신자 수를 40~55명으로 추론하고 있다.[98] 따라서 70년대 이후 테살로니카 교회는 바울로파의 신앙을 유지하고 있었지만 그 규모가 작았다고 판단된다.[99]

이렇게 생존해 있던 바울로파 교회에게 50년대 후반과 60년대는 암흑의 시절이었다. 암흑의 절정은 66년 유대 반란 때였다. 60년대 유대인들의 민족주의는 절정을 향해 질주하고 있었다. 66년 마침내 로마에 대한 대반란이 시작되었다. 이런 상황에서 아브라함의 후손이라고 주장하며 구약성경을 인정했기에 유대교의 일파로 보일 수도 있지만 율법과 할례를 부정했고 예루살렘 교회와 디아스포라 지역의 회당으로부터 독립했기에 새로운 종교로 보이기도 했던 바울로파는 사방을 경계하면서 목소리를 줄일 수밖에 없었다.

66년에 시작된 유대 반란은 70년에 로마군이 예루살렘을 점령하면서 거의 끝났다. 4년간 많은 희생을 치렀던 로마군은 본보기를 보이기 위해

---

97 근대 신학의 창시자인 바우어는 이 점에 주목하여 테살로니카 교회 또한 할례당의 공격에 넘어가버렸다고 추론하였다.

98 James Dunn, *Beginning From Jerusalem*, William B. Eerdmans Publishing 2008, p. 709.

99 에티엔느 트로크메, 앞의 책, 2003, 142쪽.

서 말 그대로 예루살렘을 초토화시켜 버렸다. 100만 명이나 되는 주민이 학살되거나 노예로 끌려갔다. 이때 예수 시절 활동하고 있었던 유대의 주요 종파들, 즉 사두가이파, 바리사이파, 에세네파가 모두 소멸하였다. 다만 바리사이파의 온건파였던 요하난 벤 자카이가 야브네로 피신하여 랍비 유대교를 재건하였다. 이때 예루살렘 교회도 완전히 파괴되었으며, 생존자들은 뿔뿔이 흩어졌다. 이렇게 유대 반란의 여파 속에서 예루살렘 교회의 보수파였던 '할례당'이 소멸하자 숫자는 얼마 되지 않지만 바울로파 교회들은 명맥을 유지할 수 있었다.[100]

그러나 그 교회는 정말 소수였다. 70년대 아시아, 그리스, 로마에서 바울로의 '목소리'를 내는 사람은 보이지 않았으며, 바울로의 신학도 긴 심연 속으로 가라앉아 버렸다. 바울로파 신자들은 어디엔가 숨어서 숨죽이며 바울로의 가르침을 유지하고 있었다.[101] 그렇게 명맥을 유지하던 바울로파 교회는 80년대에 활력을 찾기 시작하였고 서서히 기독교 내에서 목소리를 내기 시작하였다. 이들이 소생하고 있었다는 것을 보여 주는 작품인 「루카 복음서」와 「사도행전」에 대해서 살펴보자.

바울로파의 소생: 「루카 복음서」와 「사도행전」의 저술

70년 이후 바울로파는 다시 소생한다. 앞에서 설명했듯이 유대 반란 이후 예루살렘 교회의 할례당이 소멸해 버렸다. 더욱이 바울로파에게는 천운이게도 70년 이후 기독교는 인적 구성에서 점차 이방인 출신 신자

---

100 F. F. 브루스, 박문재 옮김, 『바울』, 크리스천다이제스트 1992, 496~97쪽.
101 Adolf Harnack, J. R. Wilkinson(tr.), *Luke The Physician: The Author of The Third Gospel And Acts of The Apostles,* Kessinger Publishing 2006, p. 142. 여기서 하르나크는 바울로의 신학을 소생시킨 것은 이단자 마르키온이었다고 주장하고 있다. 그러나 마르키온에 앞서 이미 90년대에 바울로 서간을 수집하는 사람들이 있었던 것 같고, 마르키온은 그들이 수집해 놓은 것을 참조한 것 같다.

들이 다수를 차지하게 되었다. 이는 시간이 지날수록 필연적으로 강화될 현상이었는데, 1세기 후반 이후 기독교를 수용하는 유대인은 드물었던 데 반해서 점차 많은 이방인이 기독교를 받아들였기 때문이다. 바울로는 70년 이전 지도자 가운데 이방인 지향성을 가장 뚜렷하게 보여 준 지도자였다. 따라서 70년 이후 바울로의 대의는 가장 '정통적인' 가르침으로 부활하기 시작하였다.

이렇게 바울로파의 활동에 우호적인 환경이 조성되자 바울로가 세웠던 교회 가운데 가장 규모가 컸던 에페소 교회, 바울로가 18개월 동안 머물며 선교하였던 코린토 교회 등에 남아 있던 바울로파 신자들이 다시 적극적으로 활동하기 시작하였다. 그들은 새로이 조직을 정비하고, 바울로의 가르침을 정리하고, 비바울로파 기독교 신자들과 제휴를 시도하였다. 이들의 활동은 80년대 「루카 복음서」와 「사도행전」의 집필로 이어졌다.

「루카 복음서」와 「사도행전」은 하나는 복음서이고 하나는 역사서이지만 동일한 저자가 동일한 신학적 지향성을 가지고 인접한 시기에 저술한 작품이기에 일반적으로 루카-행전이라고 불린다.[102] 70년대 소생하기 시작한 바울로파가 왜 루카-행전 연작을 발표했을까? 70년대 바울로파는 전체 기독교 신자들 가운데 소수파였고, 그들의 자생적인 부활 노력은 큰 성과를 거두지 못하였다. 기독교 신자들 다수가 여전히 바울로파를 너무나 급진적인 분파, 동료 유대인들에게 복음을 전파하는 데 장애가 되는 존재라고 여기고 있었기 때문이다.

마태오 공동체와 요한 공동체의 동향을 살펴보면서 이 문제를 좀 더 논의해 보자. 70년 예루살렘 교회가 무너진 후에 가장 많은 기독교인들이 살고 있던 곳은 시리아 일대였다. 팔레스타인에 살던 기독교 신자들이 전쟁의 참화를 피하여 그곳으로 이주하였을 뿐만 아니라 원래 그곳에는 최

---

102 L. Michael White, 앞의 책, 2004, pp. 252~53.

초의 이방인 교회로 바르나바와 바울로가 사역했던 안티오키아 교회가 있었기 때문이다. 확실하지는 않지만 「마태오 복음서」의 저자가 속했던 마태오 공동체도 이 지역 어디에 있었던 것 같으며, 그 공동체의 구성원은 주로 유대인이었던 것 같다.[103]

마태오 공동체는 여전히 강력하게 민족주의를 지향하고 있었다. 유대 반란은 실패로 끝났지만 여전히 많은 유대인들이 메시아가 도래해서 로마 제국을 끝장내고 이스라엘의 영광을 복원해 줄 것이라고 믿고 있었다. 마태오 공동체는 예수를 다윗의 아들, 이스라엘의 왕으로 제시함으로써 이런 열망을 공유했다.[104] 그리고 이런 열망은 두 가지로 표출되었는데 하나는 유대 중심성이고 다른 하나는 율법 중심성이다. 이런 정신을 대변하는 인물로 묘사된 예수는 제자들을 선교 파견하면서 "이방인들이 사는 곳으로도 가지 말고 사마리아 사람들의 도시에도 들어가지 마라"[105]라고 말했다. 또 율법에 대해서 "내가 율법이나 예언서의 말씀을 없애러 온 줄로 생각하지 마라. 없애러 온 것이 아니라 오히려 완성하러 왔다. 분명히 말해두는데, 천지가 없어지는 일이 있더라도 율법은 일점일획도 없어지지 않고 다 이루어질 것이다"[106]라고 말한다.

이렇게 마태오 공동체는 민족주의를 강렬하게 표출하며 유대교와의 분리를 전혀 생각하지 않았다. 에페소에서 활동하던 요한 공동체가 회당에서 분리되는 과정에 대해서는 사도 요한 편에서 살펴보았다. 아무튼 「요한 복음서」를 썼던 요한 공동체는 80년대에 바울로파의 제휴 요청을 거절하고 기독교가 유대교의 일파로 머물러야 한다고 주장하고 있었다. 그들은 유대교의 회당 안에 머무르면서 유대인을 상대로 선교활동을 펼치고 있

---

103 W. G. 퀴멜, 앞의 책, 1988, 122쪽.
104 서중석, 앞의 책, 2007, 96~97쪽.
105 「마태오 복음서」 10:5.
106 「마태오 복음서」 5:17-18.

었다.[107]

이렇게 70~80년대 원시 기독교의 신자들 다수는 여전히 유대교의 틀 내에 머물려고 했으며, 이방인보다는 유대인을 주요 선교 대상으로 삼고 있었다. 이미 회당과 결별하면서 유대교의 틀을 벗어나서 독자적인 길을 가고 있던 바울로파 교회는 이런 흐름에 강력하게 맞서야 한다고 생각하였다. 이런 인식 속에서 나온 문서가 바로 루카-행전이다.

루카-행전이 80년대 바울로파가 굳은 결심으로 자신들의 의사를 널리 알리기 위해서 쓴 문서라는 사실은 다음과 같은 그 서문에서 확연하게 드러난다.

> 존경하는 테오필로스 님, 우리들 사이에서 일어난 일들을 글로 편집한 사람들이 많이 있었습니다. 처음부터 목격자로서 말씀의 종이 된 이들이 우리에게 전해 준 것을 그대로 엮은 것입니다. 존귀하신 테오필로스 님, 이 모든 일을 처음부터 자세히 살펴본 저도 귀하께 순서대로 적어드리는 것이 좋겠다고 생각하였습니다. 이는 귀하께서 배우신 것들이 진실임을 알게 해 드리려는 것입니다.[108]

글을 시작하면서 이렇게 머리글을 다는 것은 평범한 것 같지만 기독교 전통에서는 결코 평범하지 않다. 먼저 이렇게 서문을 다는 글은 유대-기독교 문헌에서는 거의 발견되지 않는다. 구약 시대에서부터 루카-행전이 작성될 때까지 이와 유사한 형태의 서문을 갖고 있는 글은 거의 없었다.[109]

---

107 무디 스미스, 최흥진 옮김, 『요한 복음 신학』, 한들 1999, 23쪽.

108 「루카 복음서」 1:1-4.

109 Loveday Alexander, 앞의 책, 1993, pp. 14~16; A. D. Baum, "The Anonymity of the New Testament History Books: A Stylistic Device in the Context of Greco Roman and Ancient Near Eastern Literature", *Novum Testamentum*

루카-행전의 저자가 이렇게 독특한 형태의 글을 썼다는 것은 그 글이 외부 인사에게 헌정되었다는 사실에서도 확인된다. 당시 몇몇 기독교 공동체가 독자적인 복음서를 가지고 있기는 했지만 그것은 모두 내부용이었다. 즉 자기 공동체의 예배에서 사용하기 위해서 혹은 신자들의 교육에 사용하기 위해서 쓰였다.[110] 그런데 루카-행전의 저자는 외부인에게 자신의 작품을 헌정하였다. 이는 루카-행전의 저자가 자신의 작품이 권위 있는 문서라는 것, 그리고 널리 유포되기를 바란다는 것을 공식적으로 천명한 것이다.[111]

따라서 루카-행전은 80년대의 상황에서 자신의 주장을 널리 알리고 싶어 했던 바울로파의 선전물이라고 볼 수 있다.[112] 그렇다면 루카-행전의 저자가 외치고 싶었던 것은 무엇인가? 일반적으로 학자들은 종말의 지연에 대한 해명, 그리고 로마제국과의 평화로운 관계의 설정이라고 주장하고 있다.[113] 그러나 루카-행전의 핵심적인 주제는 복음이 유대에서 시작되어 로마로 전파될 운명을 갖고 있다는 것이다.[114] 이것은 태초부터 하느님이

50, 2008, pp. 127~29. 반면 그리스-로마의 역사가들은 역사서를 쓸 때 저자를 밝히거나 서문을 써서 글의 목적을 밝히는 것이 상례였다.

110 게르트 타이쎈, 박찬웅·민경식 옮김, 『기독교의 탄생: 예수 운동에서 종교로』, 대한기독교서회 2009, 478~85쪽.

111 M. Smith, "When did the Gospels Become Scriptures?", *Journal of Biblical Literatures* 119-1, 2000, p. 9; Martin Hengel and John Bowden(tr.), 앞의 책, 2000, p. 103; Martin Dibelius, 앞의 책, 2004, p. 25.

112 Loveday Alexander, 앞의 책, 1993, pp. 6~7. 바울로파가 자신들의 대의를 선전하려는 의도를 강하게 가지고 있었다는 사실은 바울로의 서신이 신약성경 가운데 가장 먼저 모음집으로 묶였다는 사실에서도 확인된다. 바울로의 편지는 이미 1세기 말에 수집되어 비바울로파 교회들에도 유포되었다. 이에 대해서는 Helmut Koester, 앞의 책, 2007b, p. 210을 보라.

113 정두영, 「누가의 사도행전 기록동기와 목적」, 『고신선교』 4, 2007, 145~51쪽.

114 김득중, 『신약성서개론』, 컨콜디아사 2006a, 144~46쪽. 「사도행전」에는 또한 목회 서간과 같은 고민, 즉 기독교가 로마라는 국가와 어떤 관계를 설정해야 하는가라는 고민이 관찰된다. 이 사항에서 「사도행전」은 철저하게 로마 국가와 화합이나 공존을 모색하였다. 이에 대해서는 김득중, 같은 책, 2006a, 154~57쪽을 보라.

정하신 것이고 예수께서 이 사실을 이 땅에 계시해 주셨다. 그래서 「루카 복음서」는 예수가 이방인에게 복음을 전파해야 한다고 가르쳤다고 주장하고 있고,[115] 「사도행전」은 베드로와 바울로를 두 주인공으로 삼아서 복음이 로마로 전파되는 과정을 묘사하고 있다.

「루카 복음서」와 이방인 관계에 대해서 먼저 살펴보자. 「루카 복음서」는 「마르코 복음서」나 「마태오 복음서」와 달리 예수의 공생애 시작을 갈릴래아 전도로 제시한다. 고향땅 갈릴래아에서 예수는 유대인들에게 이렇게 설교한다.

> 내가 진실로 너희에게 말한다. 엘리야 시대에 삼 년 반 동안이나 하늘이 닫혀 비가 내리지 않고 온 땅에 심한 기근이 들었을 때 이스라엘에는 과부가 많았다. 그렇지만 하느님께서는 엘리야를 그들 가운데 아무에게도 보내시지 않고 다만 시돈 지방 사렙타 마을에 사는 한 과부에게만 보내 주셨다. 또 예언자 엘리사 시대에 이스라엘에는 많은 나병환자가 있었다. 그러나 엘리사는 그들은 단 한 사람도 고치지 않고 시리아 사람인 나아만만을 고쳤다.[116]

이 말은 유대의 예언자들이 유대인이 아니라 이방인에게 도움을 주었다는 것을 명확히 함으로써, 예수가 유대인이 아니라 이방인을 구원할 사명을 가지고 있었다고 제시한다.[117] 이 사실은 「루카 복음서」의 다른 구절들, 즉 2장 30~32절, 3장 6절에서도 확인된다.

그런데 예수가 이방인을 구원 대상으로 삼았던 것은 그가 처음으로 표방한 것이 아니라 이미 구약에 예언되어 있던 것이었다. 예수가 부활 승천

---

115 「루카 복음서」 2:32, 17:18.
116 「루카 복음서」 4:25-27.
117 L. Michael White, 앞의 책, 2004, p. 250.

하기 이전에 제자들에게 선포한 다음 말씀은 이 사실을 잘 보여 준다.

> 그리고 그들에게 "내가 전에 너희와 함께 있을 때에도 말했듯이, 모세의 율법서, 그리고 예언서와 시편에 나에 대해서 기록된 것은 반드시 다 이루 어져야 한다" 하고 말씀하셨다. 그리고 구약성경을 깨닫게 하시려고 그들 의 마음을 열어주셨다. 그리고 예수께서 그들에게 말씀하셨다. "구약성경 에 그리스도는 고난을 받고 죽었다가 사흘 만에 다시 살아날 것이라고 기 록되어 있다. 그리고 죄를 용서받기 위한 회개가 그의 이름으로 예루살렘 에서 시작하여 모든 민족에게 전파될 것이라고 기록되어 있다."[118]

여기서 「루카 복음서」의 저자는 복음이 예루살렘에서 시작하여 모든 민족에게 전파될 것인데 그것이 성서, 즉 구약에 예언되어 있다고 주장하 고 있다. 이렇게 이방인이 구원의 대상이라는 것은 이미 구약에 예언되어 있던 것이며, 예수가 그 가르침을 제자들에게 실천하라고 명령하였다. 이 교리는 바울로파 교회의 핵심 교리였는데, 이는 바울로가 그의 서간들에 서 똑같은 주장을 펼치고 있다는 사실에서 확인된다.[119]

루카-행전의 저자는 이렇게 「루카 복음서」에서 예수가 이방인을 구원 할 계획을 가지고 있었음을 제시한 후에, 「사도행전」에서는 사도들이 그 계획을 구체화하는 과정을 묘사하였다.[120] 그런데 하느님의 구원 사역을 실천하는 사도들은 예수가 임명한 12사도가 아니다. 베드로와 바울로, 특 히 바울로가 그 사역을 완수하는 책임을 맡고 있다. 베드로는 헬라파가 시작한 이방인 선교를 적극 지지함으로써 예수의 명령과 바울로의 선교

---

118 「루카 복음서」 24:44-47.
119 소기천, 「신약성서에 나타난 유대인 선교와 이방인 선교: 공관복음서와 누가-사도 행전, 그리고 바울을 중심으로」, 『선교와 신학』 12, 2003, 158쪽.
120 Raymond E. Brown, 앞의 책, 1984, p. 20.

를 연결하는 역할을 하고 있으며, 바울로는 이방인의 사도로서 복음을 로마로 전파하는 역할을 하고 있다. 이렇게 「사도행전」의 저자가 「사도행전」이라는 명칭의 책에다 12사도의 행적을 기록하지 않고 오직 베드로와 바울로를 두 주인공으로 삼은 것은 의도적인 것이다.

특히 「사도행전」의 저자가 바울로를 13장 이후의 실질적인 주인공으로 삼은 것은 바울로파 교회가 가지고 있었던 의도를 극적으로 부각한 것이다. 바울로는 12사도에 속하지 않았고 바울로가 활동했던 시대에 주의 형제 야고보, 베드로, 요한, 요한의 형제 야고보가 활동하고 있었다는 것이 바울로 서간에서 명확히 확인된다. 바울로 서간에 언급은 되지 않았지만 마리아 막달레나와 토마스를 비롯한 다른 제자들이 활동했던 것도 거의 확실하다. 1세기 후반에 그들을 추종하는 공동체들이 이집트와 아시아 일대에서 확인되기 때문이다. 「사도행전」의 저자는 이런 사실을 모두 무시하고 오로지 바울로의 선교활동만을 전하고 있으며, 그 최종 목적지는 로마였다.

따라서 「사도행전」은 1세기 후반 기독교 사도들의 행적을 적은 것이 아니라 의도적으로 베드로와 바울로, 특히 바울로의 역할을 확대한 것이라고 볼 수 있다.[121] 「사도행전」이 사도들의 행적을 의도적으로 각색했던 것은 구약에 예정되어 있었으며, 예수가 명령했던 이방인에 대한 구원을 실천하는 수행자가 바울로이며, 바울로가 예수의 진정한 후계자라는 것을 세상에 알리려고 했던 것이다.[122]

결국 루카-행전은 바울로파가 자신들의 목소리를 자신 있게, 그리고 강력하게 외친 것이다. 다시 말해 루카-행전은 역사적 사실을 있는 그대로 기록하는 것이 아니라 당시 여전히 유대교의 틀 내에 머물고 있었던 동료

---

121 Martin Dibelius, 앞의 책, 2004, pp. 15~16.
122 Helmut Koester, *History and Literature of Early Christianity*, Walter De Gruyter 1982, pp. 323~25.

298 ● 예수의 후계자들

기독교 신자들을 향해서 바울로의 복음이 맞다는 것을 알리기 위한 선전물이었다.

여기서 짚고 넘어가고 싶은 것이 있다. 50~60년대 있었던 바울로파의 패배를 지나치게 강조하는 학자들은 바울로가 역사의 무대로 사라진 후에 다른 복음을 주장하는 자들이 바울로파 교회를 접수하였고, 바울로를 기억하는 신자들은 거의 전무했으며 바울로가 쓴 편지들은 수신 교회들의 창고에 방치되어 있었다고 주장했다.[123]

이 주장은 너무나 비관적인 것으로 여겨진다. 바울로가 사라진 후에도 바울로파 교회들 가운데 몇몇 신자는 신앙을 지키고 있었으며, 살아남은 자들은 평범한 신자들이 아니라 고난을 이겨낸 강한 신자들이었다. 그들은 비록 소수이지만 바울로가 남긴 서간을 창고에 방치한 것이 아니라 소중히 간직하고 있었다. 70년 예루살렘 교회가 멸망한 이후 바울로파 생존자들의 세력이 증가하였고, 그들의 활동 공간이 급격하게 넓어졌다. 이들은 자신감에 넘쳤으며 80년대에 루카-행전을 발표함으로써 자신들의 신학을 세상에 널리 알렸다. 당대에 대부분의 기독교 신자들은 그들의 목소리를 들었을 것이고, 일정 부분 그들에게 동의했을 것이다.

1세기 말 2세기 초 바울로가 기독교 세계에 상당한 영향력을 끼치고 있었다는 것을 보여 주는 몇 가지 증거가 있다. 로마의 3대 주교로 알려져 있는 클레멘스가 코린토 교회에 쓴 편지는 이 사실을 잘 보여 준다. 이 편지는 클레멘스가 코린토 교회에 분란이 있다는 소식을 듣고 장로에게 대항하는 신자들을 견책하기 위해서 쓴 것인데, 거기에 다음과 같은 내용이 있다.

우리 선한 사도들을 생각해 봅시다. 베드로는 불의한 질투 때문에 한두 번이 아니라 여러 번 고난을 받고, 이렇게 증인이 됨으로써 그가 마땅히

---

123 에티엔느 트로크메, 앞의 책, 2003, 142쪽.

기독교 신자들을 향해서 바울로의 복음이 맞다는 것을 알리기 위한 선전물이었다.

여기서 짚고 넘어가고 싶은 것이 있다. 50~60년대 있었던 바울로파의 패배를 지나치게 강조하는 학자들은 바울로가 역사의 무대로 사라진 후에 다른 복음을 주장하는 자들이 바울로파 교회를 접수하였고, 바울로를 기억하는 신자들은 거의 전무했으며 바울로가 쓴 편지들은 수신 교회들의 창고에 방치되어 있었다고 주장했다.[123]

이 주장은 너무나 비관적인 것으로 여겨진다. 바울로가 사라진 후에도 바울로파 교회들 가운데 몇몇 신자는 신앙을 지키고 있었으며, 살아남은 자들은 평범한 신자들이 아니라 고난을 이겨낸 강한 신자들이었다. 그들은 비록 소수이지만 바울로가 남긴 서간을 창고에 방치한 것이 아니라 소중히 간직하고 있었다. 70년 예루살렘 교회가 멸망한 이후 바울로파 생존자들의 세력이 증가하였고, 그들의 활동 공간이 급격하게 넓어졌다. 이들은 자신감에 넘쳤으며 80년대에 루카-행전을 발표함으로써 자신들의 신학을 세상에 널리 알렸다. 당대에 대부분의 기독교 신자들은 그들의 목소리를 들었을 것이고, 일정 부분 그들에게 동의했을 것이다.

1세기 말 2세기 초 바울로가 기독교 세계에 상당한 영향력을 끼치고 있었다는 것을 보여 주는 몇 가지 증거가 있다. 로마의 3대 주교로 알려져 있는 클레멘스가 코린토 교회에 쓴 편지는 이 사실을 잘 보여 준다. 이 편지는 클레멘스가 코린토 교회에 분란이 있다는 소식을 듣고 장로에게 대항하는 신자들을 견책하기 위해서 쓴 것인데, 거기에 다음과 같은 내용이 있다.

우리 선한 사도들을 생각해 봅시다. 베드로는 불의한 질투 때문에 한두 번이 아니라 여러 번 고난을 받고, 이렇게 증인이 됨으로써 그가 마땅히

---

123 에티엔느 트로크메, 앞의 책, 2003, 142쪽.

제6장 바울로: 원시 기독교의 개혁자 ● 299

받을 만한 영광스러운 장소로 갔습니다. 바울로는 경쟁과 분쟁 때문에 어떻게 끈기 있는 인내력으로 상을 타는지를 보여 주었습니다. 그는 일곱 번 쇠사슬에 묶였고, 추방당했고, 돌에 맞았으며, 동방과 서방에서 복음의 사자가 되었습니다. 그는 믿음으로 고결한 명성을 얻었습니다. 그는 온 세계에 의를 가르쳤고 서방 끝까지 가서 통치자들 앞에서 증언하였습니다. 그가 그렇게 이 세상을 떠났을 때, 그는 거룩한 장소로 들어올려졌고, 끈기 있는 인내력의 가장 위대한 본보기가 되었습니다.[124]

이 문장에서 클레멘스는 위대한 사도들의 사례로 베드로와 바울로 두 명만을 제시하고 있는데, 베드로의 이름을 먼저 제시하기는 했지만 베드로보다 바울로의 활동을 훨씬 더 자세하게 묘사하고 있다. 이는 그가 두 사도를 동등한 존재로 인정하면서도, 바울로의 정통성을 계승하고 있음을 표명하고 있는 것으로 해석할 수 있다.[125] 클레멘스가 바울로를 '축복받은 사도'라고 불렀던 사실도 이런 추론을 뒷받침한다.[126]

클레멘스가 이렇게 바울로 계승 의식을 표명하였던 것은 그가 소속되어 있는 로마 교회, 그리고 편지의 수신자였던 코린토 교회에 바울로를 계승하는 신자들이 존재하였기 때문이다. 특히 클레멘스는 편지 후반부에 "축복받은 사도 바울로의 서간을 꺼내 보십시오"[127]라고 말하고 있다. 이 구절에서 '서간'은 그 내용을 보건대 「코린토 신자들에게 보낸 첫째 서간」이다. 코린토 교회가 이 서간을 간직하고 있었던 것은 50~60년대 진행되었던 할례당의 공격에 의해서 코린토 교회의 다수가 바울로를 버렸지

---

124 1 Clemens, 5. 6-7; 두란노아카데미 편집부, 김선영 옮김, 『초기 기독교 교부들』, 두란노아카데미 2011, 66쪽.
125 이선호, 「『클레멘스의 제1서신』에 나타난 바울과의 관계성과 신학의 특성에 대한 비판적 연구」, 『교회사학』 14-1, 2015, 205쪽.
126 Ignatius, *To the Romans*, 4, 3.
127 1 Clemens, 47.

만, 일부 신자들은 바울로에 대한 존경과 애정을 간직하고 있었고, 70년 이후 그들이 다시 대의를 획득하면서 교회의 주도권을 장악하였기 때문일 것이다.

로마 교회에서도 바울로를 추종하는 신자들이 점차 늘어났다. 앞에서 설명하였듯이 바울로는 로마에서 재판을 받고, 로마에서 순교하였다. 바울로가 로마에 체류하면서 선교에 힘썼기 때문에 60년대 이후 로마 교회에는 바울로를 추종하는 신자들이 존재했는데, 1세기 말 이후 그들의 세력은 점점 더 커졌다. 로마 교회가 2세기 최고의 이단으로 거론되는 마르키온과 발렌티누스를 환영하였던 사실이 이를 뒷받침한다.[128] 130~40년대 그들이 로마 교회에 도착했을 때 로마 교회는 처음에는 그들을 적극적으로 환영하였다. 로마 교회에 바울로의 신학을 추구하는 집단이 없었다면 그들이 환영받은 사실은 해명하기 곤란하다. 두 사람이 모두 바울로의 신학을 극단적으로 추구했기 때문이다. 특히 발렌티누스는 '우상에게 바친 고기'를 먹어도 된다고 가르쳤는데,[129] 바울로가 쓴 「로마 신자들에게 보낸 서간」에 우상에게 바친 고기를 먹는 신자들이 등장한다. 이는 로마 교회에서 우상에게 바친 고기를 먹어도 된다고 생각하는 신자들이 계속 존재했고, 발렌티누스가 그들과 교류했을 가능성을 암시한다. 따라서 로마 교회에 바울로의 신학을 계승하는 집단이 계속 존재하고 있었다고 판단하는 것이 옳다.

지금까지 논의를 정리하면 70년대 이후 바울로는, 몇몇 학자가 주장한 것과 달리, 결코 잊힌 존재가 아니었다. 바울로 계승자들은 루카-행전의 저술을 통해서 세력의 확대를 추구하였으며, 바울로의 신학을 통해서 향

---

128 마르키온이 로마에 도착하기 이전에 이미 이단의 신학을 가지고 있었는지 명확하지 않다. 마르키온이 로마에 왔을 때 케르도라는 인물이 있었는데, 그에게서 마르키온 신학의 핵심 요소가 관찰된다. 마르키온은 그의 제자였다. 이에 대해서는 James L. Papandrea, 앞의 책, 2016, pp. 59~60을 보라.

129 Tertullianus, *Adversus Valentinianos*, iv.

후 기독교 세계를 주도하려고 시도하였다.

목회 서간의 저술

90년대 말에서 2세기 초에 「티모테오에게 보낸 첫째 서간」과 「티모테오에게 보낸 둘째 서간」, 그리고 「티토에게 보낸 서간」이라고 이름 붙여진 세 편의 편지글이 등장한다. 이 편지들은 바울로가 동역자들이었던 티모테오와 티토에게 보내는 편지글의 형식을 띠고 있다. 이 글들은 바울로가 직접 쓴 것이 아니라 바울로파에 속하는 신도가 90년대 말이나 2세기 초에 쓴 것이다.[130] 18세기 초 이래 학자들은 세 서간을 목회 서간이라고 부르고 있다. 세 서간이 하나의 범주로 묶여서 목회 서간이라고 불리는 것은 이들 서간이 뚜렷한 동질성을 갖고 있기 때문이다. 이들 서간은 신학, 문체, 시대 배경 등에서 바울로의 진정 서간과 구별된다.[131] 특히 이 점은 신학적인 측면에서 뚜렷하다. 목회 서간의 기독론, 종말론, 칭의론 등은 바울로 진정 서간보다 상당히 후대에 발전한 것임에 틀림없다.[132]

이들 세 서간의 저술 목적은 서간 내에 명시되어 있다. 「티모테오에게 보낸 첫째 서간」은 티모테오에게 교회 내에서 어떻게 처신해야 하는지 알려 주려는 것이고, 「티모테오에게 보낸 둘째 서간」은 티모테오를 격려하고

---

130 여전히 목회 서간을 바울로의 진정 서간으로 보는 학자들도 있다. 특히 바울로 서간의 저자가 다르게 보이는 주요 원인을 대필자 사용에서 찾는 흐름이 있다. 이에 대해서는 김문현, 「바울의 대필자 사용에 관한 소고」, 『신약연구』 9-1, 2010, 150~52쪽을 보라.

131 문체와 더불어 시대 배경적 차이를 보기 위해서는 E. Y. Hincks, "The Authorship of the Pastoral Epistles", *Journal of Biblical Literature* 16, 1897, pp. 111~17을 보라.

132 James Aaegeson, "The Pastoral Epistles, Apostolic Authority, and the Development of the Pauline Scriptures", Stanley Porter(ed.), *The Pauline Canon*, Atlanta: Society of Biblical Literature 2004, pp. 20~22.

로마로 오라고 권고하려는 것이고, 「티토에게 보낸 서간」은 교회에 대한 새로운 가르침을 주고 개인적인 부탁을 하려는 것이다.[133]

그렇지만 이렇게 명시된 목적들은 서간의 내용 전체를 볼 때 그 비중이 적다. 목회 서간은 루카-행전이 그랬듯이 개인에게 보내는 것이기보다는 기독교 신자 전체를 위해서 쓴 일종의 선전물이다.[134] 이 사실은 세 가지 점에서 살펴볼 수 있다. 먼저 세 편지에 개인적인 이야기는 대단히 소략하고 교회 운영 전반과 기독교 신앙생활의 규범이 중심을 이루고 있다. 만약 「필레몬에게 보낸 서간」과 같이 사적인 편지였다면 개인적인 진술이 현재보다 좀 더 많았을 것이다. 두 번째 "나는 무엇보다도 먼저 모든 사람을 위해서 간구와 기원과 간청과 감사의 기도를 드리라고 권하는 바입니다"와 같이 독자를 모든 신자로 설정하고 있음을 암시하는 구절이 있다. 또한 서간 내용 가운데는 수신자인 '당신'을 복수로 사용하기도 했다.[135] 세 번째 세 글은 공개적인 연설의 색채를 띠고 있다.[136] 이런 요소들은 목회 서간의 저자가 수신자를 티모테오와 티토로 설정했다고 하더라도 그 편지들을 많은 신자들이 공유하기를 원했음을 암시한다.[137]

그렇다면 90년대 말 목회 서간의 저자들이 자신들이 속했던 공동체를 넘어서 세상에 널리 알리고 싶었던 것은 무엇일까? 90년대를 넘어서 2세기에 접어들게 되면 기독교 공동체들과 회당들의 갈등이 막바지에 도달

---

133 「티모테오에게 보낸 첫째 서간」 3:14-15; 「티모테오에게 보낸 둘째 서간」 4:9; 「티토에게 보낸 서간」 3:12.

134 그러나 루카-행전과 목회 서간이 같은 저자라거나 혹은 같은 공동체에 속했다고 생각할 수는 없다. 이에 대해서는 C. K. Barret, "Pauline Controversies in the Post-Pauline Period", *New Testament Studies* 20-3, 1974, pp. 229~45를 보라.

135 「티모테오에게 보낸 첫째 서간」 6:21; 「티모테오에게 보낸 둘째 서간」 4:22; 「티토에게 보낸 서간」 3:15.

136 Bo Reicke, *Re-examining Paul's Letters*, Trinity Press International 2001, pp. 56, 71, 86.

137 John B. Polhill, *Paul & His Letters*, Broad & Halman 1999, p. 397.

하였다. 유대교 회당들이 기독교 신자들을 추방하면서 유대교와 기독교의 단절이 확연해졌다. 이제 기독교가 유대교 내에 머물 것인가라는 질문은 더 이상 의미가 없어졌다. 기독교 신자들이 유대교로부터 독립한 순간 다른 고민들을 수행해야 했다. 그동안은 회당의 유대인들이 정한 대로 살면서 다만 예수가 메시아라고 주장하면 되었지만 이제 회당의 울타리가 사라져버렸다. 이런 상황에서 회당의 울타리에서 먼저 벗어나서 독자적으로 운영되어 왔던 바울로파 교회들은 그들의 경험을 담은 메시지를 다른 공동체의 신자들에게 전달하려고 했다.

목회 서간에 담긴 바울로파 교회의 핵심 고민은 어떻게 하면 이 땅에서 살아남을 것인가였다.[138] 사도들은 모두 죽었고 거짓 교사들이 횡행하고 있으며, 종말이 지연되고 있는 상황에서 교회는 이 땅에서 오랜 시간을 견뎌야 한다. 이 과제를 수행하기 위해서 목회 서간은 교회 조직을 갖추고, 교회의 관리에 필요한 지침의 마련을 권고하였다. 따라서 목회 서간은 가장 많은 분량을 할애해서 이 문제를 다루고 있다. 또한 교회가 분열하지 않고 살아남기 위해서는 교회 내에 스며든 잘못된 가르침을 배격하고 올바른 정통을 확립해야 한다. 목회 서간의 내용 가운데 다음으로 많은 분량을 차지하고 있는 것이 바로 이 문제이다. 목회 서간의 내용 가운데 1/5은 거짓 교사의 배격을 다루고 있다.[139] 이 거짓 교사들은 신화, 족보 이야기에 매달리는 자, 율법 논쟁을 하는 자, 부활이 이미 이루어졌다고 주장하는 자 등이다. 목회 서간이 이들을 비판하는 데 애쓰고 있는 것은 목회 서간의 저자가 자신이 속한 공동체가 진정한 정통 교회이고, 여러 교회에서 활동하고 있는 거짓 교사들은 이단자들이기 때문에 배척해

---

138 Raymond E. Brown, 앞의 책, 1984, pp. 31~32.
139 Dennis Ronald MacDonald, *The Legend and the Apostle: The Battle for Paul in Story and Canon*, Louisville: Westminster John Knox Press 1983, pp. 65~66.

야 한다고 주장하기 위함이다.[140]

이렇게 목회 서간의 주요 주제가 교회의 관리, 그리고 거짓 교사의 배격임에 분명하다. 그러나 이런 주제들에 가리어 잘 드러나지 않은 중요한 주제가 있다. 교회를 잘 관리하고, 이단을 배격한다고 해서 교회가 살아남을 수 있는 것은 아니다. 교회가 지속적으로 살아남기 위해서는 로마 다신교 사회의 인정을 받고, 로마제국과 우호적인 관계를 맺을 필요가 있다. 목회 서간의 가장 중요한 고민은 로마 사회와 로마제국을 어떻게 바라볼 것인가였다. 이방인들처럼 남녀의 불평등을 유지해야 할 것인가, 황제에게 충성해야 할 것인가 등의 문제들이 이런 고민에 속한다. 예수와 바울로가 추구했던 이상에 근거해서 수립되었던 초기 기독교의 유토피아 공동체는 더 이상 지속될 수 없었다. 원시 기독교의 1~2세대가 사라짐에 따라 신앙의 열기가 예전 같지 않았으며, 유토피아적인 공동체를 오래 유지함에 따라서 피로가 누적되었다. 이제 기독교 공동체가 이 땅에 살아남기 위해서는 지속 가능한 형태로 공동체를 변화시켜야 했다.[141]

이런 고민은 목회 서간의 주요 주제에서 중요한 요소로 작용하였다. 목회 서간에서 가장 많이 다루어지고 있는 주제인 성직자 문제에서 이 고민이 어떻게 구현되었는지 살펴보자. 목회 서간은 주교(감독)는 물론 부제도 반드시 남자, 그것도 결혼한 남자이어야 한다고 규정하였다.[142] 일찍이 바울로는 여성을 교회의 책임자로 임명하였고, 바울로파의 여러 교회에서 여성들이 성직자로 활동하였다. 따라서 목회 서간의 이 주장은 바울로의 가르침에 어긋나는 것이다.[143] 그러나 교회의 규모가 커지고 기독교가 로마인에게 유대교와 다른 별도의 종교로 알려지고 있는 시점에서 여성이

---

140 G. Lüdemann, 앞의 책, 1980, p. 172.
141 이광진, 「목회 서간의 의의」, 『신학과 현장』 19, 2009, 66~67쪽.
142 「티모테오에게 보낸 첫째 서간」 3:12.
143 「로마 신자들에게 보낸 서간」 16:7.

교회의 책임자로 활동하는 것은 위험한 일이었다. 로마인은 남녀의 위계를 명확히 설정하였고, 여성의 공공 활동을 제한하였기 때문이다. 또한 로마인은 결혼을 남자들의 의무라고 여겼다. 그런데 결혼하지 않은 남자가 교회를 대표한다면 로마인들은 기독교 신자들을 '비정상' 집단으로 볼 것이다. 따라서 교회가 정상적인 집단으로 보이기 위해서 성직자는 반드시 결혼해야 한다.[144]

이렇게 로마인의 성 개념을 교회에 도입하려고 했던 목회 서간은 여성을 성직에서 배제했을 뿐만 아니라 남성의 하위 존재로 규정하였다. 목회 서간의 이런 여성관은 "여성에게 조용히 복종하며 배우고, 남자를 가르치거나 지배하지 말며, 교회에서 침묵해야 한다"라고 규정한 「티모테오에게 보낸 첫째 서간」 2장 11~12절에서 단적으로 드러난다. 목회 서간의 이 주장은 2세기에 정통 교회의 주도적인 견해로 자리 잡는다. 2세기 교회에 존재하였던 여러 분파 가운데 후대 이단으로 규정된 영지주의의 중요한 특징이 교회 내에 여성에게 중요한 역할을 허용한 것이었다. 이는 테르툴리아누스가 "영지주의자들의 부인들은 얼마나 뻔뻔스러운가? 그 여자들은 감히 가르치고 토론에 참여하며 귀신을 쫓고, 병을 고치는 일을 감행한다. 그리고 아마도 세례를 주기까지 하는 것 같다"[145]라고 말하면서 영지주의를 비판했던 데서 명확히 드러난다. 또한 몬타누스파가 이단으로 규정된 주요 이유 가운데 하나도 여성을 예언자로 인정하는 것이었다.[146]

교회 내에서 평등을 지향하는 요소를 제거하려는 목회 서간의 시도는 노예에 대한 태도에서도 나타난다. 원래 바울로는 노예가 이상적인 상태가 아니기에 자유의 몸이 될 기회가 있다면 적극적으로 그 기회를 이용해

---

144 Raymond E. Brown, 앞의 책, 1984, p. 44; 윤철원, 「그레꼬-로마적 관점에서 본 목회서신의 결혼 문제」, 『신약논단』 8-1, 2001, 128, 140쪽.

145 Tertullianus, *De praescriptione haereticorum*, 41, 5.

146 Joseph F. Kelly, *History and Heresy: How Historical Forces Can Create Doctrinal Conflicts*, Collegeville: Liturgical Press 2012, pp. 50~51.

야 한다고 가르쳤다. 바울로는 이 생각에 근거에서 필레몬의 노예였던 오네시모스를 해방하기 위해서 노력하였다.[147] 그런데 「티모테오에게 보낸 첫째 서간」은 "노예들은 자기 주인을 대할 때 깊이 존경하며 섬겨야 할 사람으로 여기십시오. 그래야 하느님이 모독을 당하지 않으실 것이고 우리의 교회가 비방을 받지 않을 것입니다"[148]라고 말했다. 여기서 특히 '우리의 교회가 비방을 받지 않을 것'이라는 구절이 중요하다. 이 구절은 바울로파 교회가 노예에 대해서 우호적인 태도를 취했고, 그것이 다신교도들의 비난을 샀음을 암시한다. 「티모테오에게 보낸 첫째 서간」의 저자는 이런 사실을 알고 바울로파 교회 내에 '로마 사회의 질서'를 적극적으로 수용하고자 했던 것이다.

로마의 사회 질서를 적극적으로 수용하려는 목회 서간의 태도는 로마 제국에 대한 견해에서 더욱 명확히 드러난다. 원래 바울로는 로마제국에 대해서 이중적인 태도를 취하였다. 바울로는 "사람은 누구나 위에서 다스리는 권위에 복종해야 합니다. 하느님에게서 나오지 않은 권위란 있을 수 없고, 현재의 권위도 하느님께서 세우신 것입니다. 그러므로 권위에 맞서는 자는 하느님의 질서를 거스르는 것입니다"[149]라고 말하면서 현실 권력을 인정하였다. 그러나 바울로의 이 말이 로마 권력을 적극적으로 옹호하는 것은 아니었다. 이 구절에서 '거스르다'라는 단어는 그리스어로 'antitasso'이다. 이 단어는 '맞선다'라는 의미의 'anti'와 '전투 대형'을 의미하는 'taxis'의 합성어이다. 따라서 이 단어는 "대결하다, 전투에서 서로 겨루다"를 의미한다. 바울로가 이 단어를 사용했던 것은 권력자에게 폭력적으로 맞서지 말라고 가르치기 위함이었다.[150]

---

147 「필레몬에게 보낸 서간」 15-16.
148 「티모테오에게 보낸 첫째 서간」 6:1.
149 「로마 신자들에게 보낸 서간」 13:1-2.
150 Marcus J. Borg and John Dominic Crossan, 앞의 책, 2009.

일반적으로 의미가 잘못 해석되고 있는 이 구절을 제외하면 바울로 신학은 전체적으로 반로마적인 것으로 해석될 수 있었다. 바울로가 다 윗의 후손인 예수가 주, 구세주, 메시아로 와서 이 세상의 부정적인 질 서를 끝내고 새로운 세상을 열 것이라고 주장하였기 때문이다. 바울로 의 이 주장은 예수가 로마 황제에 대립하는 구세주이고, 기독교의 새로 운 복음이 로마의 질서를 대체할 것이라는 의미를 담고 있다.[151] 바울로 가 로마제국이 정치 질서를 옹호하기 위해서 사용했던 단어들, 예를 들 어 '정의'(δικαιοσύνη), '믿음'(πίστις), '평화'(εἰρνη), '구세주'(σωτήρ), '복 음'(εὐαγγέλιον), '구원'(σωτηρία) 등의 단어를 차용하여 예수가 메시아임 과 예수의 비전을 설명했다는 사실이 이런 추론을 뒷받침한다.[152] 더욱이 1세기 말 기독교 내에는 로마 사회와 제국에 대해서 대단히 부정적인 시 각을 가지고 있는 공동체들이 있었다. 특히 「요한묵시록」을 쓴 신자들은 네로를 적그리스도로, 그리고 로마제국을 사탄으로 규정하였다. 이들은 현실 세계와 권력 체계를 부정하고 극복해야 할 대상으로 인식하였다.

목회 서간은 이런 시각에 반대하면서 로마제국의 지배를 적극적으로 인정해야 한다고 주장하였다.[153] 목회 서간의 주장은 바울로의 죽음에 대 한 묘사에서 시작된다. 「티모테오에게 보낸 둘째 서간」은 바울로의 마지 막 순간을 상당히 자세하게 묘사하고 있다. 이 묘사에 따르면 바울로는

---

151 N. T. Wright, "Paul's Gospel and Caesar's Empire", in Richard Horsley(ed.), *Paul and Politics: Ekklesia, Israel, Imperium, Interpretation,* Harrisburg 2000, pp. 167~73.

152 Harry O. Maier, *Picturing Paul in Empire: Imperial Image, Text and Persuasion in Colossians, Ephesians and the Pastoral Epistles,* New York: Bloomsbury 2013, p. 56; Bae Hyunju, "Paul, Roman Empire and Ekklesia", *Bulletin of the Commission on Theological Concerns* 22-2, 2006, pp. 78~70.

153 Christopher Rowland and Crispin H. Fletcher-Louis(ed.), *Understanding, Studying and Reading: New Testament Essays in Honour John Ashton,* Sheffield Academic Press 1998, pp. 217~17.

로마의 감옥에서 담담하게 죽음을 준비하고 있다. 그를 추종하던 제자들이 그를 배반하거나 다른 업무로 대부분 떠났지만 바울로는 자신의 최후를 하느님이 예비하신 것으로 생각하고 담담하게 받아들이고 있다. 그런데 이 묘사에서 로마제국이나 네로 황제, 심지어 로마 병사도 등장하지 않는다. 이는 바울로가 자기 죽음의 책임을 로마에게 돌리지 않으려고 의도했음을 보여 준다.[154]

이렇게 바울로의 죽음에서 로마의 책임을 면제한 목회 서간은 세속 권력에 대한 적극적인 지지를 다음과 같이 요구한다.

> 신자들이 통치자들과 집권자들에게 복종하고 순종하며 모든 선행을 할 준비를 갖추게 상기시키시오.[155]

이 구절은 명시적으로 통치자들에게 복종하라고 권고하고 있는데, 이런 태도는 「티모테오에게 보낸 첫째 서간」 2장 1~2절에서도 관찰된다.[156] 목회 서간은 이렇게 매우 직설적으로 기독교 신자들에게 현 정치 질서를 존중해야 한다고 역설한다.[157] 바울로의 후계자들은 이렇게 로마 세계와 공존의 길을 모색하고 있었다. 로마제국이 기독교를 박해했고, 기독교 신자들이 황제 숭배를 거부하면서 적극적으로 맞섰다는 사실을 떠올리면 목회 서간의 이런 태도를 '반신앙적인' 것이라고 생각할 수도 있다.

그러나 로마제국의 기독교에 대한 적극적인 박해는 빨라도 2세기 초에

---

154 Harry Tajra, *The Martyrdom of St. Paul: Historical and Judicial Context, Traditions, and Legends*, Eugene: Wipf and Stock 2010, p. 188.

155 「티토에게 보낸 서간」 3:1-2.

156 「티모테오에게 보낸 첫째 서간」 2:2.

157 Adam Winn(ed.), *An Introduction to Empire in the New Testament*, Atlanta: SBL Press 2016, p. 211; Dennis Ronald MacDonald, 앞의 책, 1983, pp. 66~67.

시작된다. 112년 마르쿠스 울피우스 트라야누스(Marcus Ulpius Trajanus)가 기독교를 불법종교로 규정하기 이전 기독교 신자들을 박해한 주체는 주로 유대인이었다. 네로의 박해 이후 95년경 티투스 플라비우스 도미티아누스(Titus Flavius Domitianus)의 박해가 시작되기 이전 로마의 기독교 신자들에 대한 박해가 거의 없었다.[158] 도미티아누스의 박해도 로마 시의 신자들이나 일부 귀족들에 한정되었다. 따라서 로마제국이 기독교를 어떤 존재로 규정할지 아직 정해지지 않은 상황에서 로마제국을 자극하기보다는 로마를 적극적으로 인정함으로써 제국의 인정을 받는 종교가 되는 것이 좋다. 목회 서간은 이런 시각을 견지하였다.

또한 목회 서간의 이런 태도는 1세기 후반 기독교 전체에서 관찰되는 하나의 흐름이기도 하였다. 사복음서를 비롯한 초기 기독교 문서들은 기독교가 로마에 저항하는 세력이 아님을 보여 주기 위해서 노력하고 있다. 이는 예수의 죽음에 대한 책임을 로마제국이 아니라 유대인에게 돌리려는 시도에서 뚜렷이 관찰된다. 「마르코 복음서」에서 「요한 복음서」에 이르는 문서들은 모두 이런 태도를 취하고 있다. 특히 바울로파의 문서인 「루카 복음서」와 그 후속작인 「사도행전」은 로마제국을 공정하고, 정의로운 권력체로 제시하고 있다. 예를 들어 「사도행전」이 바울로가 수차례 유대인의 박해를 받았지만 로마 권력의 보호를 받아서 곤경을 벗어나는 장면을 서술하고 있다.[159] 목회 서간은 「사도행전」에 나타난 이런 친로마적인 태도를 더욱 발전시켰다. 목회 서간이 취하고 있는 친로마적인 태도는 반신앙적인 것이 아니라 1세기 후반 생존을 모색하고 있던 기독교 신자들이 취하고 있던 노선의 하나였다.

---

158 Emeka C. Ekeke, "Persecution and Martyrdom of Christians in the Roman Empire From AD 54 to 100: A Lesson for the 21st Century Church", *European Scientific Journal* 16-8, 2012, pp. 182~83.

159 Paul W. Walaskay, *And so we Came to Rome: The Political Perspective of St Luke*, Cambridge: Cambridge University Press 2005, p. 76.

따라서 목회 서간의 친로마적인 태도는 비신앙적인 것이 아니었다. 목회 서간의 이런 노력은 이후 기독교 세계의 주도적인 견해가 될 것이다. 1세기 말의 클레멘스는 물론, 2세기의 거의 모든 변증가들, 즉 유스티누스, 아폴리나리스(Apollinaris), 멜리토, 아테나고라스(Athenagoras) 등이 모두 이런 태도를 취한다. 특히 2세기 말에 활동하였던 테르툴리아누스는 이교도 문화에 대해서 매우 적대적이었고, 로마의 기독교 박해에 대해서 적극적으로 맞선 인물로 유명하다. 그런데 그는 혹심한 박해를 받으면서도 "세속의 권력자는 하느님이 선택하여 임명했기에 기독교 신자는 그들에게 복종해야 하고, 그들의 장수와 번성을 위해서 기도해야 한다. 그리고 로마제국이 무너지면 대재앙이 올 것이기에 기독교 신자는 제국의 이익과 번영을 위해서 기도해야 한다"라고 주장했다.[160]

이렇게 2세기 이후 기독교 신자들은 로마제국을 인정하고, 어떻게든 로마제국과 우호적인 관계를 수립하고자 노력하였다. 혹독한 박해 속에서 기독교 신자들이 폭력적인 저항을 거의 하지 않고, 오랜 세월 로마제국의 폭압을 견뎌내며 끝내 제국의 공인을 이끌어낼 수 있었던 것은 로마와 우호적인 관계를 맺어야 한다는 목회 서간의 주장이 있었기 때문일 것이다. 테르툴리아누스가 그의 논리를 펴면서 목회 서간을 인용했다는 사실이 이런 추론을 뒷받침한다.[161] 따라서 우리는 목회 서간의 친로마적인 태도를 긍정적으로 바라보아야 한다.

이렇게 1세기 후반 바울로파 교회는 루카-행전, 그리고 목회 서간을 발표하면서 새로운 방식으로 생존을 모색하고 있었다. 이러한 모색 가운데 우리의 주제와 관련해서 가장 중요한 것은 바울로파 신자들이 베드로와 바울로를 원시 기독교의 중심인물로 부각하고, 기독교는 이방인을 향해서

---

160 Tertullianus, *Apologeticus*, 30.
161 Kim Seyoon, *Christ and Caesar: The Gospel and the Roman Empire in the Writings of Paul and Luke*, William B. Eerdmans Publishing 2008, pp. 61~63.

나아가야 하며, 이 땅에서 오래 살아가기 위해 현실에 조응하는 제도를 만들어야 한다고 주장하였다는 것이다. 바울로파의 시대를 선도하는 이런 목소리는 많은 호응을 얻었다. 2세기 초기에 바울로를 인정하는 교부의 문서들이 많다는 사실, 그리고 루카-행전과 목회 서간이 살아남아서 정경에 포함되었다는 사실이 이를 입증한다.[162] 이그나티우스, 클레멘스, 폴리카르포스가 바울로를 높이 평가하면서 그의 서간을 인용하곤 하였다.

1세기 후반과 2세기 전반기에 원시 기독교 신자들은 수없이 많은 문서를 생산하면서 각자 자신들의 신학을 내세우고 있었다. 복음서만 해도 수십 종이 넘게 쓰였고, 수많은 서간서가 작성되었다. 그런데 3세기가 되면 이들 문서는 대부분 사라지거나 힘을 잃게 되는데 그것은 그 문서들이 독자를 얻지 못했기 때문이다. 그런데 루카-행전과 목회 서간이 살아남았던 것은 2세기 신자들이 그것들의 효용을 인정했기 때문이다. 따라서 이런 작품들을 남겼던 바울로 후예들의 노력 덕분에 바울로의 업적과 작품이 살아남을 수 있었다. 결국 바울로가 위대한 인물로 자리매김할 수 있었던 것은 그 자신이 뛰어난 인물이기도 했지만 이런 후예들의 노력 덕분이기도 했다.[163]

---

162 윌리엄 G. 도티, 최재덕 옮김, 『초기 기독교 서신』, 한들 2008, 111쪽.

163 바울로 후계자들의 활동은 정기문, 「1세기 후반 바오로 계승자들의 활동」, 『이화사학연구』 56, 2018b; 정기문, 「1세기 말 2세기 초 기독교의 현실적응」, 『중앙사론』 46, 2107b를 수정·보완한 것이다.

제7장

베드로의 업적과 위상

베드로 위상 회복 운동

매우 기이하게 들릴 수도 있지만 베드로는 그의 업적과 위상에 비해서 오랫동안 저평가된 인물이었다. 이는 종교개혁을 주도하였던 루터와 장 칼뱅(Jean Calvin)이 바울로의 신학을 그들 신앙의 핵심으로 삼고 바울로의 위상을 극도로 높이면서 시작되었다. 특히 루터와 그의 추종자들은 바울로의 「로마 신자들에게 보낸 서간」을 신약성경의 핵심 문서이자 신앙의 지침서로 삼았고, 바울로를 예수 다음으로 권위 있는 분, 기독교 제2의 창시자로 숭앙하였다. 바울로를 학문적으로 높이는 작업은 19세기에 본격적으로 진행되었다. 19세기에 세계 학문 연구의 중심지는 독일이었고, 이는 특히 신학 분야에서 뚜렷하였다. 튀빙겐 학파를 중심으로 한 독일 신학 연구자들은 기독교에 대한 방대한 연구를 주도하였고, 그들의 영향력은 지금까지도 계속되고 있다. 그런데 독일 신학 연구를 주도하였던 대다수의 연구자들은 개신교 신자들이었고, 특히 루터파의 영향을 강하게 받았다. 따라서 이들은 루터가 만들어낸 색안경으로 원시 기독교 역사를 바라보았다.

루터파의 입장에서 신학 연구를 시작하여 가공할 만한 업적을 남긴 첫 번째 인물은 근대 신학의 창시자 가운데 한 명인 바우어였다. 바우어의 연구에 따르면, 예수는 유대교의 종교적 편협성과 민족적 배타성을 극복한 인물이었다. 그렇지만 베드로를 비롯한 12제자는 다시 유대교의 틀에 빠져들었다. 그들은 유대교의 관습과 교리를 지키면서 단지 예수를 메시아라고 생각하였다. 바우어가 베드로를 '유대주의자'로 낙인찍은 후 베드로는 그의 업적에 걸맞은 평가를 제대로 받지 못하였다.[1] 19세기 말 이후 신학 연구를 주도하였던 독일의 종교사학파 연구자들, 그리고 20세기 전반기 '신학의 왕'이라고 불리는 불트만과 그의 제자들이 바우어가 제시한 틀을 계속 유지·발전시켰기 때문이다. 따라서 근대 신학은 한마디로 바울로 신학에 대한 각주에 지나지 않게 되었고,[2] 베드로는 주변적인 인물로 평가절하되었다.[3]

바울로를 숭앙하는 신교 문화권에 속하는 독일의 근대 신학자들이 만들어놓은 이 '왜곡된 상'에 대한 재평가 작업은 1950년대에 오스카르 쿨망(Oscar Cullmann)에 의해서 본격적으로 시작되었다. 그는 「마태오 복음서」 16장 17~19절, 「사도행전」 10~11장 등에 나오는 베드로에 대한 자료를 재검토하고, 그 자료들이 후대에 창작된 허구가 아니라 역사적 사실을 반영하고 있다고 주장하면서, 베드로에 대한 상을 재정립하려고 하였다. 그에 따르면 베드로는 갈릴래아 출신의 개방적인 인물로 야고보보다는 바울로에 가까웠다. 베드로는 예수의 주요 제자로 예수를 섬겼고, 예루살렘 교회의 수장으로 교회를 이끌었으며 율법에 대한 재해석을 주도하였

1 Ferdinand Christian Baur, "Die Christus Partei in der korinthischen Gemeinde, der Gegensatz des petrinischen und paulinischen Christentums in der ältesten Kirche, der Apostel Paulus in Rom", *Tübingen Zeitschrift für Theologie* 4, 1831.

2 James Dunn(ed.), 앞의 책, 2003, pp. 9~10.

3 Martin Hengel, Thomas Trapp(tr.), *Saint Peter: The Underestimated Apostle*, William B. Eerdmans Publishing 2010, p. ix.

다. 또한 선교사로서 여러 지역에서 활동하다가 로마에서 순교하였다. 쿨망의 이 해석은 베드로가 유대 보수파의 지도자로서 바울로와 맞섰다는 바우어의 주장을 정면으로 반박하는 것이었고, 이후 베드로 연구의 기본이 되었다.[4]

쿨망의 연구 이래 1970년대 이후 새로운 시각에 근거해서 베드로를 재평가하려는 연구가 본격적으로 수행되었다. 가톨릭과 개신교 연구자들이 협력하여 신약성경 속의 베드로를 종합적으로 살펴보려는 시도가 이루어졌고,[5] 베드로의 위상과 신학을 제대로 파악하려는 작업도 수행되었다.[6] 이 가운데 바우어의 견해, 즉 베드로를 유대 기독교의 대변자로 보려는 시각에서 벗어나 베드로를 초대교회의 균형점으로 보려는 시각이 자리를 잡았다. 이런 견해를 피력한 대표적인 연구자는 마르틴 헹엘(Martin Hengel)과 제임스 던이다. 이들은 베드로가 1세기 기독교 내에 존재했던 다양성이 분열로 나아가지 않도록 묶어주는 구심점 역할을 하는 데 있어서 다른 누구보다 더 뛰어났기에 기독교 통합의 중심 역할을 했다고 평가하였다.[7]

4 Oscar Cullmann, *Peter: Disciple, Apostle, Martyr*, Baylor University Press 2011, p. 19. 그러나 쿨망은 과도하게 양식비평에 의존했으며, 교회일치운동의 영향을 강하게 받았다. 교회일치운동이 베드로 연구에 끼친 영향, 그리고 쿨망의 역할에 대해서는 Pheme Perkins, *Peter: Apostle for the Whole Church*, T&T Clark 2000a, pp. 4~5, 10을 보라.

5 Raymond E. Brown(ed.), *Peter in the New Testament*, New York 1973.

6 대표적인 저작으로는 Bruce Chilton and Craig Evans(ed.), 앞의 책, 2005; Pheme Perkins, 앞의 책, 2000a; Martin Hengel, Thomas Trapp(tr.), 앞의 책, 2010; Richard J. Cassidy, *Four Times Peter: Portrayals of Peter in the Four Gospels And at Philippi*, Liturgical Press 2007; Dom Mauro-Giuseppe Lepori, *Simon Called Peter*, Ignatius Press 2010; Abbe Constant Fouard, *Saint Peter and the First Years of Christianity*, CreateSpace Independent Publishing Platform 2011 등을 들 수 있다.

7 Martin Hengel, John Bowden(tr.), 앞의 책, 1979, pp. 81~98; James Dunn, *Unity and Diversity in the New Testament*, London: Westminster 1977, p. 385.

이런 연구들이 진행되면서 베드로는 '유대주의자'라는 오명을 벗고, 초기 기독교의 탄생과 발전에서 '축'의 역할을 한 중요한 인물로 부각되고 있다. 그런데 베드로를 새로이 평가하는 데 있어서 많은 연구자들이 지상교회의 최고 권위자로서 베드로의 면모, 그리고 베드로가 주의 형제 야고보 및 바울로와 맺었던 관계에 초점을 맞추었다. 그 결과 베드로의 위상은 재조정되었지만, 베드로가 수행한 위대한 업적인 그의 선교활동은 제대로 부각되지 않았다. 따라서 이 책에서는 베드로의 선교활동을 중심으로 그의 업적을 재평가해 보고자 한다. 그러나 먼저 안티오키아 사건 이전 베드로가 어떤 역할을 했는지 간략하게 짚고 넘어가자.

안티오키아 사건 이전 베드로의 위상

지금까지 1세기 원시 기독교 세계에서 여러 인물들이 예수의 후계자 자리를 놓고 베드로와 경쟁했다는 것을 살펴보았다. 베드로가 이 경쟁에서 승리하고 최종적으로 예수의 후계자가 될 수 있었던 이유는 무엇일까? 두 가지를 생각할 수 있다. 먼저 베드로가 다른 인물보다 뛰어난 공적을 쌓았기 때문이고, 두 번째 많은 사람들이 그의 공적을 적극적으로 인정했기 때문이다. 따라서 베드로가 어떻게 예수의 후계자가 되었는지를 알고자 한다면 먼저 그의 업적을 살펴보아야 한다.

베드로는 예수의 제자로서 처음 모습을 드러낸다. 그가 예수의 첫 번째 제자인지는 명확하지 않다. 공관복음서는 그렇게 묘사하고 있지만 「요한복음서」는 베드로의 동생 안드레아가 첫 번째 제자였고, 안드레아가 베드로를 예수에게 소개했다고 전하고 있다. 그렇지만 베드로가 예수의 핵심 제자였던 것은 명확하다. 예수가 12제자를 임명했다고 알려져 있지만 사복음서에 그 행적이 전하는 제자들은 반도 되지 않는데, 베드로는 제베대오의 아들 야고보와 그의 형제 요한과 함께 삼총사를 이루어 주요 사건마다 등장한다. 세 제자는 변화산에서 예수가 천사처럼 변하는 것을 함께

보았으며, 수난을 앞두고 예수가 겟세마니 동산에 기도하러 갔을 때도 특별히 예수를 수행하였다.

따라서 사복음서에 따르면 베드로, 제베대오의 아들 야고보와 요한은 예수의 핵심 제자였는데, 세 명의 서열이 명확했던 것은 아니다. 그럼에도 불구하고 세 명 가운데 누가 높았는가를 굳이 따지자면 베드로가 가장 높았다. 예를 들어 변화산에서 예수가 천사처럼 변하고, 모세와 엘리야가 나타나 대화하는 광경을 본 후에, 세 사람 가운데 베드로가 나서서 "스승님, 저희가 여기서 지내면 좋겠습니다. 저희가 초막 셋을 지어 하나는 선생님께, 하나는 모세께, 또 하나는 엘리야께 드리겠습니다"라고 말하였다.[8] 이 사건은 베드로가 세 제자 가운데서 가장 '높은' 제자였다는 것을 의미한다. 베드로가 세 제자를 대표해서 발언했기 때문이다.

베드로를 적극적으로 높이지 않은 「마르코 복음서」나 「요한 복음서」에서도 베드로는 다른 제자들보다 단연 돋보이는 존재이다. 「마르코 복음서」에서 예수가 제자들에게 그의 정체를 물었을 때, 베드로가 나서서 "당신은 그리스도이십니다"라고 말하였고, 「요한 복음서」에서 예수가 제자들의 발을 씻어줄 때 베드로는 나서서 사양하려고 했다.

이렇게 신약성경은 제자들의 활동을 묘사하면서 베드로를 가장 많이 부각한다. 그럼에도 불구하고 세 명의 위계서열이 명확했던 것은 결코 아니다. 제베대오의 아들 야고보와 요한은 그들이 하늘나라에서 하느님 오른편과 왼편에 앉게 해달라고 요청하였으며,[9] 또한 「요한 복음서」에 따르

---

8 「마르코 복음서」 9:5.

9 이렇게 요청한 주체에 대해서 「마르코 복음서」 10장 35절은 사도 야고보와 요한이 직접 요청한 것으로 묘사하고 있으나, 「마태오 복음서」 20장 21절은 두 형제의 어머니가 요청한 것으로 묘사하고 있다. 두 형제의 어머니의 이름은 성경에 등장하지 않지만 그녀는 예수와 깊은 인연이 있는 것 같다. 「마태오 복음서」 27장 56절은 그녀가 마리아 막달레나와 함께 예수의 임종을 지켜본 것으로 묘사하고 있기 때문이다. 학자들은 아마 그녀가 살로메였고 예수의 어머니 마리아의 자매였을 것이라고 추정하고 있다. 이에 대해서는 김득중, 앞의 책, 1994, 182쪽을 보라.

면 사도 요한은 애제자를 자처하며 베드로보다 더 가깝게 예수를 모셨다. 이런 사실을 종합해 보면 예수가 살아 있었을 때 베드로는 제자들 가운데서 '첫 번째'라고 암묵적으로 여겨지기는 했지만, 그 '첫 번째'의 의미는 엄격한 서열 1위가 아니라 '동등한 자들 가운데 첫 번째'라는 의미일 것이다. 다시 말해서 예수의 제자들은 모두 동등한 지위와 권한을 갖고 있었고, 베드로는 그 가운데 눈에 띄는 존재였다.

베드로의 이런 다소 모호한 지위는 예루살렘 교회 수립 이후에는 좀더 확실해진다. 복음서가 후대에 쓰인 글이고, 서로 모순된 진술이 많으니 그 가운데서 사실을 제대로 파악해 내기가 쉽지 않다. 그런데 바울로는 직접 자신이 본 모습을 여과 없이 그대로 우리에게 전한다. 그가 개종한 후 3년 만에 예루살렘 교회를 방문했을 때 그곳에는 세 명의 기둥이 있었다. 그들은 '야고보, 케파, 요한'이었다. 이 야고보는 제베대오의 아들 야고보가 아니라 주의 형제 야고보이다. 그는 예수의 형제로서 예수의 어머니 마리아와 함께 예루살렘 교회의 설립에 동참하였으며, 그 후 62년경 순교할 때까지 예루살렘 교회를 이끌었다. 케파는 아람어로 '반석'이라는 뜻이고 베드로의 별명이다. 따라서 바울로가 전하는 사료에 따르면 예수의 제자 가운데 오직 베드로와 요한만이 예루살렘 교회의 기둥으로 활동하고 있었다. 다른 제자들이 예루살렘 교회에 참석했는지, 아니면 독자의 교회를 세웠는지는 알 수 없다. 그들의 행적을 전하는 사료가 거의 없기 때문이다. 오직 명확한 것은 1세기 중반 예루살렘 교회가 원시 기독교의 모태 교회였으며 가장 권위 있는 교회였는데, 그 교회에서 예수의 제자 가운데 오직 베드로와 요한만이 '기둥'으로 활동했다는 것이다. 이는 베드로가 예수의 제자들 가운데 가장 핵심적인 인물이었음을 뒷받침한다.

'율법 없는' 이방인 선교 지지

예루살렘 교회 수립 이후 교회의 신자들은 예수가 메시아라고 주장하며 유대인을 향해서 선교활동을 펼쳤다. 그러나 선교의 대상은 유대인에 한정되었다. 초기 기독교에서 이방인 선교가 시작된 것에 대해서 「사도행전」은 두 가지 방향의 진술을 하고 있다. 하나는 헬라파 지도자인 필리포스가 주도했다는 것이고, 다른 하나는 베드로가 주도했다는 것이다. 「사도행전」이 두 사건의 순서를 명시하지는 않았지만 필리포스의 선교가 먼저 서술되었기 때문에 일반적으로 필리포스가 최초로 이방인 선교를 감행했다고 말해진다.[10]

필리포스의 선교를 먼저 살펴보자. 필리포스는 헬라파가 박해를 받게 된 이후 사마리아 지역으로 이동하여 사마리아인에게 복음을 전파하였다. 그런데 초기 기독교 시대에 유대인은 사마리아인에 대해서 양가적인 태도를 취하고 있었다. 일부 유대인은 그들을 이스라엘의 일부로 보았고, 그들이 유대인보다 더 신실한 사람들이라고 판단했다. 더욱이 예수가 이미 사마리아에 선교했다는 주장도 있다. 따라서 사마리아인을 '이방인'이라고 규정하기는 힘들다.[11] 필리포스는 사마리아 선교를 마친 후 가자로 내려가는 길에 에티오피아 내시를 만났고, 그에게 세례를 베풀었다. 필리포스가 이 내시에게 선교한 것이 기독교 최초의 이방인 선교이다. 유대교가 남성의 성기를 제거하는 것을 금기시하였기 때문에 내시는 신체적인 이유로 유대교로 개종하기가 어려웠다. 따라서 이방인인 그에게 세례를 베푼 것은 최초의 이방인 선교라고 말할 수 있다.[12]

그런데 필리포스는 에티오피아 내시에게 세례를 베풀면서 할례나 율법의 준수를 요구하지 않았다. 따라서 필리포스의 선교는 최초의 이방인 선교이면서 동시에 '율법 없는 선교'였다.[13] 우리는 흔히 할례를 강요하지 않

---

10 김득중, 앞의 책, 2016, 48쪽.

11 박정수, 「유대교의 사마리아 통합의 갈등과 초기 그리스도교의 선교」, 『신약논단』 14-1, 2007, 217~20쪽.

12 John Meier, *A Marginal Jew: Rethinking the Historical Jesus,* Doubleday 2016, p. 222는 이 내시의 종교에 대해서 다양한 의견을 소개하고 있다.

은 선교, 혹은 율법 없는 선교를 바울로가 시작했을 것이라고 생각하곤 하지만,[14] 바울로가 안티오키아 교회에 합류하기 이전에 이미 안티오키아 교회 신자들은 율법 없는 선교를 수행하고 있었다.[15] 「사도행전」과 「갈라티아 신자들에게 보낸 서간」은 안티오키아 교회가 율법 없는 선교를 수행하고 있었다는 것을 명확히 밝히고 있다. 이는 사도회의가 열리게 된 계기에 대한 설명에서 드러난다. 두 자료에 따르면 유대에서 어떤 사람들이 내려와 모세의 관습에 따라서 할례를 받지 않은 안티오키아 신자들에게 할례의 준수를 요구하였다. 이때 안티오키아 교회의 최고 지도자였던 바르나바는 바울로와 함께 적극적으로 그들의 주장에 맞섰고, 안티오키아 교회는 대표단을 예루살렘 교회에 파견하여 이 문제를 협의하도록 결정하였다. 안티오키아 교회의 이 결정은 안티오키아 교회가 오래전부터 율법 없는 선교를 수행하고 있었고, 바르나바를 비롯한 교회의 지도자들이 그 원칙에 동의하고 있었음을 의미한다.[16]

그렇다면 안티오키아 교회가 '율법 없는 선교'를 시작한 시점은 언제인가? 아마 안티오키아 교회 수립 직후부터일 것이다. 안티오키아 교회가 율법 없는 선교를 수행했던 것은 그들이 헬라파의 신학을 견지하고 있었기 때문이다. 「사도행전」에 따르면 헬라파의 지도자인 스테파노는 율법과 성전에 대해서 혁신적인 신학을 펼쳤고, 그 때문에 헬라파는 박해를 받아서 사방으로 흩어졌다. 따라서 헬라파는 박해를 받는 시점에서 율법과 성전에 대해 정통 유대인이 수용할 수 없는 신학을 펼쳤음에 틀림없다.[17] 이

---

13 이방인이 유대교로 개종할 때는 늘 율법과 할례의 문제가 제기된다. 이에 대해서는 F. Josephus, *Antiquitates Judaicae* 20, 38을 보라.

14 이상명, 「사도 바울의 회심과 선교신학」, 『선교와 신학』 40, 2016, 32쪽.

15 F. F. Bruce, 앞의 책, 1952, pp. 18~21.

16 정기문, 「파울로스의 견해를 중심으로 본 예루살렘 사도회의」, 『역사교육논집』 54, 2015a, 386~89쪽.

17 Ernst Haenchen, "The Book of Acts as a Source Material for the History of Early Christianity", in L. E. Keck(ed.), *Studies in Luke-Acts: Essays Presented*

신학에 의거하여 헬라파 지도자인 필리포스는 에티오피아의 내시에게 선교할 때 할례를 강요하지 않았으며,[18] 안티오키아 교회의 지도자인 니콜라스 등은 이방인에게 율법의 준수를 요구하지 않았다.[19]

이렇게 필리포스는 율법 없는 복음에 근거하여 이방인 선교를 수행함으로써 선교의 새로운 시대를 열었다. 그런데 「사도행전」은 필리포스의 선교를 서술한 직후에 베드로의 선교에 대해서 매우 자세하게 서술하였다. 분량으로 보면 베드로의 선교에 대한 서술은 필리포스의 선교에 대한 것보다 네 배나 길다.[20] 「사도행전」이 왜 이렇게 많은 분량을 할애해서 베드로의 선교를 묘사했던 것일까? 그것은 율법 없는 선교가 시작되면서 그에 대한 논란이 일어났고, 그 가운데 베드로의 태도가 매우 중요한 의미를 갖고 있었기 때문이다.

따라서 우리는 「사도행전」의 묘사를 좀 더 주의 깊게 살펴보아야 한다. 「사도행전」은 베드로가 이방인 선교에 착수하게 된 경위에 대해서 그가 어느 날 무아지경에서 계시를 받았기 때문이라고 설명한다. 「사도행전」에 따르면 하느님은 환상을 통해서 그에게 부정한 짐승들을 잡아먹으라고 이야기했고, 그가 유대인으로서 먹을 수 없다고 말하자, 다시 하느님은 "자신이 깨끗하게 만든 것을 더럽다고 말하지 말라"고 거듭 말하였다.[21] 이 이야기에서 '부정한 짐승을 먹는 것'이 이방인에게 선교하는 것을 상징하고, 베드로가 이방인 선교를 거부했다고 생각하기 쉽다.[22] 그러나 이 이

in Honor of Paul Schubert, Abingdon Press 1966, pp. 263~64.

18 Arland Hultgren, "Paul's Pre-Christian Persecutions of the Church: Their Purpose, Locale and Nature", *Journal of Biblical Literature* 95-1, 1976, p. 99; David Horrell, *An Introduction to the Study of Paul,* T&T Clark 2000, p. 23.

19 Ian Elmer, "Between Jerusalem and Antioch: The Advent of the Gentile Mission", *Australian e-Journal of Theology* 6, 2006, pp. 6~8.

20 Scott Spencer, *The Portrait of Philip in Acts: A Study of Roles and Relations*, Sheffield Academic 1982, pp. 186~90.

21 「사도행전」 10:15.

야기에서 '부정한 짐승을 먹는 것'은 율법을 지키지 않은 이방인을 동료 신자로 받아들이는 것을 의미한다.

유대교를 배타적인 민족종교로 파악하는 편견이 만연하고 있기 때문에 유대인이 선교활동을 했다는 사실이 잘 알려져 있지 않지만, 예수 시절 유대인은 이방인을 유대교로 개종시키는 일에 관심과 열정을 가지고 있었다. 이 사실은 성경에서 쉽게 확인된다. 이른바 예루살렘 사도회의에서 야고보는 이방인을 신자로 받아들이는 것이 정당하다며 "사실 예로부터 각 고을에는 안식일마다 회당에서 모세의 율법을 낭독하며 선포하는 이들이 있었습니다"[23]라고 말하였다. 이 구절은 유대교의 기본 교리가 이방 세계에 계속 선포되어 왔다는 것을 말하고 있는데, 유대인이 그렇게 교리를 선포했던 것은 이방인을 유대교로 개종시키기 위함이었다.[24] 따라서 예수 시절 유대교가 이방인을 개종시키는 데 열정이 있었는데 베드로만 유독 이방인 개종에 반대했다고 이야기할 수 없다. 그렇다면 베드로가 '부정한 짐승을 먹기를 거부했던 것'은 율법을 지키지 않은 이방인을 신자로 받아들이는 것, 즉 율법 없는 선교를 수행하는 것이었다.[25]

「사도행전」에 따르면 베드로는 환상 속에서 세 번이나 '부정한 짐승'을 먹지 않겠다고 고집을 피웠다. 이는 헬라파가 '율법 없는 이방인 선교'를 시작한 것이 예루살렘 교회에 보고되면서 일어난 갈등을 반영한다. 원래

---

22 김문현, 「사도행전 10:1-11:18 읽기: 베드로의 역할과 회심을 중심으로」, 『신약연구』 8-3, 2009, 409~10쪽; 이영호, 「사도행전의 꿈(환상)에 대한 연구」, 『영산신학저널』 24, 2012, 146~48쪽.

23 「사도행전」 15:21.

24 L. H. Feldman, "The Omnipresence of the God-fearers", *Biblical Archaeology Review* 12-5, 1986, pp. 58~63; Martin Goodman, "Jewish Proselytizing in the First Century", *The Jews among Pagans and Christians*, New York 1992, pp. 57~58, 63.

25 「사도행전」 3장 25절은 베드로가 환상 사건 이전에 이미 이방인 선교에 찬성하고 있었음을 증거한다. 이에 대해서는 곽호철, 「사도행전의 이방선교: 베드로와 바울의 이방선교를 중심으로」, 연세대학교 석사학위논문, 1998, 14쪽을 보라.

베드로는 헬라파가 아니라 히브리파에 속하였다. 그 때문에 헬라파가 박해를 받을 때 그는 아무런 해를 입지 않았다. 히브리파는 팔레스타인 출신으로 율법에 대한 애착이 강하였기 때문에 이방인 선교 자체는 찬성하지만, 이방인도 개종하려면 율법을 지켜야 한다고 생각하였다. 베드로도 처음에는 이렇게 생각하였기에 '부정한 음식'을 먹지 않겠다고 거듭 이야기했지만, 어떤 계기를 통하여 '부정한 음식'을 먹는 것이 옳다고 믿게 되었다. 베드로가 노선을 바꾸게 된 계기를 알 수는 없지만, 그가 히브리파 가운데 가장 먼저 노선을 바꾸었고, 그 후 그 노선을 확고하게 견지했음은 확실하다. 이는 그의 카이사리아 선교에서 확인된다.[26]

베드로는 '율법 없는 선교'를 수용한 직후에 카이사리아로 내려가 로마군 백인대장 코르넬리우스와 그를 따르는 무리에게 선교하였고, 그들이 성령을 받자 세례를 베푼 후 그들 집에 머물렀다. 며칠 후 베드로는 예루살렘으로 돌아와 자신의 선교활동을 교회에 보고하였다. 그런데 이때 예루살렘 교회의 신자들은 다음과 같이 항의하였다.

> 할례받은 신자들이 베드로에게 따지며 "어떻게 할례받지 않은 사람들의 집에 들어가 그들과 함께 음식을 먹을 수 있습니까" 하고 말하였다.[27]

「사도행전」은 이렇게 항의한 사람들이 '할례받은 신자'라고 말하였다. 그들은 예루살렘 교회의 구성원 가운데 이른바 '할례당'이라고 불릴 집단에 속하는 강경파들이었다. 이들은 베드로가 코르넬리우스 무리에게 선교하면서 할례를 요구하지 않았을 뿐만 아니라 그들의 집에 가서 함께 식

---

26 베드로가 이렇게 율법 없는 믿음을 인정할 수 있었던 것은 그것이 이미 유대교 내에서 태동하던 신앙이었기 때문일 수 있다. 이에 대해서는 A. F. Segal, 앞의 책, 1990, pp. 206~08을 보라.
27 「사도행전」 11:3.

사했다는 사실에 놀랐다. 이방인 출신의 신자들과 함께 식사를 한다는 것은 그들을 완전한 동료로 인정하는 것이며, 나아가 유대인 출신 신자의 율법 준수에도 문제가 생길 수 있기 때문이다. 이렇게 예루살렘 교회의 보수파가 베드로에게 항의했다는 것은 베드로가 '율법 없는 선교'를 시작 했을 때, 그 원칙이 아직 예루살렘 교회에서 공식적으로 인정되지 않았음 을 의미한다. 베드로는 이들의 항의에 대해서 결연하게 대응하였으며, 그 러자 할례당도 더 이상 문제를 제기하지 못하였다. 이리하여 '율법 없는 선교'는 초기 기독교의 기본 노선이 되었고, 그 때문에 안티오키아 교회 도 율법 없는 선교를 계속 수행할 수 있었다.[28]

그렇다면 49년경 안티오키아 교회의 분란과 그로 인한 예루살렘 사도 회의는 왜 열렸는가? 34~35년경 헬라파가 박해를 받아 예루살렘 교회를 떠난 후, 예루살렘 교회에는 히브리파만 남게 되었다. 그 후 예루살렘 교 회에는 예루살렘과 그 주변 지역의 유대인들이 계속 입교하였다. 그 결과 예루살렘 교회는 점차 '보수화'되었다. '보수화'는 점차 더 강하게 진행되 어 42~43년경 헤로데 아그리파의 박해에 의해서 요한의 형제 야보고가 순교하고, 베드로가 예루살렘을 떠난 후 '할례당'이 예루살렘 교회의 주 도세력이 되었다.[29] 이들은 예전에 베드로의 권위에 눌려서 '율법 없는 선 교'를 용인하였다. 그러나 이제 그들의 세력이 커졌다고 생각하여 '율법 없 는 선교'를 폐지하고, 이방인 개종자들에게 율법을 강제하려고 했다.[30]

베드로는 상황이 이렇게 진행되는 것을 알고 예루살렘 사도회의에 참

---

28 헬라파가 율법 없는 선교를 감행한 이후 이 원칙은 2세기 중반까지 기독교 공동체 내에서 갈등의 원인이었다. 베드로가 이 원칙을 지켜내는 데 있어서 중요한 역할을 했다는 것에 대해서는 한미연, 「사도행전의 δραμα(환상)에 대한 연구」, 한세대학교 석사학위논문, 2017, 59~61쪽을 보라.

29 Martin Hengel, John Bowden(tr.), 앞의 책, 1979, pp. 113~14; 정기문, 「예루살 렘 교회의 보수화」, 『서양중세사연구』 29, 2012.

30 정기문, 같은 글, 2012.

가하여 다음과 같이 연설하였다.

　형제 여러분, 다른 민족들도 복음의 말씀을 들어 믿게 하시려고 하느님께서는 일찍이 여러분 가운데서 나를 뽑으신 사실을 여러분은 알고 있습니다. 사람의 마음을 아시는 하느님께서는 우리에게 하신 것처럼 그들에게도 성령을 주시어 그들을 인정해 주셨습니다. 그리고 그들의 믿음으로 그들의 마음을 정화하시어, 우리와 그들 사이에 아무런 차별도 두지 않으셨습니다. 그런데 지금 여러분은 왜 우리 조상들도 우리도 다 감당할 수 없었던 멍에를 형제들의 목에 씌워 하느님을 시험하는 것입니까? 우리는 그들과 마찬가지로 우리도 주 예수님의 은총으로 구원을 받는다고 믿습니다.[31]

　베드로는 이 연설에서 구원이 행함이 아니라 은총으로 이루어진다고 강조하면서 이방인에게 할례를 강요하지 말아야 한다고 주장하였다. 전통적으로 베드로의 이 설교는 베드로가 실제로 한 것이 아니라 후대 「사도행전」의 저자가 베드로의 신학을 바울로의 신학과 조화시키기 위해서 창작해 낸 것이라고 파악되어 왔다. 이런 이해는 「사도행전」에 나타난 연설들이 모두 후대에 창작된 것이라는 마르틴 디벨리우스(Martin Dibelius)의 고전적인 연구에 근거한 것이다.[32]

　그러나 안티오키아 사건 이전에 바울로와 베드로 사이에는 신학적인 면에서 어떤 차이나 불화가 있었다는 설명은 재고되어야 한다. 앞에서 살펴보았듯이 50년경에 안티오키아 교회에서 바울로는 베드로에게 "당신은 유대인이면서도 유대인으로 살지 않고 이민족처럼 살면서, 어떻게 이민족들에게는 유대인처럼 살라고 강요할 수가 있다는 말입니까?"라고 말하

31　「사도행전」 15:6-11.
32　Martin Dibelius, 앞의 책, 2004, pp. 49~86.

였다.[33] 이 질책에서 바울로는 베드로가 유대인의 율법을 지키지 않고 이 방인처럼 살았다고 명시하였다.[34] 이 구절의 진실성을 의심할 수 있을까? 이 구절이 만약 「사도행전」에 나왔다면 많은 신학자들이 「사도행전」 저자의 순전한 창작이라고 말했을 것이다. 그러나 이 구절은 현재 매우 비판적인 태도를 견지하는 학자들조차도 바울로의 진정 서간으로 인정하는 「갈라티아 신자들에게 보낸 서간」에 나온다. 따라서 이 말은 의심할 수 없이 바울로가 직접 한 말이며, 그 말에 따르면 베드로는 유대인의 율법을 어기며 이방인처럼 살았다.

그런데 이 사건은 사도회의 직후에 벌어졌다. 그렇다면 그 짧은 시간에 베드로가 신학적인 측면에서 태도를 변경했다고 추론하는 것이 옳을까? 아니면 이미 사도회의 전부터 베드로가 율법 없는 선교를 인정하고 있었기 때문에 사도회의에서 바울로의 대의를 적극 지지했다고 파악하는 것이 옳을까? 당연히 후자가 옳은데, 이는 사도회의에 대한 바울로의 묘사에서도 확인된다. 바울로는 그 회의를 묘사하면서 예루살렘 교회의 사도들이 그를 적극적으로 환영했고, 몰래 들어온 거짓 형제들에 맞서서 그의 편을 들어주었다고 진술하였다.[35] 그의 이 진술은 역사적 사실을 말하고 있는데, 만약 그때 사도들이 바울로의 편을 들어주지 않았다면 바울로가 거짓 형제들을 꺾을 수 없었을 것이다. 그렇다면 앞에서 제시했던 베드로의 연설, 즉 율법 없는 믿음과 선교를 주창하고 있는 베드로의 설교는 「사도행전」 저자의 순전한 창작이 아니라 베드로의 사상을 반영하고 있는 것으로 파악해야 한다.[36] 이렇게 베드로가 사도회의 시점, 즉 49년에 율법

---

33 「갈라티아 신자들에게 보낸 서간」 2:14.

34 Martin Hengel, John Bowden(tr.), 앞의 책, 1979, p. 97.

35 「갈라티아 신자들에게 보낸 서간」 2:1-10.

36 「사도행전」의 신빙성이 높다는 것에 대해서는 Ward Gasque, "The Historical Value of the Book of Acts: The Perspective of British Scholarship", *Theologische Zeitschrift* 28, 1972, pp. 185~93을 보라.

없는 선교, 그리고 유대인 출신 신자와 이방인 출신 신자의 차별 철폐를 적극적으로 지지했다는 사실은 바울로의 진술에 의해서 확인된다.

지금까지 논의를 정리해 보자. 바울로의 진정 서간은 50년경 안티오키아 교회에서, 그리고 49년경 사도회의에서 베드로가 율법 없는 선교를 적극적으로 지지했다는 사실을 확인해 준다. 그렇다면 베드로는 언제부터 율법 없는 선교를 지지했을까? 「사도행전」은 이 선교의 기원이 박해를 피해 사방으로 흩어진 헬라파에 있고, 헬라파가 율법 없는 선교를 수행한 직후에 베드로가 적극적으로 지지했다고 묘사하고 있다. 디벨리우스 이후 많은 학자들이 「사도행전」의 설명은 루카의 창작이라고 생각해 왔다.[37] 그러나 사도회의의 개최 계기에 대한 「사도행전」과 바울로의 서간의 설명을 보면 안티오키아 교회는 오래전부터 율법 없는 선교를 수행하고 있었다. 따라서 율법 없는 선교는 헬라파의 신학에서 기원했다고 판단하는 것이 옳다. 이 선교가 시작된 직후 예루살렘 교회의 보수파들이 적극적으로 반대했다. 그런데 안티오키아 교회는 사도회의가 개최될 때까지 별 저항 없이 율법 없는 선교를 수행할 수 있었다. 이는 누군가 매우 권위가 높은 사람이 예루살렘 교회 보수파를 억제하지 않았다면 불가능한 일이다. 그런 일을 수행할 수 있는 사람은 당시 베드로밖에 없었다. 따라서 헬라파가 율법 없는 선교를 수행한 직후 베드로가 그들을 적극 지지했기에 율법 없는 선교가 정착할 수 있었다고 판단된다. 이렇게 생각하면 베드로의 카이사리아 선교에 대한 「사도행전」의 진술은 역사적 사실을 반영하고 있다고 할 수 있다.

37 Martin Dibelius, 앞의 책, 2004, pp. 144~50.

에게해 일대의 선교

안티오키아 사건에서 패배한 바울로는 에게해 쪽으로 진출하여 새로운 세상을 개척하였다. 그 후 베드로는 어떻게 살았을까? 명확하게 말해 주는 자료가 없기 때문에 확실한 것은 거의 없다. 그렇지만 여러 자료가 그의 행적의 흔적을 말해 주기 때문에 대략 그의 말년을 재구성하기가 가능하다.

바울로가 떠나간 후에 베드로는 안티오키아에서 상당 기간 머물렀다. 이 사실은 원시 기독교도들이 제시하는 안티오키아의 주교 목록에서 확인된다.[38] 3세기의 교부인 오리게네스 이래 원시 기독교도들은 안티오키아의 1대 주교는 바울로가 아니라 베드로라고 파악하였다. 바울로가 안티오키아 교회에 베드로보다 더 오랫동안 머물렀음에도 불구하고 바울로가 아니라 베드로가 초대 주교로 추앙되었던 것은 베드로가 안티오키아 사건에서 승리하였고, 또 안티오키아 교회에 새로운 토대를 구축했다는 것을 의미한다.[39] 안티오키아 교회가 베드로를 계승했다는 것은 안티오키아 교회의 신학에서도 확인된다. 원래 안티오키아 교회는 진보적인 헬라파가 세웠으며, '안티오키아 사건'이 발생하기 이전까지 이교도 출신 신자와 유대인 출신 신자의 차별을 철폐하는 진보적인 태도를 취하였다. 그러나 바울로가 안티오키아 교회를 떠난 후 안티오키아 교회에서 바울로 신학의 색채는 엷어졌다. 이 사실은 안티오키아 교회의 3대 주교로 2세기 초에 순교하였으며, 여러 교회에 편지를 쓴 이그나티우스에게서 확인할 수 있

---

38 Origenes, *Homilies on Luke*, 6; David Sim, *The Gospel of Matthew and Christian Judaism: The History and Social Setting of the Matthean Community*, T&T Clark 2000, p. 104.

39 4세기의 기록인 사도 헌장은 베드로를 초대 주교로 제시하지 않고 베드로가 임명한 에보디우스(Evodius)가 초대 주교이고 바울로가 임명한 이그나티우스가 2대 주교였다고 전한다. *Apostolic Constitutions*, 7. 46.

다.[40] 이그나티우스가 그의 편지들에서 바울로를 몇 차례 언급하기는 했지만 그가 바울로 신학을 계승했다는 사실이 뚜렷하지 않다. 바울로 편에서 살펴보았듯이 비관적인 견해를 피력한 슈네멜허는 "진실로 이그나티우스의 신학은 바울로의 신학과 거의 아무런 관련이 없다"[41]라고 말하였다.

그러나 슈네멜허의 견해는 과도한 것으로 여겨진다. 이그나티우스가 「마태오 복음서」의 여러 구절을 인용하고 있는 것에 나타나듯이 그가 마태오의 신학을 수용한 것은 사실이지만 바울로를 중요한 사도로 인정했다. 이는 그가 에페소 교회의 신자들에게 쓴 서간에서 "바울로는 거룩하심을 입고 좋은 평판을 얻었으며 크게 은총을 받은 인물입니다. 내가 하느님께 이를 때에 그의 발자취 가운데서 발견되기를 원합니다"라고 말했다는 사실에서 잘 드러난다.[42] 더욱이 이그나티우스는 그가 쓴 글들에서 바울로의 서신을 여러 번 인용했다.[43] 이그나티우스가 바울로를 높이 평가하고, 그의 서신을 여러 번 인용했다는 사실은 그가 바울로 계승 의식을 갖고 있었음을 의미한다.[44] 따라서 이그나티우스의 신학이 바울로 신학과 거리가 멀다고 평가하기보다는 바울로 신학과 「마태오 복음서」로 대

---

40 W. Schoedel, "Ignatius and the Receptions of Matthew", in David L. Balch(ed.), *Antioch, Social History of the Matthean Community*, Minneapolis 1991, p. 130.

41 James Dunn(ed.), 앞의 책, 2003, p. 227에서 재인용.

42 Ignatius, *Ad Eph*. 12:2.

43 이그나티우스는 바울로의 「코린토 신자들에게 보낸 첫째 서간」 1:20, 2:10-23, 3:1-2, 3:6, 4:4, 6:9, 9:27, 15:8-9, 「에페소 신자들에게 보낸 서간」 4:2, 5:25-29, 6:11-17, 「콜로새 신자들에게 보낸 서간」 1:16을 인용하거나 참조하였다. 이에 대해서는 Bart Ehrman(ed.), *The Apostolic Fathers*, Harvard University Press 2003, pp. 219~317을 참조하라.

44 박용규, 『초대교회사』, 총신대학교 출판부 1994, 126쪽; J. Robinson and Helmut Koester, *Trajectories through Early Christianity*, Wipf and Stock 2006, origin. Fortress Press 1971, pp. 122~23을 보라.

변되는 공관복음서의 신학을 종합하였다고 평가하는 것이 적절할 것이다. 안티오키아 교회가 이렇게 「마태오 복음서」의 신학을 수용했던 것은 베드로의 영향을 받은 결과이다.[45]

안티오키아 교회는 또한 2세기에 기독교 세계에서 벌어진 여러 논쟁에서도 보수적인 태도를 취하였다. 예를 들어 2세기 후반 로마 교회와 동방교회가 벌인 부활절 날짜 논쟁에서 안티오키아 교회는 동방교회 편에 가담하지 않았는데, 이는 안티오키아 교회가 로마 교회와 견해를 같이했다는 것을 암시한다. 후에 다시 이야기하겠지만 1세기 후반 이후 로마 교회는 중도 보수적인 신학을 견지했다. 안티오키아 교회와 로마 교회가 비슷한 노선을 걸었던 것은 두 교회가 모두 베드로의 노선을 따랐기 때문일 것이다.

이렇게 안티오키아 교회가 1세기 후반, 2세기 초에 취했던 신학적 태도를 살펴보면 베드로의 영향이 뚜렷하게 관찰되는데, 이는 베드로가 안티오키아 교회에 큰 영향을 끼쳤다는 것을 보여 준다. 그렇지만 베드로가 안티오키아 교회에 얼마나 오래 머물렀는지는 정확히 확정할 수 없다. 사도 바울로처럼 베드로도 한곳에 머물지 않고 세계 각지를 대상으로 선교여행을 펼쳤기 때문이다. 사도 바울로의 선교가 너무나 잘 알려져 있어서 베드로의 선교가 일반적으로 잘 부각되지 않지만, 베드로는 바울로 못지않게 어쩌면 그보다 더 위대한 선교사였다.

베드로가 안티오키아를 떠나서 어딘가로 선교여행을 갔다면 그곳은 어디일까? 베드로의 이름으로 쓰인 「베드로의 첫째 서간」이 그 해답을 암시한다. 「베드로의 첫째 서간」의 저자가 베드로인지 확실하지는 않지만, 적어도 베드로의 정통성을 따르는 후계자였을 것이다. 그가 "예수 그리스도의 사도인 나 베드로는 폰토스와 갈라티아와 카파도키아와 아시아 (속주)

---

45 Raymond E. Brown and John Meier, 앞의 책, 1983, pp. 41, 78.

와 비티니아에 흩어져서 나그네 생활을 하고 있는 여러분에게 이 편지를 쓸니다"[46]라고 말했다. 이 구절은 베드로가 아시아 일대의 다섯 지역과 깊은 관계가 있다는 것을 입증한다. 과연 이 지역에 얼마나 많은 신자가 있었을까? 비티니아 속주에 대한 증거가 있다. 112년경에 로마의 지식인이자 총독이었던 플리니우스가 그 지역을 방문하고 그 지역에 기독교 신자가 너무나 많아서 다신교도 신전이 방치되고 있다고 전하고 있다.[47] 이렇게 아시아 북부 지역에 신자가 많았다면 베드로의 선교활동이 상당한 성과를 거두었다고 할 수 있을 것이다.[48]

아시아의 이 지역들 이외에 베드로의 흔적이 감지되는 곳은 코린토이다. 잘 알려져 있듯이 코린토에 기독교를 처음 전한 사람은 바울로였다. 그런데 바울로는 「코린토 신자들에게 보낸 첫째 서간」에서 이렇게 말하였다.

> 나의 형제 여러분, 여러분 가운데서 분쟁이 일어났다는 것을 클로에 집안 사람들이 나에게 알려 주었습니다. 다름이 아니라 여러분이 저마다, "나는 바울로 편이다", "나는 아폴로 편이다", "나는 케파 편이다", "나는 그리스도 편이다" 하고 말한다는 것입니다.[49]

이 구절에서 바울로는 코린토 교회에 네 개의 분파가 있었다고 전하는데, 바울로파와 아폴로파의 정체는 쉽게 파악할 수 있다. 바울로와 아폴로가 코린토에서 활동한 적이 있기 때문에, 바울로파는 바울로를 교회의

---

46 「베드로의 첫째 서간」 1:1.
47 Plinius, *Letters*, 10, 96.
48 Pheme Perkins, 앞의 책, 2000a, p. 120은 「베드로의 첫째 서간」의 진술에 근거해서 베드로가 아시아 일대에서 선교에 큰 성과를 거두었을 것이라고 주장하고 있다.
49 「코린토 신자들에게 보낸 첫째 서간」 1:11-12.

최고 권위자로 주장하는 사람이고, 아폴로파는 바울로가 아니라 아폴로의 권위를 더 높게 평가하는 사람이다. 그렇다면 케파파는 케파를 추종하는 집단이라고 생각하는 것이 합당하다.

코린토 교회에 베드로를 추종하는 집단은 어떻게 생겨났을까? 베드로가 코린토 교회를 방문한 적이 있기 때문일 것이다.[50] 베드로는 예루살렘 교회의 선교사로서 여러 지역을 여행하고 다녔으며, 코린토는 교통의 중심지였다. 특히 베드로가 로마에 선교했다는 사실을 생각해 볼 때 베드로가 로마에 가기 전에 코린토를 방문했을 가능성이 높다.[51] 코린토 교회의 신자들이 베드로를 본 적이 있을 것이라는 사실은 바울로의 말에서도 확인된다. 바울로는 코린토 교회 신자들에게 "우리라고 해서 다른 사도들이나 주님의 형제들이나 케파처럼 그리스도를 믿는 아내를 데리고 다닐 권리가 없단 말입니까?"[52]라고 말하였다. 만약 코린토 교회의 신자들이 베드로가 그의 아내를 데리고 선교여행을 다녔다는 것을 본 적이 없다면 바울로의 말은 성립하기 어렵다. 따라서 베드로는 코린토를 방문한 적이 있으며, 그때 코린토 교회의 신자들 일부가 깊은 감명을 받고, 바울로가 아니라 베드로를 최고 지도자로 삼아야 한다고 생각했음에 틀림없다.[53]

이런 사실은 2세기의 여러 전승에서도 확인된다. 170년경 코린토 교회의 주교였던 디오니시우스(Dionysius)는 로마 교회에 보낸 편지에서 "베드로와 바울로가 우리들의 코린토에서 함께 가르쳤고, 또한 우리 교회를 창설하였습니다"[54]라고 썼다. 디오니시우스의 말은 그의 개인적인 생각이 아니라 코린토 교회의 공식적인 의견이었을 가능성이 높다. 그가 로마 교회

---

50 F. F. 브루스, 앞의 책, 1992, 282쪽.
51 C. F. Nesbitt, 앞의 글, 1950, pp. 15~16.
52 「코린토 신자들에게 보낸 첫째 서간」 9:5.
53 베드로파에 대한 다양한 의견에 대해서는 김판임, 『바울과 고린도교회』, 동연 2014, 24~36쪽을 보라.
54 Eusebius, *Ekklesiastikes Istorias*, 2. 25. 8.

에 보낸 공식 서한에서 그 사실을 언급했기 때문이다. 그렇다면 베드로가 코린토 교회를 방문했고, 상당 기간 가르치면서 많은 추종자를 얻었다고 추론하는 것이 합당하다. 그렇지 않다면 코린토 교회의 창설자가 바울로였다는 사실을 고려하건대 코린토 교회가 베드로를 그들 교회의 창설자로 높이기는 힘들었을 것이기 때문이다.

로마 선교

베드로의 선교는 코린토에서 끝나지 않았다. 아시아에서 코린토를 지나 서쪽으로 가면 로마에 닿는다. 베드로는 바울로가 그랬듯이 예루살렘에서 출발해서 서쪽, 즉 로마제국의 수도인 도시 로마로 향했다. 1세기 후반과 2세기의 여러 문헌이 베드로가 로마에서 활동했다는 것을 입증한다. 4세기 기독교 역사가인 유세비우스는 베드로의 로마 방문에 대해서 다음과 같이 이야기한다.

> 클라우디우스 통치기에 우주의 섭리자께서 절대적인 선과 인간에 대한 사랑으로 사도 가운데 가장 강하고 위대한 베드로를, 그의 뛰어난 덕으로 다른 사도들의 지도자였던 베드로를 로마로 이끄셨다.[55]

여기서 유세비우스는 베드로의 방문 연도를 명확하게 이야기하지 않고 다만 클라우디우스의 통치기라고만 말하고 있다. 그런데 4세기의 교부였던 히에로니무스는 '클라우디우스 통치 2년'이라고 설명하였다.[56] 이는 베드로가 일찍 로마 교회를 방문했다는 것을 강조함으로써 로마 교회의 수위성을 높이려는 의도라고 보인다. 그러나 이 연대를 인정하기는 힘들다.

---

55 Eusebius, *Ekklesiastikes Istorias*, 2. 14. 6.
56 Hieronymus, *De Viris Illustribus*, 1.

클라우디우스 통치 2년은 42년인데, 그 시기 언젠가 베드로가 헤로데 아그리파의 박해를 피해서 예루살렘을 떠난 것으로 보이지만 그가 49년경에 열린 예루살렘 사도회의에 참석했다는 것을 고려하면 40년대 베드로는 팔레스타인에서 멀지 않은 곳에서 활동했다고 추론되기 때문이다.[57]

그렇다면 베드로는 언제 로마로 갔을까? 49년경에 사도회의와 안티오키아 사건이 있었기에, 베드로는 53년경까지 안티오키아와 아시아 일대에서 선교활동을 펼치고 있었을 것이다. 그리고 53~54년경 코린토에 갔을 것이고 거기서 얼마간 머문 후 로마로 향했을 것이다.[58] 50년대 중반 베드로가 로마에 갔을 것이라는 사실은 바울로의 글에서 추론해 볼 수 있다. 바울로는 56년경에 쓴 「로마 신자들에게 보낸 서간」에서 다음과 같이 말하였다.

> 이와 같이 나는 그리스도께서 아직 전파되지 않은 곳에 복음을 전파하기를 열망합니다. 남이 닦아놓은 기초에는 집을 짓지 않으려는 것입니다.[59]

이 구절에서 '남'은 누구일까? 바울로가 선교활동을 펼칠 때 기독교를 전파했던 것으로 입증되는 다른 사람으로는 바르나바도 있지만, 여기서 '남'은 베드로를 의미하는 것 같다. 당시 바울로는 로마 교회에 이미 베드로가 선교활동을 펼치고 있었기 때문에, 베드로와 충돌을 피하기 위해서 로마에 가지 않으려고 했던 것 같다. 이는 바울로가 자신이 로마 교회에 선교할 의사를 가지고 있지 않고, 단지 '방문자'로 로마를 거쳐서 에스파냐로 가려고 한다고 말한 것에서 알 수 있다.[60]

---

57 Martin Hengel, Thomas Trapp(tr.), 앞의 책, 2010, p. 55.

58 F. F. Bruce, 앞의 책, 1994[1979], p. 45는 54년 이후 베드로가 로마를 방문했을 것이라고 주장하고 있다.

59 「로마 신자들에게 보낸 서간」 15:20.

60 Martin Hengel, Thomas Trapp(tr.), 앞의 책, 2010, p. 94. 그러나 이에 대한 반

이런 추론을 뒷받침하는 몇 가지 자료가 있다. 먼저 「베드로의 첫째 서간」에서 베드로의 추종자로 생각되는 작가는 편지를 보낸 곳을 '바빌론에 있는 교회'라고 명시하였다.[61] 이 구절의 바빌론은 로마를 의미한다고 생각된다. 메소포타미아의 중심 도시였던 바빌론은 이미 오래전에 사라진 도시일 뿐만 아니라 베드로가 메소포타미아에 갔다는 전승은 전혀 없기 때문에 이 구절의 '바빌론'은 실제 바빌론을 가리킬 수 없는데, 1세기 후반 옛날 바빌론에 버금가는 세속 도시는 바로 로마이기 때문이다.[62] 이는 베드로가 로마에서 활동하였을 가능성을 암시한다.

둘째, 2세기 초에 쓰인 믿을 수 있는 자료인 이그나티우스 서간에 그 사실이 명기되어 있다. 이그나티우스는 로마인에게 보내는 편지에서 이렇게 말하였다.

> 나는 베드로와 바울로처럼 당신들에게 명령을 내리지 않겠습니다. 그들은 사도들이지만 나는 '유죄판결을 받은 범법자'에 지나지 않습니다.[63] 그들은 자유인이었지만, 지금까지도 나는 종입니다.

대 의견도 많다. 반대 의견에 따르면, 바울로는 「로마 신자들에게 보낸 서간」에서 베드로가 로마에서 활동하고 있다는 어떤 암시도 하지 않았으며, 그것은 바울로가 「로마 신자들에게 보낸 서간」을 쓸 시점까지 베드로가 로마를 방문하지 않았다는 것을 암시한다. 이런 견해에 대해서는 Pheme Perkins, 앞의 책, 2000a, p. 11을 보라. 1세기 말 이후 기독교 신자들은 바울로가 실제로 에스파냐 선교를 수행했다고 믿어왔다. 로마의 클레멘스, 「베드로 행전」, 무라토리 성경 목록 등에 이 사실이 언급되어 있으며, 8세기 이후에는 바울로가 에스파냐 타라고사를 중심으로 선교활동을 펼쳤다는 전승이 생기게 되었다. 이에 대해서는 Otto Meinardus, "Paul's Missionary Journey to Spain: Tradition and Folklore", *The Biblical Archaeologist* 41-2, 1978, pp. 61~63을 보라.

61 「베드로의 첫째 서간」 5:13.

62 Oscar Cullmann, 앞의 책, 2011, p. 84; Pheme Perkins, 앞의 책, 2000a, p. 37; L. Michael White, 앞의 책, 2004, pp. 272~73.

63 Ignatius, *To the Romans*, 4, 3.

이 글을 쓴 이그나티우스는 110년경 로마에서 순교하였다.[64] 그가 나이 들어 순교했다는 사실, 또 그가 사도 요한에게서 배웠다는 전승이 있다는 사실을 고려하건대 그가 직접 베드로를 보았을 가능성도 있다. 따라서 편지를 쓴 이그나티우스나 당시 편지를 받은 로마 교회 신자들은 베드로의 행적을 잘 알고 있었을 것이다. 그런 상황에서 이그나티우스가 아무 근거 없는 이야기를 로마 교회에 쓰지는 않았을 것이다. 그렇다면 베드로가 '사도'로서 로마 교회에서 활동했고, 그럼으로써 로마 교회의 사실상의 창설자가 되었다고 파악하는 것이 옳다.

셋째, 로마의 3대 주교로 알려진 클레멘스가 쓴 「클레멘스의 제1서신」이 "베드로가 부당한 질투 때문에 한두 번이 아니라 여러 차례 고난을 당했으며 결국에는 순교했다"[65]라고 전한다. 그가 사도 가운데 오직 베드로와 바울로만을 언급하고 있다는 사실은 두 사도가 로마 교회와 깊은 관련이 있었음을 암시한다.[66]

넷째, 2세기의 여러 외경 자료들, 그리고 3세기 이후의 기독교 역사서들은 주로 시몬 마구스와 관련된 전승을 전한다. 시몬 마구스는 「사도행전」 8장에 나오는 사마리아인으로 마술사였다. 그는 사탄의 힘을 빌려서 엄청난 마술을 부리면서 사람들을 현혹했고, 많은 사람들이 그에게 넘어가서 사악에 빠졌다. 이에 베드로는 카이사리아에서 그와 마술 대결을 치렀고, 그 결과 승리를 거두었다. 패배한 시몬이 로마로 도망가자, 베드로는 그의 뒤를 쫓아 로마로 가서 다시 마술 대결을 벌여서 시몬을 제거하였다. 이 전승이 위-클레멘스 문서, 「베드로 행전」, 유세비우스의 교회사와 같은 여러 문헌에 등장하는데, 이런 전설적인 이야기를 그대로 믿을 수는 없지

---

64 Bart Ehrman(ed.), 앞의 책, 2003, p. 205.

65 1 Clemens, 5. 3-4.

66 베드로가 십자가에서 순교했다는 것은 「요한 복음서」 21장 18~19절에서도 암시되어 있다. 이에 대해서는 Richard J. Cassidy, 앞의 책, 2007, p. 105를 보라.

만 이런 이야기들은 모두 베드로가 로마에서 활동했고 큰 영향력을 행사했던 사실에 근거하고 있을 것이다.

이런 사실을 종합해 볼 때 베드로는 50년대 중반 이후 적어도 몇 년간 로마에서 활동했던 것으로 생각된다. 베드로는 그의 이런 활동을 순교로 마감하였다. 앞에서 언급했듯이 클레멘스는 베드로가 '질투' 때문에 순교했다고 주장했다. 이는 로마 교회 내에 여러 파벌이 존재하였고, 베드로의 신학에 반대했던 파벌이 베드로를 로마 당국에 고발하였고 그 때문에 베드로가 순교했을 가능성을 말해 준다.[67]

물론 클레멘스가 명시적으로 베드로가 로마에서 순교했다고 전하지 않기 때문에 그가 로마에서 순교했다고 단언할 수는 없다. 그러나 2세기 이후 여러 자료를 보건대 베드로가 로마에서 순교했다는 것은 거의 확실한 사실인 것 같다. 이를 뒷받침하는 몇몇 자료가 있다.

먼저 정경 자료 가운데 「요한 복음서」 21장 18절을 들 수 있다. 여기서 「요한 복음서」의 저자는 예수의 이름을 빌려서 "네가 젊어서는 스스로 허리띠를 매고 원하는 곳으로 다녔거니와 늙어서는 네가 두 팔을 벌리면 다른 이들이 너에게 허리띠를 매어주고서, 네가 원하지 않는 곳으로 데려갈 것이다"라고 말하고 있다. 이는 베드로가 늙었을 때 그의 의도와 상관없이 행동하게 된다는 것을, 특히 '팔을 벌리고 십자가에서 죽게 될 것임'을 암시하고 있다. 「요한 복음서」 21장의 저자가 베드로가 순교했다는 사실을 몰랐다면 이런 진술을 하기는 힘들었을 것이다.[68] 따라서 「요한 복음서」 21장은 베드로의 순교를 확실히 입증해 주는 자료라고 볼 수 있다.

또한 2세기 중반에 쓰인 여러 외경 자료들, 즉 「베드로 행전」,[69] 「클레멘

---

67 Raymond E. Brown and John Meier, 앞의 책, 1983, p. 127; Douglas Hare, *The Theme of Jewish Persecutions of Christians in the Gospel According to St. Matthew*, Cambridge University Press 1967, pp. 73~74를 보라.

68 Oscar Cullmann, 앞의 책, 2011, pp. 87~89.

69 송혜경, 앞의 책, 2011, 489~515쪽. 「베드로 행전」은 베드로가 네로 시대에 순교

스의 인식」(Recognitions of Clement) 등에 따르면 베드로가 많은 로마인에게 복음을 전파하였고 그 때문에 네로를 비롯한 로마의 지도층의 분노를 불러일으켰다. 이 때문에 로마의 지도자들은 베드로를 죽이기로 결정하였고, 결국 베드로는 네로 황제 통치 때 순교하였다.

그리고 2~3세기의 믿을 수 있는 자료들이 베드로가 로마에서 순교했다고 입증한다. 2세기 후반 코린토 교회의 주교였던 디오니시우스가 로마 교회에 쓴 편지에서 이렇게 말하였다.

> 베드로와 바울로는 우리들의 도시 코린토에 왔고, 그들이 이탈리아에 갔을 때 당신들을 가르쳤던 것과 같은 방식으로 우리를 가르쳤습니다. 그리고 그들은 당신들을 가르치면서 동시에 순교하였습니다.[70]

이 사료의 진실성에 대해서 의문을 제시하는 사람도 있을 수 있다. 디오니시우스의 편지가 유세비우스의 교회사에 발췌 형태로만 전하기 때문이다. 그러나 유세비우스보다 이른 시대에 살았던 3세기의 오리게네스 또한 베드로가 "마침내 로마로 갔고 십자가에 거꾸로 박혔다"라고 전한다.[71] 따라서 유세비우스가 디오니시우스의 진술을 임의로 창작했다고 생각할 필요는 없다. 이런 사실들을 종합해 보면 베드로가 로마에서 순교했다는 진술은 역사적 사실을 반영하고 있음에 틀림없다. 이렇게 베드로는 로마 교회에서 활동하고, 거기서 순교함으로써 로마 교회에 의해서 최고의 지도자로 숭앙될 것이다.[72]

하였다고 전하지만 박해의 이유를 로마의 화재와 연계시키지 않고 있다.

70 Eusebius, *Ekklesiastikes Istorias*, 2. 25. 8.

71 D. J. Albert, "Peter in Rome?", A Thesis Presented to the Faculty of the Ambassador College Graduate School of Theology, pp. 17~18; Eusebius, *Hist. Eccl.* 3. 1, 2.

72 Sean McDowell, *The Fate of the Apostles: Examining the Martyrdom Accounts*

of the Closest Followers of Jesus, Routledge 2016, pp. 55~92. 베드로의 선교활동은 정기문, 「베드로 재평가를 위한 선교활동 고찰」, 『서양고대사연구』 53, 2018c를 수정·보완한 것이다.

제8장

베드로의 후계자 등극:
1세기 후반 베드로의 권위를 높이려는 노력

바울로의 선택

베드로 본인이 위대한 업적을 남겼을 뿐만 아니라 그의 주변 인물과 후계자들이 그의 업적을 적극적으로 인정하려는 운동을 펼쳤다. 1세기 후반 이 작업은 여러 갈래로 진행되었는데 대표적인 움직임으로는 바울로와 바울로파 교회들의 운동, 마태오 공동체의 운동을 들 수 있다. 먼저 바울로와 바울로파 교회들의 운동을 살펴보자.

바울로는 부활한 예수가 그 모습을 보인 순서에 대해서 이렇게 말하였다.

그리스도는 구약성경 말씀대로 사흗날에 되살아나셨습니다. 그는 케파에게, 또 이어서 열두 사도에게 나타나셨습니다. 그 가운데 한 번은 오백 명이 넘는 형제들에게 나타나셨는데, 그 가운데 몇몇은 이미 세상을 떠났지만 대부분 사람들은 아직도 살아 있습니다. 그다음에는 야고보에게, 또 이어서 다른 모든 사도에게 나타나셨습니다. 그리고 마지막으로 달을 채우고 나지 못한 자와 같은 나에게도 나타나셨습니다.[1]

---

1 「코린토 신자들에게 보낸 첫째 서간」 15:3-7.

이 구절을 찬찬히 읽어보면 매우 기이하다는 것을 깨달을 수 있다. 마리아 막달레나 편에서 살펴보았듯이 「마태오 복음서」와 「요한 복음서」에 따르면 부활한 예수는 분명 마리아 막달레나를 비롯한 여신도들에게 가장 먼저 나타나셨다. 그런데 바울로는 여신도들을 부활현현 목록에서 삭제해 버렸다. 그리고 500명과 야고보에게 나타났다는 것은 성경의 다른 구절에서는 확인되지 않고, 다만 앞에서 설명했듯이 「토마스 복음서」나 「히브리인의 복음서」와 같은 위경에만 나타난다. 그러나 이들 위경에서 예수는 베드로가 아니라 야고보에게 처음 나타났다. 결국 이야기를 정리하면 사복음서, 바울로 서간, 위경들이 말하는 예수의 부활현현에 대한 묘사가 각각 다르다.

바울로는 왜 「마태오 복음서」와 「요한 복음서」의 진술을 뒤집고 예수가 베드로에게 가장 먼저 나타났다고 이야기했을까? 그것은 바울로가 베드로를 원시 기독교에서 가장 높은 사람으로 높이고 싶었기 때문이다. 여기서 우리는 난관에 부딪히게 된다. 앞에서 설명했듯이 안티오키아 사건에서 바울로는 베드로와 크게 싸운 후에 결별하였는데 결별 후 몇 년이 지난 글에서 왜 베드로를 가장 중요한 인물로 제시했을까? 두 가지 방향에서 생각해 볼 수 있다.

먼저 바울로 자신이 스스로 초대교회의 수장이라고 주장할 수는 없었다. 당시에는 기독교 신자라면 누구나 알고 있었듯이 바울로는 가장 '나중 된 자'였다. 예수를 만난 적도 없고, 기독교를 박해하기까지 했으며, 예루살렘 교회로부터 파문된 사람이 스스로가 최고 지도자라고 선언해 보아야 믿어줄 사람은 아무도 없었다. 그렇다면 누구를 최고 지도자로 제시하는 것이 자신에게 가장 유리할 것인가? 예루살렘 교회의 공격이 점점 더 심해지고 있는 상황에서 바울로는 권위 있는 인물 가운데서 자신을 도와줄 사람이 절실하게 필요하였다. 바울로가 도움을 얻기 위해서 사방을 살펴보았을 때 그의 머릿속에는 지금까지 제시한 여러 지도자들, 다시 말해 주의 형제 야고보, 예수의 애제자 사도 요한, 예수가 사랑했던 여인

마리아 막달레나, 용감했던 쌍둥이 토마스의 얼굴이 떠올랐을 것이다. 그러나 바울로가 활동했던 50년대에 그들이 어떤 상태에 있었는지를 알려주는 사료는 하나도 없다. 아마도 그들이 살아 있었다면 그들은 아직 예루살렘 교회에 머물러 있었을 것이다.

이 가운데 바울로가 현실적으로 도움을 요청할 수 있는 유일한 후보는 베드로밖에 없었다. 먼저 베드로는 예루살렘 교회에서 나온 후에 선교사의 임무를 맡아서 안티오키아 교회를 중심으로 활동하고 있었다. 더욱이 당시에 많은 사람들이 베드로를 주의 형제 야고보 다음으로 권위 있는 인물로 인정하고 있었다. 이런 상황에서 베드로의 권위를 높이는 것은 그에게 화해의 메시지를 보내는 것이었다. 앞에서 설명했듯이 바울로는 개종 후에 안티오키아 사건이 발생할 때까지 그와 긴밀한 협력 관계를 구축하고 있었다. 이제 안티오키아에서 있었던 그 불미스러운 일은 몇 년 전의 일이 되어버렸다. 또한 아무리 그와 다투었다고 해도 베드로의 신학 노선은 자신의 신학 노선과 가장 가까웠다. 따라서 바울로는 베드로에게 도움을 청했으며, 어쩌면 베드로로부터 실질적인 도움을 얻었을 것이다.

좀 더 다른 식으로 추론을 전개해 볼 수도 있다. 안티오키아 사건으로 돌아가 보면 야고보가 보낸 사람들이 오기 이전까지 베드로와 바울로 사이에는 아무런 이견이 없었다. 이는 베드로가 바울로의 안티오키아 교회 운영 방식, 나아가 기독교가 나아가야 할 방향에 대해서 완전히 동의하고 있었다는 것을 의미한다. 그렇다면 베드로는 야고보보다 진보적인 생각을 가지고 있었으며, 바울로에 대해서도 우호적이고 긍정적인 태도를 취하고 있었다. 베드로가 이방인과 함께한 식사 자리를 떴던 것은 순전히 '정략적'인 이유였다. 즉 바울로의 노선에 근본적으로 동의하지만 야고보가 반대하고 있다는 것을 알고 있었기에, 그리고 야고보의 권위가 너무나 높고 그를 따르는 세력이 너무나 강하기에 단숨에 바울로의 생각을 관철하는 것은 어렵다고 생각하였다. 따라서 현실적으로 당장 야고보와 부딪혀 분쟁을 일으키는 것보다는 시간을 두고 상황의 반전을 꾀하는 것이 낫다.

베드로는 이런 생각을 가지고 있었을 것이며, 따라서 그를 위선자라고 부르는 바울로의 행위는 과도한 것이었다. 결국 안티오키아 사건은 바울로의 직선적이고 불 같은 성격이 낳은 우발적인 사건이었다.

그런데 바울로는 그 우발적인 사건을 계기로 안티오키아 교회를 뛰쳐나가 선교활동을 통하여 독립된 교회들을 수립하였다. 이때 과연 베드로는 어떤 태도를 취했을까? 베드로는 계속 중도적인 태도를 취했을 것이다. 그는 마음속으로는 근본적으로 바울로가 옳다고 생각했지만 현실적으로는 야고보의 힘을 무시할 수 없다고 생각했다. 따라서 베드로는 계속 중도적인 태도를 취하면서 공개적으로 바울로를 지지하지는 않았지만, 적어도 바울로를 핍박하는 데는 가담하지 않았으며 오히려 은밀히 바울로를 도왔을 것이다. 따라서 바울로와 베드로 사이에는 암묵적인 동조관계가 수립되었다. 결국 바울로가 베드로를 원시 기독교의 수장으로 묘사했던 것은 이런 묵시적인 동맹관계의 산물이다.

이 두 가지 추론 가운데 어느 것이 더 실제에 가까울지 판단하기란 힘들다. 대다수의 학자들이 첫 번째 가능성을 더 염두에 두고 있었다. 예를 들어 바울로파의 저작인 「루카 복음서」와 「사도행전」의 시각을 검토하면서 여러 학자들이 바울로파가 베드로의 권위를 빌려서 바울로의 가르침이 정당하다고 이야기하고 있다고 주장하고 있다.[2] 이 주장을 인정하지 않는다고 해도 명확한 것은 바울로파가 베드로를 수장으로 제시하였고, 예루살렘 교회의 몰락 이후 바울로파가 소생하면서 자연스럽게 베드로의 권위도 높아졌다는 것이다. 베드로가 원시 기독교의 수장 자리를 차지하는 데 있어서 바울로의 이런 선택이 매우 중요한 역할을 했음에 틀림없다. 바울로를 계승했던 집단들이 베드로를 어떻게 높이고 있는지 좀 더 구체적으로 살펴보자.

---

2 서용원, 「사도행전의 베드로와 바울」, 『신학논단』 25, 1997, 231, 239~40쪽.

루카 공동체: 바울로의 후계자들

바울로는 예루살렘 교회의 할례당과 싸우면서 후원자가 필요했고 베드로를 그 후원자로 선택하였다. 베드로가 실제로 바울로를 도왔는지는 확실하지 않지만 바울로의 후계자들은 베드로를 높이는 작업을 계속 수행하였다. 바울로 후계자들의 작품으로는 바울로 서간 13편 가운데 그의 제자들이 스승의 이름을 빌려 쓴 서간들과 「사도행전」과 「루카 복음서」가 있다.

이 가운데 「루카 복음서」와 「사도행전」이 우리의 주제와 관련하여 많은 빛을 비추는데, 앞에서 언급했듯이 「사도행전」의 전반부는 「베드로 행전」, 후반부는 「바울로 행전」이라 불릴 정도로 베드로와 바울로를 중심으로 기술되었다. 그러나 「사도행전」의 기술이 갖고 있는 특이성을 비교할 수 있는 다른 자료가 드물기 때문에 「사도행전」의 저자가 베드로를 높이기 위해서 얼마나 노력했는가를 알아내는 것은 힘들다. 이에 반해서 「루카 복음서」의 내용은 「마르코 복음서」와 「마태오 복음서」, 그리고 「요한 복음서」와 비교가 가능하기 때문에 「루카 복음서」 저자의 의도와 노력을 쉽게 간파할 수 있다. 복음서들의 베드로에 대한 묘사를 비교하면서 「루카 복음서」가 추구했던 신학을 살펴보자.

「루카 복음서」의 저자는 베드로를 높이는 작업을 두 가지로 진행하고 있는데 하나는 그의 행동을 부각하는 것이고 다른 하나는 그의 잘못이나 실수와 같은 나쁜 것들을 완화하고 감추는 것이다. 그를 부각하는 일은 베드로가 예수의 제자가 되는 장면에서 시작된다. 「마르코 복음서」에 따르면 예수는 갈릴래아 호숫가를 지나다가 물고기를 잡는 베드로와 그의 동생 안드레아를 보고, "나를 따라 오너라. 내가 너희를 사람 낚는 어부가 되게 하겠다"라고 말하며 그들을 불렀다. 그러자 베드로는 아무 말 없이 예수를 따랐다.[3]

「루카 복음서」는 이 장면을 좀 더 극적으로 변경하였다. 「루카 복음서」

에서 예수는 그물이 찢어질 만큼 많은 물고기를 잡게 하는 기적을 보여주며 특별히 베드로를 불렀다. 베드로는 예수가 행한 이적을 보고 "자신이 죄인임을 깨닫고 자기의 모든 것을 버리고 예수를 따르기 시작했다."[4] 이렇게 「루카 복음서」에서 베드로는 예수가 특별히 공을 들여 선발한 제자이며, 제자가 된 순간 특별한 소명 의식을 느끼고 예수에게 절대적으로 헌신하기로 결심한 것 같다.

베드로를 높이는 작업의 또 다른 사례는 예수의 부활현현에 대한 기록이다. 앞에서 설명했듯이 「마태오 복음서」와 「요한 복음서」는 부활하신 예수가 마리아 막달레나에게 가장 먼저 나타나셨다고 전하고 있다. 그런데 「루카 복음서」는 상당히 다르게 진술하고 있다. 「루카 복음서」에 따르면, 마리아 막달레나와 요안나와 야고보의 어머니 마리아가 안식일 다음 날 예수의 무덤을 찾아갔다. 그런데 무덤이 열려 있고 예수의 시체는 보이지 않았다. 그들이 어리둥절하고 있을 때 눈부신 옷을 입은 두 사람이 나타나서 "너희는 어찌하여 살아 계신 분을 죽은 자 가운데서 찾고 있느냐?"라고 말하였다. 이 말을 들은 여자들은 열한 제자와 그 밖의 여러 사람들에게 이 모든 일을 말해 주었다. 대부분의 사도들이 여자들이 헛소리를 하고 있다고 믿지 않았지만 베드로는 벌떡 일어나 무덤으로 달려가서 몸을 굽혀 안을 들여다보았다. 그러나 수의밖에는 아무것도 없었다. 그날 저녁 여자들의 말을 들었던 사람들 중 둘이 엠마오라는 동네로 걸어가는데, 부활한 예수가 그들에게 나타났다. 예수를 만난 그들은 예루살렘으로 돌아갔는데, 거기에 열한 제자가 다른 사람들과 함께 모여서 예수께서 확실히 다시 살아나셔서 베드로에게 나타나셨다는 말을 하고 있었다.[5]

이상의 「루카 복음서」의 진술에서 마리아 막달레나는 부활한 예수를

---

3 「마르코 복음서」 1:16-17.

4 「루카 복음서」 5:1-11.

5 「루카 복음서」 24장.

만나지 못하였다. 오히려 부활한 예수가 처음 모습을 드러낸 사람은 애매하기는 하지만 베드로일 가능성이 높다. 열 제자가 서로 이야기하면서 "예수가 베드로에게 나타났다"라고 말한 것이 이를 뒷받침한다. 이는 은연중에 베드로가 단독으로 부활한 예수를 만났다고 이야기하고 있는 셈이다. 이 장면에서 「마르코 복음서」의 '배신자' 베드로의 모습은 분명 크게 변해 있다. 그는 갈릴래아로 도망가 물고기를 잡고 있는 것이 아니라 열 제자와 함께 예루살렘에 머물렀고, 다른 사도들이 예수가 부활했다는 소식을 듣고 '헛소리'로 치부할 때 혼자서 예수의 무덤으로 갔다. 그리고 명확하게 진술되어 있지는 않다고 해도 가장 먼저 예수를 보았다. 이는 분명 예수의 수제자, 원시 기독교의 최고 지도자의 위상에 걸맞은 모습이다.

베드로의 약점을 감추거나 완화하는 작업도 여러 가지로 진행되었다. 베드로가 예수를 세 차례 부인하는 장면도 그 하나이다. 「마르코 복음서」에 따르면 예수가 대제사장에게 잡혀갔을 때 베드로는 대제사장 집에 갔었다. 그때 신원이 들통 났던 베드로는 자신이 예수의 패거리가 아니라며 예수를 저주하고, 맹세하였다. 그런데 「루카 복음서」의 저자는 이 '저주와 맹세'라는 심각한 단어를 삭제하고 단지 '잡아뗐다'라고만 묘사하였다.⁶ 그리고 닭이 울자 「마르코 복음서」의 '울었다'는 표현을 '슬피 울었다'로 수정하였다. 이는 베드로가 자신의 잘못을 더 강하게 뉘우쳤다는 것을 암시한다. 「루카 복음서」는 이렇게 베드로에게 씌워졌던 부정적인 덮개를 벗겨내기 위해서 노력하고 있는데, 그런 노력은 때때로 약간의 수정을 가하는 것에 그치지 않고 전면 삭제로 이어지기도 했다.

「마르코 복음서」에 따르면 예수는 많은 사람이 그의 말씀을 듣기 위해서 모였을 때 제자들이 빵이 없어서 그들을 먹일 수 없다고 말하자, 제자들의 아둔함을 꾸짖으시며 "너희는 눈이 있으면서도 알아보지 못하고 귀

---

6 「루카 복음서」 22:58.

가 있으면서도 알아듣지 못하느냐?"[7]라고 말했는데, 이 구절이 「루카 복음서」에는 없다. 이는 베드로를 비롯한 사도들에 대한 예수의 책망을 제거함으로써 사도들이 예수로부터 책망을 듣던 아둔한 존재였다는 인식을 없애기 위한 것이다. 또한 「루카 복음서」는 「마르코 복음서」가 전하는 베드로에게 가장 부정적인 장면, 즉 예수가 베드로를 사탄이라고 규정하고 공개적으로 비난하는 장면을 삭제해 버렸다.[8] 「루카 복음서」가 베드로를 높여 긍정적인 인물로 만들려고 노력했다는 것을 이보다 더 명확하게 보여 주는 대목은 없을 것이다. 이렇게 「루카 복음서」는 베드로의 장점을 부각하는 반면 그의 약점은 감춤으로써 베드로를 높이는 작업을 수행하였다. 이는 바울로의 제자였던 루카가 바울로의 노선을 이어받아서 베드로를 높이는 작업을 계속 수행했다는 것을 의미한다.

루카가 바울로를 이어받아서 베드로를 높이는 작업을 계속했던 이유는 루카가 소속되어 있던 루카 공동체의 전략에서 기인했을 것이다. 다시 말해서 살아 있었을 때 바울로가 베드로의 도움이 필요했듯이, 루카 공동체도 베드로 후계자들의 도움이 필요하였다. 「루카 복음서」가 저술되었던 80년경 루카 공동체가 속했던 바울로파 교회는 원시 기독교 내에서 여전히 소수파였고 대부분의 기독교 신자들이 과격한 집단이라며 그들과 교류하려고 하지 않았다. 따라서 바울로파 공동체들은 자기들의 스승인 바울로의 주장이 결코 이단적인 것이 아니며, 예수의 수제자인 사도 베드로의 적극적인 지지를 받은 것이라고 주장하고 싶었다. 그런데 당시 베드로가 예수의 진정한 수제자인가에 대해서 의문을 제기하는 사람들이 많았다. 따라서 바울로파에 속하는 루카 공동체는 먼저 베드로를 높이는 작업을 수행하였고, 그 소산이 바로 「루카 복음서」이다.

「루카 복음서」의 저자는 「루카 복음서」의 후속편이라고 할 수 있는 「사

---

7 「마르코 복음서」 8:18.
8 「마르코 복음서」 8:33.

도행전」에서 그렇게 높여진 베드로를 적극적으로 이용하였다. 「사도행전」
전반부에서 베드로는 여러 차례 설교를 하는데 그의 설교 내용이 바울로
신학과 궤를 같이하였다. 예를 들어 베드로는 '예루살렘 사도회의'에서 이
방인에게 율법과 할례를 강제해서는 안 된다고 주장하면서 "그들의 경우
와 마찬가지로 우리가 구원받는 것도 주 예수의 은총으로 되는 것이라고
믿습니다"라고 말하였다.[9] 이는 이방인 출신 신자가 율법으로 구원을 받
는 것이 아니라 하느님의 은총으로 구원을 받는다는 것을 명확히 표현한
것인데, 바울로의 이른바 '이신칭의'와 너무나 유사하다.

앞에서 살펴보았듯이, 많은 학자들은 「사도행전」에서 베드로가 행한 연
설들은 실제로 그가 했던 것이 아니라 「사도행전」의 저자인 루카가 의도
적으로 편집한 것으로 파악하고 있다.[10] 그러나 베드로가 그런 취지의 연
설을 실제로 했을 가능성이 얼마든지 있다. 베드로가 예루살렘 사도회의
에서 바울로 편을 들어주었다는 것은 확실하다. 그렇지 않았다면 바울로
는 자기의 주장을 관철하지 못하였을 것이다. 그러나 여기서 중요한 것은
베드로가 그런 연설을 실제로 했는지 여부가 아니다. 「루카 복음서」의 집
필 시기에 중요했던 것은 그런 말을 한 것으로 이야기되는 베드로의 권위
를 높이는 것, 그리고 권위 높은 베드로가 그런 말을 했다는 것을 여러
사람들에게 전파하는 것이었다. 루카 공동체는 바로 이런 문제의식을 가
지고 「루카 복음서」와 「사도행전」을 집필했다.

지금까지 바울로와 바울로를 계승한 루카 공동체가 베드로를 높이는
작업을 수행했다는 것을 살펴보았다. 그렇다면 그들이 없었다면 베드로
가 원시 기독교의 수장이 되지 못했을까? 반드시 그렇지는 않다. 왜냐하
면 1세기 후반에 또 다른 공동체들이 베드로의 권위를 높이려고 노력하

---

9 「사도행전」 15:11.
10 정대현, 「베드로의 카이사리아 설교(사도 10, 34-43) 연구」, 『신학연구』 3, 1990,
403~04쪽.

고 있었기 때문이다. 그런 대표적인 공동체가 마태오 공동체이다.[11]

마태오 공동체: 베드로의 권위를 대변하는 자들

70년 예루살렘 교회가 무너진 후에 기독교인들이 가장 많이 살고 있던 곳은 시리아 일대였다. 팔레스타인에 살던 기독교 신자들이 전쟁의 참화를 피하여 그곳으로 이주하였을 뿐만 아니라 원래 그곳에는 최초의 이방인 교회로 바르나바와 바울로가 사역했던 안티오키아 교회가 있었기 때문이다. 「마태오 복음서」의 저자 마태오가 속했던 공동체도 이 지역 어디에 있었을 것이며, 그 공동체의 구성원은 주로 유대인이었다.[12] 「마태오 복음서」가 유대의 율법과 전통에 대해서 강한 애착을 보여 주는 것이 이를 뒷받침한다. 예수가 자신의 사명을 밝히면서 "내가 율법이나 예언서의 말씀을 없애러 온 줄로 생각하지 마라. 없애러 온 것이 아니라 오히려 완성하러 왔다. 분명히 말해 두는데, 천지가 없어지는 일이 있더라도 율법은 일점일획도 없어지지 않고 다 이루어질 것이다"[13]라고 말한 것은 이런 태도를 단적으로 보여 준다.

마태오 공동체가 이렇게 유대 전통을 강력하게 고수하려고 했던 것은

---

11 안티오키아 사건 이후 베드로와 바울로의 관계에 대해서는 정기문, 「안티오키아 사건 이후 베드로와 바울로의 관계에 대하여」, 『서양고대사연구』 48, 2017a를 수정·보완한 것이다.

12 마태오 공동체는 예루살렘 교회 내의 히브리파 가운데서도 갈릴래아 출신의 제자들로 구성되었을 것이다. 이는 「마태오 복음서」가 「마르코 복음서」의 갈릴래아와 예루살렘의 대립 구도를 이어받았으면서도, 예수와 갈릴래아를 더욱 견고하게 연계시킴으로써 그 대립 구도를 더 강화했다는 사실에서 확인된다. 이에 대해서는 R. T. France, *The Gospel of Matthew*, William B. Eerdmans Publishing 2007, p. 7을 보라. 마태오 공동체가 회당에서 분리 직후에 「마태오 복음서」를 썼다는 것에 대해서는 울리히 루츠, 박정수 옮김, 『마태오 공동체의 예수 이야기』, 대한기독교서회 2002, 30~31쪽을 보라.

13 「마태오 복음서」 5:17-18.

민족주의 열풍 때문이었다. 66년 일어난 제1차 유대 반란은 73년에 이르러 완전히 진압되었지만 유대인들은 여전히 로마제국을 몰아내 줄 메시아의 도래를 열망하고 있었으며, 머지않아 또다시 대규모 반란을 일으킬 터였다. 마태오 공동체도 이런 열망을 공유했다. 「마태오 복음서」의 저자는 세례 요한을 예수를 예비하는 자로 제시하는데 그의 입을 빌려서 "너희는 주의 길을 닦고 그의 길을 고르게 하여라"고 외치게 한다. 이는 원래 구약성경 「이사야서」 40장 3절의 말이다. 「이사야서」 40장은 바빌론 제국이 예루살렘 성전을 파괴하고 유대인들을 포로로 잡아가던 시대에 예언자 이사야가 하느님이 바빌론의 지배를 끝내고 유대인을 억압에서 해방해 줄 것이라는 예언을 담고 있다.

이렇게 이방인들로부터 유대인의 해방을 선언하는 세례 요한에게 세례를 받은 예수는 그의 뜻을 이어받아서 「이사야서」 9장의 예언을 성취한 후에, 즉 "스불룬과 납달리, 호수로 가는 길, 요단 강 건너편, 이방인의 갈릴래아, 어둠 속에 앉은 백성이 큰 빛을 보겠고 죽음의 그늘진 땅에 사는 사람들에게 빛이 비치리라"는 예언을 이룬 후, 즉시 "회개하여라. 하늘나라가 다가왔다"라고 외친다. 「이사야서」 9장은 이스라엘 백성이 아시리아의 공격을 받아 처참한 고통을 당하고 있던 시절에 다윗 가문에서 태어난 아들이 구원을 이끌리라고 예언한다. 따라서 「마태오 복음서」에서 예수가 말하는 하늘나라는 로마를 몰아내고 이스라엘의 영광을 복원하는 나라이다.[14]

이런 민족주의 열풍은 유대의 전통에 대한 매우 강한 열정을 일으켰으며, 전통을 파괴하는 자 혹은 로마제국에 빌붙어 사는 자들에 대한 강력한 적대로 이어졌다. 우리는 이런 맥락에서 「마태오 복음서」가 바리사이파에 대해서 취했던 강렬한 적대를 이해할 수 있을 것이다. 제1차 유대

---

14 서중석, 앞의 책, 2007, 96~97쪽.

반란 시에 바리사이파 지도자 요하난 벤 자카이는 대표적인 '비둘기파'였고, 장차 로마의 황제가 될 베스파시아누스의 도움을 받아서 야브네에 유대인 학교를 재건하였다. 제1차 유대 반란이 끝난 후 바리사이파가 그곳에 집결하여 유대교를 재건하였으며, 그렇게 재건된 유대교는 랍비 유대교라고 불린다.

이 랍비 유대교는 로마제국에 대해서 온건하고 때로는 우호적인 태도를 취했다. 마태오 공동체는 바리사이파의 이런 기회주의적인 태도와 맞서 싸웠다. 「마태오 복음서」의 저자가 세례 요한과 예수의 이름을 빌려서 바리사이파를 '독사의 자식들'이라고 질책했던 것은 당시의 이런 상황을 대변하고 있다.[15] 이런 측면에서 보면 마태오 공동체는 유대교의 틀을 벗어나려는 생각을 전혀 갖지 않았으며, 오히려 그들이 유대교의 정통 적자라는 인식을 강하게 가지고 있었다. 따라서 그들이 바리사이파와 싸운 것은 어디까지나 유대교 내에서 벌어지는 내부 갈등이었다.[16]

바로 이 마태오 공동체가 베드로를 높이는 작업을 적극적으로 수행하였다. 「마태오 복음서」의 베드로 높이기 작업은 열두 제자의 이름을 제시하는 데서 시작된다. 「마태오 복음서」는 「마르코 복음서」의 열두 제자 목록을 거의 그대로 소개하면서 약간의 수정을 가하여 베드로 앞에 '첫째'(πρωτος)라는 단어를 삽입하였다. 이것이 여러 한글 번역 성서에는 반영되어 있지 않지만 영문 성경에는 '베드로라고 불리는 첫째 시몬'(The first, Simon, who is called Peter)이라고 잘 반영되어 있다. 이렇게 베드로 앞에서 첫째라는 단어를 삽입한 것은 베드로가 예수의 수제자임을 드러내려는 것이다.[17]

---

15 Richard Horsley(ed.), *Christian Origins*, Fortress Press 2005b, p. 149.

16 마커스 보그, 김중기·이지교 옮김, 『성경 새롭게 다시 읽기』, 연세대학교 출판부 2004, 288쪽.

17 이영호, 「누가복음의 베드로」, 『순신대학교 교수논총』 제6호, 1995, 164~65쪽.

「마태오 복음서」는 베드로를 예수의 수제자로 제시한 이후 「마르코 복음서」에 내포되어 있던 베드로에 대한 부정적인 묘사를 수정한다. 두 사례를 살펴보자. 먼저 변화산 사건을 설명하면서 「마르코 복음서」는 베드로를 열등한 사람으로 만들어버렸다. 예수가 천사처럼 변화하고, 엘리야와 모세가 나타난 장면을 보고 베드로는 "선생님, 저희가 여기서 지내면 얼마나 좋겠습니까! 여기에 초막 셋을 지어 하나는 선생님을 모시고, 하나는 모세를, 하나는 엘리야를 모셨으면 합니다"라고 말하였다. 그런데 「마르코 복음서」의 저자는 베드로의 이 말을 "사실 베드로는 겁에 질려서 무슨 말을 해야 좋을지 몰라 엉겁결에 그렇게 말했다"라고 평가함으로써 베드로를 열등한 사람으로 만들었다. 그런데 「마태오 복음서」는 이 논평을 삭제함으로써 베드로에 대한 부정적인 이미지를 개선하였다. 두 번째, 수난을 앞두고 예수가 겟세마니 동산에 갔을 때 예수는 베드로, 요한, 야고보를 데리고 갔다. 예수는 기도하기 위해 좀 더 높은 곳으로 가면서 제자들에게 깨어 있으라고 명령했는데, 기도를 마치고 내려와 보니 제자들이 자고 있었다. 그런데 이때 예수는 오로지 베드로를 향해서 "시몬아, 자고 있느냐? 단 한 시간도 깨어 있을 수 없단 말이냐?"라고 말하였다. 이는 특별히 베드로를 책망한 것이라고 볼 수 있다. 「마태오 복음서」는 이 구절을 소개하면서 예수가 책망한 대상을 베드로가 아니라 '너희들'로 바꾸었다. 이 역시 베드로에 대한 부정적인 상을 완화하려는 시도라고 볼 수 있다.[18]

이렇게 「마태오 복음서」는 베드로에 대한 부정적인 상을 완화할 뿐만 아니라 그를 긍정적인 인물, 특히 예수의 수제자로 부각하는 작업을 본격적으로 수행한다. 이 사실은 다른 무엇보다도 예수의 정체성에 대한 베드로의 고백 장면에서 잘 드러난다. 예수가 하늘나라의 임박을 선포하고 기

---

18 김득중, 앞의 책, 2016, 161~63쪽.

적을 행하자 많은 사람들이 그를 따랐다. 어떤 사람들은 그가 세례 요한이라고 하고, 또 어떤 사람들은 엘리야라고 했으며, 예언자 중의 한 사람이라고 말하는 사람도 있었다. 이렇게 소문이 무성하자 예수는 제자들에게 너희는 나를 누구라 생각하느냐라고 물었다. 「마르코 복음서」에 따르면 그때 베드로가 나서서 "주는 그리스도이십니다"라고 대답하였다. 그러자 예수는 베드로의 말에 대해서 아무런 논평도 하지 않고 아무에게도 그 이야기를 하지 말라고 당부한다.[19] 이는 예수가 자신이 메시아임을 세상에 드러낼 준비가 되어 있지 않았음을 의미한다.

「마태오 복음서」는 이 장면을 크게 변경하였다. 이야기의 장소와 배경은 같지만 베드로의 답변이 다르다. 이때 베드로는 "주는 그리스도이시요 살아 계신 하느님의 아들이십니다"라고 대답하였다. 이는 「마르코 복음서」의 진술에 '하느님의 아들'이라는 구절을 덧붙인 것으로 예수의 정체를 좀 더 높인 것이라고 볼 수 있다. 그리고 이에 대한 예수의 반응은 「마르코 복음서」의 반응과 사뭇 다르다. 예수는 다음과 같이 길게 이야기하였다.

> 그러자 예수께서는 "요나스의 아들 시몬아, 너는 복이 있다. 살과 피가 아니라 하늘에 계신 내 아버지가 그 사실을 너에게 알려 주셨다"라고 말씀하셨다. 또한 나는 말한다. "너는 베드로이다. 내가 이 반석 위에 내 교회를 세울 터인즉 지옥의 문이 그것을 누르지 못할 것이다. 또 나는 너에게 하늘나라의 열쇠들을 주겠다. 네가 무엇이든지 땅에서 매면 하늘에서도 매일 것이며 땅에서 풀면 하늘에서도 풀릴 것이다" 하고 말씀하셨다.[20]

예수의 이 말은 베드로를 단순히 현명한 제자의 한 명으로 인정하는 것이 아니라 자신의 수제자, 지상의 후계자로 임명하는 것이다. 이는 이

---

19 「마르코 복음서」 8:30.
20 「마태오 복음서」 16:17-19.

구절에서 사용된 두 가지 핵심어, 즉 반석과 열쇠에서 명확히 드러난다. '반석'이라는 단어는 「마태오 복음서」 7장 24절에도 등장하는데, 여기서 반석은 예수의 가르침, 즉 진리를 암시하며 그 위에 터를 닦은 사람은 안전하고 구원을 받게 된다.

진리의 터를 가리키기 위해서 반석이라는 말을 사용한 것은 1~2세기 유대인 사이에서 널리 통용되던 일이었다. 예를 들어 쿰란 공동체도 반석이라는 단어를 하느님의 진리를 상징하는 말로 사용하였다. 쿰란의 한 문서(1QS 8:5-10)[21]는 진정한 이스라엘을 '반석'이라고 묘사하였다. 따라서 「마태오 복음서」의 저자가 이 단어를 베드로에게 사용한 것은 그들이 베드로를 계승하였기 때문에, 베드로의 권위를 높임으로써 자신들의 입지를 견고하게 하려는 전략이었다. 열쇠라는 말은 권위와 권능을 의미한다. 이 열쇠를 가진 사람은 지상에서도, 하늘에서도 사람들을 공동체에 포함할 수도 있고, 또한 배제할 수도 있다. 이는 베드로, 나아가 베드로를 계승한 마태오 공동체의 지도자들이 그러한 막강한 권한을 가지고 있다는 것을 상징한다.[22] 후에 로마 교황은 이런 비유를 이용해서 자신이 베드로의 후계자라고 자처했고, 자신이 지상의 모든 신자를 관리할 권한이 있다고 주장하게 된다.

이렇게 「마태오 복음서」에서 예수는 베드로를 자신의 수제자로 삼고 그에게 특별한 애정을 보여 주었다. 「마태오 복음서」는 베드로가 예수를 가장 밀접하게 수행하면서 중요한 질문을 하거나 여러 가지 신비한 체험을

---

21 쿰란의 문서를 표시하는 방식으로 동굴 1에서 발견된 문서 8번이라는 뜻이다.

22 J. Andrew Overman, *Matthews's Gospel and Formative Judaism*, Fortress Press 1990, pp. 136~39. 베드로의 수위성을 인정하는 예수의 이 언급이 후대의 창작이 아니라 예수에게서 직접 유래한 것이라는 주장도 있다. 그러나 이런 주장을 하는 사람들도 대부분 예수가 살아생전에 그런 말을 한 것은 아니며, 부활한 후에 베드로에게 새로운 사역을 맡기면서 그런 말을 했다고 주장하고 있다. 이에 대해서는 Pheme Perkins, *Peter: Apostle of the Whole Church*, Fortress 2000b, p. 19를 보라.

하는 장면을 추가하곤 하였다.[23] 두 가지 장면을 살펴보자.

「마르코 복음서」에 따르면, 어느 날 제자들이 먼저 배를 타고 호수를 건너게 되었는데 예수는 배에 타지 않고 육지에 남아 있었다. 그런데 새벽에 풍랑이 거세게 일자 예수는 제자들이 걱정되어 물 위를 걸어서 제자들에게 가게 되었다. 그때 제자들은 예수를 유령이라고 두려워했다. 이 장면에서 베드로의 이름은 등장하지 않는다.[24] 그런데 「마태오 복음서」는 이 장면을 베드로를 돋보이게 각색하였다. 「마태오 복음서」에 따르면, 베드로는 주님이시라면 자기로 하여금 물 위를 걸어서 예수를 맞이하게 해 달라고 부탁하였다. 예수가 그리하라고 말하자 베드로는 물 위를 걸어서 예수를 맞이하였다.[25] 이때 제자들 가운데 오직 베드로만이 물 위를 걷는 신비한 체험을 했는데 이 이야기는 오직 「마태오 복음서」에만 있다. 「마태오 복음서」는 이때 다른 제자들의 이름을 거명하거나 행동을 전혀 언급하지 않는다. 이는 베드로를 부각하는 것이다.

이렇게 제자 가운데 오직 베드로만이 단독으로 부각되는 또 다른 사례가 성전세(聖殿稅) 이야기이다. 성전세는 예루살렘 성전의 유지를 위해서 반 세겔(Shekel, 로마 화폐로는 2데나리우스)을 바치는 것인데 모든 유대인이 납부하였다. 예수와 제자들이 카파르나움에 있을 때 성전세를 받으러 다니는 사람들이 베드로에게 "당신네 선생님은 성전세를 바칩니까?"라고 물었는데 이때 예수는 바칠 필요가 없지만 공연한 충돌을 할 필요가 없다며, 바다에 나가 물고기를 잡아 오라고 말한다. 그리고 그 물고기의 입안

---

23 이승문, 「베드로(마 16:16b-19)와 마태오 공동체의 제도화」, 『신약논단』 22-4, 2015, 861~62쪽.

24 「마르코 복음서」 6:45-52.

25 「마태오 복음서」 14:28. 이 이야기에서 베드로가 믿음이 부족하여 물에서 빠졌기 때문에 이 기사는 베드로를 낮춘 것으로도 해석할 수 있다. 그러나 물에 빠진 순간 베드로는 예수에게 구원을 요청하였고, 예수가 그를 구원해 주었다. 따라서 이 기사는 전체적으로 베드로를 높이고 있다.

에 있는 은화를 '자신과 베드로'의 성전세로 납부하라고 말한다. 이 사건에서 성전세를 징수하는 사람들이 베드로에게 가서 이야기했다는 것은 외부인들이 예수 집단을 볼 때 그 대표를 베드로로 생각했다는 것을 상징한 것이다. 또한 예수는 다른 제자들이 다 보고 있는 가운데 오직 베드로의 성전세만을 내주었다. 이는 예수가 베드로를 특별한 존재로 여겼다는 것을 의미한다.[26] 그런데 이 기사는 오직 「마태오 복음서」에만 나온다.[27]

「마태오 복음서」는 명확하게 베드로를 예수의 수제자, 지상 사역의 후계자로 제시하였다. 그런데 앞에서 설명했듯이 마태오 공동체는 유대의 전통을 고수하려는 민족주의자들로 바울로파 공동체들과는 전혀 다른 세계를 지향하였다. 이들이 베드로를 높이고자 했던 이유는 무엇일까? 마태오 공동체가 베드로로부터 직접 가르침을 받았던 집단이라고 생각할 수 있다. 마태오 공동체가 안티오키아 교회에 속해 있었고, 앞에서 설명했듯이 베드로가 안티오키아 교회에서 활동했다면 이럴 가능성이 크다.[28]

---

26 김호현, 「St. Peter의 人間性과 恩想」, 『대한신학교 논문집』 제3집, 1983, 464쪽. 예수 이전부터 유대인 성년 남자들은 1년에 2데나리우스, 즉 반 세겔을 예루살렘 성전에 바쳤다. 그런데 제1차 유대 반란 이후에 로마는 그것의 명칭을 '유대인세'로 바꾸고 여자와 어린이를 포함한 모든 유대인에게 부과하였다. 「마태오 복음서」에서 언급된 성전세는 로마제국이 유대인에게 부과한 세금일 수도 있다. 이에 대해서는 L. Michael White, 앞의 책, 2004, pp. 246~47을 보라.

27 「마태오 복음서」 18장 21~22절에는 다른 복음서에 없는 또 다른 이야기가 실려 있다. 이 기사에서 베드로는 형제의 죄를 몇 번이나 용서해 주어야 하느냐고 예수에게 물었다. 이와 비슷한 이야기는 「루카 복음서」에 나오는데 「루카 복음서」에는 질문자가 없다. 「마태오 복음서」에 베드로 기사가 14개 나오고, 그 가운데 2개는 「마태오 복음서」에만 있는 것이라는 점에 대해서는 양용의, 앞의 글, 2010, 4쪽을 보라.

28 마태오 공동체의 지리적 위치에 대한 다양한 견해, 그리고 안티오키아를 가장 적합한 곳으로 보는 견해에 대해서는 Raymond E. Brown and John Meier, 앞의 책, 1983, pp. 18~27; Ivor Jones, *The Gospel of Matthew*, Epworth 1994, p. 2와 pp. xx~xxi를 보라.

「마태오 복음서」에서 관찰되는 친이방적 요소 또한 마태오 공동체가 베드로의 가르침을 계승했을 가능성을 뒷받침한다. 「마태오 복음서」는 예수의 족보에 이방 여인들의 이름을 명기하였으며, 예수가 탄생할 때 이방인인 동방박사가 와서 경배했고, 이방인이었던 로마의 백부장(百夫長)은 "내가 진실로 너희에게 이르노니 이스라엘 중 아무에게서도 이만한 믿음을 보지 못하였노라"는 칭찬을 받았다.[29] 또한 예수가 십자가에서 죽어갈 때 그의 제자들은 모두 도망갔지만, 로마의 백부장은 "예수는 진실로 하느님의 아들이었다"라고 고백하였다.[30] 그리고 결정적으로 예수는 이 땅을 떠나기 이전에 "너희는 가서 모든 민족을 제자로 삼아라"고 명령하였다.[31] 「마태오 복음서」가 이렇게 친이방적 혹은 이방 지향적 요소를 보였던 것은 선교사로 활동했던 베드로의 신학이나 가르침을 계승했기 때문일 것이다.

지금까지 마태오 공동체가 베드로의 신학을 물려받았고, 베드로의 권위를 높이는 작업을 적극적으로 수행했음을 살펴보았다. 2세기 중반 이후 이 공동체가 생산한 「마태오 복음서」가 원시 기독교의 모든 문서 가운데 가장 사랑받는 글로 부각된다. 지중해 일대에 넓게 펼쳐져 있던 기독교 신자들은 「마태오 복음서」를 신약성경의 첫 권으로 인정하고, 기독교 신앙의 최고 중심 문서로 삼는다. 「마태오 복음서」의 권위가 높아지면서 베드로의 권위는 더욱 확고해져 갔다. 그리하여 2세기 후반 이후 베드로가 예수의 수제자였고, 예수의 후계자로서 원시 기독교를 이끌었다는 사

---

29 「마태오 복음서」 8:10.

30 「마태오 복음서」 27:54.

31 「마태오 복음서」 28:19. 「마태오 복음서」가 친이방적 요소를 보였던 것은 이방적 환경에 놓여 있었기 때문일 수도 있다. 예를 들어 「마태오 복음서」는 줄곧 70인역을 사용하고 있는데, 이는 「마태오 복음서」의 저자가 이방적 환경에 놓여 있었기 때문일 것이다. 이에 대해서는 김학철, 「마태 공동체 연구사에 관한 비판적 고찰과 연구 전망」, 『신학논단』 47, 2007, 21~22쪽을 보라.

실에 대하여 의문을 제기하는 세력은 거의 소멸되어 버렸다. 그리하여 베드로는 확고하게 예수의 후계자로 자리매김하였다.

■ 참고문헌

1. 1차 사료

1 Clemens.

Apostolic Constitutions.

Clemens, *Recognitions.*

——, *Stromata.*

Epiphanius, *Panarion.*

Epistula Petri.

Eusebius, *Ekklesiastikes Istorias.*

——, *Hist. Eccl.*

——, *Vita Constanti.*

Hieronymus, *De Viris Illustribus.*

Hieronymus, *Dialogus Adversus Pelagianos.*

Ignatius, *Ad Eph.*

——, *Epistle to the Ephesians.*

——, *Epistle to the Magnesians.*

——, *Epistle to the Philadelphians.*

——, *To the Romans.*

——, *To the Smyrneans.*

Irenaeus, *Adversus Haereses.*

Josephus, F., *Antiquitates Judaicae.*

——, *Bellum Judaicum.*

Martyr, Justin, *Dialogue with Trypho.*

Origenes, *Contra Celsum.*

——, *Homilies on Luke.*

Plinius, *Letters.*

Polycarpos, *Epistle to the Philadelphians.*

Psedo-Clementine, *Recognitione.*

Pseudo Clemens, *Homilies.*

Pseudo-Tertullianus, *Against Heresie.*

Refutation of All Heresies.

Stromata.

Suetonius, *De Vita Caesarum.*

Tacitus, *Annales.*

Tertullianus, *Adversus Valentinianos.*

——, *Against Marcion.*

——, *Apologeticus.*

——, *De praescriptione haereticorum.*

——, *On Baptism.*

송혜경, 『신약외경 상권: 복음서』, 한님성서연구소 2009.

——, 『신약외경 하권: 행전·서간·계시록』, 한님성서연구소 2011.

장보웅 편저, 『흐레마 성경, 스테판 원전 직역 신약』, 쿰란출판사 2006.

2. 2차 사료

Aaegeson, James, "The Pastoral Epistles, Apostolic Authority, and the Development of the Pauline Scriptures", Stanley Porter(ed.), *The Pauline Canon*, Atlanta: Society of Biblical Literature 2004.

Adam, Betty Conrad, *The Magdalene Mystique*, Morehouse 2006.

Adams, Edward et al.(ed.), *Christianity at Corinth*, Westminster John Knox Press 2004.

Albert, D. J., "Peter in Rome?", A Thesis Presented to the Faculty of the Ambassador College Graduate School of Theology.

Alexander, Loveday, *The Preface to Luke's Gospel,* Cambridge University Press 1993.

Arnal, W., "The Rhetoric of Marginality: Apocalypticism, Gnosticism, and Sayings Gospels", *The Harvard Theological Review* 88-4, 1995.

Ayer, Joseph Cullen, "The Development of the Appellate Jurisdiction of the Roman See", *Church History* 57, 1988.

Bae Hyunju, "Paul, Roman Empire and Ekklesia", *Bulletin of the Commission on Theological Concerns* 22-2, 2006.

Barnstone, Willis(ed.), *The Other Bible,* HarperSanFrancisco 2005.

Barret, C. K., "Pauline Controversies in the Post-Pauline Period", *New*

Testament Studies 20-3, 1974.

————, *On Paul: Aspects of His Life, Work and Influence in the Early Church*, T&T Clark 2003.

Bauckham, Richard, "Salome the Sister of Jesus, Salome the Disciple of Jesus, and the Secret Gospel of Mark", *Novum Testament* 33-3, 1991.

————, "Papias and Polycrates on the Origin of the Fourth Gospel", *Journal of Theological Studies* 44-1, 1993.

————, "James and Peter, and the Gentiles", *The Missions of James, Peter, and Paul*, Bruce Chilton and Craig Evans(eds.), Brill 2005.

Bauer, Walter, *Rechtgläubigkeit und Ketzerei im ältesten Christentum*, Tübingen 1934.

Baur, Ferdinand Christian, "Die Christus Partei in der korinthischen Gemeinde, der Gegensatz des petrinischen und paulinischen Christentums in der ältesten Kirche, der Apostel Paulus in Rom", *Tübingen Zeitschrift für Theologie* 4, 1831.

Baum, A. D., "The Anonymity of the New Testament History Books: A Stylistic Device in the Context of Greco Roman and Ancient Near Eastern Literature", *Novum Testamentum* 50, 2008.

Bernstein, Alan E., *The Formation of Hell: Death and Retribution in the Ancient and Early Christian Worlds*, Cornell University Press 1993.

Bird, Michael and Joseph Dodson(ed.), *Paul and the Second Century*, Bloomsbury 2011.

Boer, Esther de, *The Gospel of Mary*, T&T Clark International 2004.

————, *The Gospel of Mary: Listening to the Beloved Disciple*, bloomsbury Academic 2005.

————, "A Stoic Reading of the Gospel of Mary: The Meaning of Matter and 'Nature' in Gospel of Mary 7.1-8.11", in Tuomas Rasimus et al.(ed.), *Stoicism in Early Christianity*, Baker Academic 2010.

Bonz, Marianne Palmer, "The Jewish Donor Inscriptions from Aphrodisias: Are They Both Third-Century, and Who Are the Theosebeis", *Harvard Studies in Classical Philology* 96, 1994.

Borg, Marcus J. and John Dominic Crossan, *The First Paul: Reclaiming the Radical Visionary Behind the Church's Conservative*, HarperOne 2009.

Bourgeault, C., *The Meaning of Mary Magdalene*, Shambhala 2010.

Boyd, G. A., *Cynic Sage or Son of God?: Recovering the Real Jesus in an Age of*

Revisionist Replies, Eugene: Wipf and Stock 2010.

Brakke, D., "Self Differentiation among Christian Groups: The Gnostics and their Opponents", M. Mitchell et al.(ed.), *The Cambridge History of Christianity*, Cambridge University Press 2006.

Brandon, S. G. F., *Jesus and the Zealots: A Study of the Political Factor in Primitive Christianity*, Charles Scribner's Sons 1967.

Brock, Ann Graham, *Mary Magdalene, The First Apostle*, Harvard University Press 2003.

Brown, Raymond E. and John Meier, *Antioch and Rome*, Paulist Press 1983.

———, *The Gospel according to John I-XII*, Anchor Bible 1966.

———, *The Community of the Beloved Disciple*, Paulist Press 1979.

———, *The Churches the Apostles Left Behind*, Paulist Press 1984.

———, *An Introduction to the New Testament*, Doubleday 1997.

———, *An Introduction to New Testament Christology*, Paulist Press 1994.

Brown, Raymond E.(ed.), *Peter in the New Testament,* New York 1973.

Bruce, F. F., *The Acts of the Apostles: The Greek Text with Introduction and Commentary*, Tyndale 1952.

———, *Peter, Stephen, James & John: Studies Non-Pauline Christianity*, William B. Eerdmans Publishing 1994[1979].

Burkett, Delbert, *An Introduction to the New Testament and the Origins of Christianity*, Cambridge 2002.

Bütz, Jeffrey, *The Brother of Jesus and the Lost Teachings of Christianity*, Inner Traditions 2005.

Caputo, John and Linda Alcoff(ed), *St. Paul among the Philosophers*, Indiana University Press 2009.

Carson, D. A., *The Gospel According to John*, Apollos 1991.

Cassidy, Richard J., *Four Times Peter: Portrayals of Peter in the Four Gospels And at Philippi*, Liturgical Press 2007.

Castelli, E., *Martyrdom and Memory*, Columbia University Press 2004.

Chapa, Juan, "The Fortunes and Misfortunes of the Gospel of John in Egypt", *Vigiliae Christianae* 64-4, 2010.

Charlesworth, James, "Reinterpreting John: How the Dead Sea Scrolls Have Revolutionized Our Understanding of the Gospel of John", *Bible Review* 9, 1993.

Childs, Brevard, *The Church's Guide for Reading Paul*, William B. Eerdmans

Publishing 2008.

Chilton, Bruce and Craig Evans(ed.), *The Missions of James, Peter and Paul*, Brill 2005.

Chilton, Bruce and Jacob Neusner(ed.), *The Brother of Jesus: James the Just and His Mission*, Westminster John Knox Press 2001.

Comfort, P., *Encountering the Manuscripts*, Broadman & Holman 2005.

Coogan, M. P.(ed.), *The Oxford Encyclopedia of the Books of the Bible*, Vol. 2. Oxford University Press 2011.

Cook, M. J., "Jesus and the Pharisees-the Problems as it Stands Today", *Journal of Ecumenical Studies* 15, 1978.

Corley, K., *Women & the Historical Jesus*, Polebridge 2002.

Crossan, John Dominic and Jonathan Reed, *In Search of Paul*, HarperOne 2005.

Crossan, John Dominic, "Mark and Relatives of Jesus", *Novum Testamentum* 15-2, 1973.

———, *The Historical Jesus: The Life of a Mediterranean Jewish Peasant*, HarperOne 1993.

———, *The Birth of Christianity*, HarperSanFrancisco 1998.

Cullmann, Oscar, *Peter: Disciple, Apostle, Martyr*, Baylor University Press 2011.

Das, Andrew, *Paul and the Jews*, Library of Pauline Studies 2003.

———, *Solving the Romans Debate*, Fortress Press 2007.

Davidson, Ivor, *The Birth of The Church*, Baker Books 2004.

Davies, S., "The Christology and Protology of the Gospel of Thomas", *Journal of Biblical Literature* 111-4, 1992.

———, *The Gospel of Thomas*, SkyLight Paths 2002.

Davies, W. D., *Paul and Rabbinic Judaism*, Fortress Press 1948.

DeConick, April and Jarl Fossum, "Stripped before God: A New Interpretation of Logion 37 in the Gospel of Thomas", *Vigiliae Christianae* 45-2, 1991.

DeConick, April(ed.), *The Codex Judas Papers: Proceedings of the International Congress on the Tchacos Codex held at Rice University, Houston Texas, March 13-15, 2008*, Brill 2009.

DeConick, April, *Seek to See Him: Ascent & Vision Mysticism in the Gospel of Thomas*, Brill 1996.

——, "The Original Gospel of Thomas", *Vigiliae Christianae* 56-2, 2002.

——, *The Original Gospel of Thomas in Translation*, T&T Clark 2006.

——, *The Thirteenth Apostle: What the Gospel of Judas Really Says*, Continuum 2007.

——, "The Mystery of Betrayal. What does the Gospel of Judas Really Say?", Madeleine Scopello(ed.), *The Gospel of Judas in Context,* Brill 2008.

Dibelius, Martin, L. Woolf(tr.), *From Tradition to Gospel*, James Clarke Company 1982.

Dibelius, Martin, *The Book of Acts: Form, Style, and Theology*, Fortress Press 2004.

Donahue, Paul, "Jewish Christianity in the Letters of Ignatius of Antioch", *Vigiliae Christianae* 32-2, 1978.

Dorian, Nancy, *The Gospel of Thomas: Introduction and Commentary*, Brill 2014.

Dunn, James(ed.), *The Cambridge Companion to St. Paul,* Cambridge University Press 2003.

Dunn, James, *Unity and Diversity in the New Testament*, London: Westminster 1977.

——, *Christology in the Making: A New Testament Inquiry into the Origins of the Doctrine of the Incarnation*, William B. Eerdmans Publishing 1980.

——, *Beginning From Jerusalem*, William B. Eerdmans Publishing 2008.

Ehrman, Bart and Zlatko Plese(ed.), *The Other Gospels: Accounts of Jesus from Outside the New Testament*, Oxford University Press 2014.

Ehrman, Bart(ed.), *The Apostolic Fathers*, Harvard University Press 2003.

Ehrman, Bart, *Forged*, HarperOne 2011.

——, *Peter, Paul & Mary Magdalene: The Followers of Jesus in History and Legend*, Oxford University Press 2006a.

——, *The Lost Gospel of Judas Iscariot*, Oxford University Press 2006b.

Eisenman, R., *James the Brother of Jesus: The Key to Unlocking the Secrets of Early Christianity and the Dead Sea Scrolls*, Penguin 1997.

Ekeke, Emeka C., "Persecution and Martyrdom of Christians in the Roman Empire From AD 54 to 100: A Lesson for the 21st Century Church", *European Scientific Journal* 16-8, 2012.

Elderen, Bastiaan Van, "Early Christianity in Transjordan", *Tyndale Bulletin*

45-1, 1994.

Eliav, Y. Z., "The Tomb of James, Brother of Jesus, as Locus Memoriae", *Harvard Theological Review* 97, 2004.

Elliott, Keith and Ian Moir, *Manuscripts and the Text of the New Testament,* T&T Clark 1995.

Elliott, Neil and Mark Reasoner(ed.), *Documents and Images for the Study of Paul*, Fortress Press 2011.

Elmer, Ian, "Between Jerusalem and Antioch: The Advent of the Gentile Mission", *Australian e-Journal of Theology* 6, 2006.

——, *Paul, Jerusalem and the Judaisers: The Galatian Crisis in Its Broadest Historical Context*, Mohr Siebeck 2009.

Emmel, Stephen, "The Presuppositions and the Purpose of the Gospel of Judas", in Madeleine Scopello(ed.), *The Gospel of Judas in Context,* Brill 2008.

Engberg-Pedersen, Troels, *Paul in his Hellenistic Context,* T&T Clark 1994.

Erhardt, Michelle and Amy Morris(ed.), *Mary Magdalene, Iconographic Studies from the Middle Ages to the Baroque*, Brill 2012.

Farley, Benjamin W., *Jesus as Man, Myth, and Metaphor,* Wipf and Stock 2007.

Feldman, L. H., "The Omnipresence of the God-fearers", *Biblical Archaeology Review* 12-5, 1986.

Finegan, J., *The Archeology of the New Testament: The Life of Jesus and the Beginning of Early Church*, Princeton University Press 1992.

Finley, Gregory C., "The Ebionites and 'Jewish Christianity'", *The Catholic University of America Diss. Paper.*

Fiorenza, E., "Feminist Theology as a Critical Theology of Liberation", *Theological Studies* 36-4, 1975.

Flint, P. W., *The Bible at Qumran: Text, Shape, and Interpretation(Studies in the Dead Sea Scrolls and Related Literature)* William B. Eerdmans Publishing 2001.

Foster, Paul, *The Non-Canonical Gospels,* Bloomsbury 2008.

Fouard, A. Constant, *Saint Peter and the First Years of Christianity*, CreateSpace Independent Publishing Platform 2011.

France, R. T., *The Gospel of Matthew*, William B. Eerdmans Publishing 2007.

Fredriksen, Paula, *Jesus of Nazareth: King of the Jews*, Vintage 1999.

——, "Gospel Chronologies, the Scene in the Temple, and the Crucifixion of Jesus", Fabian Udoh(ed.), *Redefining First-Century Jewish and Christian Identities,* Indiana: University of Notre Dame Press 2008.

Freyne, S., "Galilee and Judaea in the First Century", *The Cambridge History of Christianity: Origins to Constantine,* Cambridge University Press 2006.

Freyne, S. and T. Holmen(ed.) "Jesus and the Servant Community in Zion: Continuity in Context", *Jesus from Judaism to Christianity,* T&T Clark 2007.

Funk, R. W. et al., *The Parables of Jesus: Red Letter Edition,* Sonoma 1988.

Gallagher, E., *Divine Man of Magician? Celsus and Origen on Jesus,* Scholars Press 1982.

Gamble, H., "Marcion and the 'Canon'", *The Cambridge History of Christianity,* Cambridge University Press 2006.

Gasque, Ward, "The Historical Value of the Book of Acts: The Perspective of British Scholarship", *Theologische Zeitschrift* 28, 1972.

Gathercole, Simon, *The Gospel of Judas: Rewriting Early Christianity,* Oxford University Press 2007.

————, *The Composition of the Gospel of Thomas,* Cambridge University Press 2012.

————, *The Gospel of Thomas: Introduction and Commentary,* Brill 2014.

Golb, Norman, *Who Wrote the Dead Sea Scrolls?: The Search for the Secret of Qumran,* Scribner 1995.

Goodman, Martin, "Jewish Proselytizing in the First Century", *The Jews among Pagans and Christians,* New York 1992.

————, *Judaism in the Roman World: Collected Essays,* Brill 2007.

Grant, R. G., "Two Gnostic Gospels", *Journal of Biblical Literature* 79-1, 1960.

Greenberg, G. *The Judas Brief: Who Really Killed Jesus?,* Continuum 2007.

Gregory, Andrew and Christopher Tuckett, *The Reception of New Testament in the Apostolic Fathers,* Oxford University Press 2005.

Gunther, J. J., *St. Paul's Opponents and Their Background,* Leiden 1973.

Haardt, Robert, J. F. Hendry(tr.), *Gnosis: Character and Testimony,* Brill 1971.

Haenchen, Ernst, "The Book of Acts as a Source Material for the History of Early Christianity", in L. E. Keck(ed.), *Studies in Luke-Acts: Essays Presented in Honor of Paul Schubert,* Abingdon Press 1966.

Hare, Douglas, *The Theme of Jewish Persecutions of Christians in the Gospel*

According to St. Matthew, Cambridge University Press 1967.

Harnack, Adolf, J. R. Wilkinson(tr.), *Luke The Physician: The Author of The Third Gospel And Acts of The Apostles,* Kessinger Publishing 2006.

Harnack, Adolf, Moffatt James(tr.), *The Mission and Expansion of Christianity in the First Three Centuries*, Williams and Norgate 1908.

Haxby, M. C. G., The First Apocalypse of James: Martyrdom and Sexual Difference, Cambridge: Harvard University Doctor Thesis 2013.

Hedrick, Charles, "Paul's Conversion/Call:A Comparative Analysis of the Three Reports in Acts", *Journal of Biblical Literature* 100-3, 1981.

Hedrick, Charles W. and Robert Hodgson(ed.), *Nag Hammadi, Gnosticism, and Early Christianity*, Wipf and Stock 2005.

Henderson, Jeffrey(ed.), *The Apostolic Fathers*, vol. 2, Harvard University Press 2003.

Hengel, Martin, John Bowden(tr.), *Acts and the History of Earliest Christianity*, Wipf and Stock Publishers 1979.

———, *Between Jesus and Paul: Studies in the Earliest History of Christianity*, Wipf and Stock Publishers 1983.

———, *The Four Gospels and the One Gospel of Jesus Christ,* Trinity Press International 2000.

Hengel, Martin, Thomas Trapp(tr.), *Saint Peter: The Underestimated Apostle,* William B. Eerdmans Publishing 2010.

Hiebert, Edmond, *An Introduction to the New Testament*, Gabriel Publishing 2003.

Hincks, E. Y., "The Authorship of the Pastoral Epistles", *Journal of Biblical Literature* vol. 16, 1897.

Holmes, M., "Paul and Polycarp", Michael Bird and Joseph Dodson(ed.), *Paul and the Second Century*, Bloomsbury 2011.

Hooper, Richard J., *The Crucifixion of Mary Magdalene: The Historical Tradition of the First Apostle and the Ancient Church's Campaign to Suppress It,* Sanctuary Publications 2006.

Hopkins, Keith, *A World Full of Gods: The Strange Triumph of Christianity*, Plume 1999.

Horrell David, *An Introduction to the Study of Paul,* T&T Clark 2000.

Horsley, Richard(ed), *A People's History of Christianity,* Minneapolis: Fortress Press 2005a.

————, *Christian Origins*, Fortress Press 2005b.

Hultgren, Arland and S. Haggmark, *The Earliest Christian Heretics*, Fortress Press 1996.

Hultgren, Arland, "Paul's Pre-Christian Persecutions of the Church: Their Purpose, Locale and Nature", *Journal of Biblical Literature* 95-1, 1976.

————, *The Rise of Normative Christianity*, Wipf and Stock 2004.

Hurtado, Larry, *At the Origins of Christian Worship*, William B. Eerdmans Publishing 1999.

————, *Lord Jesus Christ: Devotion to Jesus in Earliest Christianity*, William B. Eerdmans Publishing 2005.

Israel, D. A., *Gospel of Thomas*, North Charleston: Book Surge Publishing 2007.

Jeffers, James, *Conflict at Rome: Social Order and Hierarchy in Early Christianity*, Philadelphia: Fortress Press 2007.

Jenott, Lance, *The Gospel of Judas: Coptic Text, Translation, and Historical Interpretation of the 'Betrayer's Gospel,* Tübingen: Mohr Siebeck 2011.

Jervell, Jacob, *Luke and the People of God: A New Look at Luke-Acts*, Augsburg Pub. House 1972.

————, *The Unknown Paul*, Augsburg Publishing House 1984.

————, *The Theology of the Acts of the Apostles*, Cambridge University Press 1996.

Johnson, J. T., *The Acts of the Apostles,* The Liturical Press 1992.

Jones, Ivor, *The Gospel of Matthew*, Epworth 1994.

Jónsson, S. L., "James the Just, Brother of Jesus and Champion of Early Christian Faiths", University of Iceland, MA Thesis 2014.

Judge, E. A., *The Social Pattern of Christian Groups in the First Century*, Tyndale Press 1960.

Kanagaraj, Jey, *John: A New Covenant Commentary*, Lutterworth 2013.

Käsemann, Ernst, Koh Margaret(tr.), *Perspectives on Paul*, Fortress Press 1971.

Käsemann, Ernst, *New Testament Questions of Today*, SCM Press Ltd. 1969.

Kasser R. and Gregor Wurst, *The Gospel of Judas, Critical Edition: Together with the Letter of Peter to Phillip, James, and a Book of Allogenes from Codex Tchacos*, Washington: National Geographic 2007.

Kee, H. Clark, *The Beginnings of Christianity: An Introduction to the New Testament*, T&T Clark 2005.

Kelly, Joseph F., *History and Heresy: How Historical Forces Can Create*

Doctrinal Conflicts, Collegeville: Liturgical Press 2012.

Kelly, N., *Knowledge and Religious Authority in the Pseudo-Clementines,* Mohr Siebeck 2006.

Kereszets, P. et al., "Imperial Roman Government and the Christian Church", *Aufstieg und Niedergang der Römischen Welt,* vol. 23, t.2, 1980.

Kim Seyoon, *Christ and Caesar: The Gospel and the Roman Empire in the Writings of Paul and Luke,* William B. Eerdmans Publishing 2008.

King, Karen, "The Gospel of Mary Magdalene", in Schüssler Fiorenza, *Searching the Scriptures 2,* Crossroad Publishing 1995.

———, *What Is Gnosticism,* Harvard University Press 2003a.

———, *The Gospel of Mary of Magdala,* Polebridge 2003b.

Klijn, A., "Christianity in Edessa and the Gospel of Thomas", *Novum Testamentum* 14-1, 1972.

Klijn, Albertus Frederik Johannes and G. J. Reinink, *Patristic Evidence for Jewish-Christian Sects,* Brill 1973.

Kloppenborg, John S., *Q, the Earliest Gospel: An Introduction to the Original Stories and Sayings of Jesus,* Westminster John Knox 2008.

Knox, J., *Marcion and the New Testament: An Essay in the Early History of Canon,* University of Chicago Press 1942.

Koester, Helmut, "GNOMAI DIAPHOROI: The Origin and Nature of Diversification in the History of Early Christianity", Robinson and Helmut Koester(ed.), *Trajectories through Early Christianity,* Fortress Press 1971.

———, *History and Literature of Early Christianity,* Walter De Gruyter 1982.

———, *Ancient Christian Gospels: Their History and Development,* Trinity Press International 1990.

———, "Written Gospels or Oral Tradition?", *Journal of Biblical Literature* 113-2, 1994.

———, "The Apostolic Fathers and the Struggle for Christian Identity", *The Writings of the Apostolic Fathers,* T&T Clark 2007a.

———, *Paul and His Worlds: Interpreting the New Testament in Its Context,* Fortress Press 2007b.

Köstenberger, Andreas and Michael J. Kruger, *The Heresy of Orthodoxy,* Crossway 2010.

Kraabel, A., "Greeks, Jews and Lutherans in the Middle Half of Acts", *The*

Harvard Theological Review 79-1, 1986.

Lampe, Peter, M. Steinhauser(tr.), *From Paul to Valentinus: Christians at Rome in the First Two Centuries*, Fortress Press 2003.

Lanci, John, *A New Temple for Corinth: Rhetorical and Archaeological Approaches to Pauline Imagery*, Peter Lang 1997.

Lategan, Bernard, "Some Remarks on the Origin and Function of Galatians 3:28", J. Krans et al.(ed.), *Paul, John, and Apocalyptic Eschatology*, Brill 2013.

Leman, Derek, *Paul Didn't Eat Pork: Reappraising Paul The Pharisee*, Mt Olive Pr 2005.

Lepori, Dom Mauro-Giuseppe, *Simon Called Peter*, Ignatius Press 2010.

Lewis, N., "Fate and the Wandering Stars", April DeConick(ed.), *The Codex Judas Papers*, Brill 2009.

Lewis, Nicola Denzey and Justine Ariel Blount, "Rethinking the Origins of the Nag Hammadi Codices", *Journal of Biblical Literature* 133-2, 2014.

Lincoln, B., "Thomas-Gospel and Thomas-Community: A New Approach to a Familiar Text", *Novum Testamentum* 19, 1977.

Llewelyn, S. R., "The Prescript of James", *Novum Testamentum* 39-4, 1997.

Lüdemann, Gerd, "The Successors of Pre-70 Jerusalem Christianity: A Critical Evaluation of the Pella-Tradition", *Jewish and Christian Self Definition*, Fortress Press 1980.

————, *Paul: The Founder of Christianity*, Prometheus Books 2002.

Lüdemann, Gerd, E. Boring(tr.), *Opposition to Paul in Jewish Christianity*, Fortress Press 1989.

Lüdemann, Gerd, John Bowden(tr.), *Heretics: The Other Side of Early Christianity*, Westminster John Knox Press 1996.

Lüdemann, Gerd, S. Jones(tr.), *Paul, Apostle toward Gentiles*, Fortress 1984.

Ludlam, R. M., *Proximity to Power and Jewish Sectarian Groups of the Ancient Period: A Review of Lifestyle, Values, and Halakha in the Pharisees, Sadducees, Essenes, and Qumran*, Brill 2006.

Lührmann, E., "Die Griechischen Fragmente des Mariaevangeliums P. Oxy. 3525 und P. Ryl. 463", *Novum Testamentum* 30, 1988.

Lumpkin, Joseph, *The Gospel of Thomas*, Fifth Estate 2005.

Luttikhuizen, Gerard, "The Evaluation of the Teaching of Jesus in Christian Gnostic Revelation Dialogues", *Novum Testamentum* 30, 1988.

MacDonald, Dennis Ronald, *The Legend and the Apostle: The Battle for Paul in Story and Canon*, Louisville: Westminster John Knox Press 1983.

Macmullen, R. and E. Lane(ed.), *Paganism and Christianity 100-425 C.E.*, Fortress Press 1992.

Macmullen, R., *Christianizing the Roman Empire A.D. 100-400*, Yale University 1984.

Magness, J., "Ossuaries and the Burials of Jesus and James", *Journal of Biblical Literature* 124-1, 2005.

Maier, Harry O., *Picturing Paul in Empire: Imperial Image, Text and Persuasion in Colossians, Ephesians and the Pastoral Epistles*, New York: Bloomsbury 2013.

Marjanen, Antti, *The Woman Jesus Loved: Mary Magdalene in the Nag. Hammadi Library and Related Documents*, Brill 1996.

Martinez, Florentino Garcia et al., *The Dead Sea Scrolls Translated: The Qumran Texts in English*, Brill Academic Publishers, 2 edition, 1997.

Martyn, J. Louis, *The Gospel of John in Christian History*, Wipf and Stock 1978.

Mason, S., *Flavius Josephus on the Pharisees: A Composition-Critical Study*, Brill Academic Publishers 2001.

McDonald, Lee Martin, *Forgotten Scriptures*, Westminster John Knox Press 2009.

McDowell, Sean, *The Fate of the Apostles: Examining the Martyrdom Accounts of the Closest Followers of Jesus*, Routledge 2016.

Mead, G. R. S., *Pistis Sophia*, Wilder Publications 2009.

Meier, John, *A Marginal Jew: The Roots of the Problem and the Person*, Doubleday 1991.

——, The Circle of the Twelve: Did It Exist during Jesus' Public Ministry?, *Journal of Biblical Literature* 116-4, 1997.

——, *A Marginal Jew: Rethinking the Historical Jesus*, Doubleday 2016.

Meinardus, Otto, "Paul's Missionary Journey to Spain: Tradition and Folklore", *The Biblical Archaeologist* 41-2, 1978.

Menear, Paul S., *John: The Martyr's Gospel*, Wipf and Stock 1984.

Metzger, Bruce, *The Canon of the New Testament: Its Origin, Development, and Significance*, Clarendon Press 1987.

Meyer, Marvin and Esther de Boer, *The Gospels of Mary: The Secret Tradition of Mary Magdalene, the Companion*, HarperCollins 2009.

Meyer, Marvin(ed.), *Nag Hammadi Scriptures,* HarperOne 2007.

Meyer, Marvin, *The Ancient Mysteries,* University of Pennsylvania Press 1987.

———, *The Thirteenth Daimon: Judas and Sophia in the Gospel of Judas,* Internet Edition, 2008.

———, *The Gospel of Judas: On a Night with Judas Iscariot,* Wipf and Stock 2011a.

———, *The Gospels of Judas, Mary, and Thomas: The Rehabilitation of Marginalized Disciples in Early Christian Literature,* Internet Edition 2011b.

Missick, S., *Mary of Magdala,* Xlibris 2006.

Mitchell, M., "Bodiless Demon and Written Gospels: Reflections on The Gospel According to the Hebrews in the Apostolic Fathers", *Novum Testamentum* 52-3, 2010.

Morgado, Joe, "Paul in Jerusalem: A Comparison of His Visits in Acts and Galatians", *Journal of the Evangelical Theological Society* 37-1, 1994.

Myllykoski, Matti, "James the Just in History and Tradition: Perspectives of Past and Present", *Currents in Biblical Research* 5-1, 2006.

Nesbitt, C. F., "What Did Become of Peter", *Journal of Bible and Religion* 27-1, 1950.

Neusner, Jacob, *First Century Judaism in Crisis,* Ktav 1982.

Newman, Hillel, *Proximity to Power and Jewish Sectarian Groups of the Ancient Period,* Brill 2006.

Overman, J. Andrew, *Matthews's Gospel and Formative Judaism,* Fortress Press 1990.

Pagels, Elaine and Karen King, *Reading Judas,* Penguin Books 2007.

Pagels, Elaine, *The Gnostic Gospels,* Random House 1979.

———, *The Gnostic Paul,* Trinity Press International 1992.

———, *Beyond Belief: the Secret Gospel of Thomas,* Random House 2003.

Painter, John, *Just James: The Brother of Jesus in History and Tradition,* Fortress Press 1999.

———, "James and Peter: Models of Leadership and Mission", *The Missions of James, Peter, and Paul,* Bruce Chilton and Craig Evans(ed.), Brill 2005.

Papandrea, James L., *The Earliest Christologies: Five Images of Christ in the Post Apostolic Age,* InterVarsity Press 2016.

Parker, D. C., *An Introduction New Testament Manuscripts and Their Texts,*

Cambridge University Press 2008.

Pasquier, A., *L'Évangile selon Marie*, Presses de l'Université Laval 1983.

Payne, Philip Barton, *Man and Woman, One in Christ: An Exegetical and Theological Study of Paul's Letters,* Grand Rapids: Zondervan 2009.

Pearson, B., "Judas Iscariot in the Gospel of Judas", April DeConick(ed.), *The Codex Judas Papers*, Brill 2009.

Pederson, Rena, *The Lost Apostle: Searching for the Truth about Junia*, Jossey-Bass 2006.

Pennington, S., "The Enigma of the Life and Work of Judas Iscariot", A Thesis of The University of Georgia 2010.

Perkins, Pheme, *Gnostic Dialogue: Early Church and the Crisis of Gnosticism*, Paulist Press 1980.

———, *Gnosticism and the New Testament*, Fortress Press 1993.

———, *Peter: Apostle for the Whole Church*, T&T Clark 2000a.

———, *Peter: Apostle of the Whole Church*, Fortress 2000b.

Perrin, N., *Thomas and Tatian*, Society of Biblical Literature 2002.

———, "NHC II,2 and the Oxyrhynchus Fragments(P. Oxy. 1, 654, 655): Overlooked Evidence for a Syriac Gospel of Thomas", *Vigiliae Christianae* 58, 2004.

Petersen, W., "The Parable of the Lost Sheep in the Gospel of Thomas and the Synoptics", *Novum Testamentum* 23-2, 1981.

Pharr, C., "The Testimony of Josephus to Christianity", *American Journal of Philology* 48-2, 1927.

Piana, La, "Foreign Groups in Rome during the First Centuries of the Empire", *Harvard Theological Review* 20, 1927.

Polhill, John B., *Paul & His Letters*, Broad & Halman 1999.

Porter, Stanley, *The Pauline Canon*, Brill 2004.

Porter, Stanley(ed.), *Paul and His Opponents*, Society of Biblical Literature 2005.

Powell, M. A., "The Religious Leader in Luke: Literary Critical Study", *Journal of Biblical Literature* 109, 1990.

Pratscher, Wilhelm, "Judas Iskariot im Neuen Testament und im Judasevangelium", *Novum Testamentum* 52, 2010.

Price, Robert, "Mary Magdalene: Gnostic Apostle?", *Grail* 6, 1990.

Pritz, R. A., *Nazarene Jewish Christianity*, Jerusalem: Magnes Press 1988.

Pryor, John, "Jesus and Family", *Australian Biblical Review* 45, 1997.

Quispel, G., "The Gospel of Thomas and the New Testament", *Vigiliae Christianae* 11 1957.

———, "Some Remarks on the Gospel of Thomas", *New Testament Studies* 5, 1959.

———, "The 'Gospel of Thomas' Revisited", B. Barc(éd.), *Collogue international sur les textes de Nag Hammadi*, Québec, 22-25 août 1978.

Räisänen, Heikki, "A Controversial Jew and His Conflicting Convictions", *Redefining First-Century Jewish and Christian Identities*, F. Udoh(ed.), University of Notre Dame Press 2008.

Rasimus, Tuomas, "Ophite Gnosticism, Sethianism and the Nag Hammadi Library", *Vigiliae Christianae* 59-3, 2005.

———, *Paradise Reconsidered in Gnostic Mythmaking: Rethinking Sethianism in Light of the Ophite*, Brill 2009.

Reicke, Bo, *Re-examining Paul's Letters*, Trinity Press International 2001.

Riesner, Rainer, D. Stott(tr.), *Paul's Early Period: Chronology, Mission Strategy, Theology*, William B. Eerdmans Publishing 1998.

Rivkin, E., *Hidden Revolution: The Pharisee's Search for the Kingdom Within*, Abingdon Pr 1978.

Roberts, A., and J. Donaldson(ed.), *The Ante-Nicene Fathers*, 10 vols., 1885-1887.

Robinson, G. S., "The Gospel of Judas: Its Protagonist, Its Composition, and its Community", April DeConick(ed.), *The Codex Judas Papers*, Brill 2009.

Robinson, J. and Helmut Koester, *Trajectories through Early Christianity*, Wipf and Stock 2006, origin. Fortress Press 1971.

Robinson, J., *Redating the New Testament*, Wipf and Stock Publishers 2000.

Roetzel, Calvin, *The Letters of Paul*, Westminster John Knox 1998.

Rogerson, J. W., *An Introduction to the Bible*, Penguin 1999.

Rowland, Christopher and Crispin H. Fletcher-Louis(ed.), *Understanding, Studying and Reading: New Testament Essays in Honour of John Ashton*, Sheffield Academic Press 1998.

Rudolph, K., *Gnosis: The Nature and History of Gnosticism*, HarperSanFrancisco 1987.

Sanders, Ed Parish(ed.), *Jewish and Christian Self-Definition*, Fortress 1980.

Sanders, Ed Parish, *Paul and Palestinian Judaism*, Fortress Press 1977.

――, *Jesus and Judaism*, Augsburg Fortress Publishers 1987.

Schaberg, Jane, *Resurrection of Mary Magdalene: Legands, Apocrypha, And The Christian Testament*, Continuum 2004.

Schiffman, L. H., "At the Crossroads: Tannaitic Perspectives on the Jewish Christian Schism", Ed Parish Sanders et al.(ed.), *Jewish and Christian Self Definition II:Aspects of Judaism in the Graeco-Roman Period*, London: SCM 1981.

Schoedel, W. R., "Naassenes Themes in the Coptic Gospel of Thomas", *Vigiliae Christianae* 14-4, 1960.

――, "Scripture and the Seventy Two Heavens of the First Apocalypse of James", *Novum Testamentum* 12-2, 1970.

――, "Ignatius and the Receptions of Matthew", in David L. Balch(ed.), *Antioch, Social History of the Matthean Community*, Minneapolis 1991.

Scholer, D.(ed.), *Social Distinctives of the Christians in the First Century*, Hendrickson 2008.

Schottroff, L. and Marie-Theres Wacker(eds.), *Feminist Biblical Interpretation: A Compendium of Critical Commentary on the Books of the Bible and Related Literature*, William B. Eerdmans Publishing 2012.

Schroeder, Hans-Hartmut, *Eltern und Kinder in der Verkündigung Jesu: Eine hermeneutische und exegetische Untersuchung*, Herbert Reich 1972.

Schweitzer, A., Montgomery(tr.), *The Quest of the Historical Jesus*, Dover Publications 2005.

Segal, Alan F., *Life After Death: A History of the Afterlife in the Religions of the West*, Doubleday 1989.

――, *Paul the Convert: The Apostolate and Apostasy of Saul the Pharisee*, Yale University Press 1990.

――, *Two Powers in Heaven*, Brill Academic 2002.

Seltzer, Robert, *Jewish People, Jewish Thought*, Macmillan Publishing 1980.

Setzer, Claudia, "Excellent Women: Female Witness to the Resurrection", *Journal of Biblical Literature* 116, 1997.

Shanks, Hershel and Men Witherington III, *The Brother of Jesus: The Dramatic Story and Meaning of the First Archaeological Link to Jesus and His Family*, HarperSanfrancisco 2003.

Shoemaker, S., "Rethinking the Gnostic Mary: Mary of Nazareth and Mary of Magdala in Early Christian Tradition", *Journal of Early Christian Studies* 9-4, 2001.

———, "The Virgin Mary in the Ministry of Jesus and the Early Church according to the Earliest Life of the Virgin", *Harvard Theological Review* 98-4, 2005.

Shogren, G. S., "Is the Kingdom of God about Eating and Drinking or Isn't It(Romans 14:17)", *Novum Testamentum* 42-3, 2000.

Sim, David, *The Gospel of Matthew and Christian Judaism: The History and Social Setting of the Matthean Community*, T&T Clark 2000.

Simon, Marcel, H. McKeating(tr.), *Verus Israel: A Study of the Relations between Christians and Jews in the Roman Empire A.D. 135-425*, The Littman Library of Jewish Civilization 1996.

Skarsaune, Oskar, *In the Shadow of the Temple*, InterVarsity 2002.

Slingerland, Dixon, "'The Jews' in the Pauline Portion of Acts", *Journal of the American Academy of Religion* 54-2, 1986.

Slusser, Michael(ed.), *Dialogue with Trypho*, The Catholic University of America Press 2003.

Smallwood, E. M., *The Jews under Roman Rule*, Brill Academic Publishers 2001.

Smith, C., "Ministry, Martyrdom and Other Mysteries: Pauline Influence on Ignatius of Antioch", Machael Bird and Joseph Dodson(ed.), *Paul and the Second Century*, Bloomsbury 2011.

Smith, M., "When did the Gospels Become Scriptures?", *Journal of Biblical Literatures* 119-1, 2000.

Smith, T., *Petrine Controversies in Early Christianity: Attitudes Towards Peter in Christian Writings of the First Two Centuries*, Mohr 1985.

Smither, E. L., *Mission in the Early Church: Themes and Reflections*, Eugene: Wipf and Stock 2014.

Sordi, M., A. Bedini(tr.), *The Christians and the Roman Empire*, Routledge 1988.

Spencer, Scott, *The Portrait of Philip in Acts: A Study of Roles and Relations*, Sheffield Academic 1982.

Speyer, W., *"Zu den Vorwürfen der Heiden gegen die Christen"*, *Jahrbuch für Antike und Christentum* 6, 1963.

Spong, J. S., *Liberating the Gospels*, HarperOne 1997.

Stambaugh, J. E. and D. L. Balch, *The New Testament in Its Social Environment*, Westminster Press 1986.

Stanton, G. N., *Jesus and Gospel*, Cambridge 2004.

Stemberger, G., *Jewish Contemporaries of Jesus: Pharisees, Sadducees, Essenes*, Augsburg: Fortress Publishers 1995.

Stendahl, Krister, *Paul Among Jews and Gentiles and Other Essays*, Fortress 1976.

Stewart, R. B.(ed.), *The Reliability of the New Testament*, Fortress 2011.

Sumney, J. L., *Identifying Paul's Opponents: the Question of Method in 2 Corinthians*, Sheffield 1990.

Tajra, Harry, *The Martyrdom of St. Paul: Historical and Judicial Context, Traditions, and Legends*, Eugene: Wipf and Stock 2010.

Taylor, J., "The Phenomenon of Early Jewish-Christianity: Reality or Scholarly Invention?, *Vigiliae Christianae* 44-4, 1990.

Taylor, N., *Paul, Antioch and Jerusalem: A Study in Relationships and Authority in Earliest Christianity*, Sheffield Academic 1992.

Tervahauta, Ulla, *A Story of the Soul's Journey in the Nag Hammadi Library: A Study of Authentikos Logos,* Vandenhoeck and Ruprecht 2015.

Thomassen, Einar, "Is Judas Really the Hero of the Gospel of Judas?", Madeleine Scopello(ed.), *The Gospel of Judas in Context: Proceedings of the First International Conference on the Gospel of Judas,* Brill 2008.

Thompson, R., *Decoding the Gospel of Thomas*, Xlibris 2010.

Tobin, Paul, *The Rejection of Pascal's Wager*, Authorsonline 2009.

Toda, Satoshi, "The Gospel of Thomas Revisited Once More", *The Annual Report on Cultural Science* 142, 2014.

Trepp, L., *Judaism: Development and Life,* Wadsworth Publishing Company 2000.

Tuckett, Christopher, "Synoptic Tradition in Some Nag Hammadi and Related Texts", *Vigiliae Christianae* 36, 1982.

———, "Forty other Gospels", M. Bockmuehl and D. A. Hagner(eds.), *The Written Gospel*, Cambridge University Press 2001.

———, *The Gospel of Mary*, Oxford: Oxford University Press 2007.

Turner, J., "The Sethian Myth in the Gospel of Judas: Soteriology or Denonology?", April DeConick(ed.), *The Codex Judas Papers*, Brill 2009.

Turner, H. E. W., *The Pattern of Christian Truth*, Wipf and Stock 1954.

Tyson, Joseph, "The Blindness of the Disciples in Mark", *Journal of Biblical Literature* 80-3, 1961.

———, *Marcion and Luke-Acts: A Defining Struggle*, University of South Carolina Press 2006.

Vandercam, J. and W. Adler, *The Jewish Apocalyptic Heritage in Early Christianity*, Fortress Press 1996.

Walaskay, Paul W., *And so we Came to Rome: The Political Perspective of St Luke*, Cambridge: Cambridge University Press 2005.

Wallace, D.(ed.), *Revisiting the Corruption of the New Testament*, Kregel 2011.

Wansbrough, Henry, "Mark III.21-Was Jesus Out of His Mind?", *New Testament Studies* 18, 1972.

Wells, G. A., *The Jesus Legend,* Open Court 1996.

Werner, Jaeger, *Early Christianity and Greek Paideia*, The Belknap Press of Harvard University Press 1961.

White, L. Michael, *From Jesus to Christianity*, HarperSanFrancisco 2004.

Wilken, R., "Toward a Social Interpretation of Early Christian Apologetics", *Church History* 39, 1970.

———, *The Christians as the Romans Saw Them*, Yale University Press 1984.

Williams, Frank, "The Gospel of Judas: Its Polemic, its Exegesis, and its Place in Church History", *Vigiliae Christiana* 62-4, 2008.

Wilson, R., "The New Testament in the Gnostic Gospel of Mary", *New Testament Studies* 3, 1957.

———, *Studies in the Gospel of Thomas*, A. R. Mowbray 1960.

Winn, Adam(ed.), *An Introduction to Empire in the New Testament*, Atlanta: SBL Press 2016.

Wright, N. T., *What Saint Paul Really Said: Was Paul of Tarsus the Real Founder of Christianity?* William B. Eerdmans Publishing 1997.

———, "Paul's Gospel and Caesar's Empire", in Richard Horsley(ed.), *Paul and Politics: Ekklesia, Israel, Imperium, Interpretation*, Harrisburg 2000.

———, *Paul*, Fortress Press 2009.

Yamauchi, Edwin, "Pre-Christian Gnosticism in the Nag Hammadi Texts?", *Church History* 48-2, 1979.

———, *New Testament Cities in Western Asia Minor*, Wipf and Stock 1980.

Young, Brad H., *Jesus: The Jewish Theologian,* Hendrickson 1995.

Zetterholm, M., *Approaches to Paul*, Fortress 2009.

Zitzer, Leon, *True Jew: How Jesus Really Ended Up on a Roman Cross, How We Still Cover It Up*, iUniverse.com 2010.

E. P. 샌더스, 황종구 옮김, 『예수와 유대교』, 크리스천다이제스트 1994.

F. F. 브루스, 박문재 옮김, 『바울』, 크리스천다이제스트 1992.

G. R. 에번스, 박영실 옮김, 『초대교회의 신학자들』, 그리심 2008.

K. 루돌프·골드슈미트 엔트너, 『대결로 보는 세계사의 결정적 순간』, 달과 소 2008.

W. G. 퀴멜, 박익수 옮김, 『신약정경개론』, 대한기독교출판사 1988.

가이 프렌티스 워터스, 배종열 옮김, 『바울에 관한 새 관점』, 개혁주의신학사 2012.

강성모, 『유다 복음서, 그 허구성을 밝힌다』, 나눔사 2006.

강창희, 「야고보서의 주제와 적용문제」, 『신학과 선교』 2, 1998.

───, 「고린도 후서에서의 바울의 사도직 이해」, 『신학과 선교』 8, 2004.

게르트 타이쎈, 박찬웅·민경식 옮김, 『기독교의 탄생: 예수 운동에서 종교로』, 대한기독교서회 2009.

게르트 타이쎈·아네테 메르츠, 손성현 옮김, 『역사적 예수: 예수의 역사적 삶에 대한 총체적 연구』, 다산글방 2001.

게리 윌스, 권혁 옮김, 『예수는 그렇게 말하지 않았다』, 돋을새김 2007a.

───, 김창락 옮김, 『바울은 그렇게 가르치지 않았다』, 돋을새김 2007b.

고경태, 「사도 바울에 대한 J. G. Machen과 김세윤의 이해 연구」, 『개혁논총』 26, 2013.

고든 토마스, 곽라분이 옮김, 『예수를 사랑한 여인: 마리아 막달레나 평전』, 에디터 2004.

고세진, 「신약성서 고고학 연구(9): 예수 시대의 예루살렘과 성전」, 『기독교 사상』 645, 2012.

곽호철, 「사도행전의 이방선교: 베드로와 바울의 이방선교를 중심으로」, 연세대학교 석사학위논문, 1998.

권오현, 『공동 서신』, 대한기독교서회 1998.

권터 보른캄, 허혁 옮김, 『바울』, 이화여자대학교 출판부 2006.

김경진, 「바울과 누가: 동지인가, 적인가?」, 『성경과 신학』 66, 2013.

김경희·차정식, 『신약성서개론』, 대한기독교서회 2002.

김기현, 『가리옷 유다 딜레마』, IVP 2008.

김낙경, 「공관복음서들과 병행하는 도마 복음서의 비유들의 신학적 의도」, 목원대학교 석사학위논문, 1997.

김덕수, 『바울』, 살림 2018.

김동민, 「아담의 계시록과 유대 영지주의」, 『예수말씀 연구』 8, 2016.

김동수, 「요한 복음의 베드로와 애제자: 적인가? 동지인가?」, 『복음과 신학』 6, 2003.

──, 「유다 복음서: 실체 해부」, 『기독교 문화연구』 11, 2006.

──, 「신약성서는 교황제를 지지하는가?」, 『신약논단』 22-3, 2015.

김동호, 「『도마 복음』에 나타난 하나님 나라의 현재적 내재성」, 『종교연구』 66, 2012.

김득중, 『복음서의 비유들』, 컨콜디아사 1988.

──, 『요한의 신학』, 컨콜디아사 1994.

──, 「야고보서의 反바울주의와 反世俗主義」, 『神學과 世界』 56, 2006.

──, 『신약성서개론』, 컨콜디아사 2006a.

──, 『주요 주제들을 통해서 본 복음서들의 신학』, 한들 2006b.

──, 『초대 기독교와 복음서』, KMC 2016.

김명수, 「원시 그리스도교 Q공동체와 예루살렘 성전공동체의 관계」, 『신학사상』 137, 2007.

김문현, 「사도행전 10:1-11:18 읽기: 베드로의 역할과 회심을 중심으로」, 『신약연구』 8-3, 2009,

──, 「바울의 대필자 사용에 관한 소고」, 『신약연구』 9-1, 2010.

──, 「요한 복음서에 등장하는 유다, 그는 누구인가?」, 『신약연구』 11-4, 2012.

김선정, 『요한 복음과 로마황제 숭배』, 한들 2003.

김성, 「사도 바울의 선교여정 연구」, 『서양고대사연구』 21, 2007.

김세윤, 『바울 신학과 새관점』, 두란노아카데미 2008a.

──, 『예수와 바울』, 두란노아카데미 2008b.

김영진, 「고대 이스라엘의 조상숭배에 관한 연구」, 『서양고대사연구』 18, 2006.

김요한, 「히폴뤼토스의 영지(γνωστζ)와 철학의 발생학적 연결에 관한 비판」, 『범한철학』 27, 2002.

김용옥, 『기독교 성서의 이해』, 통나무 2007.

──, 『도올의 도마 복음 한글역주 2』, 통나무 2010.

김원자, 「사도 바울로의 가정 교회 연구」, 서강대학교 석사학위논문, 2001.

김인철, 『세례자 요한』, 그리심 2009.

김재현, 「Q의 예수 이야기: Q에 대한 서사비평적 연구」, 계명대학교 박사학위논문, 2008.

김주찬, 『밧모섬에서 돌아온 사도 요한』, 향유옥합 2004.

김준구, 「코린토 신자들에게 보낸 첫째 서간에 나타난 바울의 영-열광주의 논쟁」, 감리교신학대학교 석사학위논문, 2007.

김진영, 「발렌티누스(Valentinus)의 신정론(神正論): '진리 복음서'(The Gospel of Truth)를 중심으로」, 『宗敎學硏究』 27, 2008.

김창락 외, 『신약성서개론』, 대한기독교서회 2002.

김창선, 『유대교와 헬레니즘』, 한국성서학연구소 2011.

김철해, 「사도 바울과 사도 베드로가 서로에게 미친 영향」, 『신약연구』 6-1, 2007.

김철홍, 「고린도 후서 11:23-12:10의 네 가지 주제와 바울의 거짓사도 논쟁」, 『신약연구』 15, 2016.

김충연, 「예수와 율법: 제3의 관점: 누가복음을 중심으로」, 『신약논단』 16-2, 2009.

김판임, 「유대교에서의 여성의 지위와 역할 및 이에 대한 예수의 입장」, 『한국그리스도교신학논총』 제18집, 2000.

───, 『쿰란 공동체와 초기 그리스도교』, 비블리카아카데미아 2008.

───, 「바울파와 아볼로파, 고린도교회 분쟁의 실상에 관한 연구」, 『대학과 선교』 20, 2011.

───, 『바울과 고린도교회』, 동연 2014.

김학철, 「마태 공동체 연구사에 관한 비판적 고찰과 연구 전망」, 『신학논단』 47, 2007.

김현정, 「강한 자와 약한 자 주제에 나타나는 바울 사상의 특징: 고전 8:1-11:1과 롬 14:1-15:13」, 이화여자대학교 석사학위논문, 1991.

김형진, 「나그함마디 문서(The nag hammadi library)의 예수 이해: 영지주의적 이해」, 감리교신학대학교 석사학위논문, 2006.

김형태, 「바울로와 예수: 전승사적 연속성과 신학적 일치의 문제」, 『신학전망』 165, 2009.

김호현, 「St. Peter의 人間性과 思想」, 『대한신학교 논문집』 제3집, 1983.

나요섭, 「도마 복음서에 나타난 (반)아담 기독론」, 『신학과 목회』 15, 2001.

나현수, 「마태복음과 야고보서에서의 예수말씀(Q)의 반영: 예수말씀 복음서(Q)의 전승궤도를 중심으로」, 장로회신학대학교 석사학위논문, 2004.

데이빗 로드스, 「젤롯운동의 기원과 역사」, 『신학사상』 81, 1993.

도널드 거스리, 김병국·정광욱 옮김, 『신약서론』, 크리스천다이제스트 1996.

두란노아카데미 편집부, 김선영 옮김, 『초기 기독교 교부들』, 두란노아카데미 2011.

레자 아슬란, 민경식 옮김, 『젤롯』, 와이즈베리 2014.

로돌프 카세르·마빈 마이어·그레고르 부르스트, 김환영 옮김, 『예수와 유다의 밀약: 유다복음』, 이엔이미디어 2008.

로버트 펑크, 김준우 옮김, 『예수에게 솔직히』, 한국기독교연구소 1999.

루돌프 불트만, 허혁 옮김, 『공관복음서 전승사』, 대한기독교서회 1970.

───, 허혁 옮김, 『신약성서신학』, 성광문화사 1976.

리차드 홀스리, 홍성철 옮김, 『바울과 로마제국』, CLC 2007.

마드렌 스코펠로, 이수민 편역, 『영지주의자들』, 분도출판사 2005.

마르셀 시몬, 박주익 옮김, 『예수 시대의 유대교 종파들』, 대한기독교서회 1990.

마르틴 헹엘, 강한표 옮김, 『바울: 그리스도인 이전의 바울』, 한들 1999.

──, 박정수 옮김, 『유대교와 헬레니즘 1』, 나남 2012a.

──, 박정수 옮김, 『유대교와 헬레니즘 2』, 나남 2012b.

──, 임진수 옮김, 『신구약중간사』, 살림 2004.

마빈 패트, 유태엽 옮김, 『사해사본과 신약성서』, 감리교신학대학교 출판부 2008.

마커스 보그, 김준우 옮김, 「예수와 종말론: 최근의 동향」, 『세계의 신학』 51, 2001.

마커스 보그, 김중기·이지교 옮김, 『성경 새롭게 다시 읽기』, 연세대학교 출판부 2004.

마커스 보그·존 도미닉 크로산, 김준우 옮김, 『첫 번째 바울의 복음』, 한국기독교연구소 2010.

──, 『첫 번째 크리스마스』, 한국기독교연구소 2011.

메리 말로운, 유정원·박경선 옮김, 『여성과 그리스도교 I』, 바오로딸 2008.

무디 스미스, 최흥진 옮김, 『요한 복음 신학』, 한들 1999.

문병구, 「불트만의 바울 연구와 샌더스의 새 관점」, 『신약논단』 4, 2015.

문영주, 「바울과 베드로, 갈 2:8을 중심으로」, 『광신논단』 5-1, 1993.

문우일, 「The Descending and Ascending Theme in the Gospel of Thomas」, 『신학논단』 90, 2017.

미타 마사히로, 이원두 옮김, 『성서의 수수께끼를 푼다』, 동방미디어 1998.

민경식, 「유다 복음서의 예수와 유다 공동체의 자기이해」, 『한국기독교신학논총』 103, 2017.

바트 어만, 민경식 옮김, 『성경 왜곡의 역사』, 청림출판 2006.

──, 강창헌 옮김, 『예수는 어떻게 신이 되었나』, 갈라파고스 2015.

박경미, 「초대교회의 가부장주의화 과정과 가정훈령」, 『신학사상』 102, 1998.

──, 「영지주의 이원론과 관련해서 본 여성 형상의 의의: 요한 외경의 소피아 상을 중심으로」, 『종교연구』 25, 2001.

박영애, 「예수의 제자, 마리아 막달레나」, 서강대학교 석사학위논문, 2001.

박용규, 『초대교회사』, 총신대학교 출판부 1994.

박익수, 『바울의 서신들과 신학 1』, 대한기독교서회 1994.

──, 『바울의 서신들과 신학 2』, 대한기독교서회 2001a.

──, 『바울의 서신들과 신학 3』, 대한기독교서회 2001b.

──, 『누가 과연 참 그리스도인인가』, 대한기독교서회 2002.

박인희, 「Q의 서사적 특성과 Q 공동체」, 『신약논단』 16-3, 2009.

──, 「마리아 복음서의 여성상에 대한 연구」, 『여성신학논집』 9, 2013.

박정수, 「유대교의 사마리아 통합의 갈등과 초기 그리스도교의 선교」, 『신약논단』

14-1, 2007.

——, 「고대 유대교의 종파 형성의 정치적 성격」, 『신약논단』 15-2, 2008.

박정식, 「구약 성취로써 예수의 성전 청결(요한 2:13-22)」, 『광신논단』 13, 2004.

박지선, 「도마 복음서」, 『예수말씀 연구』 5, 2015.

박형대, 「사도행전에 소개된 예루살렘 교회의 변화에 대한 소고」, 『신학지남』 77-2, 2010.

박호용, 『요한 복음서 재발견』, 쿰란출판사 2007.

박흥용, 「'견유학파(犬儒學派) 예수' 주장에 대한 비판적 연구」, 호남신학대학교 박사학위논문, 2007.

배철현, 「도마 복음서에 나타난 영지주의」, 『인문논총』 54, 2005.

배현주, 「예수의 어머니 마리아」, 『교육 교회』 164, 1990.

백운철, 「초대교회의 다양성과 통일성: 삼천년기 한국교회를 위한 신약성서적 전망」, 『사목연구』 7-1, 1999.

서동수, 「바울의 회심으로 비춰 본 원시 기독교의 정체성」, 『宗敎硏究』 25, 2001.

서양중세사학회, 『서양 중세사 강의』, 느티나무 2003.

서용원, 「사도행전의 베드로와 바울」, 『신학논단』 25, 1997.

서중석, 「요한 복음의 베드로와 애제자」, 『신학논단』 19, 1991.

——, 「진리 복음서의 사상과 기원」, 『현대와 신학』 13, 1992.

——, 「바울의 복음과 부활현현 목격자 목록」, 『신약논단』 제21호, 1993.

——, 『바울 서간 해석』, 대한기독교서회 1998.

——, 『복음서의 예수와 공동체의 형태』, 이레서원 2007.

소기천, 「신약성서에 나타난 유대인 선교와 이방인 선교: 공관복음서와 누가-사도행전, 그리고 바울을 중심으로」, 『선교와 신학』 12, 2003.

——, 『예수말씀 복음서 Q 개론』, 대한기독교서회 2004.

——, 「초기 그리스도교 문서에 나타난 막달라 마리아의 사도적 정체성에 관한 연구」, 『예수말씀 연구』 4, 2014.

송순열, 「원시 기독교와 사도행전의 역사적 가치: 전경연 박사의 『원시 기독교와 바울』의 재평가」, 『신학연구』 47, 2005.

——, 「이방인과 유대인의 경계-유대종교의 선교활동」, 『신학연구』 49, 2006.

——, 「예루살렘 회의-하나님 경외자(God-fearer)의 입장에서 읽기」, 『신약논단』 15-2, 2008.

——, 「영지주의적 현대적 의미: 개념과 분류의 재구성을 위하여」, 『신학연구』 63, 2013.

송창현, 「야고보의 유골함에 관한 연구」, 『가톨릭신학』 9, 2006.

——, 「에녹 1서 해제」, 『가톨릭신학』 10, 2007.

──────, 「쿰란 사본의 종말론에 관한 연구」, 『가톨릭 신학과 사상』 74, 2014.

송혜경, 「콥트어 토마 복음의 인간 구원에 관한 소고」, 『가톨릭 신학과 사상』 23, 2008.

──────, 『신약외경, 상권: 복음서』, 한님성서연구소 2009.

──────, 『신약외경 하권: 행전·서간·계시록』, 한님성서연구소 2011.

──────, 「신약외경에 나타난 마리아 막달레나」, 『가톨릭 신학과 사상』 70, 2012.

──────, 『신약외경 입문 상권: 신약외경 총론』, 한님성서연구소 2012.

──────, 『신약외경 입문 하권: 신약외경 각론』, 바오로딸 2013.

──────, 「영지주의 종말론」, 『가톨릭 신학과 사상』 74, 2014.

──────, 『영지주의: 그 민낯과의 만남』, 한님성서연구소 2014a.

──────, 『영지주의자들의 성서: 우리를 자유롭게 하는 것은 지식이다』, 한님성서연구소 2014b.

수잔네 하이네, 정미현 옮김, 『초기 기독교 세계의 여성들』, 이화여자대학교 출판부 1998.

스티븐 메이슨, 유태엽 옮김, 『요세푸스와 신약성서』, 대한기독교서회 2002.

스티븐 스몰리, 김경신 옮김, 『요한신학』, 생명의 샘 1996.

스티븐 헤이네스·스티븐 매켄지, 김은규·김수남 옮김, 『성서비평 방법론과 그 적용』, 대한기독교서회 1997.

스티븐 휠러, 이재길 옮김, 『이것이 영지주의다』, 샨티 2006.

슬라보예 지젝, 김정아 옮김, 『죽은 신을 위하여: 기독교 비판 및 유물론과 신학의 문제』, 도서출판 길 2007.

아우구스트 프란츤, 최석우 옮김, 『세계 교회사』, 분도출판사 2001.

아이작 아시모프, 박웅희 옮김, 『아시모프의 바이블』, 들녘 2002.

안연희, 「마리아 복음에 나타난 여성의 종교적 권위에 대한 고찰」, 『종교문화비평』 27, 2015.

안혜진, 「바울과 로마 교회의 정황에서 본 로마서 저술 목적」, 서울장신대학교 석사학위논문, 2010.

알리스터 맥그래스, 박규태 옮김, 『기독교, 그 위험한 사상의 역사』, 국제제자훈련원 2009.

얀 판 더 바트, 황원하 옮김, 『요한문헌 개론』, 기독교문서선교회 2011.

양용의, 「마태복음에 나타난 베드로상(像): 반석과 걸림돌」, 『신약연구』 9-1, 2010.

양재훈, 「신약외경과 알레고리」, 『Canon & Culture』 8-2, 2014.

──────, 「마리아 막달레나는 사도인가?」, 『기독교 사상』 564, 2005a.

──────, 「외경의 마리아 막달레나」, 『기독교 사상』 49-10, 2005b.

양종석, 「유다 이스카리옷 관련 이야기의 신학적 의도 연구: 네 복음서를 중심으로」, 가톨릭대학교 석사학위논문, 2014.

에티엔느 트로크메, 유상현 옮김, 『초기 기독교의 형성』, 대한기독교서회 2003.

오강남, 『또 다른 예수』, 예담 2009.

오경준, 「사도행전에 나타난 예수의 형제 야고보」, 『신약논단』 21-4, 2014.

옷토 카이저, 이경숙 옮김, 『구약성서개론』, 분도출판사 1995.

왕인성, 「바울의 헌금사역에 대한 사회-문화적 접근」, 『신약논단』 14-4, 2007.

요아힘 그닐카, 이종한 옮김, 『바울로』, 분도출판사 2008.

요하임 예레미아스, 『예수 시대의 예루살렘』, 한국신학연구소 1988.

우예지, 「요한 복음의 사마리아 선교 이해: 요 4:1-42 중심으로」, 감리교신학대학교 석사학위논문, 2012.

울리히 루츠, 박정수 옮김, 『마태오 공동체의 예수 이야기』, 대한기독교서회 2002.

윌리엄 G., 도티, 최재덕 옮김, 『초기 기독교 서신』, 한들 2008.

윌리엄 슈니더윈드, 박정연 옮김, 『성경은 어떻게 책이 되었을까』, 에코리브르 2006.

유병우, 「도마 복음 말씀 114에 대한 연구: "자신을 남성으로 만든다"는 표현의 의미를 중심으로」, 『한영논총』 17, 2013.

──, 「도마 복음서의 이해」, 『교수논문집』 6, 2002.

유상현, 「예루살렘의 야고보」, 『신학논단』 22, 1994.

──, 「키프로스의 바울」, 『현대와 신학』 23, 1998.

──, 『바울의 제1차 선교여행』, 대한기독교서회 2002.

──, 『바울의 제2차 선교여행』, 대한기독교서회 2008.

──, 『바울의 제3차 선교여행』, 대한기독교서회 2011.

유지미, 「마가공동체와 새 가족: 사회 경제적 대응 전략 측면에서」, 『성서학 연구원 저널』 제41회, 2004.

──, 「역사적 예수의 처형 배경에 대한 고찰: 복음서에 드러난 적대자들이 이해」, 『장신논단』 39, 2010.

유태엽, 「도마의 공동체: 기독교인의 원시적 삶의 모형」, 『신학과 세계』 57, 2006.

──, 『마태의 신학』, 감리교신학대학교 출판부 2008.

──, 「나그함마디 문헌을 통해 본 '기독교 영성'의 정체성에 대한 소고」, 『신학논단』 75, 2014.

윤철원, 「그레꼬-로마적 관점에서 본 목회서신의 결혼 문제」, 『신약논단』 8-1, 2001.

윌리엄 G. 도티, 최재덕 옮김, 『초기 기독교 서신』, 한들 2008.

이경직, 「초대 기독교와 데미우르고스」, 『역사신학 논총』 3, 2001.

이광진, 「목회 서간의 의의」, 『신학과 현장』 19, 2009.

이동식, 「예수와 바리사이 인간의 안식일 논쟁 연구」, 한일장신대학교 아시아태평양 국제신학대학원 석사학위논문, 2005.

이민규, 「바울서간에 나타난 신비주의」, 『신약연구』 6-2, 2007.

이상규, 「초기 그리스도인들은 어디서 모였을까」, 『목회와 신학』 184, 2004.

──, 「나그함마디 사본」, 『목회와 신학』 191, 2005.

이상명, 「사도 바울의 회심과 선교신학」, 『선교와 신학』 40, 2016.

이상일, 「예루살렘 초대교회의 히브리파, 헬라파와 초기 기독교의 기원」, 『Canon & Culture』 4-2, 2010.

이선호, 「『클레멘스의 제1서신』에 나타난 바울과의 관계성과 신학의 특성에 대한 비판적 연구」, 『교회사학』 14-1, 2015.

이수민 편역, 『마니교』, 분도 2005.

이수민, 「영지주의와 성서 해석」, 『Canon & Culture』 4-2, 2009.

이승구, 「칭의에 대한 야고보의 가르침과 바울의 가르침의 관계(2)」, 『신학정론』 30(2), 2012.

이승문, 「베드로(마 16:16b-19)와 마태오 공동체의 제도화」, 『신약논단』 22-4, 2015.

이연수, 「사도행전과 바울로 서간에 나타난 가정 교회 연구」, 가톨릭대학교 박사학위논문, 2011.

이영호, 「누가복음의 베드로」, 『순신대학교 교수논총』 제6호, 1995.

──, 「사도행전의 꿈(환상)에 대한 연구」, 『영산신학저널』 24, 2012.

이윤경, 「묵시문학적 관점에서 본 쿰란문서의 '죽음과 부활' 이해」, 『신학사상』 139, 2007.

이일호, 「제2성전 시대 유대교와 초대 기독교의 선교 운동」, 『성경과 고고학』 56, 2007.

이창희, 「요한 복음서에 나타난 공동체 의식 연구」, 이화여자대학교 석사학위논문, 2004.

이충희, 「부활현현 단락에 반영된 요한 공동체와 사도계 공동체: 「요한 복음서」 20:19-23절을 중심으로」, 연세대학교 석사학위논문, 2003.

이형의, 「예수를 따른 갈릴리의 여인들: 마리아 막달레나에 대한 고찰을 중심으로」, 『Korea Journal of Theology』 5, 2007.

이호우, 「『이단들에 대항하여』 안에 나타난 이레니우스의 성경 사용에 관한 연구」, 『역사신학논총』 13, 2007.

일레인 페이절스, 권영주 옮김, 『사탄의 탄생』, 루비박스 2006.

──, 류정식·장혜경 옮김, 『아담, 이브, 뱀: 기독교 탄생의 비밀』, 아우라 2009.

임병천, 「요한 복음의 유대적 경향성에 대한 연구: 요한 복음 4장 7-26절 중심으로」, 감리교신학대학교 석사학위논문, 2016.

임상규, 「소아시아 초기 기독교 건축의 평면에 관한 연구」, 『대한건축학회연합논문집』 10-4, 2008.

임예림, 「가리옷 유다를 위한 변명」, 서울여자대학교 석사학위논문, 2017.

임인호, 「누가복음서 독자와 바리새(파): 바리새파는 예수의 적대자인가?」, 『신약논단』 13-1, 2006.

장 이브 를루, 박미영 옮김, 『막달라 마리아 복음서』, 루비박스 2006.

장상, 「부활의 첫 증인, 마리아 막달레나」, 『새가정』 357, 1986.

──, 「성서신학에서 본 여성신학」, 『한국기독교신학논총』 3, 1988.

정기문, 「야고보 재평가와 예루살렘 교회」, 『서양사학연구』 24, 2011.

──, 「예루살렘 교회의 보수화」, 『서양중세사연구』 29, 2012.

──, 「1~2세기 마리아 막달레나의 위상 변화 고찰」, 『역사학보』 221, 2014a.

──, 「'두 마리아'에 대한 묘사를 통해 본 복음서들의 여성관」, 『서양고대사연구』 37, 2014b.

──, 「파울로스의 견해를 중심으로 본 예루살렘 사도회의」, 『역사교육논집』 54, 2015a.

──, 「2세기 이후 중세까지 이루어진 여성 폄하를 위한 성경 본문 변개」, 『서양중세사연구』 35, 2015b.

──, 「로마제국 초기 디아스포라 유대인의 팽창원인」, 『전북사학』 48, 2016.

──, 『그리스도교의 탄생』, 도서출판 길 2016.

──, 「안티오키아 사건 이후 베드로와 바오로의 관계에 대하여」, 『서양고대사연구』 48, 2017a.

──, 「1세기 말 2세기 초 기독교의 현실적응」, 『중앙사론』 46, 2107b.

──, 「70년 이후 유대-기독교의 동향」, 『역사와 세계』 52, 2017c.

──, 「요한 공동체의 기원과 발전」, 『역사문화연구』 63, 2017d.

──, 「마리아 막달레나 복음서와 남녀평등의 문제」, 『서양사연구』 53, 2018a.

──, 「1세기 후반 바오로 계승자들의 활동」, 『이화사학연구』 56, 2018b.

──, 「베드로 재평가를 위한 선교활동 고찰」, 『서양고대사연구』 53, 2018c.

──, 「토마스 공동체의 활동 시기와 신앙의 독자성」, 『서양고대사연구』 55, 2019.

──, 「유다는 유다 복음서의 영웅인가?」, 『서양고전학연구』 59-1, 2020.

정대현, 「베드로의 카이사리아 설교(사도 10, 34-43) 연구」, 『신학연구』 3, 1990.

정두영, 「누가의 사도행전 기록동기와 목적」, 『고신선교』 4, 2007.

정연호, 『유대교의 역사적 과정』 한국성서학연구소 2010.

제롬 프리외르·제라르 모르디야, 이상용 옮김, 『예수 후 예수』, 한언 2006.

제임스 던, 박문재 옮김, 『바울 신학』, 크리스천다이제스트 2003.

──, 김득중·이광훈 옮김, 『신약성서의 통일성과 다양성』, 솔로몬 2005.

──, 차정식 옮김, 『예수와 그리스도교의 기원 상권』, 새물결플러스 2010.

제임스 로빈슨, 소기천·송일 옮김, 『예수의 복음』, 대한기독교서회 2009.

─── , 양형주 옮김, 「기독교적 관점에서 본 유다복음서」, 『개혁주의 이론과 실천』 1, 2011.

조갑진, 「바울의 다메섹 사건에 관한 연구」, 『신약논단』 22, 2015.

조광호, 「부활을 부정하는 고린도 교인들과 이에 대한 바울의 논증」, 『신학논단』 60, 2010.

조규통, 「바울 공동체 연구: 성향, 인물연구, 여성의 역할 및 지역교회와의 관계를 중심으로」, 고신대학교 석사학위논문, 2010.

조재형, 「영지사상에서 살펴본 고린도후서에 나오는 바울의 적대자」, 『신약논단』 20-2, 2013.

─── , 「나그함마디 문서가 영지주의 사상과 신약성서 연구에 주는 의미와 도전」, 『한국기독교신학논총』 108, 2018.

조주용, 「도마 복음서에 나타난 제자직」, 감리교신학대학교 석사학위논문, 2016.

조철수, 『예수 평전』, 김영사 2010.

존 도미닉 크로산, 김기철 옮김, 『예수』, 한국기독교연구소 2001.

─── , 김준우 옮김, 『역사적 예수』, 한국기독교연구소 2000.

주원일, 「야고보서의 구조 분석을 통한 의미 분석」, 총신대학교 석사학위논문, 2010.

주원준, 『구약성경과 신들』, 한님성서연구소 2012.

지봉규, 「예수의 죽음에 대한 역사적 접근」, 광주가톨릭대학교 석사학위논문, 2013.

차정식, 『예수는 어떻게 죽었는가』, 한들 2006.

채승희, 「영지주의와 여성」, 『신학과 목회』 44, 2015.

─── , 「초대교회의 마리아 막달레나의 표상 변화에 대한 역사적 고찰」, 『한국기독교신학논총』 56, 2008.

최갑종 편역, 『최근의 예수 연구』, 그리스도교문서선교회 1996.

최갑종, 『바울연구 I』, 그리스도교문서선교회 1992.

─── , 『바울연구 II』, 그리스도교문서선교회 2003.

─── , 「한국 그리스도교 사회에서의 여성의 인권 신장을 위한 초기 그리스도교와 고대 헬라-로마-유대 사회에서의 여성의 역할과 위치에 관한 연구」, 『성경과 신학』 제38집, 2005.

─── , 『예수 그리스도 그의 생애와 가르침』, 기독교연합신문사 2005.

최병수, 「도마 복음의 실현된 종말론」, 『신학연구』 55, 2009.

─── , 「도마 복음의 구원론 연구: 영혼의 혼례식을 중심으로」, 한신대학교 박사학위논문, 2012.

최선애, 「야고보서 2:14-26의 행함과 믿음」, 베뢰아국제대학원 석사학위논문, 2005.

최순봉, 「유다스 호 이스카리오테스」, 『광신논단』 17, 2008.

최영실, 「부활의 첫 증인이 된 갈릴리 여인」, 『기독교 사상』 40-6, 1996.

최현준, 「순교자 유스티누스의 '트리포와의 대화'(Dialogue with Trypho)에 나타난 율법 해석과 종교적 갈등」, 『한국중동학회논총』 35-2, 2014.

최혜영, 「마리아 숭배의 기원: 황제 숭배 및 여성성을 중심으로」, 『서양고대사연구』 22, 2008.

최흥진, 『요한 복음서』, 한국장로교출판사 2006.

크레이크 에반, 성기문 옮김, 『만들어진 예수』, 새물결플러스 2011.

클라우스 샤츠, 이종한 옮김, 『보편공의회사』, 분도 2005.

키트 니클, 이형의 옮김, 『공관복음서 이해』, 대한기독교출판사 1984.

톰 라이트, 박문재 옮김, 『신약성서와 하나님의 백성』, 크리스천다이제스트 2003.

티모시 프릭·피터 갠디, 승영조 옮김, 『예수는 신화다』, 미지북스 2009.

파울라 프레드릭슨, 한동수 옮김, 「역사적 예수 연구의 최근 동향(2)」, 『세계의 신학』 36, 1997.

폴 악트마이어, 소기천 옮김, 『새로운 신약성서 개론』, 대한기독교서회 2004.

프랭크 틸만, 우성훈·김장복 옮김, 『신약신학』, CLC 2008.

플라비우스 요세푸스, 박정수 옮김, 『유대 전쟁사』 2권, 나남 2008.

피터 스탠퍼드, 차백만 옮김, 『예정된 악인 유다』, 미래의 창 2016.

필립 샤프, 이길상 옮김, 『교회사 전집 1: 사도적 기독교』, 크리스천다이제스트 2004.

하혜승, 「영지주의 문헌에 나타난 마리아 막달레나상에 관한 연구」, 목원대 석사학위논문, 2010.

한미연, 「사도행전의 ὅραμα(환상)에 대한 연구」, 한세대학교 석사학위논문, 2017.

허경삼, 「회당제도가 그리스도교 예배에 끼친 영향」, 『신학사상』 12, 1976.

허셜 생크스, 허종열 옮김, 『사해두루마리의 미스터리와 의미』, 경세원 2007.

헤르만 리히텐베르거, 배재욱 옮김, 「세례자 공동체와 1세기 후반 1/3분기에 있었던 초기 세례 논쟁」, 『신약연구』 6-1, 2007.

황정욱, 「고대 교회의 유대주의에 관한 연구」, 『한국교회사 학회지』 22, 2008.

■ 찾아보기